COLLECTION
DES MÉMOIRES

RELATIFS

A L'HISTOIRE DE FRANCE.

MÉMOIRES DU SIEUR DE PONTIS, TOME II.

PARIS, IMPRIMERIE DE A. BELIN,
rue des Mathurins S.-J., n. 14.

COLLECTION
DES MÉMOIRES

RELATIFS

A L'HISTOIRE DE FRANCE,

DEPUIS L'AVÉNEMENT DE HENRI IV JUSQU'A LA PAIX DE PARIS
CONCLUE EN 1763;

AVEC DES NOTICES SUR CHAQUE AUTEUR,
ET DES OBSERVATIONS SUR CHAQUE OUVRAGE,

Par M. PETITOT.

TOME XXXII.

PARIS,
FOUCAULT, LIBRAIRE, RUE DE SORBONNE, N°. 9.
1824.

MÉMOIRES

DU

SIEUR DE PONTIS.

LIVRE VII.

Plusieurs particularités considérables du siége de La Rochelle. Le cardinal de Richelieu s'efforce d'attirer le sieur de Pontis à son service. Conférence du père Joseph avec lui sur ce sujet. Il se met mal auprès du Roi pour la charge du comte de Saligny qu'il vouloit avoir, et que M. de Saint-Preuil acheta. Grand différend qu'il eut avec M. de Canaples, mestre de camp du régiment des Gardes. On lui fait son procès dans le conseil de guerre. Il justifie son innocence en particulier devant le Roi; et ensuite en présence de toute la cour. Le maréchal de Bassompierre obtient sa grâce. Générosité du maréchal de Créqui, père de M. de Canaples. La ville de La Rochelle est rendue au Roi. Grandes qualités de Guiton, maire de La Rochelle.

LE Roi résolut, en l'année 1627, d'aller en personne assiéger La Rochelle, pour ôter à l'hérésie le plus grand rempart qu'elle avoit en France. Je n'ai pas dessein de décrire ici ce qui se passa durant ce siége si fameux, dont les événemens publics sont rapportés dans l'histoire, mais seulement de remarquer quelques circonstances qui me regardent en particulier, et de faire quelque attention sur la conduite que Dieu a tenue à mon égard, soit en éloignant de moi les grandes fortunes où il sembloit que j'aurois pu aspirer, soit en me garantissant des grands périls où je devois infailliblement périr. Etant demeuré à Paris par l'ordre du Roi pour rassembler quelques troupes qui y restoient, et les conduire au gros de l'armée, après que je me fus acquitté de ma commission, j'allai trouver le Roi à Fontainebleau, d'où il partit au bout de quelques jours, et prit le chemin de La Rochelle. Il se logea d'abord à Surgères, à trois ou quatre lieues de la ville, et depuis il s'avança à Aytré, qui n'étoit qu'à une petite lieue du camp. Un jour M. de Marillac, qui n'étoit pour lors que maréchal de camp, et qui fut depuis maréchal de France, comme on le verra dans la suite, fut commandé pour attaquer pendant la nuit un fort qui étoit beaucoup avancé ; et comme il falloit auparavant reconnoître les fossés et tous les dehors, il choisit pour cela deux sergens qui étoient fort braves soldats ; mais, avant que de les envoyer, il alla au quartier du Roi à Aytré pour lui en donner avis. Le Roi, qui connoissoit les plus braves gens de son armée, demanda le nom de ces deux sergens, et l'ayant su, après y avoir un peu pensé, il dit à M. de Marillac : « Pour Cadet, qui étoit le nom de l'un « d'eux, je le connois pour un brave garçon ; mais « je n'ai pas si bonne opinion de l'autre. Je sais un « homme, ajouta le Roi, qui s'acquitteroit bien de « cette commission, et qui nous feroit un rapport « fidèle de toutes choses. J'ai éprouvé son service « en bien de pareilles rencontres : c'est Pontis, lieu- « tenant dans mes Gardes. Dites-lui que je suis bien

« aise qu'il y aille, et qu'il me rende compte ensuite
« de ce qu'il aura vu. »

Le dessein avoit été pris d'attaquer le fort vers les deux heures après minuit; ainsi il falloit partir sur les onze heures au plus tard, étant besoin d'une heure au moins pour y aller, et d'autant pour revenir. Je partis donc ayant reçu cet ordre du Roi, et je marchai dans la plus grande obscurité de la nuit, accompagné des deux sergens que j'envoyai par deux différens côtés, et pour moi j'allai par un autre. Au lieu de prendre le droit chemin des fossés où j'aurois eu peine à descendre, je fis un grand tour et allai me rendre dans le grand chemin de La Rochelle. M'étant approché du pont-levis, je marchai ensuite le long des fossés, comme si je fusse venu de la ville, afin que, s'il arrivoit que je rencontrasse quelqu'un, on me prît pour un homme de La Rochelle. Après avoir quelque peu marché, je trouvai une grande porte qu'on bâtissoit pour descendre dans le fossé, et qui n'étoit pas encore achevée. Je descendis par cette porte le plus doucement qu'il me fut possible ; ce qui n'empêcha pas néanmoins que les sentinelles ne m'entendissent, et en criant *qui va là?* ne tirassent plusieurs coups qui passèrent autour de moi. Je continuai mon chemin dans les fossés, et trouvai dans un angle un petit escalier tournant qui servoit pour monter au haut du fossé. Je montai par cet escalier ; mais comme j'étois presque au haut, j'entendis un homme qui descendoit par le même degré. Je pris ma résolution sur-le-champ, et sans m'étonner je fis semblant de regarder par une des canonnières qui étoient à l'escalier, et par lesquelles on voyoit dans le fossé. Cet homme qui descendoit me trouvant le dos tourné, et me prenant pour un des leurs, me demanda ce que je faisois. Je lui répondis qu'ayant entendu tirer et faire grand bruit, je regardois dans les fossés si je verrois quelque chose. Lui, sans avoir le moindre soupçon de moi, me dit : « Ce « sont ces coquines de sentinelles qui ont toujours « des frayeurs paniques. » Il descendit aussitôt, et j'achevai en même temps de monter. Etant en haut, je trouvai un sergent qui venoit de poser et de relever les sentinelles. On me demanda où j'allois, et je répondis froidement que j'avois reçu ordre de venir reconnoître s'il y avoit quelque chose à cause des coups qu'on avoit tirés. Sur quoi le sergent, qui étoit un bon vieillard, sans se mettre autrement en peine qui j'étois, me dit que ce n'étoit rien qu'une fausse alarme, et me demanda si je n'avois rien autre chose à lui dire; je lui repartis que non : aussi étois-je dans une grande impatience de le quitter. Je passai de cette sorte, et échappai de ce grand péril par un effet visible de la protection de Dieu.

Je retournai par le même chemin d'où j'étois venu, et trouvai Cadet qui m'attendoit, et qui, m'ayant ouï frappa de deux pierres l'une contre l'autre, qui étoit le signal que nous nous étions donné. Il avoit une bouteille de vin dont il me fit boire quelques coups qui me redonnèrent de la vigueur, car j'en avois grand besoin, ayant beaucoup fatigué, et marché long-temps dans une terre fort difficile. Lorsque nous fûmes de retour au camp, je fis mon rapport de tout ce que j'avois pu remarquer de cette porte que j'avois trouvée pour descendre dans les fossés, de la hauteur et de la largeur de ces fossés, du petit escalier tournant, et de tout le reste. Mais comme il y eut quelque contestation sur le rapport que fit l'un des deux sergens, et qu'ayant été besoin d'assembler le conseil de guerre, il se passa beaucoup de temps en ces délibérations, lorsque les troupes marchoient en ordre le long de la grève pour aller gagner la porte qui donnoit entrée dans les fossés, la pointe du jour commença bientôt à paroître; et les ennemis ayant aperçu de loin les nôtres, firent tirer si furieusement leur canon, qu'il y eut beaucoup de nos gens tués ou blessés. Cette contestation qui fut en partie cause du malheur, porta le Roi, après la prise de La Rochelle, à vouloir s'assurer par lui-même de la vérité du rapport que j'avois fait.

Je remarquerai seulement encore ici un exemple, pour faire connoître de quelle importance il est dans ces sortes d'entreprises de n'exposer pas témérairement le salut d'une armée sur le rapport de quelques gens étourdis, ou sur l'idée et les vains projets de personnes qui ne sont pas du métier. Le père Joseph, capucin fameux, qui avoit un esprit remuant, et qui des affaires de l'Etat et de la guerre faisoit le principal sujet de ses méditations, fut averti qu'il y avoit un grand aqueduc par où toutes les immondices de la ville se déchargeoient, et qu'on pourroit aisément, en faisant couler des troupes dans la nuit par cet aqueduc, se rendre maître ensuite de la place. Dès ce moment il prit la résolution de tenter cette grande entreprise, et fit même dresser une terrible machine pour servir à ce dessein ; mais il falloit reconnoître auparavant si le passage étoit bon, car c'étoit un homme de la ville qui en avoit donné avis au père Joseph, et l'on ne savoit si l'on devoit s'assurer sur cet avis. L'on parla à l'heure même de m'y envoyer, et le Roi me fit chercher de tous côtés; mais je me tenois caché, commençant à m'ennuyer d'être ainsi toujours employé à ces sortes de découvertes qui m'acquéroient peu d'honneur, puisqu'on n'ajoutoit pas assez de foi à mon rapport, et qui m'exposoient à un péril si évident. On me trouva néanmoins à la fin chez un de mes amis où je soupois; et n'ayant pu reculer, j'allai sur-le-champ trouver le Roi, qui me dit qu'il m'avoit mandé pour une affaire de conséquence que le père Joseph, qui étoit présent, me diroit.

Alors ce bon père, faisant le maître et le général d'armée, me déclara tout son dessein, et me dit ensuite, avec un zèle peu discret, que le Roi m'ayant choisi entre dix mille autres pour cette affaire importante, je devois penser à répondre à cette opinion si avantageuse de Sa Majesté, et que, si je ne trouvois pas en moi toute la disposition nécessaire pour cela, il valoit mieux m'en désister que de l'entreprendre. Ce discours me choqua fort, et il n'étoit nullement à mon goût qu'un capucin me fît des leçons de résolution et de courage. Je lui dis, tout en colère, quoiqu'en la présence du Roi, qu'il me faisoit tort, et qu'il ne me devoit pas parler de la sorte, que Sa Majesté ne m'avoit jamais rien commandé que je ne m'en fusse acquitté en homme d'honneur, et que si c'avoit été une autre occasion moins périlleuse, où l'on n'eût pu m'accuser de quelque crainte, j'aurois supplié très-humblement le Roi de m'en exempter, puisqu'on me faisoit cet affront en sa présence. Le Roi, qui me vit ému, me remit un peu, s'étant adressé au père Joseph, et lui ayant dit qu'il me connoissoit, et qu'il répondoit de moi. Je partis donc avec un enseigne, durant une nuit où il faisoit d'horribles vents, ce qui favorisoit notre dessein. L'on avoit mis des soldats de cinquante en cinquante pas pour nous soutenir en cas que nous fussions attaqués, et aussi pour nous montrer les endroits où il y avoit des fossés, de peur que nous ne nous perdissions dans l'obscurité. Étant arrivés à l'aqueduc, nous sondâmes avec une longue perche la vase, et nous trouvâmes partout une terrible profondeur de boue; et, après avoir regardé de tous côtés, nous jugeâmes qu'il n'y avoit nulle apparence de passage. Nous retournâmes et fîmes notre rapport, qui fut que quarante mille hommes y périroient comme deux, et qu'il ne falloit rien espérer de cette entreprise. Sur cela le père se dépite et s'emporte, en disant que cela ne pouvoit pas être, et qu'il avoit su le contraire d'un homme même de La Rochelle. Je lui repartis hardiment que s'il pouvoit faire prendre cet homme il le fît pendre, parce que c'étoit un affronteur; et j'ajoutai que quand même le passage auroit été bon, il eût été impossible de rien faire cette nuit, puisqu'il n'y avoit pas de pont sur les fossés, mais seulement une planche sur laquelle un homme seul avoit bien de la peine à passer. Le père se mit à crier encore davantage, en disant qu'il avoit donné ordre qu'on en fît, et qu'ils devoient être faits. La conclusion fut que n'y ayant point de ponts, et sa grande machine s'étant rompue, tout ce grand projet s'évanouit. Et le Roi, après la prise de La Rochelle, voulut encore voir cet aqueduc, et fit remarquer au père Joseph le péril où il avoit voulu exposer son armée. Ceci me fait souvenir de ce qui s'est passé entre le même père et le colonel Hebron, qui a été si connu en Allemagne et en France. Car, faisant ainsi de vastes projets et des desseins à perte de vue devant ce même colonel, et lui montrant sur une carte trois ou quatre villes qu'il lui marquoit qu'on devoit prendre, le colonel Hebron, qui n'avoit pas accoutumé de recevoir de tels ordres d'un capucin, lui répondit en souriant : « Monsieur Joseph, les villes ne se prennent « pas avec le bout du doigt. »

Puisque je me suis trouvé engagé à parler de ce bon père, je pense qu'il ne sera pas désagréable que je rapporte ici ce qui se passa vers ce même temps, entre lui et moi, sur le sujet de M. le cardinal de Richelieu. L'on sait assez que ce cardinal a eu des qualités éminentes qui l'ont fait regarder, et dans le royaume et chez les princes étrangers, comme un grand ministre et un fameux politique ; mais, comme les plus grands hommes ne sont jamais sans défauts, tout le monde a pu sans doute remarquer que c'a été dans lui un défaut considérable d'avoir témoigné, au milieu de ces grands services qu'il a rendus à l'Etat, un peu moins d'attache à son prince qu'il ne devoit, en retirant de son service et attirant en sa maison ceux qu'il jugeoit être ses plus fidèles serviteurs. Comme il savoit que j'étois du nombre de ceux qui étoient le plus inviolablement attachés à la personne du Roi, et que d'ailleurs il avoit remarqué en moi par lui-même, ou connu par d'autres, quelque chose qui ne lui désagréoit pas, et qu'il eût bien souhaité dans ceux qu'il avoit auprès de sa personne, il eut la bonté de jeter les yeux sur moi, et se découvrit sur cela principalement dans l'occasion dont je vais parler.

S'étant approché un jour du quartier du Roi, dont il étoit auparavant fort éloigné, il lui demanda quelques compagnies pour faire garde devant son logis, parce qu'il étoit alors plus exposé aux sorties des Rochelois. Le Roi lui en destina pour cet effet quelques-unes de ses gardes, et ce fut moi qui fis la première garde devant sa maison avec ma compagnie. Dans le dessein qu'il avoit de me gagner et de m'attirer à son service, il donna ordre qu'on me préparât une belle chambre où rien ne manquoit; mais je ne voulus seulement pas me coucher durant la nuit, afin de veiller à ce qui étoit de ma charge. Il ne laissa pas de prendre de cela même une occasion de me flatter, et il affecta de me louer extrêmement devant quelques personnes de la cour afin qu'elles me le redissent. Enfin il se résolut de me faire tenter tout de bon, et il choisit pour cela le père Joseph, qui étoit très-propre pour exécuter son dessein, étant entièrement dans ses intérêts, et n'ayant pas l'esprit moins adroit ni moins pénétrant que lui. Ce qui le porta à vouloir s'assurer de ma disposition, fut que M. de Beauplan, capitaine de ses gardes, étant fort malade, il avoit dessein, au cas qu'il mourût, de me donner cette charge, si je voulois bien l'accepter en me donnant tout-à-fait à lui, et sans aucune réserve, ainsi qu'on me le fit entendre en termes clairs; car il vouloit que ses officiers le considérassent comme leur souverain, et que dans les changemens et les troubles de la cour, ils fussent toujours pour lui envers tous et contre tous sans exception. C'étoit la condition principale sous laquelle il leur faisoit entendre qu'il les recevoit à son service ; et c'étoit aussi, je l'avoue, ce qui me causoit une juste indignation de voir qu'on leur fît ainsi renoncer, en quelque sorte, par une espèce de nouveau serment à celui qu'ils avoient fait d'obéir au Roi, lequel j'ai toujours regardé comme mon maître, et au préjudice duquel je n'ai jamais pu en reconnoître aucun autre.

Le père Joseph, passant donc un jour devant mon logis, ou au moins faisant semblant de passer pour ne pas faire connoître qu'il venoit exprès, demanda assez haut si j'y étois. On m'en avertit, et étant aussitôt descendu au-devant de lui, nous montâmes ensemble à la chambre. Tout le monde qui y étoit se retira à l'heure même pour faire place à ce ministre du cardinal, qui n'étoit guères moins redouté que lui. Ainsi nous nous enfermâmes tous deux seuls. Le père, avant que de s'ouvrir sur le sujet principal de sa visite, me demanda si j'avois fait épreuve d'une certaine invention qu'il avoit apprise d'un soldat, lequel avoit eu plusieurs conférences avec lui pour quelques machines de guerre propres à incommoder les Rochelois, et celle-ci étoit pour mettre le feu de bien loin dans un navire avec un coup de mousquet. Lors donc qu'il m'eut demandé ce que j'en pensois, je lui dis que, puisqu'il me faisoit l'honneur de vouloir bien savoir mon sentiment sur cela, j'étois obligé de lui dire que je croyois la chose fort casuelle ; que ce soldat en ayant fait l'épreuve dans mon jardin, de trois ou quatre coups qu'il avoit tirés, il n'y en avoit eu qu'un seul qui eût réussi, et qu'ainsi je ne jugeois pas qu'on dût s'assurer beaucoup sur un effet si incertain. Il me pria de vouloir bien aller chez lui le lendemain avec ce soldat afin qu'on en fît l'épreuve dans son jardin : « Nous vous régalerons chez nous, « ajouta-t-il, et je vous promets que vous y serez bien « reçu. — Mon père, lui répondis-je, j'y serai beau- « coup mieux que je ne mérite ; ce m'est trop d'hon- « neur de ce que vous pensez à moi. — Oh, vraiment, « j'ai bien sujet d'y penser, repartit le père, il y a « long-temps que nous nous connoissons. Vous sou- « venez-vous de cette rencontre où vous m'offrîtes « votre cheval ? — Mon père, lui dis-je, j'ai honte de « penser à si peu de chose, et c'est une marque de « votre générosité de ce que vous vous en souvenez « encore. »

Cette rencontre dont il parloit, fut qu'allant un jour à Saint-Germain, durant une très-grande chaleur, je trouvai en chemin le père Joseph, avec un frère, qui y alloit aussi. C'étoit lorsqu'il commençoit à s'intriguer avec M. de Luynes et à rechercher la faveur de la cour. Je le priai le plus honnêtement que je pus de vouloir monter sur mon cheval ; mais lui, qui ne croyoit pas alors qu'il fût permis à un capucin d'aller à cheval, quoiqu'il ait cru depuis qu'il pouvoit même, pour le plus grand bien de l'Etat, aller en carrosse, me remercia humblement, et il me dit seulement que, puisque j'avois tant de bonté, il me supplioit de les soulager en les déchargeant de leurs gros manteaux et de la besace que portoit le frère ; ce que je fis avec grande joie : de sorte que c'étoit une assez plaisante chose de voir un capitaine portant la besace, comme c'en fut depuis une assez rare de voir un capucin devenu courtisan, et ministre du premier ministre d'Etat. C'étoit donc de cette rencontre que parloit le père, lequel continua à m'entretenir de cette sorte : « Je « me suis toujours souvenu depuis, me dit-il, de la « charité que vous nous fîtes alors, et je n'ai pu vous « oublier en y pensant. J'ai parlé pour vous en plu- « sieurs occasions à M. le cardinal, et j'ai reconnu « qu'il vous estime beaucoup. Il est très-disposé à « vous servir; il ne se trompe pas dans le choix qu'il « fait des personnes ; il a un discernement merveil- « leux pour juger du mérite des gens ; il récompense « la vertu partout où il la connoît. — Mon père, « lui dis-je, je vous ai une extrême obligation de ce « que vous avez eu une si grande reconnoissance « d'une si petite chose. Je ne méritois pas néanmoins « que vous parlassiez de moi à M. le cardinal, et j'ai « peur que ce que vous avez eu la bonté de lui dire « en ma louange ne tourne à mon désavantage ; car, « comme un aussi grand esprit que le sien ne peut « estimer que les choses éminentes, n'y ayant rien « en moi qui ne soit très-commun, c'est faire tort en « quelque sorte à son jugement de lui vouloir don- « ner de l'estime d'une personne qui ne la mérite pas. « Je ne puis, ce me semble, me vanter que d'une « chose, qui est la fidélité inviolable que j'ai toujours « gardée au Roi mon maître, et dans laquelle je puis « dire, sans vanité, que je ne cède à personne. » Le père, voyant que je m'apercevois de son dessein et que sa mine étoit éventée, ne s'étonna point, et prit sujet de mes paroles pour me répondre : « C'est cela « même, me dit-il, que M. le cardinal estime le plus « en vous; c'est cette grande fidélité, connue de tout

« le monde, qu'il recherche davantage : ce sont ces
« personnes qu'il demande ; il veut des officiers qui
« lui soient fidèles et qui ne soient qu'à lui, sans ex-
« ception et sans réserve. Il ne veut point de ceux
« qui servent à deux maîtres (ce furent ses propres
« termes), sachant bien qu'il ne peut se trouver de
« fidélité en eux. C'est ce qui l'a porté à jeter les yeux
« sur vous, parce qu'il sait que lorsque vous vous
« êtes donné à un maître vous ne regardez que lui,
« et ne servez que lui seul après Dieu. Il est si rare,
« en ce temps-ci, ajouta-t-il, de trouver des hommes
« de cette trempe, que, s'il falloit les acheter, M. le
« cardinal les achèteroit au poids de l'or.

On ne pouvoit guère sans doute pousser les choses plus loin, ni se déclarer plus ouvertement. Aussi, ne croyant pas alors devoir garder davantage de mesures avec une personne qui en gardoit si peu avec moi, je ne craignis plus de me déclarer aussi ouvertement qu'il le faisoit. « Je sais, mon père, lui dis-je, que ce
« m'est un trop grand honneur que son Eminence ait
« jeté les yeux sur moi, et je suis très-persuadé que
« je ne pourrois m'approcher de sa personne sans
« être assuré de ma fortune ; mais puisque M. le car-
« dinal témoigne lui-même qu'il estime principale-
« ment la fidélité dans les serviteurs, ne seroit-il pas
« le premier à me blâmer d'infidélité, si, après l'hon-
« neur qu'il a plu au Roi de me faire en m'appro-
« chant de sa personne, et me donnant de lui-même
« une lieutenance dans ses gardes, je quittois sitôt
« son service pour me donner à un autre ? Ce seroit
« faire paroître une légèreté et une ingratitude bien
« inexcusable ; et il n'y a personne qui ne jugeât

« qu'ayant été si mauvais serviteur d'un roi de France,
« je ne fusse très-indigne de l'être du plus grand car-
« dinal de la chrétienté. J'ai sans doute tout sujet de
« croire, mon père, que M. le cardinal veut éprouver
« ma fidélité en cette rencontre, et j'espère que vous
« aurez la bonté de lui en rendre témoignage, et
« d'ajouter cette nouvelle grâce à tant d'autres dont
« je vous suis obligé. » Alors le père, se sauvant heureusement par cette ouverture favorable que je lui
donnois, feignit d'être fort satisfait de moi ; et, après
m'avoir loué de cette reconnoissance que j'avois des
faveurs de Sa Majesté, il sortit, paroissant aussi content à l'extérieur qu'il avoit de dépit au fond de l'ame
de voir ses complimens si mal payés.

Le cardinal ne témoigna pas moins de satisfaction
au dehors de la réponse que j'avois faite, relevant
beaucoup cette grande fidélité que je faisois paroître :
et, bien qu'il ne pût pas n'être point choqué de ce
qu'un simple officier comme moi osoit refuser d'entrer à son service, il est incroyable combien cette
ambition qu'il avoit d'exécuter ce qu'il avoit une fois
entrepris lui fit user d'adresse pour me gagner. S'il
parloit de quelques officiers de l'armée, il me relevoit par-dessus les autres ; et affectoit de me louer
devant le Roi et devant les grands de la cour, en sorte
qu'on me venoit dire fort souvent que j'étois bien
obligé à M. le cardinal des témoignages si avantageux
qu'il rendoit à toute heure de ma conduite. Je recevois ces complimens avec des paroles humbles et re-
connoissantes en apparence, mais au dedans j'étois
insensible à des louanges affectées d'une personne
dont je connoissois les prétentions. Un jour le Roi,

m'ayant accordé un bénéfice pour quelqu'un de mes parens, me dit d'aller trouver M. le cardinal pour lui faire civilité sur ce sujet. J'y allai, et lui dis que comme Sa Majesté remettoit tout entre ses mains, elle m'avoit envoyé lui demander son agrément pour un tel bénéfice qu'elle m'avoit fait la grâce de me donner. Je vis un homme qui avoit une très-grande joie du compliment que je lui faisois. Il me dit avec un visage riant qu'il étoit très-aise du don que le Roi m'avoit fait, qu'il connoissoit mon mérite, et qu'au lieu de trouver quelque chose à redire aux faveurs que Sa Majesté me pourroit faire, il y contribueroit volontiers de tout ce qui seroit en son pouvoir. Mais cette bonne volonté qu'il me témoignoit alors ne dura guère; et je dirai dans la suite de ces Mémoires comment, après avoir tenté les promesses et les louanges, et usé de toutes les voies de la douceur dont un ministre aussi habile que lui put s'aviser, il en vint enfin à la rigueur et à la violence. Mais il faut continuer ce qui se passa durant le siége de La Rochelle, et dire ici la plus grande affaire que j'aie eue de ma vie, que je puis assurer avoir été juste dans son origine, mais que plusieurs circonstances du lieu et des personnes rendirent criminelle.

Avant que de rapporter ce grand différend que j'eus avec M. de Canaples mon mestre de camp, et fils de M. le maréchal de Créqui, il est bon de marquer en peu de paroles ce qui commença à lui donner quelque refroidissement pour moi. Un jour qu'il jouoit contre M. de Saligny, capitaine de la compagnie dont j'étois lieutenant, il eut le bonheur du jeu et lui gagna six cents pistoles. Le comte de Saligny voulut voir les dés, ne sachant à qui s'en prendre de son malheur, et y ayant trouvé du défaut, il soutint qu'on avoit usé de tricherie, et qu'on lui avoit volé son argent. M. de Canaples se défendit en disant qu'il avoit joué bon jeu, qu'il n'étoit pas garant des dés, qu'il les avoit achetés pour bons, et qu'au reste il n'avoit pas eu plus d'avantage que lui-même, puisqu'ils en avoient joué tous deux également. Le comte de Saligny sortit aussitôt de la maison, et, me trouvant, il me conta ce qui s'étoit passé, et me témoigna être résolu de s'en venger, ne pouvant souffrir d'être ainsi la dupe de son mestre de camp. Je lui répondis ce que le faux honneur du monde inspire en de semblables occasions, et l'assurai de mon service, lui témoignant néanmoins que j'aurois encore mieux aimé les accommoder si cela se pouvoit, puisqu'en conservant ma charge je lui sauverois son honneur. L'affaire ne passa pas plus avant, ayant été en effet accommodée bientôt après; mais comme il n'y a rien de secret dans le monde, cette parole que j'avois dite fut rapportée à M. de Canaples, et il en fut extraordinairement piqué contre moi. Il le dissimula néanmoins toujours, n'en faisant rien paroître au dehors, jusqu'à l'occasion dont je parlerai bientôt après.

Cependant, nonobstant cet accommodement, il resta quelque amertume sur le cœur à M. le comte de Saligny; et ne pouvant plus souffrir d'être commandé par un homme de qui il croyoit avoir reçu un affront, il se résolut de vendre sa charge. Il m'en parla, et me fit même la grâce de me demander si je n'aurois point quelque dessein de l'acheter, me promettant de m'en faire meilleur marché qu'à un autre de deux mille

écus. Je lui répondis que j'en avois toute la volonté possible, mais que les finances me manquoient; que cela ne m'empêcheroit pas de reconnoître l'obligation que je lui avois, et qu'au reste je ne pouvois rien espérer que de la libéralité du Roi, qui m'avoit promis de me donner une compagnie, comme il m'avoit déjà donné une lieutenance. M. de Boulogne, dont j'ai parlé plusieurs fois, ayant su ce qui se passoit, m'exhorta fort à acheter cette charge, me promettant de me faire trouver de l'argent et d'en être la caution; mais comme je n'ai jamais aimé à employer mes amis que dans la dernière nécessité, je lui dis que la difficulté n'étoit pas à trouver cet argent, mais à le rendre; que s'il vouloit être ma caution son argent courroit grand risque, et que je n'étois nullement d'humeur à faire ma fortune aux dépens de mes amis. M. de Saint-Preuil m'étant venu voir quelques jours après, me dit que le comte de Saligny lui avoit parlé de lui vendre sa charge, mais que pour lui il n'y penseroit jamais qu'il n'eût su de moi auparavant si je n'avois point quelques vues sur cette charge. Je lui dis, comme au comte de Saligny, que j'eusse bien voulu l'avoir, mais que je ne voulois point l'acheter. « Ce n'est pas de
« quoi il s'agit, me repartit-il; il y en a assez comme
« vous : tout ce que j'ai à vous dire est que tant que vous
« y penserez je n'y penserai jamais; je sais trop la juste
« prétention que vous y avez; et si vous voulez même
« l'acheter j'ai quatre mille écus que je vous offre pré-
« sentement. » Je lui répondis alors fort sérieusement que je lui étois obligé, et que j'aimerois toujours mieux que ce fût lui qu'un autre qui l'achetât, parce que je l'aimois et lui souhaitois autant de bien qu'à moi-

même. Mais j'ajoutai que puisqu'il me faisoit perdre mes espérances en achetant une charge que j'avois droit d'attendre de la libéralité du Roi, comme le comte de Saligny l'avoit reçue de la même libéralité, je le suppliois de souffrir au moins que je m'en plaignisse, et de ne trouver point mauvais que j'usasse de ce moyen pour tirer quelque avantage de mon malheur ; « car j'ai besoin, lui dis-je en riant, de quelque « douceur qui tempère un peu l'aigreur de ma bile, « et qui dissipe mon chagrin. » M. de Saint-Preuil m'assura qu'il m'aideroit de bon cœur à tirer quelque argent du Roi, et que je pouvois lui dire de quelle invention je prétendois me servir pour cet effet.

Comme la nécessité ouvre l'esprit, je ne rêvai guère pour trouver l'expédient dont j'avois besoin. Je lui dis que, puisqu'il alloit à Taillebourg où le Roi étoit pour lors, il falloit qu'il prît la peine de m'écrire de ce lieu une lettre, dans laquelle il me manderoit la résolution qu'il avoit prise d'acheter cette compagnie, et que j'y répondrois par de grandes plaintes de l'injustice qu'il me faisoit ; qu'ensuite il pourroit parler à M. le duc de Saint-Simon en ma faveur, et lui faire voir ma lettre, afin que lui-même la montrât au Roi, et qu'en lui faisant entendre la justice de mes plaintes il me procurât au moins quelque récompense de m'être plaint si justement. M. de Saint-Preuil me promit d'en user ainsi, et de me servir de son mieux. En effet, il m'écrivit de Taillebourg la lettre que nous avions concertée, et j'y répondis par une autre toute remplie de plaintes, lui mandant que j'étois le plus malheureux homme du monde si cette compagnie sortoit des mains d'une personne qui l'avoit reçue de la pure libéralité du

Roi; que je n'avois plus rien à espérer puisqu'elle se vendroit ainsi toujours; que je n'étois pas fâché que ce fût lui qui l'achetât, mais que j'étois seulement fâché de ce qu'on l'achetoit, et qu'ainsi le déplaisir que j'avois de voir toutes mes prétentions ruinées étoit si violent et si juste, que je ne pourrois l'oublier sitôt, ni en perdre le sentiment que je devois en avoir; qu'il fermoit la porte de la libéralité du Roi à mon égard, mais qu'après avoir souffert quelque temps cette injustice pour l'amour que je lui portois, je pourrois peut-être quelque jour faire éclater mon ressentiment. M. de Saint-Preuil montra ma lettre à M. le duc de Saint-Simon, et lui parla à mon avantage selon l'accord fait entre nous. M. le duc de Saint-Simon la fit voir au Roi; et comme il vit que le Roi commençoit à se fâcher, il lui dit que j'étois un peu excusable, et digne de compassion, si je criois en me voyant frustré tout d'un coup de toutes les justes prétentions que j'avois sur cette compagnie; qu'il supplioit Sa Majesté de me tromper favorablement en me faisant quelque grâce que je n'attendisse pas; que les plaintes étant naturelles à la douleur, elles étoient innocentes lorsque la cause de cette douleur étoit juste; qu'au reste j'étois un de ses plus fidèles serviteurs, qui avois exposé ma vie en cent combats, qui étois percé de coups, et qui méritois autant une compagnie dans ses gardes que gentilhomme de son royaume. Le Roi, un peu adouci, répondit à M. le duc de Saint-Simon :
« Il est vrai qu'il est brave homme; il est juste d'a-
« voir quelque considération pour lui en cette ren-
« contre. » Il envoya ensuite un ordre à M. d'Effiat pour me faire toucher 4,000 livres.

Mais il ne fut pas néanmoins content de ma lettre; et lorsque je vins quelques jours après à Surgères, il me fit connoître par sa froideur et par son silence qu'il n'étoit pas satisfait de moi. Ne sachant alors si je devois parler ou me taire, craignant d'une part que si je parlois je ne parusse insolent, et de l'autre que si je me taisois je ne me déclarasse coupable, je pris enfin néanmoins ce dernier parti, et me résolus de demeurer dans le silence, pour tâcher de vaincre la bonté du Roi par ma soumission et par la patience avec laquelle je demeurerois toujours auprès de sa personne sans rien dire. Pendant le souper M. le comte de Soissons qui n'étoit pas trop bien auprès de Sa Majesté vint la saluer, et lorsqu'il l'eut entretenue quelque temps il s'en alla. Tous les autres grands seigneurs s'en allèrent de même les uns après les autres. Cependant je demeurois toujours auprès du Roi, espérant de l'obliger par ma persévérance à me parler, et sachant d'ailleurs qu'il étoit bien aise qu'on se tînt assidument près de sa personne. Mais la patience m'échappa enfin, et, me mettant intérieurement en colère de ce que le Roi gardoit si long-temps un si grand froid à mon égard, lorsqu'il se leva de table je me jetai à ses genoux, et lui dis que la crainte de lui déplaire et la confusion que me causoit le souvenir de ma faute m'ayant obligé de me taire jusqu'alors, je croyois que sa bonté souffriroit que je lui demandasse un très-humble pardon de mes emportemens et de mes plaintes. « Ho, ho, « me répondit tout d'un coup le Roi, qui vous a donc « obligé d'écrire une lettre si cavalière? » Je lui repartis que Sa Majesté m'ayant fait espérer la compagnie qu'elle avoit donnée à M. le comte de Saligny, et

M. de Saint-Preuil l'ayant depuis achetée, je savois bien qu'elle ne lui feroit pas une injustice en me donnant ce qu'un autre avoit acheté. Sur quoi le Roi me demanda de quoi donc je me plaignois. Il m'étoit facile de lui faire entendre que c'étoit de cela même que je me plaignois, que m'ayant donné parole de me gratifier de cette charge il avoit permis qu'elle fût vendue. Mais il n'étoit pas temps de faire valoir la justice de mes plaintes, et il valoit mieux prendre le parti de la soumission; et ainsi, m'accusant moi-même, je répondis que je n'avois à me plaindre que de moi, et que je demandois très-humblement pardon à Sa Majesté de l'avoir offensée. Le Roi, qui témoignoit être plus fâché qu'il ne l'étoit, se laissant vaincre aisément à cette soumission que je lui faisois, me dit : « Soyez « donc plus modéré une autre fois, et ne vous plai- « gnez pas si facilement qu'on vous fait une injustice. « J'ai commandé à d'Effiat de vous donner 4,000 « livres. »

Je me tins très-satisfait de cette douce réprimande, ayant eu lieu de craindre des suites fâcheuses de cette affaire. Mais, lorsque j'étois sur le point de me faire payer de cette donation du Roi, je pensai par une fausse galanterie me perdre entièrement auprès de Sa Majesté. Ayant rencontré un commis de M. d'Effiat, qui me dit que M. le surintendant me vouloit parler, j'allai chez lui dans la pensée qu'il vouloit me faire toucher les 4,000 livres dont j'ai parlé. En effet, il me dit d'abord que j'étois beaucoup obligé à la bonté du Roi, qui s'étoit souvenu de mes services, et lui avoit commandé de me donner 4,000 livres. Je lui répondis que je reconnoissois avec tout le respect que je devois cette obligation que j'avois à Sa Majesté; mais que s'il vouloit me permettre de lui dire ma pensée, il me sembloit que ces 4,000 livres, qui pouvoient paroître quelque chose de considérable pour celui qui les devoit recevoir, étoient peu de chose pour un si grand prince qui me les donnoit. Je crus en parlant ainsi à M. d'Effiat qu'il prendroit selon ma pensée ce que j'avois pris la liberté de lui dire, et qu'il auroit même la bonté de m'offrir à l'heure même son service pour me faire hausser la donation du Roi : aussi m'avoit-il toujours témoigné assez de bienveillance dans les rencontres pour me donner lieu d'attendre de lui cette honnêteté. Mais je fus bien étonné de voir mes espérances vaines et ma politique renversée; car il entra tout d'un coup en une très-grande colère contre moi, et me reprocha avec des paroles très-dures l'ingratitude dont je payois les bienfaits de Sa Majesté. Je connus trop tard la faute que j'avois faite, et ne pensant plus qu'à la réparer, au lieu de solliciter une nouvelle donation, je le suppliai de m'excuser si la nécessité où j'étois de faire beaucoup de dépense pour subsister avec honneur dans ma charge m'avoit fait prendre cette liberté auprès de lui. Je l'assurai que c'étoit la seule confiance que j'avois toujours eue en sa bonté qui m'avoit porté à lui parler de la sorte, et que d'ailleurs j'avois et aurois toute ma vie toute la reconnoissance possible des libéralités du Roi.

Le commis dont j'ai parlé, qui étoit fort de mes amis, prit alors ma défense, tâcha d'adoucir aussi M. d'Effiat, et lui dit, pour confirmer ce que j'avois avancé, que dans le poste où j'étois auprès du Roi, je me trouvois obligé de faire une dépense beaucoup plus grande que mon bien; que je m'endettois beaucoup dans ma charge, et qu'ainsi c'étoit plutôt pour mes créanciers que pour moi que je demandois de l'argent; que je lui devois à lui-même 4,000 livres, et qu'il avoit intérêt à la donation que le Roi m'avoit faite; ce qu'il disoit néanmoins pour m'obliger, afin qu'en rendant son maître son propre débiteur il pût au moins me sauver par ce moyen la donation du Roi, qui couroit assez grand risque. Cependant on eut toutes les peines du monde à apaiser M. le surintendant, qui parut un peu plus sévère à l'égard des autres qu'il ne l'étoit peut-être pour soi-même, n'étant pas sans doute d'humeur à trouver de l'excès dans les libéralités dont il auroit plu au Roi de récompenser ses services. Enfin néanmoins, après avoir été prié et sollicité par plusieurs personnes considérables, il me promit de ne me rendre aucun mauvais office auprès du Roi, mais de me servir, au contraire, en ce qu'il pourroit.

Quelques jours après, lorsque j'étois en garde avec ma compagnie sur la mer dans les vaisseaux de Sa Majesté, les Rochelois envoyèrent quatre brûlots vers nos vaisseaux pour les brûler. A l'instant que je les vis venir, je commandai à tous mes gens de présenter des picots, et d'en faire comme une haie qui pût les empêcher d'approcher. Aussitôt dit, aussitôt fait; la haie étant faite, ces brûlots demeurèrent arrêtés, sans pouvoir gagner jusques à nous, ni nous faire le moindre tort, et tous les feux d'artifice jouèrent au dedans sans se répandre au dehors. Le Roi vit de loin ce qui s'étoit passé, étant près d'entrer sur la digue pour s'y promener; et m'ayant envoyé querir par le comte de Nogent, il voulut savoir de moi-même ce que j'avois fait pour me défendre de ces brûlots; il étoit aussi bien aise, comme il avoit beaucoup de bonté pour moi, de trouver cette occasion de me témoigner qu'il me pardonnoit tout-à-fait la faute dont j'ai parlé. C'est pourquoi, aussitôt que je lui eus dit, ce qu'il avoit déjà su, que j'avois fait faire une haie pour empêcher l'approche de ces brûlots, il me dit, avec un visage riant, qu'il étoit satisfait de moi et content de mes services. M. le duc de Saint-Simon, qui étoit présent, me fit entendre aussitôt après ce que vouloit dire principalement le Roi en me parlant de la sorte, et me dit que je vécusse bien avec M. de Saint-Preuil, m'assurant qu'il me serviroit auprès de Sa Majesté dans les occasions.

[1628] Ayant rapporté auparavant le sujet qu'avoit M. de Canaples d'être piqué contre moi, avec quelques autres particularités qui arrivèrent depuis, je suis obligé de parler maintenant du grand différend que nous eûmes ensemble quelques mois après, durant le même siége de La Rochelle. J'étois un jour allé reconnoître un lieu propre pour placer un corps-de-garde, en un poste éloigné des dunes environ de quatre cents pas. De cet endroit élevé je vis paroître de loin, par dessus les dunes, de fort grands mâts de navires comme de hautes pointes de clochers. Je fus d'abord un peu surpris, ne sachant ce que ce pouvoit être; mais, lorsque j'eus vu et compté jusqu'à quatorze de ces pointes, je ne doutai plus que ce ne fût l'armée navale des Anglais, commandée par le milord de Vigert, de laquelle on avoit ouï parler. C'est pourquoi, à l'heure même, je courus à toute bride au quartier du Roi pour faire le rapport de ce que j'avois vu, ajoutant que ce ne pouvoit être que l'armée navale d'Angleterre. Le Roi, ayant découvert de sa guérite toute la flotte, qui étoit, et pour le nombre des vaisseaux et pour leur grandeur prodigieuse, une des plus belles et des plus puissantes qu'on eût vues, me commanda d'aller avertir les officiers de venir recevoir ses ordres, afin que toute l'armée fût en état de recevoir cette flotte si elle vouloit tenter quelque attaque ; et il m'ordonna en même temps d'aller ensuite choisir un champ propre pour mettre les régimens en bataille. Etant arrivé chez M. de Canaples, mon mestre de camp, je lui dis que le Roi m'avoit donné ordre de le venir avertir de faire mettre son régiment en bataille à cause de l'arrivée des Anglais. Mais comme le major du régiment étoit fort malade, et que celui à qui on en avoit donné la commission se trouvoit aussi un peu mal ce même jour, outre qu'il n'entendoit pas trop bien son métier, M. de Canaples me pria d'aller mettre moi-même le régiment en bataille. Je l'assurai qu'aussitôt que je me serois acquitté de l'ordre du Roi, qui m'avoit commandé d'aller reconnoître le champ de bataille, je ne manquerois pas d'obéir au sien ; mais que je le priois seulement de se souvenir que c'étoit mon rang ce jour-là de commander les enfans perdus, car, depuis que j'étois entré dans le régiment des Gardes, il ne s'étoit point encore présenté d'occasion pour moi de les commander ; et l'on sait assez que ces emplois, quoique périlleux, sont regardés comme des places d'honneur que l'on ne cède jamais à personne. M. de Canaples me promit de s'en souvenir ;

et de ne point donner ce commandement à un autre. Je partis donc sur cette parole de mon mestre de camp, ne croyant pas qu'un homme d'honneur comme lui pût jamais y manquer dans une chose qui m'étoit due, et surtout en une occasion si importante. J'allai ensuite choisir le champ, où toutes les compagnies, tant du régiment des Gardes Françaises que Suisses, se rendirent à l'heure même. Je formai tous les bataillons, plaçai chaque compagnie dans son poste, chaque soldat dans son rang, et les officiers à la tête des compagnies pour encourager les soldats par leur exemple, et avoir la première part de tous les périls et de la victoire.

Après avoir ainsi exécuté le plus diligemment qu'il me fut possible les ordres que j'avois reçus, je retournai chez M. de Canaples pour lui rendre compte de ce que j'avois fait. Je rencontrai près de son logis M. de Savignac, mon ami intime et lieutenant de la compagnie de M. de Rhoderic, lequel, pour bonnes nouvelles, me dit qu'il s'en alloit à son poste, et qu'il avoit reçu ordre de M. de Canaples de commander les enfans perdus. Il est aisé de juger de la surprise où je fus de voir le mépris qu'on avoit fait de moi en me manquant si visiblement de parole en cette rencontre ; et je me persuade que je paroîtrai un peu excusable si je me suis emporté dans cette affaire, puisqu'un aussi grand affront qu'étoit celui-là ne pouvoit, sans une vertu bien affermie, et sans une puissante grâce de Dieu, être supporté avec patience par un homme de cœur, surtout dans la pensée où j'étois alors que Dieu se déclaroit pour celui qui, étant outragé en son honneur, repoussoit par les armes l'of-

fense qu'il avoit reçue. M. de Savignac ne m'eut pas plutôt déclaré ce que je viens de dire, que je lui répondis avec chaleur : « Comment ! M. de Canaples
« vous a donné cet ordre? Il ne le peut pas puisqu'il
« me l'a promis, et que de plus il m'appartient. C'est
« agir contre sa parole et contre la justice. — Je ne
« l'ai point demandé, me repartit-il ; parlez à M. de
« Canaples, il veut peut-être vous donner un autre
« emploi : je vous prie de ne vous point fâcher avant
« que vous ayez entendu ses raisons. — Non, non,
« lui répondis-je fort en colère, il n'y a jamais de rai-
« son d'agir contre la justice et contre sa parole. Je
« ne veux point d'autre ordre que celui qui m'appar-
« tient : l'on ne peut pas vous donner justement ce
« que l'on ne peut m'ôter qu'avec injustice. » M. de Savignac qui m'aimoit fort, mais qui ne croyoit pas néanmoins me devoir céder en une telle rencontre, me dit : « Monsieur, je ne l'ai point désiré, l'on me l'a
« donné ; je ne puis pas m'en départir sans un ordre
« particulier. »

Là-dessus, me doutant bien que M. de Canaples ne m'avoit fait cet affront qu'à cause qu'il avoit bien voulu me le faire, puisqu'il y avoit trop peu de temps pour avoir pu oublier ce qu'il venoit de me promettre, j'allai le trouver, étouffant mon ressentiment au dedans de moi, et ne témoignant rien savoir. Je lui dis que le régiment étoit en bataille, et que, quand il lui plairoit d'y venir, il trouveroit tout en ordre, comme le Roi l'avoit commandé. « Au reste, monsieur, ajou-
« tai-je, je crois que vous vous êtes souvenu de moi.
« — Et de quoi, me repartit-il ? — Du commande-
« ment des enfans perdus que vous m'avez promis,

« et qui m'appartient aujourd'hui, lui dis-je. » Alors, faisant fort le surpris et l'étonné, il s'écria : « Ah! vrai-
« ment, je l'ai donné à M. de Savignac, j'en suis bien
« fâché; je l'ai oublié. » Moi, qui voulois lui faire connoître que j'en étois encore plus fâché que lui, je lui repartis avec fermeté : « Comment! monsieur,
« vous l'avez oublié? Est-il possible qu'un homme
« d'honneur oublie sitôt la parole qu'il a donnée?
« — Je ne puis pas qu'y faire, me dit-il, je ne m'en
« suis point souvenu. » Comme je vis qu'il me jouoit, je lui répondis avec encore plus de force : « Vous
« l'avez peut-être oublié, monsieur, parce que vous
« avez bien voulu l'oublier ; mais il n'en ira pas de
« la sorte ; car, si vous l'avez oublié, je me souviens
« bien, moi, que c'est mon rang, et je suis résolu de
« ne le pas perdre. — Comment voulez-vous que je
« fasse, me dit-il? les ordres sont déjà donnés.
« — Changez, monsieur, s'il vous plaît, les ordres,
« lui dis-je. — Voulez-vous, repartit-il, que je fasse
« une injustice à un autre en lui ôtant ce que je lui
« ai donné? — Comment! monsieur, m'écriai-je, vous
« m'avez bien fait une autre injustice en m'ôtant ce
« qui m'appartenoit, ce que vous m'aviez promis. — En-
« fin que voulez-vous, me dit-il tout en colère? Je
« ne puis changer les ordres : allez-vous-en au régi-
« ment. — Oui, monsieur, lui dis-je, j'irai à la tête
« des enfans perdus. Vous m'avez donné votre pa-
« role, foi de gentilhomme et d'homme d'honneur :
« j'ai fait ce que vous m'avez commandé, et vous
« n'avez pas satisfait à ce que vous m'avez promis ; je
« vous déclare, monsieur, que je suis résolu de périr
« plutôt que de quitter ce qui m'est dû : vous allez

« voir une terrible affaire. Il y a trop long-temps,
« ajoutai-je, que je mange le pain du Roi, pour
« manquer à lui faire voir, dans une occasion aussi
« périlleuse qu'est celle-ci, qu'il ne s'est pas trompé
« dans le choix qu'il a fait de moi en m'approchant
« de sa personne. Tout le regret que j'ai est de vous
« avoir parlé d'une chose dont je ne devois pas
« vous parler. — Monsieur, monsieur de Pontis, me
« me dit-il, considérez à qui vous parlez. » Alors,
haussant encore ma voix : « Je sais, monsieur, lui dis-
« je, que je parle à une personne qui m'avoit engagé
« sa foi et sa parole, et qui m'a manqué en l'une et
« en l'autre. » Sur quoi M. de Canaples, outré de se
voir traité de la sorte par un officier de son régiment,
me répondit : « Allez, vous êtes un insolent. — Mon-
« sieur, lui repartis-je, le respect que je vous dois
« m'empêche de vous dire une chose qui vous fâche-
« roit. » Et, en tirant tant soit peu mon épée, et en
la remettant aussitôt : « Voilà, ajoutai-je, ce qui me
« fera faire raison quelque jour. » M. de Canaples,
poussé à bout, et surpris extraordinairement de cette
menace, me dit : « Je vous interdis de votre charge. »
Mais, comme je savois qu'il entreprenoit une chose
qui n'étoit pas en son pouvoir, je lui repartis sans
m'étonner : « Monsieur, vous usurpez une autorité
« qui ne vous appartient pas. Le Roi étant présent,
« c'est lui seul qui peut m'interdire. »

Je le quittai là-dessus, et, voyant que cette affaire
auroit de dangereuses suites pour moi si je n'allois
au-devant, je crus devoir me hâter d'en parler au Roi.
Je l'allai trouver, et lui dis que, lorsque j'exécutois
ses ordres, M. de Canaples avoit donné mon rang à

un autre. Le Roi, qui étoit pour lors fort occupé à donner tous les ordres nécessaires pour l'armée, n'eut pas le loisir de m'écouter, et il me renvoya à M. le duc d'Epernon, comme au colonel de l'infanterie française. Je ne perdis point de temps, n'en ayant point à perdre dans le grand empressement où l'on étoit, et j'allai chez M. d'Epernon à l'heure même; je lui déclarai le différend que j'avois eu avec M. de Canaples pour avoir exécuté les ordres de Sa Majesté et les siens, et lui témoignai que, m'étant adressé au Roi sur cela, il m'avoit renvoyé vers lui pour lui demander justice à cause qu'il étoit pour lors trop occupé à donner les ordres à toute l'armée, et qu'ainsi je le suppliois de me donner le poste qui m'appartenoit. M. d'Epernon me répondit que ce n'étoit guère le temps de vider ce différend, les ennemis étant en présence, et les affaires publiques devant être préférées aux particulières; qu'après le combat on jugeroit notre affaire à loisir, et qu'on rendroit justice à l'un et à l'autre. « Mais moi, monsieur, dis-je, que devien-
« drai-je? car il m'a interdit de ma charge. — Ho!
« dit M. d'Epernon, il a fait ce qu'il n'a pu faire. Le
« Roi étant présent, c'est à lui seul qu'appartient ce
« droit; et lorsque j'y suis, le Roi n'y étant pas, c'est
« à moi seul qu'il appartient. Allez dire de ma part à
« M. de Canaples qu'il vous laisse exercer votre
« charge, et que nous viderons ce différend lorsque
« nous aurons vidé celui que nous avons présente-
« ment avec les ennemis. » Cette parole de M. d'Epernon me rassura; mais, jugeant bien qu'il n'étoit pas à propos que je la portasse moi-même à M. de Canaples, de peur de gâter davantage cette affaire, et de me

brouiller de nouveau avec lui, je suppliai M. d'Epernon, en lui présentant mes tablettes, d'avoir la bonté d'y écrire lui-même ce qu'il vouloit mander à M. de Canaples, lui témoignant que j'appréhendois de retourner chez lui pour lui déclarer sa volonté, de peur qu'il ne s'emportât contre moi, et que je ne manquasse peut-être au respect que je lui devois. M. d'Epernon écrivit donc sur mes tablettes, et manda à M. de Canaples de me laisser exercer librement la fonction de ma charge; et étant ainsi fort content de me voir appuyé de M. le colonel, je m'en allai au régiment.

Ayant rencontré M. de Saint-Preuil, mon capitaine, je lui contai mon affaire en peu de mots selon le peu de temps que j'avois, lui donnai l'ordre de M. d'Epernon, et le priai de vouloir bien le porter à M. de Canaples le plus promptement qu'il se pourroit. J'allai ensuite prendre mon poste que l'on m'avoit refusé; et Dieu permit que M. de Savignac, à qui cette place avoit été donnée à mon préjudice, ne s'y trouvât pas lorsque j'arrivai; car, quoique nous fussions bons amis, j'étois résolu de ne point céder mon rang, et M. de Savignac ne l'étoit pas moins de garder celui qui lui avoit été donné.

Mais il arriva malheureusement que M. de Canaples, qui faisoit le tour du régiment des Gardes lorsque j'allai prendre mon poste, m'aperçut de loin à cette place avant que d'avoir reçu la lettre de M. le duc d'Epernon. Il accourut en même temps à moi au petit galop, la canne à la main; et, croyant m'épouvanter par ses menaces, il me crioit: « Je vous ôterai bien « de là, je vous en ferai bien sortir. » Comme je n'étois pas d'humeur à m'étonner aisément des paroles, je le laissai approcher de trente ou quarante pas, et lui criai ensuite de n'avancer pas davantage. « Ne « prétendez pas, lui dis-je, monsieur, me faire un « affront, car je suis très-résolu de ne le pas souffrir : « quel droit avez-vous de m'ôter ce que le Roi m'a « donné? » A ces paroles, sautant en bas de cheval et mettant l'épée à la main, il s'approcha comme si j'eusse dû me laisser battre et outrager; mais, ne voulant pas lui donner la peine de venir jusqu'à moi, je mis aussi l'épée à la main, m'avançai vers lui, et fis la moitié du chemin, étant résolu, non de l'attaquer, mais de me défendre. J'avoue que c'étoit un coup extraordinaire, et qui pouvoit passer pour capital, qu'un lieutenant mît l'épée à la main contre son mestre de camp à la tête de toute l'armée ; mais, me croyant appuyé de l'autorité du Roi et du colonel, et me voyant sur le point d'être outragé et déshonoré pour jamais, sans avoir fait d'autre faute que de m'être acquitté des ordres que le Roi m'avoit donnés, je ne pensai qu'à me sauver de ce mauvais pas, quand il auroit dû m'en coûter la tête.

M. le duc d'Angoulême étant accouru avec quelques autres grands seigneurs, lorsque nous avions déjà allongé deux ou trois coups, nous séparèrent ; et la chose en demeura là, jusqu'à ce que l'on eût vu que la flotte anglaise avoit mouillé l'ancre et s'étoit mise à la rade, sans s'apprêter en aucune sorte au combat. Alors M. de Canaples, qui se sentit extraordinairement piqué de l'affront qu'il croyoit avoir reçu à la vue de toute l'armée, résolut d'aller promptement trouver le Roi afin de le prévenir sur cette affaire. Je le vis monter à cheval, et me doutai aussitôt de son dessein; et, comme il y alloit du tout pour moi d'empêcher que le Roi ne fût prévenu, je montai aussi à l'instant sur le meilleur de mes chevaux, résolu de faire tout mon possible pour devancer M. de Canaples; mais, me connoissant un peu chaud, et s'étant douté que je ne manquerois pas de le suivre, il prit un sentier détourné, et me céda le grand chemin. Ainsi il arriva le premier chez le Roi, et lui dit la chose tout-à-fait à son avantage, l'assurant que j'avois voulu l'assassiner en tirant l'épée contre lui à la tête du régiment; mais il ne dit pas que lui-même avoit voulu le premier m'ôter l'honneur et peut-être la vie, en présence de tant d'illustres témoins. Il exagéra mon crime autant qu'il put, et fit entendre à Sa Majesté que si la justice n'en étoit faite toute la discipline militaire alloit être renversée, qu'il n'y auroit plus de sûreté pour les officiers à l'égard des soldats, ni pour les mestres de camp et les généraux à l'égard des moindres officiers de l'armée. Le Roi répondit qu'il ne vouloit pas s'opposer à la justice, qu'il allât voir M. d'Epernon, et qu'il en fît informer.

J'entrai chez le Roi dans l'instant que M. de Canaples en fut sorti; mais je le trouvai entièrement prévenu. Car, lorsque je voulus ouvrir la bouche pour lui parler de mon affaire, il me dit avec sévérité : « Canaples m'en a parlé; c'est une mauvaise affaire « pour vous si elle est ainsi qu'il me l'a dit. — Sire, « lui repartis-je, Votre Majesté en sait plus que per- « sonne. Si elle a pour agréable de s'en informer et « de m'entendre, elle verra que je n'ai rien fait que « pour son service et par son ordre. Je la supplie

« très-humblement de se souvenir des ordres qu'elle
« m'a donnés. — Eh bien, allez voir M. d'Epernon,
« me dit le Roi; dites-lui que c'est moi qui vous en-
« voie, et que je lui parlerai. » J'allai aussitôt chez
M. le duc d'Épernon, espérant trouver quelque accès
auprès de lui, à cause de l'ordre dont j'ai parlé qu'il
m'avoit donné pour M. de Canaples; mais je fus
étrangement surpris de le trouver encore moins disposé à m'entendre que le Roi. Il me dit d'abord :
« Monsieur de Pontis, M. de Canaples m'a parlé de
« votre affaire; on voit maintenant un étrange dé-
« sordre parmi tous les officiers de l'armée. Il n'y a
« plus de soumission ni de dépendance. Les enseignes
« veulent faire la charge des lieutenans; les lieute-
« nans veulent faire celle des capitaines; les capi-
« taines veulent faire les mestres de camp, et les
« mestres de camp les colonels. J'empêcherai bien
« ce désordre. Je m'étonne comment vous avez osé
« venir ici. — J'y viens, monsieur, lui repartis-je,
« avec la sauve-garde du Roi, qui m'a envoyé pour vous
« dire qu'il vous parlera de cette affaire. — Vous
« avez bien fait, me repartit M. d'Epernon, de venir
« ici de la part du Roi, car sans cela je vous aurois
« fait arrêter, pour vous donner tout le loisir de pen-
« ser à ce que vous pourrez dire pour la justifica-
« tion de votre crime. » Alors, voyant qu'il ne me
restoit plus de défense que dans la soumission et l'humilité, je le suppliai de ne me point condamner sur
le seul rapport de ma partie, et sans avoir entendu
mes raisons. Je le conjurai de considérer que les innocens se trouvent souvent accablés par l'autorité de
leurs ennemis, qui veulent faire passer pour crime

tout ce qui s'oppose à leur injustice, et pour criminels tous ceux qui se défendent de leur oppression. « J'es-
« père, monsieur, ajoutai-je, que si vous avez la
« bonté de vouloir entendre de la bouche de per-
« sonnes non passionnées la vérité de l'affaire, vous
« excuserez mon malheur, et prendrez même ma dé-
« fense, me jugeant plus digne de votre compassion
« que de votre colère. Je vous supplie, monsieur, de
« vous souvenir de la lettre que vous m'avez fait la
« faveur d'écrire pour moi à M. de Canaples, dans
« laquelle vous le blâmiez de ce qu'il avoit eu la har-
« diesse de m'interdire, le Roi et vous étant présens
« dans l'armée, et lui commandiez de la part du Roi
« de me laisser dans la libre fonction de ma charge.
« Ainsi, lorsqu'il m'a voulu déshonorer contre l'ordre
« formel du Roi et le vôtre, monsieur, j'ai cru que
« le Roi et vous-même me mettiez l'épée à la main
« pour venger l'injure qu'on faisoit à l'autorité du
« Roi, et pour me défendre en même temps de l'af-
« front qu'on me vouloit faire. »

Ces raisons étoient assez fortes pour fléchir l'esprit de M. d'Epernon, dont l'honneur et l'autorité sem-
bloient être engagés dans ma cause; mais comme il n'avoit pas le loisir de les considérer, et qu'il étoit d'ailleurs prévenu par tout ce que lui avoit dit M. de Canaples, et qu'enfin mon action paroissoit fort odieuse par elle-même, étant dépouillée des circonstances qui pouvoient la rendre plus innocente, je vis bien qu'il étoit très-malintentionné à mon égard, et que je devois prendre congé de lui. Jugeant aussi que je n'étois pas trop en sûreté, je résolus de me retirer chez M. le maréchal de Schomberg, qui m'a toujours fait l'hon-

neur de m'aimer et de me protéger avec une bonté extraordinaire.

Ce fut alors que je commençai à me représenter l'inconstance de la fortune des hommes. Je soupirois dans le fond du cœur de voir qu'après avoir servi si fidèlement le monde durant tant d'années, le monde me récompensoit si mal; qu'après avoir exposé mille fois ma vie pour le service de mon prince, j'étois sur le point de la perdre honteusement par la rigueur de la justice, ou au moins de passer le reste des jours que j'avois à vivre dans l'éloignement et l'oubli des hommes. J'envisageois la misère d'un homme fugitif et vagabond, qui craint tout, qui n'espère rien, qui regarde toutes les créatures comme étant bandées contre lui pour le rendre malheureux, et qui ne peut attendre que de la mort la fin de toutes ses inquiétudes et de ses misères. Aussi ne désirai-je jamais de mourir que ce jour-là; et je pensois à la mort comme au plus grand bonheur qui pût m'arriver, craignant surtout l'épée de la justice, et ne redoutant guère moins de vivre malheureux hors de la cour et de ma patrie. Telles étoient les pensées tout humaines qui m'agitoient, et les vues basses qui occupoient tout mon esprit. Je ne savois pas encore que c'est un bonheur à un homme qui a long-temps vécu dans les armées et à la cour, d'être obligé de s'en éloigner pour penser à quelque chose de plus sérieux, et donner au moins le reste de sa vie à Dieu, lorsque le monde ne veut plus de lui. Mais Dieu me préparoit ainsi de loin peu à peu, en me faisant goûter les amertumes du siècle, à y renoncer un jour; et toutes les différentes afflictions dont il m'éprouvoit étoient, sans que j'y pensasse, comme autant de gages de sa miséricorde sur moi. Lors donc que j'étois ainsi attentif à me regarder uniquement moi-même dans toutes les suites fâcheuses de cette extrémité où je me trouvois réduit, Dieu me regarda et m'inspira la pensée de lui demander son assistance. Je lui dis avec de profonds soupirs : « Seigneur, vous « connoissez ma misère, et je connois votre miséri- « corde. Prenez ma défense puisque je n'ai nul dé- « fenseur. » Ma prière fut courte ; mais le sentiment avec lequel je la fis fut très-vif et partoit du fond du cœur. Au reste l'excès de ma douleur, de mon trouble et de mon inquiétude fut tel, que je changeai et devins presque méconnoissable en très-peu de jours, mes cheveux mêmes ayant grisonné et blanchi dans ce peu de temps ; car il faut avoir éprouvé ce que c'est à un homme de cœur et d'honneur de se voir réduit à craindre l'épée du bourreau, pour juger de l'état où j'étois.

L'on commença, aussitôt après que je me fus retiré chez M. le maréchal de Schomberg, à traiter et à examiner mon affaire. L'on fit faire les informations accoutumées et battre le tambour par tous les carrefours, pour me signifier un ajournement personnel. Mais, comme j'aimois encore mieux passer pour criminel étant libre, que de me rendre prisonnier et de m'exposer aux violentes intrigues de mes ennemis, je fus interdit et démis de toutes fonctions de ma charge ; et défense fut faite à tous soldats et officiers du régiment de me reconnoître pour officier.

Les procédures étant achevées, on les porta à M. le duc d'Epernon, comme colonel de l'infanterie, et par conséquent le premier juge. M. d'Epernon en parla au Roi, qui, n'ayant pu se dépouiller de cette bonté extraordinaire qu'il a toujours eue pour moi, et ayant dessein de me sauver la vie, voulut, sans s'opposer ouvertement à la justice, tirer cette affaire en longueur, afin que le temps ayant un peu adouci les esprits, il pût plus facilement accorder ma grâce, sans être blâmé par les principaux officiers de son armée, dont l'autorité sembloit être intéressée dans la punition de ma faute. Le Roi fit donc réponse à M. le duc d'Epernon qu'il falloit prendre les avis des maréchaux de France, et des principaux officiers de l'armée. Ainsi l'affaire fut sursise un ou deux jours.

Mais ce qui servit extrêmement pour la justification de mon innocence, fut la générosité tout extraordinaire et inouïe de M. le maréchal de Créqui, père de M. de Canaples; car, aussitôt qu'il eut été informé de notre différend, il se déclara hautement pour moi contre son propre fils. Il blâma devant plusieurs personnes l'action de M. de Canaples, comme d'un homme qui avoit manqué à sa parole, et loua publiquement la mienne, comme d'un homme de cœur qui avoit repoussé une injure extraordinaire par une action extraordinaire. Et cette déclaration de M. le maréchal de Créqui, qui renonçoit ainsi à l'inclination naturelle pour soutenir la justice, fut d'un très-grand poids pour ma cause, n'étant pas aisé de s'imaginer qu'un père pût se déclarer contre son fils si la justice eût pu se trouver de son côté. On ne laissa pas néanmoins d'examiner mon affaire dans le conseil.

Cependant M. le maréchal de Schomberg agissoit secrètement auprès du Roi, pour le supplier d'avoir compassion d'un officier qui l'avoit servi avec tant de zèle et de fidélité jusqu'alors, et pour le porter à faire en sorte que toutes choses fussent adoucies. Le Roi n'y étoit, comme je l'ai dit, que trop porté par lui-même, et il en parloit souvent à plusieurs ; mais chacun répondoit avec beaucoup de retenue, craignant d'une part de choquer Sa Majesté, qui ne paroissoit pas être contre moi, et redoutant d'autre part l'inimitié de M. de Canaples qui étoit puissant. Il s'en trouva un néanmoins qui dit librement sa pensée au Roi sur ce sujet ; mais, autant que le sentiment de M. le maréchal de Créqui, père de ma partie, fut généreux, autant l'avis de celui-ci fut indigne et méprisable. Il avoit été autrefois mon capitaine sous le règne de Henri-le-Grand, lorsque je n'étois encore que cadet dans le régiment des Gardes. Le Roi, voulant donc un jour lui faire l'honneur de s'ouvrir à lui sur mon affaire, lui dit : « Vous connoissez Pontis depuis « plus long-temps que pas un autre ; il me semble « qu'il est patient, quoiqu'il soit un peu chaud et « provençal. Il faut sans doute qu'on l'ait bien « poussé, et qu'on lui ait mis le pied sur la gorge ; « que vous en semble ? » C'étoit sans doute se déclarer assez ouvertement pour moi, et engager cet officier à parler avantageusement d'un homme dont le prince témoignoit lui-même défendre la cause. Cependant, contre l'attente de tout le monde, il eut assez de dureté pour répondre au Roi que, quand ce seroit son propre fils qui auroit commis cette action, il la condamneroit dans son fils comme criminelle. Le Roi, qui s'étoit attendu à toute autre chose, et qui avoit cru qu'on dût avoir plus de respect pour ses sentimens, témoigna être extraordinairement surpris d'une réponse si malhonnête, et il se retira vers la fenêtre sans rien dire. En effet, c'étoit condamner bien sévèrement par sa réponse un homme que Sa Majesté avoit comme absous par sa demande; et il est sans doute que si sa voix n'avoit été vendue contre moi, il n'auroit jamais parlé de la sorte en une telle rencontre. Aussi, lorsque cette grande affaire fut entièrement terminée, et que j'eus enfin obtenu ma grâce, il m'en fit diverses fois de grandes excuses, qui ne servirent néanmoins qu'à le condamner encore davantage.

Tandis qu'on examinoit mon affaire dans le conseil, M. du Hallier, alors capitaine des Gardes du Corps, qui depuis a été maréchal de France et gouverneur de Paris sous le nom de L'Hôpital, et M. d'Estissac, mestre de camp d'un régiment d'infanterie, m'envoyoient quelqu'un tous les jours, ou venoient eux-mêmes me donner avis de tout ce qui s'étoit dit dans le conseil et dans les entretiens du Roi touchant mon affaire, témoignant par ce bon office la bonté toute particulière qu'ils avoient pour moi dans le temps de ma plus grande disgrâce; et je connus par ce moyen qui étoient les vrais ou les faux amis, ou les ennemis entièrement déclarés. Je sus qu'il y avoit dans le conseil de guerre quarante-huit juges contre moi, tant princes que maréchaux de France, ducs et pairs, colonels, maréchaux de camp, et mestres de camp: ce qui venoit de ce que ces grands officiers étoient bien aises, en favorisant M. de Canaples, de relever l'autorité de leurs charges, et de se rendre plus redoutables que jamais aux capitaines, lieutenans et enseignes. Ils étoient ainsi en quelque sorte juges et parties, et vouloient faire un exemple en ma personne, craignant que si cette hardiesse de mettre l'épée à la main contre son mestre de camp étoit autorisée en demeurant impunie, ils ne trouvassent à l'avenir plus de résistance que de soumission dans les officiers subalternes, et ne se vissent souvent engagés à se battre plutôt comme de simples gentilshommes, qu'à commander avec l'autorité du Roi à leurs inférieurs. J'avoue, en effet, que leur crainte eût été juste si les circonstances de mon action ne m'eussent mis entièrement à couvert de ce reproche, et n'eussent fait connoître à tout le monde que, s'il n'est jamais permis à un officier subalterne de mettre l'épée à la main contre celui qui le commande, il n'est pas davantage permis à un mestre de camp de manquer de parole à celui qui lui est soumis, et de lui ôter, contre toute sorte de justice et contre l'ordre du Roi et du colonel général, le rang qui lui appartient par sa charge.

Mais en même temps qu'un si grand nombre de personnes se déclaroient pour ma mort, j'eus la consolation d'en voir plusieurs qui me soutinrent jusqu'à la fin, et qui de ma cause voulurent bien en faire la leur. Outre ceux que j'ai nommés, M. le comte de Soissons, prince du sang, m'envoya dire de me retirer chez lui, m'assurant qu'il me protégeroit contre tous, et que tant qu'il auroit de la vie il me conserveroit la mienne. M. de Toiras, gouverneur du fort de Saint-Martin en l'île de Ré, m'envoya aussi assurer de son service et me conjurer de me retirer dans l'île de Ré, où il me promettoit toute assurance; mais M. le maréchal de Schomberg me conseilla de ne pas sortir de chez lui, à cause de la bonne disposition où le Roi témoignoit être sur mon sujet.

Ainsi je fis remercier ces messieurs avec tout le respect et toute la reconnoissance que je me sentois obligé d'avoir pour des offres si honorables et si avantageuses.

Enfin le Roi étant fort sollicité par M. de Schomberg, et suivant aussi sa propre inclination, me fit dire par le même M. de Schomberg que je me pouvois retirer dans son quartier, qu'il me donnoit pour ma sûreté; mais, comme en l'état où j'étois je craignois tout et n'appréhendois rien davantage que de tomber entre les mains de la justice, je me contentois de demeurer pendant le jour dans le quartier du Roi, et me retirois la nuit dans la même maison de M. le maréchal.

Un jour, lorsque je me promenois dans la basse-cour du logis du Roi avec messieurs de Montigny et de Marsillac, tous deux capitaines aux Gardes, ces deux officiers me dirent qu'ils ne me conseilloient pas de demeurer plus long-temps dans le camp, puisque j'étois toujours en danger tant que je passois pour criminel, et que si je venois une fois à être arrêté c'étoit fait de moi. M. de Marsillac même m'offrit cent pistoles, et M. de Montigny cinquante, me priant de les recevoir pour l'amour d'eux. Je leur répondis que j'en avois encore deux cents, et que leur bonne volonté m'étoit plus chère et plus précieuse que l'or même qu'ils m'offroient. Dans ce moment le Roi mettant la tête à la fenêtre m'aperçut, et me fit signe avec le doigt de l'aller trouver; mais comme les personnes malheureuses rapportent tout à la crainte qui les possède, et que j'avois alors l'esprit prévenu de l'épouvante que me venoient de donner ces deux officiers, je pris ce signe du Roi à contre-sens; et, croyant que c'étoit une menace qu'il me faisoit, je devins tout troublé et tout hors de moi. Je leur dis : « N'avez-vous pas vu que « le Roi m'a menacé ? vous me l'aviez bien dit, je « suis mort; il faut que je m'enfuie; vous ne me « verrez plus jamais. » Et à l'heure même, sans délibérer plus long-temps, ni consulter ma raison, après les avoir embrassés tous deux, je sors, je cours, et je fuis comme si tout eût été perdu. Je cherche de tous côtés mon valet et mon cheval, et ne trouve ni l'un ni l'autre. Me voilà comme au désespoir. Je crois que Dieu m'a abandonné à la justice. Je me repens d'être venu au quartier du Roi; et enfin, ne sachant à qui m'en prendre, je décharge toute ma colère sur mon valet qui étoit absent, et me promets de ne lui pas épargner les coups de bâton lorsque je l'aurois trouvé. Mais comme il sembloit que toutes choses conspirassent à augmenter mon inquiétude, lorsque je courois ainsi qu'un homme furieux parmi les vivandiers, cherchant mon valet et ne le pouvant trouver, je fus épouvanté plus que jamais, ayant aperçu un homme qui couroit et qui crioit après moi. C'étoit un garçon de la chambre du Roi, nommé Cadet, que Sa Majesté avoit envoyé afin de me rassurer et de m'avertir de l'aller trouver. Mais n'étant point en état de raisonner et n'écoutant que ma frayeur, je crus qu'il me poursuivoit à mauvais dessein, et je me mis à courir mieux que jamais. Enfin néanmoins, revenant un peu à moi, et commençant à me douter que je pouvois bien avoir pris une fausse alarme, je m'arrêtai; et cet homme s'étant approché me dit que le Roi l'avoit envoyé pour me commander de le venir trouver. Je lui demandai ce que l'on disoit de moi, sur quoi il se mit à rire et me repartit en raillant : « On dit que vous

« avez pris l'épouvante, et que vous m'avez bien fait
« courir. Mais que craignez-vous ? Le Roi veut seu-
« lement vous parler. J'ai eu le plaisir aujourd'hui de
« voir fuir devant moi M. de Pontis. » Je résolus donc
d'aller dans l'instant trouver le Roi, et de retourner
sur mes pas, quoique le trouble, l'agitation et le
travail de mon esprit et de mon corps eussent été si
excessifs, que la sueur dont j'avois été tout trempé
avoit percé mon pourpoint jusqu'à paroître au dehors.

Je n'eus pas besoin alors de beaucoup de temps pour
me préparer à ce que j'avois à dire au Roi. Je n'en
avois eu que trop durant ma retraite pour passer et
repasser dans mon esprit tout ce qui servoit à prouver mon innocence; et, ayant toujours espéré que le
Roi me donneroit la liberté de me justifier devant lui,
j'avois médité et concerté un narré exact et adroit,
où, ne suivant que le sens commun, j'avois ramassé
tout ce qu'un homme de guerre nourri depuis trente
ans dans la cour, et qui n'avoit que l'éloquence de
la nature, pouvoit dire de plus plausible pour rendre
son action moins odieuse, en la revêtant de toutes
les circonstances qui faisoient paroître la justice de
sa cause.

Lorsque je fus arrivé dans la cour du logis du Roi,
M. le duc de Saint-Simon qui avoit la tête à la fenêtre me fit signe de monter par l'escalier de la garde-
robe, et étant monté, il me dit que le Roi m'avoit
envoyé quérir pour apprendre de moi-même la vérité de mon affaire. Il m'introduisit ensuite dans la
chambre, où le Roi étoit couché à cause d'un petit
remède qu'il avoit pris. M'étant approché du lit du
Roi, je me jetai à genoux, et fis paroître sur mon

visage le regret que j'avois dans le cœur d'avoir irrité contre moi un prince qui m'avoit toujours témoigné tant de bonté, et comblé de tant de faveurs. Sa Majesté me dit aussitôt qu'elle vouloit que je lui disse la vérité de toutes choses, sans rien déguiser, et qu'elle m'avoit fait venir exprès pour cela.

Il n'y avoit alors dans la chambre que le Roi, M. le duc de Saint-Simon et moi. Ainsi, ayant toute liberté de lui parler, je le fis de cette sorte :

« Sire, je ne puis assez remercier Votre Majesté
« de la grâce et de l'honneur qu'elle me fait de vou-
« loir bien que je lui rende compte de mes actions ;
« car j'ai toujours espéré de sa bonté et de sa justice
« que, si elle daignoit m'écouter, elle me jugeroit
« plus malheureux que criminel. J'ose lui dire que
« si ma conscience me reprochoit d'avoir manqué à
« mon devoir et contrevenu à ses ordres, je n'aurois
« jamais eu la hardiesse de me présenter devant elle,
« et que je me serois banni volontairement de sa
« cour et de son armée pour aller chercher la mort
« hors de son royaume, où je n'aurois pu vivre après
« avoir perdu mon honneur. Ainsi, quoiqu'au con-
« seil de guerre ceux qui sont amis de M. de Ca-
« naples, ou qui n'ont pas connu la vérité de mon
« affaire, se soient déclarés contre moi, j'espère que
« Votre Majesté, étant équitable comme elle est,
« jugera, sur la vérité des choses que je lui dirai, que
« c'est M. de Canaples seul qui a contrevenu à ses
« ordres, aux lois de la guerre et de son honneur,
« et qu'au lieu qu'il se plaint que je lui ai fait injure,
« c'est lui, au contraire, qui me l'a faite. Au reste,
« sire, Votre Majesté sait que je lui ai toujours dit

« la vérité; mais je lui proteste de nouveau qu'en
« cette rencontre je ne lui dirai rien non-seulement
« qui ne soit vrai, mais que tout votre régiment des
« Gardes ne sache aussi bien que moi, et que M. de
« Canaples lui-même ne peut nier.

« Votre Majesté se souviendra, s'il lui plaît, que lui
« ayant apporté la nouvelle de l'arrivée de la flotte
« d'Angleterre, elle me commanda d'aller avertir les
« officiers de venir prendre ses ordres, et d'aller en-
« suite choisir un lieu propre pour mettre l'armée en
« bataille. J'allai aussitôt porter cet ordre aux offi-
« ciers, et je le dis à M. de Canaples comme aux au-
« tres. Il me pria d'aller moi-même mettre le régi-
« ment en bataille à cause que notre major étoit
« malade. Je lui dis que j'allois premièrement exécuter
« les ordres de Votre Majesté, et que je ne manque-
« rois pas ensuite d'obéir aux siens; mais comme
« c'étoit mon jour de commander les enfans perdus,
« ne l'ayant point encore fait depuis que j'avois l'hon-
« neur d'être entré dans le régiment, je le priai de s'en
« souvenir, lui témoignant la passion que j'avois de
« reconnoître par quelque service considérable la
« grâce toute singulière que Votre Majesté m'avoit
« faite de m'approcher de sa personne, et de me don-
« ner volontairement une lieutenance dans ses gardes.
« Il me promit de s'en souvenir, et je le quittai sur
« cette assurance. Après avoir satisfait aux ordres de
« Votre Majesté et à ses ordres particuliers, je retour-
« nai pour lui rendre compte de tout, et en même
« temps pour lui demander l'effet de sa promesse,
« en lui demandant s'il s'étoit souvenu de moi. Mais
« il fit d'abord semblant de ne pas comprendre ce que

« je voulois lui dire ; et lorsque je me fus fait en-
« tendre clairement, il me fit entendre aussi claire-
« ment qu'il m'avoit oublié. Je supplie Votre Majesté
« de considérer s'il étoit possible à un homme d'hon-
« neur, comme M. de Canaples, d'oublier en si peu
« de temps la parole qu'il me venoit de donner,
« et si ce n'étoit pas me dire nettement qu'il m'a-
« voit oublié parce qu'il avoit bien voulu m'oublier.

« J'avoue, sire, que je fus touché sensiblement
« de cette injure, et que je me sentis piqué jusqu'au
« vif de voir que M. de Canaples ne m'avoit pas seu-
« lement traité comme un homme de néant et comme
« un valet, m'ayant manqué de parole, mais qu'il
« avoit encore usurpé le pouvoir qu'il n'avoit pas, de
« m'ôter le rang que Votre Majesté m'avoit donné,
« et de changer, par le seul dessein de me faire af-
« front, l'ordre général établi dans son armée. J'ai
« cru, sire, qu'il n'étoit pas permis à M. de Canaples
« de s'élever au-dessus de Votre Majesté, en tran-
« chant du souverain et en m'ôtant, de son autorité
« privée, le droit que ma charge et mon rang me don-
« nent, et que j'ai tâché de mériter par mes services.
« Cet affront, sire, me toucha plus que n'auroient fait
« toutes les injures qu'il eût pu me dire dans la chaleur
« de la colère ; et je demande pardon à Votre Majesté
« si je lui dis que cela m'outroit et me désespéroit : car
« je voyois que c'étoit de sang froid qu'il m'avoit si
« maltraité, et qu'il avoit médité et délibéré de me
« faire cet affront. J'avoue aussi, car je n'oserois rien
« déguiser à Votre Majesté, qui m'ordonne de lui
« parler franchement, que, dans le premier mouve-
« ment de ma douleur, je ne pus pas m'empêcher

« de lui dire quelques paroles un peu fortes, pour
« lui représenter mieux l'outrage qu'il me faisoit.
« Mais si je manquai en quelque chose au respect que
« je lui devois comme à mon mestre de camp, il
« avoit manqué le premier au respect qu'il doit à
« Votre Majesté et à sa parole. Ainsi je crois pou-
« voir dire que sa faute étoit beaucoup plus grande
« et moins excusable que la mienne, parce que c'é-
« toit, sire, sur votre autorité même qu'il entrepre-
« noit, et que, quelque inférieur que je lui sois, il
« y a néanmoins plus de proportion entre un mestre
« de camp comme lui et un lieutenant comme moi,
« qu'entre Votre Majesté et M. de Canaples. De plus,
« sire, c'étoit lui qui m'avoit offensé le premier sans
« que je l'eusse mérité, et après même qu'il m'avoit
« donné sa parole ; de sorte que si je lui ai dit quelque
« chose de moins respectueux, c'est lui-même qui
« m'a réduit malgré moi à cette extrémité. Votre Ma-
« jesté sait que je suis, grâce à Dieu, assez patient ;
« mais il a, sire poussé à bout ma patience, et a
« voulu, ce que je crois, éprouver s'il me restoit en-
« core quelque honneur, après qu'il sembloit avoir
« voulu me l'ôter entièrement par cet affront. Ainsi
« Votre Majesté voit assez que M. de Canaples n'est
« pas seulement coupable de sa faute, mais encore
« de la mienne, puisqu'il ne peut pas se plaindre
« avec justice de ce que j'ai crié lorsque j'ai senti le
« mal qu'il m'avoit fait.

« Il ne s'est pas contenté, sire, de m'ôter le rang
« qui m'étoit dû, et de blesser en ce point votre au-
« torité, il a passé encore plus avant ; car, sur ce
« que je lui témoignai avoir en cette rencontre les sen-

« timens d'un homme d'honneur, et que je lui dé-
« clarai assez nettement que je ne pourrois pas perdre
« sitôt le souvenir d'un si grand affront, il se tint
« blessé de ce que je sentois cette cruelle offense, et
« il s'irrita de telle sorte contre moi, qu'oubliant
« l'ordre de la guerre qui défend à tout mestre de
« camp d'interdire un officier lorsque Votre Majesté
« ou M. d'Epernon sont dans l'armée, il voulut usur-
« per ce pouvoir en m'interdisant sur-le-champ
« l'exercice de ma charge. Mais comme je savois qu'il
« ne lui appartenoit pas, je me contentai de le lui faire
« connoître, et le laissai aussi mécontent de moi que
« j'avois sujet de l'être de lui, pour venir me jeter aux
« pieds de Votre Majesté, et lui demander justice
« de l'affront qu'on m'avoit fait.

« Les grandes affaires qu'elle avoit pour lors ne lui
« permettant pas de m'entendre, elle me renvoya à
« M. d'Epernon, lequel, après avoir entendu notre
« différend, me fit réponse que j'allasse dire de sa part
« à M. de Canaples que Votre Majesté vouloit qu'il me
« laissât dans la fonction de ma charge. Je le priai de
« vouloir prendre la peine de le lui écrire lui-même,
« afin de ne me pas engager dans quelque nouvelle
« contestation avec lui; ce qu'il fit à l'instant sur mes
« tablettes, que je donnai à M. de Saint-Preuil, qui
« me promit de les lui porter à l'heure même.

« Sur cette assurance je m'en allai prendre mon
« rang à la tête de l'armée, me promettant que M. de
« Canaples ne manqueroit pas d'obéir à l'ordre de
« M. d'Epernon, qui étoit celui de Votre Majesté; mais
« je fus bien étonné de le voir s'opposer en tout à vos
« ordres pour me déshonorer et pour me perdre; car,

« lorsqu'il m'eut vu de loin à mon poste, il vint aussi-
« tôt à moi au galop, la canne à la main, et me mena-
« çant de me maltraiter. Moi, sire, qui me sentois
« appuyé de votre autorité et de celle de M. le co-
« lonel, me voyant sur le point d'être traité comme
« un coquin à la vue de toute l'armée, je crus devoir
« l'avertir, pour son honneur et pour le mien, lors-
« qu'il étoit encore éloigné, de ne me pas approcher,
« et de ne me pas faire un affront que je ne m'étois
« pas préparé à souffrir, lui déclarant que c'étoit
« Votre Majesté qui m'avoit donné cette place, que
« M. d'Epernon m'y avoit maintenu, et qu'ainsi je ne
« pouvois pas la quitter sans un ordre exprès de Votre
« Majesté ou de M. le colonel. M. de Canaples jugeant
« alors, à ma contenance et à mes paroles, que je
« n'étois pas disposé à souffrir des coups de canne,
« crut qu'il auroit meilleur marché de moi en sautant
« à bas de son cheval et s'avançant l'épée à la main.
« Il est vrai, sire, que me voyant pressé de cette
« sorte, et comme forcé de défendre ma vie, que
« j'avois sujet de croire qu'il vouloit m'ôter aussi bien
« que mon honneur, je fis de nécessité vertu, et me
« disposai à conserver l'une et l'autre.

« Je n'ose déclarer plus particulièrement à Votre
« Majesté ce que je fis alors, et en quelle disposition
« je me trouvois. Je sais le respect que je lui dois, et
« la confusion que me doit causer le souvenir de ma
« faute, lorsqu'elle me fait la grâce de vouloir bien
« m'écouter. » Alors le Roi, m'interrompant, me dit :
« Parlez hardiment, ne craignez rien : vous savez que
« je vous ai défendu de me rien cacher, et que je
« veux tout savoir. » Jugeant donc, par cette réponse

du Roi, et par le changement qui me parut sur son visage, qu'il prenoit quelque plaisir à m'écouter, et que ce que je lui dirois ne lui seroit pas désagréable, reprenant alors mon discours d'un air plus libre et plus cavalier : « Puisque Votre Majesté, lui dis-je, veut
« que je lui parle avec une entière liberté, j'avoue,
« sire, que, lorsque je vis que M. de Canaples me
« faisoit un honneur que je n'eusse osé espérer de sa
« générosité, je le reçus, étant ce me semble dans la
« disposition de bien disputer ma vie, qu'il m'étoit
« plus glorieux de conserver pour votre service que
« de l'abandonner lâchement à la passion d'un homme
« qui me vouloit perdre. Ainsi, lorsqu'il s'avança
« l'épée à la main, avec une grande chaleur et des
« paroles menaçantes, je n'en fus point étonné, et
« je ne pensai guères qu'à reconnoître l'honneur qu'il
« me faisoit, en lui épargnant une partie du chemin
« et me mettant en état de répondre à sa civilité le
« mieux qu'il me seroit possible. Je crois, en effet,
« pouvoir dire à Votre Majesté, puisqu'elle veut que
« je ne lui dissimule rien, que si M. d'Angoulême ne
« fût venu dans l'instant nous séparer, M. de Canaples
« auroit peut-être reconnu qu'il lui étoit plus aisé de
« me menacer que de me tuer et de m'interdire,
« sans autorité, l'exercice de ma charge, que de me
« chasser de mon poste à coups d'épée. »...

Le Roi, qui s'étoit fort plu à un narré si sincère et si naïf, et qui voyoit en effet que les circonstances de mon action rendoient ma cause très-favorable, fut tellement touché de ces dernières paroles, qui étoient si franches, et que j'avois prononcées avec un air fort militaire et d'un ton un peu provençal, qu'il me dit

4.

avec un visage serein et riant : « Tu mis donc l'épée
« à la main? — Il est vrai, sire, lui répondis-je, je
« l'avoue franchement, et je n'ose le dissimuler à
« Votre Majesté ; mais c'a été M. de Canaples qui m'y a
« contraint ; et je crois que Votre Majesté n'auroit pas
« voulu que je me fusse laissé tuer comme un coquin,
« aussi bien sans cœur que sans honneur. — Et com-
« ment fis-tu, ajouta le Roi? — Sire, Votre Majesté
« me pardonnera si je lui dis que je commençois à me-
« surer mon épée avec la sienne et que je me défen-
« dois de mon mieux, lorsqu'on nous vint séparer. »
Mais ce n'étoit pas ce que le Roi demandoit ; car,
comme il m'avoit vu un peu échauffé en lui faisant ce
récit, il vouloit avoir le plaisir de me voir représenter
mon action avec quelque chose de cette ardeur qui
m'étoit trop naturelle. Ainsi M. le duc de Saint-Simon, qui s'étoit retiré vers la fenêtre de la chambre
pour me laisser plus en liberté avec le Roi, ayant bien
compris ce qu'il souhaitoit, me le fit entendre. Alors,
m'animant autant que la présence du Roi le pouvoit
permettre, prenant mon manteau sur l'épaule gauche,
et, me mettant en posture, je fis avec le bras et la
main ce que le respect m'empêchoit de faire avec mon
épée. Le Roi, qui vit la naïveté de mes gestes et le feu
qui me pétilloit dans les yeux et sur le visage, ne pouvant plus se retenir, se couvrit un peu de son drap
pour pouvoir rire plus à son aise et sans être vu ; ce
qui me fit juger aussitôt que ma cause étoit gagnée.

Lorsque toute cette petite comédie fut achevée, le
Roi me dit de me bien souvenir de toutes les particularités que je venois de lui dire, et me défendit ex-
pressément de témoigner à qui que ce fût que j'étois

venu le voir. Il me commanda de me trouver à la porte de sa chambre à l'heure qu'il en sortiroit pour entrer dans le conseil, de me jeter à ses pieds, et de lui raconter ensuite toute mon affaire, comme si je ne lui en avois point parlé. Je me retirai à l'heure même, et descendis par l'escalier de la garde-robe le plus secrètement que je pus.

Ce fut alors que je reconnus que Dieu, bien loin de m'avoir abandonné comme je l'avois cru d'abord, m'avoit assisté d'une manière tout extraordinaire, et par deux effets visibles de sa providence : le premier, en rendant le Roi si favorable à ma cause, et le second, en ne permettant pas que je trouvasse mon cheval ni mon valet pour m'enfuir, puisque je me fusse perdu par ma fuite.

Je ne manquai pas de me trouver sur les onze heures à la porte de la chambre du Roi, lequel étant sorti avec grand monde, et entre autres avec le cardinal de Richelieu et le cardinal de La Valette, je me jetai à ses pieds, et commençai à lui parler de cette sorte pour lui demander audience.

« Sire, je viens me jeter aux pieds de Votre Ma-
« jesté pour implorer sa miséricorde. Je viens re-
« mettre ma vie entre ses mains, parce qu'il m'est
« plus avantageux de la perdre par l'épée de sa jus-
« tice, si j'ai mérité de la perdre, que de la conser-
« ver plus long-temps étant misérable, fugitif et
« digne de sa colère; mais je supplie très-humble-
« ment votre bonté, sire, de vouloir auparavant
« m'accorder la grâce de m'entendre, afin que, si je
« suis assez heureux pour pouvoir faire connoître
« mon innocence, j'aie la consolation d'être absous

« par le jugement même de Votre Majesté, et que si
« au contraire je ne puis faire voir la justification de
« ma conduite, je sois condamné par ma propre
« bouche. »

Le Roi, qui vouloit exprès me témoigner beaucoup de froideur pour mieux cacher l'intelligence secrète qui étoit entre lui et moi, m'écouta avec une contenance fière, ayant la main sur le côté, et se tenant au milieu des deux cardinaux. Il me dit ensuite avec un visage assez sévère : « Levez-vous afin que je
« vous entende mieux ; si vous avez quelque chose
« à dire pour votre justification, dites-le, et parlez
« selon la vérité. » Toute la cour étoit présente à cette audience extraordinaire, et je plaidai ma cause durant un demi-quart d'heure, de la même manière que je l'avois fait en particulier dans la chambre du Roi, mais beaucoup plus sérieusement, comme parlant en public, en présence des cardinaux, des princes et des seigneurs de la cour.

Tandis que je haranguois de cette sorte, le Roi dit tout bas au cardinal de Richelieu, ainsi que je l'ai su depuis d'un seigneur qui l'entendit : « Vous voyez
« que Canaples l'a poussé à bout ; pour moi je ne le
« trouve pas si criminel. » Et lorsque j'eus achevé de parler il dit tout haut : « Il est vrai qu'on n'a pas
« dû lui ôter le rang que sa charge lui donnoit, puis-
« qu'il n'avoit fait que ce que je lui avois commandé. »

On entra ensuite dans le conseil ; et le cardinal de Richelieu ayant su du Roi qu'il désiroit qu'on remît encore le jugement de cette affaire à cause de la présence de la flotte ennemie, qui attendoit tous les jours un vent favorable pour l'attaque de la digue, son Eminence le déclara à messieurs du conseil. Ainsi l'affaire fut remise en un autre temps, c'est-à-dire que le Roi s'en réservoit le jugement; et au sortir du conseil, Sa Majesté ayant eu la bonté de me le dire, je la suppliai très-humblement de vouloir bien me faire la grâce de ne me laisser pas inutile, mais de m'employer à quelque chose pour son service. Elle me le promit, et m'ordonna cependant de demeurer dans son quartier, sans aller au régiment des Gardes, et sans faire aucune fonction de ma charge.

Le Roi se souvint de moi en effet comme il me l'avoit promis, et il me fit quelques jours après capitaine d'une galiote pour aller battre la mer et reconnoître les ennemis. Je pensai à l'heure même à faire ma cour et à me mettre bien dans l'esprit du Roi, en me signalant dans cette nouvelle charge dont il m'avoit gratifié. Je fis acheter d'abord plusieurs aunes de taffetas, et faire quantité de banderoles où étoient les armes de France, que j'arborai de tous côtés sur mon vaisseau, lequel se trouva si propre et équipé si lestement que plusieurs seigneurs y entroient à l'envi, et vouloient à toute force courir sur mer avec moi. Me trouvant importuné de cette foule de personnes dans le temps de ma disgrâce, et craignant que cela ne me fît quelque nouvelle affaire auprès du Roi, ou qu'au moins je ne pusse pas exécuter si fidèlement ses ordres, n'étant pas tout-à-fait maître du vaisseau, je voulus l'en avertir. Il fut bien aise de voir que je rejetois toute autre faveur pour ne rechercher que la sienne et ne m'attacher qu'à lui seul, comme en en effet j'en avois plus de besoin que jamais. Ainsi ayant défendu à tous ces seigneurs et à quelque autre personne que ce fût d'entrer dans ma galiote, et leur ayant témoigné, pour leur cacher la cause véritable de cette défense, qu'il vouloit qu'ils se tinssent tous auprès de sa personne, hormis ceux qui avoient des charges, je demeurai seul maître de mon vaisseau. Je commençai donc à battre la mer de tous côtés pour tâcher de découvrir les desseins des ennemis, et je souhaitois passionnément de pouvoir rendre quelque service considérable au Roi, afin d'avoir lieu de faire ma paix et d'obtenir tout-à-fait ma grâce.

J'étois un jour en pleine mer durant la nuit, lorsque mon pilote, qui étoit parfaitement habile dans la science de la marine, me vint dire, environ une heure avant le jour, qu'un petit vent frais s'élevoit, que le temps aussi bien que la marée étoit favorable aux ennemis, et qu'ainsi il se tenoit assuré que s'ils avoient envie de tenter l'attaque de la digue, ils ne laisseroient point passer ce jour-là. En effet le pilote ne se trompa pas, et l'événement fit connoître qu'il parloit avec sagesse et expérience ; car au bout de quelque temps nous entendîmes un coup de canon du côté de la flotte d'Angleterre, lequel le même pilote assura être le premier signal du combat ; et il ajouta que si l'on en tiroit un second il n'en falloit plus douter. Comme je me fiois beaucoup en lui, je fis lever à l'heure même tous mes gens, soldats et forçats, et leur commandai de se tenir prêts, afin qu'au premier coup de sifflet on tirât à la rame à toutes forces. Le second coup de canon ne fut pas long-temps à être tiré, et dans l'instant je fis ramer vers le rivage à force de bras, et vis que les ennemis commençoient déjà à tendre les voiles pour se disposer à l'attaque de la digue. Ayant pris terre, j'allai aussitôt dire au Roi que les ennemis tendoient les voiles et se préparoient pour s'approcher, que le temps, le vent et la marée leur étoient si favorables qu'ils ne pouvoient pas perdre une si belle occasion.

Le Roi à cette nouvelle donna les ordres partout, et alla ensuite avec une partie de sa noblesse à sa batterie, qui étoit au chef de Bayé, m'ordonnant de demeurer à couvert sous cette batterie.

Il ne se passa rien de remarquable ni d'éclatant dans ce combat que les coups de canon, dont l'on tira une prodigieuse quantité de part et d'autre. L'on n'entendoit que tonnerres, et l'on ne voyoit qu'éclairs au milieu d'une fumée noire et épaisse qui couvroit toute la mer. C'étoit aussi un beau spectacle de voir les caraques de ces vaisseaux monstrueux qui ressembloient à de grandes maisons flottantes sur l'eau, et qui, s'avançant les uns après les autres en très-bel ordre vers notre digue, y faisoient tout d'un coup, en présentant le flanc, une décharge de cinquante ou soixante volées de canon à la fois.

Mais si les Anglais attaquèrent vertement on leur répondit aussi vertement. La batterie où étoit le Roi fit des merveilles. Il tira lui-même plusieurs coups, prenant un singulier plaisir à tout ce qui regardoit l'exercice de la guerre; et il ne fut jamais plus libéral ni de plomb contre ses ennemis, ni d'or et d'argent envers ses soldats et ses canonniers, qu'il encourageoit en leur jetant les pistoles, et leur montrant le premier l'exemple. Durant ce combat, je me tins toujours à couvert sous le canon de sa batterie, selon l'ordre qu'il m'avoit donné, me hasardant néanmoins quelquefois à suivre un vaisseau quand il retournoit de la charge, mais étant contraint de m'en revenir bien vite, de peur d'être surpris par quelques autres. Il n'y eut qu'un boulet de canon qui donna dans ma galiote, dont elle fut fort blessée, et deux forçats furent tués.

Enfin les ennemis voyant le Ciel déclaré pour nous, et tous leurs efforts rendus inutiles, furent contraints de faire une retraite aussi honteuse à l'Angleterre et funeste à La Rochelle, que glorieuse aux armes du Roi. Je recommençai à battre la mer comme auparavant, et je fus assez heureux, en courant ainsi afin de reconnoître la posture des ennemis, pour faire une rencontre favorable qui me servit avantageusement à me remettre dans les bonnes grâces du Roi, et à obtenir ma grâce. Ayant aperçu une belle proue flottant sur l'eau, qui étoit toute dorée, et portoit les armes d'Angleterre, je m'approchai de plus près, et vis que c'étoit une capture considérable et un présent digne du Roi. Je la fis charger avec grande peine dans ma galiote, et m'en retournai fort glorieux vers le rivage; et après l'avoir fait décharger à terre, j'allai droit au quartier du Roi. Je rencontrai en y allant M. de Bassompierre, qui me dit que M. de Canaples l'avoit prié de demander ma grâce au Roi de sa part, à cause que M. le maréchal de Créqui son père blâmoit fort, comme j'ai dit, son action, et que de plus il connut quelle étoit la disposition du Roi sur mon sujet; ce qui le portoit à aller comme de lui-même au devant, et à se faire un mérite d'une chose dont il espéroit par ce moyen avoir plus d'honneur. Je lui dis l'heureuse rencontre que j'avois faite; et il me donna toutes sortes de bonnes espérances, m'exhortant à me bien servir de cet avantage pour faire ma cour. Je lui déclarai mon dessein, qui étoit de faire entendre au Roi que le coup qui avoit emporté cette proue étoit venu du côté de sa batterie, comme il étoit vrai en effet, et de lui persuader insensiblement que c'étoit lui-même qui avoit tiré le coup. Il approuva fort ma pensée, et me témoigna qu'il croyoit que c'étoit la vraie manière de travailler pour mes propres intérêts en procurant la gloire du Roi.

Je continuai donc mon chemin, et, entrant chez le Roi, je me composai le mieux que je pus sans faire paroître la moindre gaîté, mais au contraire toute la modestie et la contenance d'un homme qui avoit sujet d'appréhender les suites d'une aussi méchante affaire que la mienne. Je lui dis qu'il y avoit un des grands vaisseaux anglais fort blessé, et que j'avois trouvé une grande pièce de la proue, que j'avois cru devoir apporter pour la faire voir à Sa Majesté si elle le désiroit. Je ne voulus pas m'avancer de dire d'abord autre chose au Roi, me doutant bien qu'il se porteroit de lui-même à s'attribuer la gloire de ce coup. Il me dit aussitôt qu'il vouloit l'aller voir. Dans le chemin il me demanda en quel endroit je l'avois trouvée : je lui répondis fort simplement, et sans m'avancer en rien, que je l'avois trouvée en tel endroit sur la droite, qui étoit le lieu exposé à sa batterie. Le Roi, qui désiroit passionnément que l'on crût que c'étoit lui qui avoit abattu cette proue, mais qui n'avoit pas encore osé s'en vanter sans fondement, fut ravi de ma réponse, et dit aussitôt : « C'est moi-même qui ai tiré ce coup « en un tel temps ; j'ai vu le vaisseau qui s'est sauvé

« dans l'instant que le coup a été tiré ; je me doutois
« bien qu'il étoit blessé. » Lorsqu'il m'eut donné cette
ouverture, je commençai à appuyer son sentiment et à
en apporter diverses preuves, qui furent un très-grand
sujet de joie pour ce prince, qui se piquoit de tirer
fort juste, et qui véritablement excelloit dans toutes
les choses de la guerre, n'y ayant peut-être aucun
autre dans tout son royaume qui sût mettre en bataille
aussi habilement que lui une armée, quelque nombreuse qu'elle fût. Il prit donc très-grand plaisir à faire
voir cette proue, et à dire à tous ceux qui survenoient
que j'étois témoin qu'elle avoit sauté après un coup
qu'il avoit tiré, ce qui ne me donnoit pas moins de
joie qu'à lui, de me voir ainsi le juge et l'arbitre de ce
coup; me promettant bien qu'après avoir jugé si favorablement pour ce prince, il ne jugeroit pas moins
favorablement pour moi.

M. le maréchal de Bassompierre ne voulant pas
laisser passer une conjoncture qui m'étoit si favorable,
et voyant le Roi en si belle humeur, donna ouverture
à Sa Majesté pour faire, à sa prière et en sa considération, ce qu'elle auroit bien voulu faire d'elle-même,
mais qu'elle n'osoit, de peur de paroître agir plutôt
par faveur que par justice. « Je supplie et je conjure
« Votre Majesté, lui dit-il, de m'accorder une très-
« humble supplication que j'ai à lui faire. » Le Roi,
qui voyoit peut-être où il en vouloit venir, fit un peu
le difficile, et lui dit qu'il lui déclarât auparavant ce
que c'étoit, qu'il ne pouvoit pas engager sa parole sans
savoir à quoi il l'engageoit. « Sire, lui repartit M. de
« Bassompierre, je puis assurer Votre Majesté que la
« cause est bonne, et qu'elle n'aura pas sujet de se

« repentir de m'avoir accordé la grâce que je lui de-
« mande. — Mais dites-moi encore ce que c'est, re-
« partit le Roi ; si la cause est bonne pourquoi crai-
« gnez-vous de me la déclarer? Est-ce quelque chose
« qui vous regarde, ou quelqu'un de vos parens?—
« Sire, lui dit-il, cette faveur ne regarde ni moi ni
« mes parens, mais quelque autre qui en a plus de
« besoin. — Ho, vous êtes trop fin pour moi, répliqua
« le Roi, je ne suis pas devin pour connoître vos pen-
« sées. » Enfin, M. de Bassompierre le lui déclara nettement, et lui dit que c'étoit ma grâce qu'il prenoit
la liberté de lui demander, et de la part même de
M. de Canaples, qui étoit au désespoir d'avoir donné
lieu à ce malheur qui m'étoit arrivé. Alors le Roi, faisant fort le surpris et l'étonné, demeura quelque temps
sans parler; comme s'il eût eu peine à lui accorder ce
qu'il demandoit ; et néanmoins, dans le moment que
M. de Bassompierre lui parloit ainsi, il me serra tant
soit peu l'épaule sur laquelle il s'appuyoit, comme
pour marquer son secret consentement. M. de Bassompierre lui réitéra deux ou trois fois la même demande avec assez d'empressement ; et comme le Roi
ne pensoit qu'à sauver les apparences, il fit semblant
de se rendre enfin aux importunités de celui qui le
pressoit avec tant d'instance, et il me dit : « Remerciez
« Bassompierre. » Moi qui cependant tenois les yeux
baissés avec un visage triste, et qui ne disois pas une
parole, aussitôt que j'eus entendu le commandement
du Roi, j'allai remercier M. de Bassompierre, et revins ensuite accoler la cuisse du Roi, en lui disant :
« C'est à Votre Majesté, sire, que je dois tout. Je
« tiens d'elle et ma fortune et ma vie ; j'espère la

« donner quelque jour pour votre service, et signer
« de mon propre sang la reconnoissance que je dois
« à votre bonté. » Le Roi, après avoir parlé quelque
peu à l'oreille de M. de Bassompierre, me dit d'aller
avec lui, et de faire ce qu'il m'ordonneroit.

Nous allâmes d'abord chez M. de Canaples, qui, en
ayant été averti par un gentilhomme que M. de Bassompierre lui avoit envoyé devant, sortit jusqu'au
degré pour le recevoir. Lorsque nous fûmes entrés
dans la chambre, M. de Bassompierre dit à M. de
Canaples : « Voici M. de Pontis que je vous amène,
« selon que le Roi me l'a commandé. Je veux être le
« médiateur d'une parfaite réconciliation entre vous
« deux. Il faut que vous oubliiez tout le passé ; autre-
« ment je me déclare l'ennemi de l'un et de l'autre. »
M. de Canaples, qui avoit lui-même désiré que cette
affaire fût étouffée pour les raisons que j'ai dites, s'en
vint aussitôt m'embrasser, et, me voulant prévenir par
civilité, il me dit gaîment : « Monsieur, je vous prie,
« ne nous souvenons plus du passé, car il ne nous
« est pas avantageux d'avoir pour ennemi M. de Bas-
« sompierre. Nous avons tous deux été un peu opi-
« niâtres. Il y a eu de ma promptitude et de la vôtre.
« La chaleur nous a emportés. Nous sommes tous
« deux excusables en ce que nous sommes tous deux
« coupables, et j'espère que ce mal produira un
« grand bien, puisque nous nous en aimerons avec
« plus d'ardeur. » Me tenant obligé au dernier point
d'un compliment si généreux, je lui répondis avec
cordialité et liberté que je me tenois trop heureux
dans mon malheur de ce qu'il me procuroit l'honneur
de son amitié, que j'espérois lui témoigner toute ma

vie combien je me sentois obligé de sa générosité, qu'il connoissoit l'air et l'humeur de mon pays; mais que je pouvois l'assurer que si j'étois quelquefois un peu brutal dans les occasions, je n'en avois que plus de chaleur pour ceux qui m'honoroient de leur amitié. « Je ne vous fais point d'excuses, monsieur, parce « que vous avez eu la bonté de me prévenir en m'ex- « cusant le premier, et il vaut mieux ne nous plus « souvenir d'une chose que nous voudrions n'être « jamais arrivée. » Nous nous embrassâmes de nouveau; et M. de Bassompierre m'ayant embrassé, nous fit encore tous deux embrasser une troisième fois pour confirmer davantage cette nouvelle union, qui fut toujours depuis si sincère, que M. de Canaples ne put s'empêcher de témoigner de la froideur à ceux qui l'avoient sollicité de poursuivre cette affaire contre moi; car il assura diverses fois qu'il ne l'avoit pas tant fait de lui-même qu'en suivant le mauvais conseil de plusieurs faux amis.

M. de Bassompierre me mena ensuite chez M. le maréchal de Créqui, qui avoit fait paroître des sentimens si généreux sur mon sujet. Comme je ne pouvois jamais reconnoître les témoignages si particuliers qu'il m'avoit donnés de sa bonté, je lui dis, après les premiers complimens, que j'avois un déplaisir très-sensible de ne pouvoir lui faire connoître par des effets et par des actions le ressentiment que j'en avois au fond du cœur; que j'attendrois avec impatience qu'il se présentât quelque occasion de l'assurer par mes services combien je m'étois senti obligé de cette bonté extraordinaire avec laquelle il m'avoit défendu, lorsque presque tous les autres m'abandonnoient, et

que cette grande générosité avoit été une des principales raisons qui m'eussent fait connoître assurément que je n'étois pas si coupable, puisque je savois qu'il étoit un père trop bon et trop juste pour se déclarer sans une grande raison contre M. son fils en faveur d'un étranger comme moi, qui ne pouvois lui être considérable que par la justice de ma cause. M. le maréchal de Créqui me répondit, avec la dernière honnêteté, que je lui faisois tort de tant relever ce qu'il avoit fait, comme si pour être père il eût dû se dépouiller de tous les sentimens de l'humanité et de la justice à l'égard de ceux qui pouvoient avoir quelque différend avec ses enfans, et qu'ayant simplement agi selon son devoir, il méritoit d'autant moins d'être loué qu'il auroit dû être blâmé s'il y eût manqué ; puis, se tournant vers M. de Bassompierre, il ajouta :
« N'est-il pas juste de rendre à chacun ce qui lui est
« dû ? Pourquoi sera-t-il permis à mon fils de faire
« un affront à un gentilhomme et à un homme d'hon-
« neur ? Ne faisons point tant les suffisans. Mon fils,
« pour être mestre de camp du régiment des Gardes,
« n'est pas en droit de faire violence à M. de Pontis
« qui n'est que lieutenant : peut-être que la charge
« fait honneur à mon fils, au lieu que les autres font
« peut-être honneur à leur charge. Enfin je n'ai point
« autre chose à dire, sinon qu'au cas que M. de Pontis
« eût été condamné, j'aurois moi-même mené mon
« fils en croupe derrière moi, pour l'obliger à lui
« faire raison de l'affront qu'il lui avoit fait souffrir. »
J'allai rendre ensuite mes respects à M. le duc d'Epernon et à quelques autres seigneurs qui m'avoient servi dans mon affaire ; mais je ne sais comment il

arriva que je manquai alors de m'acquitter envers M. le cardinal de Richelieu de ce que je lui devois pour ce qu'il lui avoit plu de faire en ma faveur dans cette affaire. La conférence que j'avois eue avec le père Joseph, et le dessein que je savois qu'il avoit de me retirer du service du Roi, avec le refus que j'avois fait d'entrer à son service, me donnoient quelque éloignement de paroître devant lui. Cependant, comme il étoit un peu jaloux des bons offices qu'il rendoit à ceux qui recherchoient sa faveur, il se sentit très-piqué de ce qu'après qu'il m'avoit lui-même fait rechercher par le principal de ses ministres, j'avois manqué en cette rencontre à le venir remercier de la parole qu'il avoit dite de la part du Roi dans le conseil, pour remettre le jugement de ma cause. Aussi je connus qu'il ne s'en étoit pas caché; car l'évêque de Mende, quelques jours après, s'étant informé de moi si j'avois été remercier M. le cardinal, sur ce que je lui répondis assez simplement que le peu d'accès que j'avois auprès de son Eminence m'avoit empêché de le faire, il me repartit que j'avois grand tort, et que M. le cardinal s'en ressentiroit. Je connus trop tard ma faute; et, voulant néanmoins la réparer, je priai M. Comminges-Guitaut de me servir d'introducteur. Mais le cardinal, qui n'aimoit pas les seconds hommages, et qui n'agréoit que les premiers encens, me reçut fort froidement, et me fit connoître par le sérieux de son visage que mes civilités ne lui plaisoient pas. Aussi le même évêque de Mende s'étant bien voulu charger quelque temps après de lui faire mes excuses, son Eminence ne put lui cacher le sujet de son indignation, et dit ces paroles qui me furent

depuis rapportées. « Il est vrai, dit-il en parlant de
« moi, qu'il est venu me remercier; mais c'a été après
« tous les autres. Je n'ai eu que les restes de ses com-
« plimens. Il ne m'a donné que la dernière place dans
« son souvenir, quoique j'aie eu la première dans la
« défense de sa cause; et il n'est pas tant venu de
« lui-même que c'a été M. de Comminges qui l'a
« amené. » Ainsi cette faute que je commis, qu'il regarda comme un mépris de sa personne, étant jointe au refus que j'avois fait quelques mois auparavant d'entrer à son service, lorsque j'en fus sollicité par le père Joseph, fut la principale cause de cette aversion si opiniâtre qu'il a toujours eue pour moi depuis. Je fus rétabli ensuite dans ma charge comme auparavant; et toutes les informations qu'on avoit faites contre moi furent lacérées.

Le trouble excessif, la crainte et l'inquiétude continuelle que m'avoit causés cette misérable affaire, me firent tomber dans une très-grande maladie et une fièvre très-violente. Le mal étoit demeuré comme suspendu jusqu'à ce que, mon affaire ayant été entièrement terminée, et la joie succédant à un excès de tristesse, la nature se trouvât comme accablée par le changement de ces deux états si différens. Je me vis donc, peu de temps après avoir échappé la mort du côté de la justice, en un péril tout nouveau, tant du côté de ma maladie que de la part des médecins, qui furent presque cause de ma mort sans y penser, ainsi que je le dirai bientôt. Durant cette grande maladie je fus un peu inquiété par le souvenir de ma vie passée, et particulièrement de quelques occasions où j'avois fait assommer plusieurs ennemis, plutôt par une ambition où une passion particulière, que pour les intérêts de l'Etat. Je m'imaginois voir tous ces hommes comme présentant requête à Dieu contre moi, et lui demandant justice de leur mort. Cette pensée assurément me troubla, et je fis même quelque résolution de réparer cette faute; mais je connus quand je fus guéri qu'il y a peu de ces résolutions qu'on fait à la mort qui partent du fond du cœur, ne m'étant plus souvenu alors de ce que j'avois promis étant malade.

Lors donc que je commençois à me porter un peu mieux, les médecins du Roi, M. Bouvard (1) et M. Privas, m'ayant ordonné une médecine pour me purger, un misérable, que je ne veux point nommer, voulut se servir de cette occasion pour se défaire de moi et avoir ma charge. Il corrompit l'apothicaire, qui lui vendit ma vie à tel prix dont il leur plut convenir; et, au lieu de la médecine qu'avoient ordonnée les médecins du Roi, il me prépara de tous les poisons qu'il savoit composer celui qu'il jugea le plus mortel. Mais je ne saurois jamais assez reconnoître la grâce que Dieu me fit de prendre lui-même le soin de ma vie, et de me sauver par un coup visible de sa providence; car, la nuit de devant le jour auquel je devois prendre cette médecine meurtrière, j'eus une très-grande crise, et je suai de telle sorte depuis dix heures du soir jusqu'à une heure après minuit, que je me trouvai le matin parfaitement soulagé. Comme j'ai toujours été ennemi des remèdes, me sentant d'une constitution assez forte pour m'en passer, je dis à mon valet de

---

(1) *M. Bouvard*: Il devint premier médecin de Louis XIII, et, de concert avec Guy de La Brosse, médecin ordinaire, il forma l'établissement du Jardin des Plantes en 1634.

chambre de mettre dans une armoire la médecine que l'on m'avoit préparée, voulant laisser achever à la nature ce qu'elle avoit si bien commencé. Les médecins m'étant venus voir pour être témoins de l'opération de leur remède, je leur dis, voulant un peu me divertir : « Hé bien ! messieurs, vous voyez une espèce de mira-« cle : n'est-ce pas là un effet prodigieux et une preuve « de la bonté de vos remèdes ? » Eux, croyant que je parlois sérieusement, se mirent à faire l'éloge de leur ordonnance, et témoignèrent n'être pas si surpris que moi, faisant mine de s'être bien attendus à voir quelque chose de grand d'un remède si bien composé. Ils ajoutèrent que puisque la première médecine avoit si bien opéré, il falloit que j'en prisse encore une seconde, afin de purger tout ce qui pouvoit être resté, et ils s'en retournèrent ainsi très-satisfaits de l'heureux succès de leur remède. Je ne crus pas néanmoins devoir cacher à M. Privas, qui étoit mon ami particulier, comment la chose s'étoit passée, et je lui dis, lorsque les autres furent partis, que j'avois eu la nuit une grande crise qui m'avoit exempté de prendre la médecine, m'étant trouvé tout d'un coup beaucoup mieux après la sueur. Voulant lui faire connoître en même temps la vérité de ce que je lui disois, je commandai à mon valet d'apporter la médecine ; mais il est vrai qu'il ne l'eut pas plutôt vue qu'il s'écria : « Ah ! « monsieur, qu'a-t-on voulu faire ? On a eu dessein « de se défaire de vous, car voilà de franc poison. « Dieu vous a bien assisté puisque vous étiez perdu. » Sur cela il crie et il tempête, afin de sauver son honneur ; il envoie chez le grand prévôt. On va chez l'apothicaire ; mais on trouva qu'il avoit pris la fuite, ce qui me fit juger aussitôt que c'étoit un dessein concerté, et non un malheur ni une méprise. J'eus soupçon de la main qui avoit voulu attenter sur ma vie et sur ma charge; mais c'étoit assez pour moi d'en être échappé. Je ne voulus point en faire informer, et je fus même bien aise de ce que l'apothicaire n'étoit point pris, de peur que l'auteur du crime ne fût découvert.

Je ne dois pas oublier ici la générosité de M. du Buisson, ce gentilhomme qui, ayant été autrefois cadet dans ma compagnie, avoit eu depuis une querelle avec moi, dont j'avois ensuite obtenu la grâce, et à qui j'avois enfin procuré une lieutenance pour dernier gage de mon amitié. Car ayant su, quoique fort tard, cette malheureuse affaire dont j'ai parlé, et qui fut la principale cause de ma maladie, il vint exprès d'Italie au camp où j'étois, devant La Rochelle, quelques mois après que j'eus été rétabli dans ma charge, pour m'assurer que sa personne et tout ce qui étoit en son pouvoir étoient en ma disposition et à mon service. Il voulut par cette reconnoissance extraordinaire disputer en quelque façon avec moi d'amitié, et me faire connoître qu'il n'y avoit point d'infortune qui fût capable de refroidir son affection, ni de distance de lieux qui pût arrêter l'ardeur qu'il avoit pour le salut d'une personne à qui il se sentoit obligé de sa vie et de sa fortune.

Le Roi, ayant résolu de secourir l'île de Ré, où commandoit M. de Toiras, et qui étoit investie par l'armée navale d'Angleterre, chargea M. le maréchal de Schomberg d'y passer avec la meilleure partie de nos troupes. Sa Majesté étoit pour lors à Aytré, à une petite lieue des tranchées. La nuit, comme j'étois de garde, je vis paroître tout d'un coup une grande flamme et une fumée très-épaisse sur La Rochelle, et j'entendis en même temps un fort grand bruit. J'envoyai dans l'instant deux ou trois soldats, l'un après l'autre, pour savoir la cause de ce grand fracas; et nul d'eux n'étant revenu, je crus que les ennemis pouvoient bien se servir de cette occasion de l'éloignement d'une grande partie de nos troupes, pour faire peut-être quelque entreprise sur le quartier même du Roi. Je fis donc mettre à l'heure même tous nos gens en bataille, et, après avoir donné avis à M. le maréchal de Brezé de ce qui se passoit, j'allai avec lui et avec M. de L'Isleroy à la chambre où le Roi étoit couché.

M. le maréchal l'ayant éveillé, je lui dis ce que j'avois vu, et le grand bruit que j'avois entendu, qui duroit encore. Le Roi se leva et monta à une guérite, pour connoître par lui-même la vérité de ce que je lui disois; et étant persuadé par ses propres yeux de ce que je lui avois rapporté, il dit en nous regardant : « Cela passe la raillerie. » Il me demanda ensuite si j'avois envoyé aux tranchées, et fait mettre en ordre tous ses gardes, et il commanda qu'on l'habillât et qu'on lui apportât ses armes. Alors un officier considérable, brave homme d'ailleurs, mais peut-être un peu précipité dans son zèle en cette rencontre, dit à Sa Majesté : « Sauvez, sire, vos serviteurs; sauvez
« votre peuple. Si les ennemis viennent ici nous atta-
« quer, votre personne sera peut-être en danger, à
« cause qu'une partie de votre armée est passée dans
« l'île de Ré, et que nous sommes restés peu de monde;
« je conjure Votre Majesté de se retirer à Surgères. »
Le Roi lui répondit sans s'émouvoir : « Je ne sortirai

« point d'ici, et je veux combattre à la tête de mes
« gens de pied ; qu'on m'apporte promptement mes
« armes. » Il est vrai que cette réponse si ferme, et
cette résolution si généreuse du Roi, me donnèrent une
joie que je ne saurois exprimer ; et me jetant aussitôt
à ses pieds pour lui accoler la cuisse, je lui dis tout
transporté hors de moi : « Sire, ayant ainsi notre Roi
« à notre tête, chacun de nous vaudra plus de vingt
« hommes, et une seule compagnie vaudra tout un
« régiment ; nul n'osera s'épargner en cette occasion,
« et nous donnerons tous jusqu'à la dernière goutte
« de notre sang. » Le Roi, ayant pris ensuite ses armes,
donna tous les ordres nécessaires pour soutenir un
assaut, en cas que les ennemis vinssent l'attaquer
dans son quartier ; mais dans le temps que tout le
monde se préparoit au combat, l'un des soldats que
j'avois envoyés aux tranchées arriva, et nous assura que
les Rochelois, bien loin de penser à quelque sortie,
avoient été eux-mêmes beaucoup effrayés par un malheur qui leur étoit arrivé, le feu ayant pris à leurs
poudres, et causé tout ce grand bruit que l'on avoit
entendu. Le Roi reçut cette nouvelle comme il avoit
reçu la première, sans s'émouvoir, et il ne fit paroître
aucune joie de se voir en sûreté, comme il n'avoit
témoigné aucune crainte à la vue de ce péril. M. le
maréchal de Brezé, faisant alors réflexion sur ce qui
s'étoit passé, me dit : « Vois-tu, si le Roi avoit suivi le
« conseil qu'on lui avoit donné en se retirant à Sur-
« gères, il nous auroit fait jeter tous trois dans l'eau,
« lorsqu'il auroit reconnu qu'une fausse alarme lui
« auroit fait prendre la fuite. » J'étois bien sans doute
de son sentiment ; et, quoi qu'il pût arriver, je n'aurois

pu me résoudre de lui donner un conseil qui, bien que plus sûr, paroissoit peu honorable à un si grand prince. Mais les rencontres inopinées ne nous laissent pas toujours la liberté de notre esprit, et les plus sages s'y peuvent méprendre. Je me souviens aussi que, lorsque tout le monde étoit dans l'inquiétude et dans le trouble, à cause de la personne du Roi que l'on croyoit exposée, un officier, pensant peut-être davantage à ce qui regardoit le Roi qu'à soi-même, après avoir un peu raisonné sur ce qui pouvoit être la cause de ce grand bruit, s'échappa de dire cette parole : « Je crois que ce ne sera rien, s'il plaît à Dieu. » Sur quoi tous ceux qui étoient présens, peu accoutumés à un tel langage, se mirent à l'insulter et à se railler de lui comme d'un homme qui témoignoit assez par cette parole qu'il avoit peur. Il est vrai que, quoique je ne fusse pas meilleur que les autres, je ne pus pas toutefois n'être point choqué de ces railleries et de cette insulte, qui me paroissoient si mal fondées; car, comme j'ai déjà remarqué ailleurs, il me semble que c'est une grande brutalité de s'imaginer que, pour paroître courageux, il faille oublier qu'on soit chrétien; et il est sans doute que si ce même officier eût nommé alors le nom du diable au lieu de celui de Dieu, bien loin d'en être repris, quelques-uns même l'en auroient plus estimé. Tant il est vrai que l'on connoît peu ce que c'est qu'un homme de cœur, et que l'on s'imagine qu'il suffit d'être impie pour être brave. Cependant les insultes que l'on fit si injustement à ce pauvre officier furent si piquantes et si continuelles, que, ne pouvant souffrir d'être ainsi en butte à tous les fanfarons et les jeunes gens de l'armée, il fut obligé, quelque temps après, de demander son congé, et se vit réduit à se retirer.

Le lendemain tous les officiers généraux vinrent rendre au Roi leurs soumissions, accompagnées de grandes louanges. Sa Majesté m'avoit fait venir auprès de sa personne, et il est vrai que je fis ce jour-là ma cour d'une manière fort agréable; car le Roi me faisoit l'honneur de me citer à tous momens, en disant : « Demandez à Pontis comment cela s'est passé ; » aimant mieux qu'un autre parlât de lui que lui-même. Ainsi je représentai cette action de Sa Majesté avec toute l'ardeur et toute l'éloquence cavalière que l'on peut s'imaginer, et il ne me fut pas difficile d'y réussir, puisqu'en cette rencontre je pouvois être fort bon courtisan sans être flatteur, et que pour faire l'éloge du Roi je n'avois qu'à dire ce que j'avois vu.

Un jour, relevant de garde, et étant obligé de passer par un petit vallon tout découvert, et commandé par une éminence où étoient pointées quatre ou cinq pièces de canon des ennemis, comme j'étois à cheval à la tête de quatre cents hommes, et marchois assez légèrement en m'entretenant avec un caporal nommé de La Croix, je m'avisai, sans autre dessein, de mettre ma jambe sur le cou de mon cheval, comme l'on fait quelquefois pour se délasser, quoique ce ne fût pas bien le temps de le faire, mais plutôt de doubler le pas. Dans ce moment il vint un boulet de canon de haut en bas, donner justement dans l'étrier d'où j'avois retiré ma jambe, qui en fut brisé. La violence du coup fit abattre mon cheval, qui se releva néanmoins à l'heure même ; et comme dans l'instant je voulus remettre mon pied à l'étrier je ne le trouvai plus, reconnoissant alors la providence de Dieu, qui m'avoit ainsi sauvé la jambe, et peut-être la vie, et le bénissant de tout mon cœur de cette grâce, craignant beaucoup de demeurer estropié, et de me voir hors d'état de servir le Roi. On voulut lui en faire une galanterie, et on lui dit que j'avois perdu une jambe d'un coup de canon; mais Sa Majesté, ayant su ensuite que j'avois seulement perdu mon étrier, s'en divertit et n'en fit que rire.

Les Anglais ayant si bien investi la mer qu'on ne pouvoit faire passer des vivres dans l'île de Ré, le Roi résolut d'y faire couler vingt esquifs, fort légers et fort plats, chargés de vivres et de toutes sortes de provisions, et me donna ordre d'accompagner M. d'Esplandes qui les conduisoit, afin que je retournasse lui faire rapport de ce qui se seroit passé. Toutes choses étant préparées, et ayant un vent très-favorable, nous nous embarquâmes la nuit, et abordâmes en peu de temps fort heureusement à l'île, à travers les feux et les boulets de canon qu'on faisoit voler autour de nous, et malgré cinq grands vaisseaux anglais qui voulurent nous approcher, mais qui ne purent, manque d'eau. Les boulets, tombant sur le gravier du rivage, élevoient et envoyoient dans nos esquifs des monceaux de pierres, et tuoient beaucoup de nos gens. Souvent aussi un boulet enlevoit, de dessus l'épaule d'un soldat, le sac de farine, ou d'autres vivres qu'il transportoit hors de l'esquif. Nous étant assis, M. d'Esplandes et moi, pour nous reposer, un boulet de canon vint percer, sous moi, une valise sur laquelle j'étois assis, et emporta une partie des hardes qui étoient dedans, sans que je reçusse d'autre mal, sinon que je fus jeté, par l'effort du coup, à plus de quinze pas du lieu où j'étois. Comme M. d'Esplandes m'eut encore importuné pour me faire asseoir en un autre endroit sur une pierre de taille auprès de lui, devinant en quelque sorte que cette place ne m'étoit pas favorable, et qu'il m'étoit plus avantageux d'être debout, je me levai, et au même instant, ce qui paroîtroit presque incroyable, un boulet de canon emporta cette pierre et la mit en pièces. Il y avoit peu de plaisir à se familiariser de si près avec les coups; je pensai donc à m'en retourner pour faire mon rapport au Roi; et me mettant sur un fort petit esquif avec un seul batelier, je repassai ce bras de mer à travers plus de quatre cents volées de canon qu'on tira sur ce passage. Ce qui le rendoit encore plus difficile, étoit que, dans l'espace d'un quart de lieue, il y avoit sur la mer plusieurs longues chaînes de poutres de bois attachées par le bout, les unes aux autres, avec de gros anneaux de fer, de sorte qu'à chacune de ces chaînes il falloit attendre quelque grand flot, pour pouvoir faire passer l'esquif avec le flot au-dessus des poutres. Le Roi, qui ne m'attendoit presque plus, croyant que tout étoit péri à cause du grand feu que l'on avoit fait toute la nuit, fut bien étonné de me revoir et d'apprendre l'heureux succès de notre passage.

Le temps arriva enfin que cette ville, qui étoit toute l'espérance et tout l'appui du parti des hérétiques, devoit tomber entre les mains de son prince légitime. L'extrémité où elle se trouva réduite par la famine fut telle, qu'un très-grand nombre de personnes mouroient de faim : et je dirai ici, sur cela, ce que j'appris ensuite de la propre bouche de mon hôte, étant entré dans La Rochelle; car, voulant me faire connoître quelle avoit été l'extrémité de leur misère, il me protesta que, pendant huit jours, il s'étoit fait tirer de son sang et l'avoit fait fricasser pour en nourrir son pauvre enfant, s'ôtant ainsi peu à peu la vie à soi-même pour conserver celle de son fils. L'éloquence du ministre Salbert, qui étoit un homme d'une grande considération parmi eux, servit beaucoup pour faire résoudre les Rochelois à souffrir de si grandes extrémités. L'entêtement de leur nouvelle religion les rendoit comme insensibles à tout; et l'obstination, jointe à la grande autorité et à la conduite héroïque de Guiton, maire de la ville, qui se rendit si fameux durant ce siége, sembloit leur donner de nouvelles forces et leur inspirer à toute heure un nouveau courage. Il suffit de dire, pour donner quelque idée de sa fermeté, qu'un de ses amis, lui montrant une personne de leur connoissance qui se mouroit de langueur et de faim, il lui répondit froidement : « Vous étonnez-vous de « cela ? il faut bien que vous et moi en venions là. » Et comme un autre lui disoit que tout le monde mouroit de faim, il repartit avec la même froideur : « Pourvu qu'il en reste un pour fermer les portes c'est « assez. » Mais il parut trop visiblement que le Ciel se déclaroit en faveur des armes du Roi : les Rochelois le reconnurent eux-mêmes, et furent obligés d'avouer qu'il y avoit quelque chose d'étonnant, de voir que le temps fût si beau en une saison comme celle de l'automne, où l'orage et la mer avoient accoutumé de faire trembler toute La Rochelle et de s'étendre jusque dans les rues. Ce qui augmentoit encore l'étonnement de tout le monde, et pouvoit passer pour un effet miraculeux de l'assistance de Dieu dans cette grande entreprise, fut que la peste étant alors furieuse dans les deux tiers du royaume, ce canton en demeura entièrement exempt, au milieu des nécessités épouvantables d'une ville réduite en un si pitoyable état, et de l'infection qui a accoutumé d'accompagner les grandes armées, principalement après un si long siége.

Les Rochelois, voyant donc qu'il ne leur restoit aucune espérance du côté de l'Angleterre, dont la flotte avoit fait inutilement divers efforts pour les secourir, commencèrent à traiter de la capitulation de la ville ; et l'un des articles fut que le maire Guiton seroit conservé dans tous les honneurs et dans tous les priviléges de sa dignité. Dix députés vinrent avec la ratification (1) des articles, le 20 d'octobre de l'année 1628, se jeter aux pieds du Roi dans sa chambre, où il étoit accompagné de M. le comte de Soissons, de messieurs les cardinaux de Richelieu et de La Valette, de messieurs de Chevreuse, de Bassompierre, de Schomberg, d'Effiat et autres; et là ils implorèrent de nouveau la clémence de Sa Majesté, le sieur de La Gousse, avocat du Roi au présidial, portant la parole pour eux. En même temps les bourgeois se mirent sur les remparts et contrescarpes à crier vive le Roi ! Quatre cents hommes furent nommés par Sa Majesté pour aller se rendre maîtres de la ville, préparer son logement, faire nettoyer les rues et les maisons, et mettre ordre à toutes choses pour son entrée. Elle choisit quatre capitaines et quatre lieutenans, dont j'en étois un, pour les commander sous M. le duc

---

(1) *Avec la ratification* : La capitulation fut signée le 28 octobre, et le Roi fit son entrée le 1 novembre.

d'Angoulême à qui elle nous ordonna d'obéir, et elle nous fit de très-expresses défenses de causer le moindre désordre dans la ville, menaçant de faire une punition exemplaire s'il entendoit quelques plaintes. Entre autres choses, le Roi nous recommanda de ne point souffrir que les soldats vendissent le pain à ces pauvres affamés qui en manquoient depuis tant de temps, et de leur permettre seulement de recevoir quelques présens, en cas qu'ils leur en offrissent d'eux-mêmes. Nous entrâmes donc dans La Rochelle avec cet ordre du Roi; nous nous rendîmes maîtres des portes, et plaçâmes en divers lieux des corps-de-garde. Nous trouvâmes cette ville en un état qui faisoit horreur et compassion à tous ceux qui y entrèrent. Les rues et les maisons étoient infectées de corps morts, qui y étoient en grand nombre sans être ensevelis ni enterrés; car, sur la fin de ce siége, les Rochelois, ressemblant plutôt à des squelettes qu'à des hommes vivans, étoient devenus si languissans et si foibles qu'ils n'avoient pas le courage de creuser des fosses, ni d'emporter les corps morts hors des maisons. Le plus grand présent qu'on pouvoit faire à ceux qui restoient étoit de leur donner du pain, qu'ils préféroient à toutes choses, comme étant le remède infaillible qui pouvoit les empêcher de mourir, quoique ce remède même devînt à quelques-uns mortel, par la grande avidité avec laquelle ils le mangeoient, et s'étouffoient en même temps.

J'eus en cette occasion un différend avec un Rochelois, qui pensa être cause de ma perte. Ayant donné quelques pains à un homme qui paroissoit en avoir grand besoin, j'eus quelque envie d'une arquebuse

qu'il avoit, qui étoit fort belle; je lui demandai s'il vouloit la vendre, et, le trouvant un peu difficile, je le pressai tant que je le fis enfin consentir à me la donner pour onze quarts-d'écus. Mais, lorsque je l'eus payé et que je m'en allai avec cette arme, il se repentit de me l'avoir vendue, ou plutôt de n'avoir pas tant reçu de pain qu'il auroit voulu; et, commençant à entrer tout d'un coup en une fureur incroyable contre moi, il dit tout haut, en sorte que je l'entendis : « Je vou-
« drois que l'argent de ces onze quarts-d'écus lui fût
« fondu sur le cœur, et qu'il eût dans la tête le plomb
« qui est dans cette arquebuse; il m'emporte ici mon
« arme qu'il m'a fait vendre malgré moi. » Etonné que je fus d'un compliment si brutal, je me retournai aussitôt vers lui et lui dis : « Comment! mon ami,
« vous ai-je fait tort en vous payant de votre arqué-
« buse l'argent dont vous êtes convenu? Je vous avois
« cru jusqu'ici honnête homme, mais vous m'avez
« détrompé. » L'autre me paya sur-le-champ d'un démenti, et, la patience m'échappant, sans avoir égard à la défense du Roi, et à l'extrémité où cet homme étoit réduit, je lui déchargeai un soufflet sur sa joue toute décharnée, et lui dis qu'il devoit penser à qui il parloit, et ne pas ainsi démentir un homme d'honneur. Alors, étant tout furieux d'avoir reçu ce soufflet, il commença à crier et à tempêter. Il dit tout haut qu'il vouloit s'en plaindre au Roi, qu'on lui faisoit violence, et qu'on l'outrageoit contre la parole que Sa Majesté leur avoit donnée. Je vis aussitôt jusqu'où iroit cette affaire si je ne l'étouffois d'abord, me tenant bien assuré de porter ma tête sur l'échafaud si le Roi en entendoit parler. Je fis donc tout mon possible, et

par moi-même et par mes amis, et par les parens de
cet homme, pour tâcher de l'apaiser; je lui présentai
encore dix-huit quarts-d'écus qu'il me refusa, voulant se venger à quelque prix que ce fût. Mais enfin
je le comblai par tant de prières et d'importunités
de la part de ses meilleurs amis, qu'il s'adoucit, et je
lui donnai, pour sa peine de s'être mis si fort en colère,
environ une douzaine de pains par dessus ceux qu'il
avoit déjà reçus. Comme il vint ensuite me faire ses
excuses, et qu'il me dit que l'extrême nécessité où ils
étoient l'avoit fait emporter de la sorte, je lui fis une
remontrance charitable qu'il reçut fort bien, et lui
fis entendre doucement qu'un des grands points de la
vie étoit de connoître ceux à qui on parloit, et de
ne pas offenser les gens d'honneur par un démenti
comme il avoit fait. Je lui offris en même temps mon
service et autant de pain pour lui ou pour ses amis
qu'ils en auroient de besoin. Ainsi tout ce différend
se termina à nous rendre bons amis.

Le Roi ayant fait son entrée dans La Rochelle, M. le
duc d'Angoulême voulut aller voir ce fameux Guiton,
qui avoit tenu tête si long-temps au plus grand prince
de l'Europe. Quelques officiers du nombre desquels
j'étois l'y accompagnèrent. Il étoit petit de corps,
mais grand d'esprit et de cœur; et je puis dire que je
fus ravi de voir dans cet homme toutes les marques
d'un grand courage. Il étoit magnifiquement meublé
chez lui, et avoit grand nombre d'enseignes qu'il montroit l'une après l'autre, en marquant les princes sur
qui il les avoit prises, et les mers qu'il avoit courues.
Il y avoit quantité d'armes chez lui; et entre autres j'y
aperçus une fort belle pertuisane qu'il avoit prise à un

capitaine dans un combat. Je ne me fus pas plutôt
échappé de lui dire qu'elle étoit belle, que, comme il
étoit extrêmement généreux, il me la donna aussitôt,
et me força de la prendre avec une centaine de piques
dont il me fit aussi présent. Il fit une très-belle réponse
à M. le cardinal de Richelieu lorsqu'il alla lui rendre
ses civilités; car son Eminence lui parlant du roi de
France et de celui d'Angleterre, il lui dit qu'il valoit
mieux se rendre à un roi qui avoit su prendre La Rochelle, qu'à un autre qui n'avoit pas su la secourir.
Mais il fut ensuite bien mécontent de ce cardinal; car
n'ayant rendu la ville au Roi qu'après la parole qu'on
lui avoit donnée de lui conserver les marques de sa
dignité, et l'un de ces priviléges étant que, lorsqu'il
marchoit dans La Rochelle, il étoit toujours accompagné de douze hallebardiers portant ses livrées, son
Eminence lui envoya dire un jour que, le Roi étant dans
la ville, il étoit contre les règles qu'il gardât ces marques d'une dignité qu'il n'avoit plus, puisque le Roi
étoit alors seul maire et maître de La Rochelle. Cet
ordre nouveau piqua étrangement Guiton, qui se vit
ainsi trompé et déchu de ses honneurs, contre l'assurance qu'il en avoit eue; et il me dit que s'il avoit cru
qu'on eût dû lui manquer ainsi de parole, le Roi n'auroit pas trouvé un seul homme en entrant dans La
Rochelle, parce qu'il auroit soutenu jusqu'à la fin.
Peut-être même que le Roi auroit été obligé de lever
le siége, à cause de l'hiver et des tempêtes qui s'éle-
vèrent aussitôt après la réduction de la ville; car le
beau temps finit le jour même de la réduction, et le
7 de novembre ensuivant, la mer fut si furieuse
durant la nuit, qu'elle rompit quarante toises de la

digue du côté de Marillac. Le vaisseau du chevalier de La Fayette, poussé d'un coup de vent dans le port, rompit trois ou quatre machines sans s'endommager. Cinq ou six vaisseaux anglais échouèrent à la côte d'Angoulin. Ainsi on peut dire que si Guiton se fût entêté de soutenir seulement encore un mois, comme il l'auroit pu, nous étions en grand danger de perdre en un jour tout le fruit de tant de travaux et d'un si long siége; car le mauvais temps, joint à la rupture de la digue, auroit procuré infailliblement du secours aux assiégés ; et il n'y eut qu'un coup visible de la main de Dieu qui les obligea de se rendre dans ce moment si favorable aux armes du Roi.

Après que Sa Majesté eut demeuré quelque temps dans La Rochelle pour donner ordre à toutes choses, et ôter toute occasion à ses habitans de se révolter de nouveau, il s'en retourna triomphant à Paris, avec la gloire d'avoir désarmé en quelque sorte l'hérésie dans son royaume par la prise de cette ville.

LIVRE VIII.

Le duc de Rohan fait une grande entreprise sur la ville de Montpellier, et est trahi par celui qui devoit lui livrer la ville. Le sieur de Pontis est envoyé visiter les Alpes pour le passage des troupes du Roi. Sa modération à l'égard d'un homme qui avoit voulu le tuer pour un autre. Sa conduite envers les cadets et les soldats de sa compagnie. Différend qu'il eut avec un capitaine qui logea par force dans sa terre de Pontis. Le Roi va avec toute son armée en Savoie, et force le pas de Suse. Grande aubaine que le sieur de Pontis obtient du Roi, et qui ne lui produit qu'un grand procès. M. le duc d'Orléans veut forcer le corps-de-garde du Louvre, le sieur de Pontis étant en garde.

PENDANT le siége de La Rochelle, dont j'ai parlé dans le livre précédent, ceux du même parti que les Rochelois, sous la conduite de M. le duc de Rohan, firent une grande entreprise sur la ville de Montpellier, et voulurent intéresser dans leur dessein un de mes intimes amis, qui étoit le baron de M...., second capitaine du régiment de Normandie. Cet événement est assez considérable pour être rapporté en ce lieu, avant que je continue la suite de ces Mémoires. Le baron de M.... dont je parle avoit épousé une femme huguenote; et lorsqu'il étoit un jour à une maison de sa femme, le baron de Bretigny lui proposa de favoriser une entreprise de M. le duc de Rohan, qui vouloit se rendre maître de la ville et citadelle de Montpellier. On lui promit de l'en faire gouverneur, et lieutenant général en l'armée de M. de Rohan, ou de lui donner deux cent mille écus, que le duc de Rohan lui-même s'engageoit de lui payer. Le baron de M.... étoit trop fidèle à son devoir pour consentir à une action si lâche ; mais pour éviter un mal il s'engagea dans un autre, et résolut de trahir pour le service du Roi celui-là même qui prétendoit l'obliger à trahir le Roi. Il répondit donc au baron de Bretigny que l'affaire étoit d'assez grande conséquence pour y penser, qu'il s'en retournoit à Montpellier où sa compagnie étoit en garnison, et que de là il lui manderoit de ses nouvelles par un fort brave soldat nommé Cadet, qu'il avoit nourri laquais, et en qui il avoit une entière confiance.

Il ne perdit point de temps, et donna avis à M. des Fossés, gouverneur de Montpellier, de cette proposition qu'on lui avoit faite. Ils concertent tous deux ensemble un même dessein, qui fut de trahir ceux qui avoient bien osé leur proposer de trahir le service de leur prince. M. de M.... envoie aussitôt Cadet vers le baron de Bretigny pour nouer l'affaire, et l'on en parle à M. le duc de Rohan, lequel dit qu'il ne vouloit point s'engager dans l'entreprise si les murailles n'étoient ouvertes du côté de la citadelle. M. des Fossés les fait ouvrir peu à peu en trois endroits sous divers prétextes ; et ensuite M. de Rohan, voulant s'assurer de toutes choses, envoie un ingénieur en habit de soldat au baron de M...., qui le mit en sa compagnie pour lui faire tout voir sans soupçon. Le gouverneur cependant faisoit faire avec assez de négligence la garde de la citadelle, et le travail des lignes de communication, par où M. le duc de Rohan devoit donner avec quatre cents hommes pour escalader la muraille et le fossé qui n'étoient pas hauts, et se rendre maître ensuite de l'esplanade, qui étoit entre la citadelle et la ville. Toutes choses étant disposées, le baron de M.... fit avertir qu'il étoit temps d'exécuter l'entreprise. M. le duc de Rohan, voulant ôter tout soupçon de l'assemblée de ses troupes, feignit de vouloir assiéger le château de Courconne, à trois lieues de Montpellier, où il se rendit avec sept mille hommes de pied et trois cents chevaux.

Le soir pris pour l'exécution étant venu, le baron de M...., et Guitaut, capitaine du régiment de Normandie, à qui M. le gouverneur avoit confié le secret de l'affaire, entrèrent en garde dans la citadelle. L'ingénieur déguisé en soldat, dont j'ai parlé, vit toutes choses de ses propres yeux, en sorte qu'il ne pouvoit avoir le moindre soupçon du mauvais tour qu'on avoit résolu de leur jouer. M. de M.... ouvrit ensuite toutes les portes, ponts-levis, poternes de la porte des champs; et l'ingénieur sortit avec Cadet pour aller trouver M. de Rohan et l'amener. On convint avant qu'il partît que, lorsque le duc seroit proche avec son armée, il enverroit deux officiers pour savoir s'il ne seroit point arrivé de changement. A l'instant que l'ingénieur fut sorti, le gouverneur, averti par M. de M.... de son départ, assembla tous les capitaines, fit prendre les armes à tous les soldats des deux régimens de Picardie et de Normandie, qui pouvoient faire deux mille huit cents hommes. Il en disposa huit cents aux principales places et avenues de la ville, avec ordre de tuer tous les bourgeois qui sortiroient de leurs maisons, ou qui se voudroient jeter par dessus les murailles, à cause que quatre mille habitans huguenots devoient prendre les armes ; il mit douze cents hommes aux trois ouvertures de la muraille de la ville qui répondoit sur l'esplanade qui va à la citadelle, y fit faire en diligence, à force d'ouvriers, de très-grands retranchemens, avec de bonnes barricades par derrière, et des ouvertures pour donner passage aux douze cents hommes qui avoient ordre de sortir sur les ennemis qui devoient entrer dans l'esplanade par les lignes de communication. Il plaça huit cents hommes dans la citadelle, dont cinq cents devoient aussi sortir en même temps sur les ennemis dans l'esplanade, et trois cents qui étoient choisis devoient demeurer avec lui dans la citadelle. Il fit de plus pointer sur cette esplanade vingt canons chargés de balles de mousquet, et mit quelque nombre de bons soldats avec des hallebardes derrière la dernière porte en dedans de la citadelle. Au dessus du pont-levis, fait en trébuchet, il mit Beine, l'ingénieur de la place, tenant une hache en sa main, avec ordre exprès de ne couper la corde du pont que lorsque M. de Goussonville lui crieroit *harle la main*. Tout fut ainsi disposé avec une diligence incroyable; et le baron de M.... dit au gouverneur que si les deux hommes que l'on devoit envoyer vouloient l'emmener avec eux pour aller trouver M. de Rohan, il étoit très-résolu d'y aller plutôt que de leur donner soupçon, quoiqu'il se tînt assuré qu'ils lui donneroient cent coups de poignard après sa mort, se voyant joués comme ils le furent ; mais qu'il ne se soucioit pas de mourir, pourvu qu'il rendît service au Roi en se vengeant de ceux qui l'avoient jugé capable de manquer à son devoir.

Tout étant dans un profond silence, enfin deux hommes de commandement vinrent à la porte des champs trouver le baron de M..., selon qu'on en étoit convenu. Il leur dit que toutes choses étoient en très-bon état, et que s'ils vouloient il les feroit entrer dans la place : sur quoi ils lui répondirent que le connoissant pour brave homme ils se fioient entièrement à lui; que M. de Rohan étoit proche, qu'il donnoit ses ordres, et arriveroit dans un demi-quart d'heure. Le baron lui repartit qu'il alloit donc rentrer, et qu'il se tiendroit derrière la porte en dedans de la citadelle pour la leur ouvrir. Ainsi ils s'en retournèrent sur leurs pas, et aussitôt après toutes les troupes ennemies s'approchèrent. M. de Rohan changea, en venant, le premier dessein qu'il avoit eu de donner par les lignes de communication, espérant que, s'il entroit d'abord dans la citadelle, il seroit trois heures après maître de la ville. Il avoit sept mille hommes de pied et trois cents chevaux; et le lendemain il lui vint encore trois mille hommes du Vivarais. L'ordre étoit que deux cents hommes choisis, entre lesquels étoit un grand nombre de gentilshommes et d'officiers, devoient donner les premiers; que mille hommes les soutiendroient, et le reste selon le besoin qu'on en auroit. Le baron de Bretigny, auteur de l'entreprise, qui marchoit le premier de tous, frappa à la première porte de la citadelle assez doucement, et demanda, en s'adressant au baron de M.... : « Cousin êtes-vous là? » Un sergent que l'on avoit bien instruit de ce qu'il avoit à dire répondit : « Monsieur, il est allé faire un tour au corps-de-
« garde; mais il m'a laissé ici pour vous assurer qu'il
« revient dans le moment vous recevoir. Cependant

« serrez-vous, et mettez-vous en bataille. » Alors le baron de Bretigny dit et fit dire de main en main à ses gens : « Serre, serre. » Cinquante et un de ces deux cents premiers s'étant donc avancés avec lui, Beine, qui eut peur de voir entrer tout ce monde, se hâta de couper la corde avec la hache, sans attendre l'ordre : aussitôt le pont fit la bascule, et une partie se trouvant entre la porte de la citadelle et le pont, le reste tomba dans le fossé. Ceux de la citadelle jetèrent à l'heure même quantité de feux d'artifice et dans le fossé et tout à l'entour pour y voir plus clair, et tirèrent sur le gros qui étoit dehors, dont il y en eut plusieurs de tués ou de blessés. Quant à ceux qui se trouvèrent entre la porte et le pont, il y en eut trente-neuf de tués et douze de faits prisonniers, dont la plupart étoient fort blessés. Cadet qui les conduisoit s'étant nommé, et les nôtres lui ayant jeté une corde pour le tirer à eux, ceux qui étoient près de lui le retirèrent et le retinrent par force, en disant qu'ils ne souffriroient jamais qu'il se sauvât si le gouverneur ou quelque autre en son nom ne leur promettoit la vie. Et en effet, lorsqu'ils virent qu'on vouloit absolument le tirer sans leur rien promettre, ils le percèrent de plus de vingt coups, dont néanmoins il ne mourut pas. M. de Rohan se retira étant au désespoir ; et, faisant jeter les pains de munition qu'il avoit fait apporter, il fit charger dans les charrettes les morts et les blessés qu'il put ravoir.

Je ne sais pas ce que l'on jugera de cette action ; mais pour moi, quoique quelques-uns pourront peut-être l'excuser à cause de l'indignation que conçut un homme d'honneur de se voir jugé capable de trahir la fidélité qu'il devoit à son prince, j'avoue qu'elle me causa une douleur très-sensible, et que je ne pus point la regarder autrement que comme une véritable trahison. L'attachement inviolable que j'avois aux intérêts et au service du Roi, ne put point me faire approuver dans mon ami ce que j'eusse condamné en moi-même. La trahison qu'on lui vouloit inspirer ne devoit pas l'engager dans une autre trahison, et ce n'étoit pas, ce me semble, entendre assez les règles de la fidélité et de l'honneur de prétendre se faire un mérite auprès de son roi, en trahissant ceux qui vouloient le porter à le trahir. La trahison ne change point de nature pour changer d'objet, et c'est toujours être infidèle que de manquer à sa parole et à sa foi, quand ce seroit pour les intérêts du plus grand prince du monde. Cet officier étoit sans doute très-louable de rejeter les offres les plus avantageuses du duc de Rohan pour s'attacher à son devoir; mais c'étoit blesser ce même devoir de surprendre par de belles promesses le duc de Rohan, et de lui donner une parole qu'il ne vouloit ni ne pouvoit légitimement lui garder. La voie royale lui étoit ouverte. Le duc de Rohan lui-même l'eût estimé et jugé digne de sa charge, s'il eût refusé ouvertement de le servir contre son roi; mais il s'attiroit le blâme de ses plus intimes amis en quittant la voie de l'honneur pour user de ces détours : et je confesse que je ne pus plus regarder comme mon ami un homme qui avoit été capable d'une si lâche trahison.

Peu de temps après que nous nous en fûmes retournés à Paris ensuite de la réduction de La Rochelle, le Roi me commanda d'aller en Dauphiné, en Savoie et en Piémont, pour reconnoître tous les passages d'Italie, dans le dessein qu'il avoit d'y faire passer son armée contre le duc de Savoie. Je partis avec cet ordre; et ayant visité le Dauphiné, la Provence et le Piémont, et reconnu avec tout le soin possible tous les chemins par où l'on pourroit faire passer les troupes au-delà des monts, je dressai un mémoire exact de toutes choses, et m'en revins à Paris au bout de deux ou trois mois. Le Roi envoya querir M. d'Escures, qui faisoit les cartes, et étoit maréchal des logis de ses armées. Il lui montra ce mémoire que je lui avois présenté, et lui donna ordre de l'examiner avec soin, et de le confronter sur ses cartes; et il connut, par le rapport que lui en fit ensuite M. d'Escures, que mon mémoire étoit fait dans la dernière exactitude quant aux lieux, dont il pouvoit seulement répondre, ne connoissant pas les passages aussi bien que moi qui étois du pays. Sa Majesté eut la bonté de me témoigner qu'elle étoit satisfaite de mon service, et qu'elle s'en souviendroit. Elle donna ordre aussitôt à toutes choses pour son voyage de Piémont, où elle vouloit aller en personne avec toute son armée.

Il m'arriva dans Paris vers ce même temps une rencontre très-fâcheuse, de laquelle Dieu permit que j'échappasse avec beaucoup de bonheur. Revenant un soir fort tard du Louvre, à cheval, et allant porter l'ordre que je venois de prendre de Sa Majesté à M. de Saint-Preuil mon capitaine, qui jouoit en une maison par-delà l'hôtel de Bellegarde, lorsque j'eus passé cet hôtel, et que j'étois devant la chapelle de l'hôtel de Soissons, mon laquais marchant avec un flambeau vingt pas devant moi, un homme me vint porter au coin d'une rue un coup d'épée de toute sa force, capable de me percer de part en part, et de me crever sur-le-champ. Mais Dieu conduisit la main et l'épée de cet homme si heureusement pour moi, qu'au lieu de me donner dans le ventre elle donna dans l'arçon, sous le pommeau de la selle, et se rompit. Le coup fut si violent que la pointe de l'épée y demeura enfoncée de la longueur d'un demi-pied. Surpris de ce coup que j'entendis plutôt que je ne le vis, je sautai prestement à bas de mon cheval, et, mettant l'épée à la main, je renversai cet homme par terre, le maltraitai, et peu s'en fallut que je ne le tuasse dans le premier mouvement de ma colère. Il m'avoua qu'il s'étoit mépris, qu'il étoit valet de chambre de M. de Bellegarde, et qu'il m'avoit cru être un gentilhomme de qui il avoit reçu des coups de bâton. Cette sorte de méprise me déplut fort; néanmoins, ayant quelque pitié de lui, je retournai sur mes pas, et entrai dans l'hôtel de Bellegarde. Monsieur étant déjà couché, je me contentai de remettre son homme de chambre entre les mains de l'écuyer. Le lendemain je crus être obligé de lui venir faire mes plaintes; et, bien qu'il aimât ce valet, il dit aussitôt pour me donner quelque satisfaction qu'il le falloit faire pendre, et que c'étoit un coquin. Mais comme ce n'étoit point ce que je prétendois, et que je voulois principalement l'avertir de ce désordre afin qu'il en empêchât les suites, je lui dis que, puisque c'avoit été un malheur, et que cet homme n'avoit eu aucune mauvaise volonté contre moi, et que d'ailleurs je n'avois point été blessé, je le suppliois de lui pardonner, et de l'avertir seulement d'être plus sage à l'avenir. Il insista néanmoins sur ce qu'il avoit déjà dit qu'il le feroit pendre;

mais quand je fus de retour chez moi il me l'envoya avec son écuyer, pour me dire qu'il le remettoit entièrement entre mes mains pour en faire ce qu'il me plairoit. Je répondis que, puisque M. de Bellegarde le remettoit entre mes mains, je lui pardonnois de bon cœur. Le Roi néanmoins ayant su la chose dit qu'il le falloit faire pendre ; mais il se contenta de l'avoir dit sans qu'il le fît faire.

Une autre fois, Dieu me donna lieu de reconnoître cette protection par laquelle il m'avoit si visiblement sauvé la vie, en me présentant une occasion à moi-même de sauver la vie à un homme qui étoit en très-grand danger de la perdre. J'avois un jour soupé chez une personne de la cour de mes amis, et comme je m'en retournois à cheval sur les onze heures du soir, étant accompagné de deux laquais dont l'un portoit un flambeau devant moi, je vis de loin sur le pont de Notre-Dame trois ou quatre voleurs qui attaquoient et qui poussoient fort rudement un homme qu'ils avoient acculé contre une muraille, et qui se défendoit du mieux qu'il pouvoit. Je ne délibérai guère à lui donner le secours que j'aurois pu attendre d'un autre dans une semblable occasion, et, piquant de toute ma force au milieu de ces voleurs, je les étonnai et les troublai de telle sorte, que je les écartai dans l'instant et les fis fuir. Mais je ne me trouvai pas peu embarrassé en voyant cet homme presque aussi étourdi et interdit que s'il eût encore été au milieu des voleurs. Il ne savoit s'il étoit en sûreté avec moi, et j'eus toutes les peines du monde à le faire revenir à lui. Je lui demandai qui il étoit, à qui il appartenoit, et en quel lieu il demeuroit ; mais je ne pouvois rien tirer de sa bouche. Cependant je ne pouvois me résoudre de l'abandonner dans cet état, me doutant bien qu'il pourroit être attaqué de nouveau, et volé plus facilement. Je lui donnai donc le loisir de reprendre un peu ses esprits, et, après lui avoir nommé les quartiers et les auberges les plus considérables de Paris, j'appris enfin qu'il logeoit dans la place Maubert, et qu'il étoit maître d'hôtel de M. le duc de Lorraine, qui étoit pour lors à Paris. Alors je tâchai de le faire monter en croupe derrière moi ; mais ne l'ayant jamais pu à cause que c'étoit un homme fort gras et replet, et qu'il n'étoit pas encore bien rassuré, je crus devoir mettre moi-même pied à terre, et, faisant mener mon cheval par un laquais, je l'accompagnai à pied jusqu'à son logis, où il me remercia le mieux qu'il put, n'étant pas encore tout-à-fait revenu à lui. Il demanda à un de mes gens qui j'étois et où je demeurois ; et il vint le lendemain me témoigner sa parfaite reconnoissance du service que je lui avois rendu. Il m'invita même quelques jours après à un souper où je menai quelques personnes de qualité de mes amis, qui ne furent pas moins surpris que moi de la magnificence de ce repas.

[1629] Le Roi ayant dessein, comme je l'ai dit auparavant, de faire marcher son armée contre le duc de Savoie, la fit partir au fort de l'hiver, et se mit lui-même en chemin au mois de février de l'année 1629. Je demeurai encore quelques jours à Paris pour rassembler quelques soldats qui étoient restés, et allai ensuite avec ce que j'avois pu ramasser, jusqu'au nombre de deux cents, retrouver le Roi par-delà Fontainebleau, selon l'ordre qu'il m'avoit donné.

Lorsque je fus arrivé auprès de Sa Majesté, je distribuai chaque soldat dans sa compagnie, et pris ensuite mon rang à la tête de la mienne, pour marcher vers Lyon avec l'armée. Ma compagnie, c'est-à-dire celle de M. de Saint-Preuil, dont j'avois presque toujours la conduite, étoit alors composée de deux cent cinquante hommes, tous gens bien faits et fort bien vêtus. Il y avoit environ quatre-vingts jeunes gentilshommes, qui étoient pour la plupart de très-bonne maison, et avoient un bel équipage. Comme j'avois l'honneur d'être connu de toutes les personnes de la cour et de tous les principaux officiers de l'armée, et que l'on savoit que je m'étois toujours fort appliqué à ce qui regardoit ma profession, que j'étois surtout très-attaché à la discipline, et que je prenois un très-grand soin des soldats, un grand nombre de personnes de qualité me faisoient l'honneur de me confier messieurs leurs enfans, pour leur apprendre ce que l'expérience et le travail de beaucoup d'années m'avoient appris à moi-même. Aussi je crois pouvoir dire sans vanité que j'étois aimé, craint et obéi d'une façon tout extraordinaire par mes soldats. Mais je tâchois d'user d'une adresse particulière pour gagner l'affection des cadets; car je leur donnois tour à tour le commandement sur toute la compagnie, afin qu'en apprenant le métier de soldat ils apprissent en même temps celui d'officier et de capitaine.

Le Roi, fort content de voir cette compagnie en un si bel ordre, me témoigna sa satisfaction en m'accordant un privilège que les autres n'avoient pas; car, comme je vis que ma compagnie étoit si grande et remplie de jeunes gentilshommes de grande qualité, je crus devoir lui témoigner que, me trouvant seul, comme j'étois alors, sans mon capitaine qui étoit absent, et ayant dans ma compagnie tant de noblesse, que messieurs leurs parens m'avoient fort recommandée, je me sentois accablé sous la charge, et que si Sa Majesté ne m'accordoit quelque privilége en faveur de tous ces jeunes cadets, afin de pouvoir les traiter plus favorablement que le reste des soldats, comme ils n'étoient point accoutumés à la fatigue, ils seroient bientôt mécontens de moi, en feroient des plaintes à leurs parens que j'aurois ensuite pour ennemis, et pourroient bien se débander à la fin et abandonner l'armée. Le Roi me répondit avec beaucoup de bonté que je lui faisois plaisir de l'avertir de cela : « Et je suis « bien aise, ajouta-t-il, que vous m'ayez demandé « ce que je vous accorde avec joie. » Ainsi j'eus toujours depuis double logement pour ma compagnie, et je pouvois, par ce moyen, faire quelque distinction entre les cadets et les soldats ordinaires.

J'avois aussi un très-grand soin d'empêcher le désordre dans les logemens, ne pouvant souffrir que les soldats fissent aucun tort aux pauvres gens dans les villages. C'est pourquoi, lorsque j'en sortois, je mettois toujours en bataille ma compagnie hors le village, et faisois publier que, si quelque paysan avoit à faire quelque plainte, il la vînt faire sans rien craindre. Ainsi, avant que de déloger, je faisois rendre ce qu'on avoit pris, et ne sortois point du village que je n'eusse un certificat du seigneur et du curé, voulant toujours avoir dans ma poche ma justification, et craignant d'être accusé auprès du Roi, qui m'étoit plus sévère qu'à tous les autres à cause qu'il vouloit, comme j'ai dit, se servir de moi pour réformer la discipline dans ses Gardes. Mais j'avois encore une autre raison qui m'obligeoit d'être un peu exact en ce point, savoir que, comme j'avois ce grand nombre de gentilshommes dans ma compagnie, qui devoient un jour commander dans les armées, je ne voulois pas les accoutumer à piller, de peur que lorsqu'ils seroient officiers ils ne permissent à leurs soldats ce qu'on leur auroit permis à eux-mêmes; outre que je ne pouvois pas souffrir ces bassesses dans de jeunes gens de qualité, qui devoient avoir un cœur plus noble et plus généreux que tous les autres.

Lorsque notre armée fut arrivée à quelques lieues au-deçà de Lyon, comme il fallut lui faire passer la rivière sur des bateaux, et que je jugeai qu'il pourroit bien y avoir un grand désordre dans ce passage, je dis à M. de Vientais, capitaine aux Gardes, qu'il falloit tâcher de passer les premiers si nous voulions le faire plus sûrement et avec moins d'embarras. Ainsi, dès le grand matin, nous embarquâmes nos compagnies, et passâmes sans aucune confusion et sans perte d'aucune chose. Il parut ensuite que notre crainte n'avoit pas été sans fondement, car il y eût tant de désordre dans le passage de l'armée que beaucoup de bagage fut perdu. Le Roi séjournant quelque temps à Lyon, l'armée se rafraîchit aux environs, et je m'en allai avec ma compagnie et deux autres à un village qui est à une lieue par-delà Lyon; mais il se trouva que ce village, qui nous avoit été marqué pour le logement de nos compagnies, appartenoit à un de mes parens, capitaine dans un nouveau régiment, qui étoit pour lors en Dauphiné. Sa femme, étonnée de ce grand nombre de soldats, vint me prier et me conjurer de faire tout mon possible auprès du Roi afin d'exempter sa terre de ce logement. Ce n'étoit pas une chose trop facile, l'armée étant dispersée de tous côtés; et j'eus grande peine à m'y résoudre, lui disant que les ordres avoient déjà été donnés, et que ce seroit causer du désordre dans l'armée. Néanmoins il me fallut rendre aux prières d'une femme et d'une cousine; et je retournai à Lyon pour tâcher d'obtenir du Roi ce que cette dame souhaitoit. Je lui dis donc d'abord que je suppliois très-humblement Sa Majesté de se souvenir qu'elle étoit à l'entrée de mon pays, et que je venois importuner sa bonté de m'accorder une grâce, qui étoit de faire changer notre logement à cause que le village qui nous avoit été destiné appartenoit à un de mes parens. « Ils me pressent, sire, « ajoutai-je, de faire voir en cette rencontre le crédit « qu'ils s'imaginent que j'ai auprès de Votre Majesté. » Le Roi se retournant vers les seigneurs qui l'accompagnoient: « Il est vrai, leur dit-il en riant, que nous « approchons de ses terres; il est bien juste d'avoir « quelque considération pour lui. » Il donna ordre en même temps à M. d'Escures de changer ce logement; et aussitôt que j'eus reçu le nouvel ordre je m'en retournai au village, d'où je fis déloger le même jour les trois compagnies, qui ne perdirent pas néanmoins à quitter ce logement, en ayant eu un meilleur.

Mais il arriva par une étrange rencontre que, dans le temps même que je rendois ce bon office à mon parent, en déchargeant son village des gens de guerre qui y étoient déjà entrés, lui, de son côté, ayant levé une recrue de trente ou quarante soldats, alla loger à

Pontis. J'avois dans la maison seigneuriale un fermier qui étoit un brave soldat, et qui avoit de la générosité et de la sagesse. Ce capitaine étant donc entré dans le château, et ayant dit au fermier qu'il venoit loger dans la maison, ce fermier le reçut fort civilement comme une personne qui m'appartenoit, et lui dit que tout étoit à son service. Il le traita en effet fort bien, fit accommoder et panser ses chevaux, et donna du pain et du vin à ses soldats. Mais comme ce capitaine lui eut déclaré qu'il vouloit séjourner là deux ou trois jours, et qu'il falloit que les paysans logeassent et nourrissent à leurs dépens ses soldats, ce fermier, un peu surpris, lui répondit qu'il le recevoit comme parent de son maître, et non pas comme capitaine, et qu'il n'étoit pas raisonnable de vexer les pauvres sujets de son seigneur. L'officier commença à faire le méchant, et dit qu'il avoit son ordre pour y loger. Le fermier, qui n'étoit pas étourdi, jugeant qu'il valoit mieux céder, dépêcha en même temps secrètement un homme vers moi, et me manda ce qui se passoit.

Il est vrai que je fus irrité au dernier point de la lâche conduite et du méchant naturel de cet homme. Je répondis à mon fermier par une lettre sanglante contre lui, témoignant que je renonçois à sa parenté et à son amitié, que je ne le pouvois plus considérer que comme un homme sans honneur, et qu'au reste, si ses coffres et son bagage étoient encore dans le château, il ne les lui rendît point qu'il n'eût payé toute sa dépense et celle de ses soldats. Cependant ce capitaine, après avoir demeuré deux ou trois jours à Pontis, se disposa à partir, et pria mon fermier de lui envoyer ses coffres en un lieu qu'il lui marqua : le fermier le lui promit, n'ayant point encore reçu aucun ordre de moi. Ainsi il partit avec sa compagnie, bien content d'avoir traité son parent et son ami comme un homme qui lui auroit été le plus étranger. Mon fermier, ayant depuis reçu la lettre que je lui écrivois, et connu ma volonté, fit une bonne résolution de l'exécuter comme un serviteur fidèle, et comme un brave soldat. Quelque temps après, le capitaine, ennuyé de ce qu'on ne lui rapportoit point ses coffres, les envoya redemander; mais celui qui vint de sa part fut bien étonné d'entendre pour réponse que, lorsque M. le capitaine auroit envoyé de l'argent pour payer sa dépense et celle de sa compagnie, on lui renverroit ses coffres. Il n'eut pas plutôt appris cette nouvelle, qu'il vint lui-même tout en colère redemander son bagage; mais le fermier lui répondit civilement que, lorsqu'il lui auroit plu de donner l'argent de toute sa dépense et de celle de ses soldats, on lui rendroit aussitôt ses coffres. « Comment, dit-il, la dépense de « mes soldats! Ne leur étoit-elle pas due? — Mon-« sieur, lui répondit le fermier, j'ai ordre de ne vous « point rendre vos coffres sans cela; mon maître me « l'a défendu; je sais qu'il veut être obéi, et qu'il ne « feroit pas sûr pour moi d'y manquer; voilà sa lettre, « prenez, s'il vous plaît, la peine de la lire vous-« même. » Il lut cette lettre si sanglante que j'avois écrite contre lui; et parce qu'il vit qu'elle étoit comme un miroir qui lui représentoit son mauvais naturel et sa lâcheté, il ne put la regarder qu'il n'eût horreur de lui-même; et ne sachant sur qui décharger sa colère, il se répandit en injures et en paroles outrageantes; enfin il partit tout furieux, voyant bien qu'il n'étoit pas le plus fort, parce que dans ce village il n'y avoit guère moins de cent bons soldats accoutumés au feu, et chauds à se battre, ainsi que des Provençaux, qui étoient tous bien résolus de défendre les intérêts de leur seigneur.

Mais il arriva ensuite un étrange bouleversement dans l'esprit de ce capitaine. Sa femme, à qui je venois de rendre ce bon office dont j'ai parlé en déchargeant son village du logement des gens de guerre, lui écrivit en ce même temps une lettre par laquelle elle lui mandoit le service considérable qu'ils avoient reçu de moi, et le conjuroit qu'en quelque lieu qu'il me rencontrât, il me fît connoître le ressentiment qu'ils auroient toute leur vie de cette générosité que je leur avois témoignée, et de cette épreuve qu'ils avoient faite de mon amitié et de mon crédit auprès du Roi. Il est difficile de se représenter de quel étourdissement cet homme fut frappé par cette lettre. Il se vit accablé de civilités par un ami, en même temps qu'il l'accabloit lui-même d'injures et de mauvais traitemens. Le voilà donc combattu de deux passions toutes contraires. La colère d'une part le trouble et l'inquiète; d'autre part la honte et la civilité d'un ami lui font violence. Il ne sait d'abord quel parti prendre; mais enfin la honte l'emporte au-dessus de la colère; il se reconnoît coupable, il sent la plaie qu'il a faite à notre amitié, et il pense à y remédier. Il retourne tout rempli de confusion chez le fermier, il fait mille excuses, il lui présente de l'argent pour lui et pour ses soldats, et il reçoit aussitôt ses côffres. Il emploie ensuite tous ses amis, et entre autres M. de Bonne, qui étoit un seigneur de Dauphiné, afin de tâcher de se réconcilier avec moi; mais je ne pus jamais me résoudre de reconnoître pour mon ami un homme qui avoit témoigné si peu d'honneur et de générosité pour ses amis; et tout ce que je pus accorder aux importunités de ceux qui s'employèrent pour lui en cette rencontre fut une entrevue, dans laquelle je lui dis pour compliment qu'ayant l'honneur de le connoître, je ne m'estimois pas moins heureux d'être connu de lui pour ce que j'étois. Il me fit quantité d'excuses; mais je ne voulus jamais le revoir depuis, jugeant qu'un homme qui avoit été capable d'une telle lâcheté ne pouvoit guère changer de naturel, ni se rendre digne d'être aimé.

Le Roi, après avoir fait quelque séjour à Lyon, passa à Grenoble, et de Grenoble à Embrun; et comme il y devoit demeurer quelques jours, je lui demandai congé pour aller devant jusqu'à Pontis, qui n'en étoit pas éloigné, avec quinze ou vingt officiers du régiment des Gardes. Nous y demeurâmes quatre ou cinq jours, pendant lesquels je les régalai si bien que nous y mangeâmes le revenu de deux années. Nous ne pensions qu'à nous divertir, lorsque nous eûmes tous ensemble un grand combat à soutenir. Nous entendîmes tout d'un coup, en nous promenant, un grand vent comme un tourbillon; et ayant aussitôt regardé du côté que nous l'avions entendu, nous aperçûmes un aigle d'une prodigieuse grandeur qui avoit fondu sur une troupe de poulets d'Inde. Nous courûmes à l'instant, jusqu'au nombre de douze ou treize que nous étions, l'épée à la main, pour combattre ce roi des airs. Mais ce furieux oiseau, au lieu de s'épouvanter, vint lui-même à la charge contre nous, ne pouvant pas s'élever à cause que le pays étoit bas et qu'il n'avoit pas assez d'air, étant fort pesant, outre qu'il se trouva surpris avant qu'il pût prendre son avantage pour s'envoler. C'est une chose incroyable que la fureur avec laquelle il se lançoit contre nous. Sa force étoit si grande, que d'un seul coup d'aile il étourdit et renversa l'un de nous autres par terre, et qu'il pensa tuer sur-le-champ un des plus gros mâtins du pays, en l'empoignant avec une de ses serres lorsqu'il voulut s'approcher de lui pour le colleter. Enfin il ne fut pas en notre pouvoir à tous de lui rien faire avec nos épées; et nous ne pûmes jamais le vaincre qu'après avoir envoyé querir un fusil, dont nous lui tirâmes deux ou trois coups pour l'abattre. Nous portâmes avec nous cet aigle à Embrun pour le faire voir au Roi, à qui M. de Comminges, qui étoit de la partie, fit le récit de notre combat; et comme Sa Majesté témoigna qu'elle auroit bien désiré de s'y être rencontrée, il lui repartit fort agréablement que sa personne auroit été moins en sûreté en combattant contre cet aigle, que si elle eût combattu contre celui de l'Empire.

J'avois donné ordre à toute la soldatesque du village de Pontis de faire tirer toute l'artillerie, qui se réduisoit à quelques mousquets et à plusieurs boîtes, que j'avois fait préparer pour saluer le Roi quand il passeroit au pied de la montagne sur laquelle le village est situé. Ainsi, lorsqu'on ne s'attendoit à rien moins, on entendit tout d'un coup un grand bruit; et le Roi, s'étant arrêté exprès sur le pont de la Durance, qui passe dans la vallée, témoigna prendre plaisir à entendre ce bruit avec lequel je tâchois de faire l'hon-

neur de ma maison, et dit en raillant : « Il nous
« fournira du canon dans le besoin. » Ensuite le curé
de la paroisse avec la croix et tous les paroissiens vinrent
saluer le Roi. Le curé harangua Sa Majesté en son
langage provençal. Le Roi voulut lui répondre aussi
en ce même langage, mais il eut bien de la peine à se
faire entendre ; ce qui donna lieu à tout le monde de
se divertir. Après que ce prince eut regardé et considéré
avec beaucoup de bonté tous ces pauvres gens,
qui se jetèrent à genoux devant lui, il les fit relever
et les renvoya.

Je crus devoir me servir de cette occasion favorable
pour supplier très-humblement Sa Majesté de vouloir
vider un grand différend qu'avoit ce village, qui, étant
situé sur les confins de Dauphiné et de Provence, étoit
tous les jours aux mains avec les sergens de l'une et
de l'autre province, qui y prétendoient toutes deux
également. Je représentai au Roi la tyrannie qu'on
exerçoit tous les ans contre ses pauvres sujets, en voulant
leur faire payer deux fois la taille, et le priai de
vouloir par son autorité faire cesser ces injustes poursuites.
Le Roi en parla à son conseil, et le choix me
fut donné de celle des deux provinces que je voudrois.
M. de Créqui, gouverneur de Dauphiné, l'ayant
su, me pressa fort de choisir le Dauphiné, me promettant
sa protection et son service en toutes occasions.
Je lui répondis qu'il me faisoit trop d'honneur,
mais que je le suppliois de trouver bon que je procurasse
l'avantage de ce pauvre peuple, qui trouvoit
plus ses commodités à être de la Provence, et qu'au
reste je savois qu'il étoit trop généreux et avoit
trop de bonté pour moi pour ne me pas continuer

l'honneur de sa protection quand je serois d'un autre gouvernement, puisque, de quelque province que je fusse, j'appartiendrois toujours au Roi, qu'il faisoit gloire de servir. Je choisis donc, avec l'agrément de Sa Majesté, la Provence, de laquelle, selon le jugement même de M. d'Escures, le village de Pontis étoit plutôt que de Dauphiné. J'obtins un arrêt du conseil sur ce sujet ; mais le Roi accorda de plus un beau privilége à la maison seigneuriale de Pontis, qui fut qu'au lieu que toutes les affaires et les différends du village devoient se juger par la justice de Provence, celles qui regardoient la maison du seigneur se renverroient toutes au conseil du Roi ; ce qui s'est depuis toujours observé, tant à l'égard des affaires de la paroisse, sur qui la justice de Dauphiné n'osa plus rien entreprendre, qu'à l'égard de celles du seigneur, qui n'a jamais reconnu d'autre juge que le conseil.

Le Roi étant arrivé à Briançon, où il y a une montagne qu'on ne descend que sur des ramasses, qui est une espèce de chaise derrière laquelle est celui qui la conduit et qui la fait descendre et rouler avec une prodigieuse vitesse par ces chemins escarpés, Sa Majesté me dit que, comme j'étois le guide, il falloit que je ramassasse le premier. La fille du consul du pays se présenta pour me conduire. Le Roi d'abord eut peine de voir qu'une fille entreprît une chose qu'il croyoit si périlleuse ; mais quand on l'eut assuré que cette fille entendoit fort bien le métier, il dit en riant : « Hé « bien ! nous serons au moins sages à ses dépens. » Je me mis donc sur la ramasse sous la conduite de cette fille, et descendis comme un trait cette montagne sur les neiges. Etant remonté ensuite à pied la même montagne pour venir dire au Roi qu'il n'y avoit nul péril, il se mit sur une de ces ramasses conduite par le consul, père de la fille qui m'avoit conduit, et descendit avec autant de vitesse et de bonheur que j'avois fait. Il récompensa cet homme d'un privilége, et de quelques pistoles qu'il lui donna. Tous ceux qui accompagnoient le Roi descendirent de la même sorte. Quant à l'armée, on lui avoit fait prendre un chemin plus long pour passer plus aisément.

Lorsque le Roi se fut avancé avec toute son armée jusqu'à une lieue de la ville de Suse, il commanda à M. de Comminges, capitaine aux Gardes, de s'en aller le lendemain avec ses maréchaux des logis à Suse, pour préparer son logement et celui de toute la cour. Il me donna ordre en même temps d'accompagner M. de Comminges, afin que si le comte de Verrue qui gardoit le pas de Suse nous donnoit passage, je retournasse lui en faire le rapport, et qu'en cas qu'il le refusât nous observassions la manière et les endroits par où l'on pourroit l'attaquer. Nous partîmes donc le lendemain, douze ou quinze de compagnie. Etant arrivés à deux cents pas du détroit, on fit sonner de la trompette; et aussitôt le comte de Verrue envoya un officier avec dix ou douze soldats, pour savoir qui c'étoit et ce qu'on vouloit. M. de Comminges demanda à cet officier qui étoit celui qui commandoit, parce que le Roi l'avoit envoyé pour lui parler. Celui-ci nous dit de demeurer au lieu où nous étions, nous promettant de revenir aussitôt nous faire réponse. Après qu'il eut fait son rapport au comte de Verrue, qui gardoit, comme j'ai dit, ce détroit avec environ deux mille hommes, il revint à l'heure même nous dire que le comte venoit lui-même nous parler, et qu'il n'étoit pas nécessaire que nous avançassions davantage ; ce qu'il disoit afin de nous empêcher de reconnoître le détroit. Le comte de Verrue s'avança ensuite avec deux cents mousquetaires, et, après qu'il nous eut salués fort civilement, M. de Comminges lui dit : « Monsieur, le Roi mon maître m'a commandé « d'aller aujourd'hui à Suse pour lui préparer son logis, « parce qu'il veut demain y aller loger. » M. le comte de Verrue lui répondit avec beaucoup de civilité: « Monsieur, Son Altesse tiendroit à grand honneur de « loger Sa Majesté ; mais, puisqu'elle vient si bien « accompagnée, vous trouverez bon, s'il vous plaît, « que j'en avertisse auparavant Son Altesse. —Quoi « donc, monsieur, lui repartit M. de Comminges, « est-ce que vous ne voulez pas nous laisser passer ?— « Monsieur, lui répliqua le comte de Verrue, vous « trouverez bon, comme je vous ai dit, que j'en donne « avis auparavant à Son Altesse. » M. de Comminges lui répondit : « Je m'en vais donc, monsieur, en « faire mon rapport au Roi. — Vous pouvez faire ce « qu'il vous plaira, lui repartit le comte. »

Nous prîmes ensuite congé de lui, et allâmes retrouver Sa Majesté, qui témoigna n'être point choquée de la réponse du comte de Verrue, et dit au contraire qu'il avoit répondu en homme d'esprit et comme un grand capitaine. De son côté aussi elle se disposa à faire l'action d'un grand roi, en donnant à l'heure même tous les ordres pour attaquer le pas de Suse. Ce qu'il y eut de plus remarquable dans cette occasion célèbre dont on a depuis tant parlé, fut que les ennemis nous attendant de pied ferme à ce détroit, qu'il nous eût été impossible de forcer, furent bien surpris de voir le comte de Saux, qui, après avoir fait nettoyer les neiges avec des pelles, et grimpé sur ces hautes montagnes, vint fondre tout d'un coup sur eux et les investir par derrière. Ils lâchèrent pied aussitôt, et quittèrent toutes leurs fortifications; de sorte qu'ils ne donnèrent pas le loisir à nos troupes de leur faire sentir la pesanteur du bras du roi de France, à qui ils avoient osé refuser le passage. Il y eut néanmoins beaucoup des nôtres de tués ensuite par le canon de Suse, qui fouettoit et nettoyoit d'une étrange sorte tout le chemin. Le maréchal de Schomberg y fut blessé; mais sa blessure ne le rendit que plus glorieux et plus hardi contre les ennemis. Suse se rendit (1) aussitôt à Sa Majesté; et la paix ayant été faite ensuite, le Roi y fut visité par Son Altesse. Sa Majesté, ayant voulu lui rendre sa visite, fit ce qu'elle put pour tâcher de la surprendre, mais elle ne le put; car le duc en ayant été averti descendit en bas au devant du Roi, qui lui dit : « J'avois envie de vous surprendre, « et d'aller jusque dans votre chambre. » A quoi Son Altesse repartit agréablement qu'un grand roi comme il étoit ne pouvoit pas facilement se cacher. Et comme le Roi et le duc passoient avec un grand monde sur une galerie qui n'étoit pas des plus fortes, le Roi ayant dit à M. de Savoie qu'ils se hâtassent de peur que la galerie ne tombât sous eux, le duc lui fit encore cette réponse agréable, qu'on voyoit bien que tout trembloit sous un si grand roi. Sa Majesté lui fit voir toute son armée, et lui donna le plaisir de considérer l'éclat de la noblesse française,

(1) *Suse se rendit* : Le pas de Suse fut forcé le 6 mars.

après lui avoir fait sentir quelque temps auparavant la force et la grandeur de leur courage.

Lorsque notre armée étoit en Piémont avant la paix, elle pilla par droit de guerre un haras de M. le duc de Savoie. Ayant eu pour ma part trois parfaitement beaux coursiers de Naples, M. le comte de Soissons m'envoya prier de les lui vendre afin de les rendre au duc. Je lui fis dire qu'ayant donné trente pistoles pour avoir un de ces chevaux, je lui donnerois le cheval pour le même prix s'il le jugeoit à propos ; mais que pour les deux autres qui ne m'avoient rien coûté, je les lui rendrois de bon cœur sans en rien prendre. M. le comte fut un peu surpris de ma réponse, et m'envoya une bourse pleine de pistoles, me faisant dire qu'il ne vouloit point les chevaux sans les payer ; mais comme pour être moins riche que beaucoup d'autres je n'en avois pas moins de cœur, je lui renvoyai sa bourse avec les chevaux, sans avoir jamais voulu prendre plus que les trente pistoles que m'avoit coûté celui dont j'ai parlé.

Le Roi étant à Valence, après avoir repassé les monts, apprit que plusieurs villes s'étoient révoltées par l'induction des religionnaires, et il alla mettre le siége devant Privas, qui étoit une des plus fortes. Je perdis durant ce siége un de mes bons amis qui étoit capitaine aux Gardes, et qui fut tué malheureusement par une de nos sentinelles, allant fort tard reconnoître quelques travaux. Ce qu'il y eut encore de plus déplorable, fut que le meilleur de ses amis, qui étoit un officier de l'armée, fut cause de sa mort sans y penser ; car, lorsqu'il se traînoit en montant sur une colline, cet officier, le prenant pour quelqu'un des ennemis, commanda à la sentinelle de tirer sur lui, ce qu'elle fit à l'heure même, lui déchargeant un grand coup de mousquet dont il fut tué. Il s'en fallut peu que je ne fusse compagnon de son malheur, m'étant offert d'aller avec lui ; mais il voulut aller seul, et il y demeura aussi tout seul. Qui ne reconnoîtra et n'admirera dans ces rencontres la providence de celui qui règle et qui ordonne comme il lui plaît tant d'événemens différens ; qui sépare deux amis pour ôter la vie à l'un et sauver l'autre ; qui permet qu'un homme qui voudroit avoir donné de son sang pour un autre, soit cause lui-même innocemment de sa mort ? Mais j'avois alors les yeux trop appesantis vers la terre pour m'élever jusqu'à ce principe, et je suivois comme les autres le torrent du siècle, pleurant la perte d'une personne que j'aimois, et ne passant point plus avant. Je ne dirai rien davantage de ce siége ni des autres villes qui se rendirent au Roi, n'ayant pas dessein de faire une histoire dont l'entreprise passeroit les bornes de mon esprit, mais seulement, comme j'ai dit, de remarquer, selon les différentes rencontres, quelques circonstances dont je me puis souvenir, et qui sont utiles pour faire connoître la conduite de Dieu dans tout le cours de notre vie, ou qui peuvent donner quelque connoissance d'un métier que j'ai tâché d'exercer avec application durant tant d'années.

Le Roi étant retourné à Paris, il m'arriva quelque temps après une assez grande fortune selon le monde, surtout pour une personne comme moi, qui paroissois destiné à acquérir plus d'honneur que de bien, lorsque j'en voyois tant d'autres s'élever et s'enrichir en fort peu de temps. Un jour que le Roi étoit à Saint-Germain, et qu'il descendoit l'escalier fort légèrement pour s'en aller à la chasse, je me rencontrai sur le même escalier; et Sa Majesté ayant appuyé son bras sur le mien pour descendre plus vite et plus sûrement, je crus devoir me servir de cette occasion pour lui demander une aubaine considérable d'une lingère de la Reine, espagnole de nation, nommée Rachel de Viage, qui ne s'étoit point fait naturaliser, et qui étoit extrêmement malade. Je me contentai d'exposer pour lors la chose en deux mots, et de supplier le Roi d'avoir la bonté de se souvenir de moi, ainsi qu'il m'avoit fait la grâce de me le promettre. Sa Majesté m'assura qu'elle s'en souviendroit. Et en effet, quelques jours après, lui ayant dit que cette lingère étoit à l'extrémité et ne pouvoit pas passer la nuit, elle me promit l'aubaine. Comme je savois que je ne manquerois pas de compétiteurs, je suppliai instamment le Roi de m'assurer de sa protection, lui représentant qu'il y auroit bien des personnes qui s'efforceroient de m'enlever ce don de sa libéralité, comme étant plus digne d'eux que de moi. Le Roi me dit : « Allez, « ne vous mettez pas en peine ; je vous promets de vous « soutenir. » En effet Sa Majesté fit bien voir dans la suite qu'elle m'avoit pris en sa protection, me préférant à plusieurs seigneurs qui témoignèrent un assez grand empressement pour avoir cette aubaine, qui étoit assurément très-considérable, et que je pouvois regarder comme une récompense que le Roi avoit la bonté de m'accorder pour mes services.

La lingère étant morte la même nuit, le lendemain, dès le matin, plusieurs grands seigneurs, comme le

duc d'Elbeuf, le marquis de Rambouillet, grand-
maître de la garde-robe, et quelques autres, vinrent
demander au Roi cette aubaine. Sa Majesté, se souvenant de la parole qu'il m'avoit donnée, répondit à
tous ces messieurs qu'il n'en étoit plus le maître, et
qu'il l'avoit déjà accordée à quelqu'un. Le Roi ne
leur en dit pas davantage pour lors ; mais il s'en ouvrit néanmoins ensuite à M. le duc d'Elbeuf, qui
avoit beaucoup de bonté pour moi, et qui, ayant su
que Sa Majesté m'avoit donné cette aubaine, lui témoigna en avoir une grande joie. Il lui protesta même
que, s'il eût su qu'elle eût pensé à me faire cette
grâce, il se seroit joint avec moi pour l'en conjurer.
Mais les autres n'étoient pas tous dans les mêmes sentimens que M. le duc d'Elbeuf, et principalement un
des premiers officiers de la maison du Roi, qui fit paroître assurément un peu trop d'ardeur pour obtenir
cette aubaine, et qui même, ayant su que Sa Majesté
me l'avoit promise, dit à l'huissier de la chambre de
me refuser la porte le jour suivant. Ainsi, lorsque je
voulus prévenir les mauvais offices que je savois bien
qu'on s'efforçoit de me rendre en cette affaire, et que
je vins me présenter de grand matin à la porte de la
chambre afin d'avoir audience des premiers, l'huissier me dit assez rudement que j'attendisse que le Roi
fût levé. Je jugeai bien d'où cela pouvoit venir, et
connus sans peine qu'on ne me fermoit la porte de la
chambre du Roi que pour me fermer en même temps
la source de ses libéralités. Je crus néanmoins qu'un
prince s'étant déclaré comme il avoit fait fermeroit
la bouche à ses sujets, et que nul ne seroit assez hardi
ni assez puissant pour demander de nouveau, ou pour

obtenir une grâce que Sa Majesté m'avoit volontairement accordée.

J'attendis donc que le grand monde arrivât, et j'entrai avec quelques seigneurs dans la chambre. Je dis tout d'abord au Roi en le saluant, que je le suppliois d'avoir la bonté de se souvenir de moi. Sa Majesté me répondit : « Je m'en suis souvenu, je vous donne ce « que je vous ai promis, et qu'on s'est efforcé inuti-« lement de vous ôter. Allez tout présentement trou-« ver La Vrillière, et lui dites de ma part qu'il vous « dresse le brevet de la donation de cette aubaine. » Je suppliai Sa Majesté de vouloir y envoyer quelqu'un de sa part, lui représentant que M. de La Vrillière pourroit bien me faire quelque difficulté : « Je vois « bien, me repartit le Roi, que vous êtes accoutumé « à prendre vos sûretés : allez devant, et j'y enverrai « quelqu'un. » Je m'y en allai donc dans le moment ; et il m'arriva ce que j'avois prévu, qui est que M. de La Vrillière me dit qu'il falloit qu'il parlât lui-même au Roi de cette affaire, qu'il alloit au Louvre, et qu'il lui en parleroit. Je voulus y être en personne, et, montant en carrosse avec lui, nous nous en allâmes chez le Roi. J'y trouvai messieurs de Saint-L. et de Saint-G., qui, ne jugeant pas de moi aussi favorablement que Sa Majesté, et croyant que le don qu'elle me faisoit étoit plus digne d'eux que de moi, osèrent bien lui demander s'il savoit combien valoit cette aubaine. Le Roi leur dit : « Je crois qu'elle peut valoir « 50,000 francs. — Comment, sire, lui dirent-ils ! elle « en vaut plus de 200,000. Quand Votre Majesté au-« roit donné à M. de Pontis 50 ou 60,000 livres, ne « se trouveroit-il pas bien récompensé ? » Cette ré-

ponse trop hardie choqua fort le Roi, qui, trouvant mauvais que ces personnes voulussent ainsi contrôler ses actions, leur répondit d'un ton plein d'autorité : « Les rois se règlent dans ces choses par leur volonté :
« quand cette aubaine vaudroit 100,000 écus, je la
« donnerois à Pontis avec encore plus de joie. Vous
« croyez que parce qu'il a peu de bien je devrois lui
« donner peu ; et moi je voudrois au contraire lui
« donner encore plus que je ne lui donne, parce que
« je sais qu'ayant beaucoup de mérite il a peu de bien. »
Cette réponse, sortie de la bouche du Roi et prononcée, comme j'ai dit, avec fermeté, fit taire tout le monde, et me causa une joie que je ne puis pas exprimer, de voir que Sa Majesté vouloit bien me soutenir si hautement contre la puissance des grands, qui croyoient avoir droit de s'opposer à la bonne volonté qu'il avoit pour moi.

Le brevet m'ayant été expédié promptement, une personne de la cour qui avoit une charge considérable vint me faire ce beau compliment : « Monsieur,
« me dit-il, comme vous n'entendez pas les affaires,
« si vous voulez me donner la moitié de cette aubaine
« je m'en vais vous rendre sûr possesseur de tout le
« reste, sans que vous ayez aucun procès. » Comme je le connoissois pour un homme fort habile et un peu intéressé, je le remerciai fort civilement de ce bon office qu'il vouloit me rendre, ou, pour mieux dire, qu'il vouloit se rendre à lui-même, lui disant que la charge n'étoit pas si pesante que je ne voulusse et ne pusse bien la porter moi seul. J'envoyai ensuite des soldats de ma compagnie dans les maisons de campagne qui appartenoient à cette lingère, dont j'é-

tois établi héritier, et, voulant reconnoître en quelque sorte la libéralité du Roi, je lui fis porter toutes les toiles de Hollande et batiste qui étoient dans sa boutique de Paris, et entre autres un très-grand lit de point coupé que le Roi donna à la Reine, et qui étoit estimé 10,000 écus, comme il distribua aussi et fit présent de toutes les toiles aux filles de la Reine. Mais je reconnus depuis que c'avoit été une générosité un peu trop grande pour moi, de redonner ainsi par présent une bonne partie de ce que le Roi m'avoit donné; car il m'arriva qu'après m'être défait de ces riches toiles et de ce lit magnifique, et avoir pris possession des terres et des autres biens de cette lingère, l'un de ses parens présenta requête au parlement en conséquence d'une vieille lettre, par laquelle il prétendoit faire voir que cette Espagnole avoit été naturalisée. Je me trouvai bien étourdi de cette nouvelle. Je résolus d'envoyer en Espagne un homme exprès qui pût s'informer plus particulièrement de la vérité : mais ce grand voyage ne me valut autre chose que la perte de 500 écus que cet homme dépensa; car, après que l'affaire eut été poursuivie au parlement, le procès ayant duré fort long-temps, il y eut enfin un arrêt rendu contre moi, portant que tous les fonds de terre appartiendroient au parent, et que les meubles, bestiaux et autres choses me demeureroient. Ainsi, après que j'eus donné ce qu'il y avoit de plus beau dans les meubles, je fus encore dépossédé des terres; et ce qui me devoit valoir plus de 200,000 livres ne m'en valut pas 10,000, tous frais rabattus. Le Roi, ne pouvant s'empêcher d'en rire avec moi, me dit après que cet arrêt fut rendu : « Il faut

« avouer, Pontis, que tu es né pour être un homme
« d'honneur, mais non pas pour être un homme riche.
« — Sire, lui répondis-je en souriant, il a dépendu
« de moi d'être homme d'honneur, mais il ne dé-
« pendra que de Votre Majesté de me faire quand il
« lui plaira un homme riche. — Mais d'où vient donc,
« me répliqua le Roi, que tu n'as pu garder cette au-
« baine ? — Sire, lui repartis-je, Votre Majesté me
« l'avoit donnée, votre justice me l'a ôtée; mais Votre
« Majesté est encore toute puissante pour me faire
« réparer avantageusement cette perte par quelque
« autre grâce. » Le Roi se contenta d'en rire, et je
demeurai tel que j'étois auparavant; car il est vrai
que Dieu, qui savoit que les grands biens auroient
pu me perdre en m'attachant encore davantage au
monde, éloigna toujours de moi les grandes fortunes
auxquelles il sembloit que j'aurois pu aspirer; et,
par un effet de son extrême miséricorde que je ne
connoissois pas alors, il permettoit que pendant le
cours de ma vie je fusse traversé dans tous mes desseins, parce qu'il en avoit un autre sur moi qui m'é-
toit infiniment plus avantageux que tout ce que je
pouvois souhaiter alors. Plus je me rendois assidu à
ma charge, et fidèle en toutes choses à mon devoir,
moins j'avançois ma fortune. Le Roi, que je servois
avec une ardeur incroyable, faisoit sans doute paroître une bonté toute particulière pour moi, ainsi
qu'on l'a pu déjà remarquer en divers endroits de ces
Mémoires; mais, en même temps, la volonté qu'il
avoit de me tenir toujours attaché auprès de sa personne, l'empêchoit de m'élever à des charges considérables qui m'auroient donné plus de liberté de

8.

m'en retirer; et il ne se pressoit pas fort de me faire de si grands avantages dans l'état où je me trouvois, pour m'engager par là à une dépendance plus absolue de lui seul.

Il m'arriva vers ce temps, lorsque j'étois en garde au Louvre, une rencontre assez plaisante en elle-même, quoique fâcheuse pour les conséquences, et à cause de la qualité de la personne à qui j'eus affaire. Le Roi m'avoit ordonné de coucher toujours au corps-de-garde, contre la coutume de tous les autres officiers, voulant me rendre extraordinairement sujet à ma charge, et d'autant plus, comme j'ai dit, attaché auprès de sa personne qu'il me connoissoit fidèle et affectionné à son service. M. le duc d'Orléans, qui logeoit alors dans le Louvre, revenant une nuit fort tard à pied, résolut de surprendre le corps-de-garde par une espèce de divertissement qui pensa nous coûter bien cher à tous, aussi bien qu'à lui-même. Comme il étoit toujours bien accompagné, quelques-uns de sa suite s'étant approchés de huit ou dix pas de la sentinelle, comme en passant leur chemin, se jetèrent tout d'un coup si adroitement et si prestement sur elle, qu'ils l'enveloppèrent avec un manteau, et lui mirent un mouchoir dans la bouche pour l'empêcher de crier. Ils vinrent ensuite tous ensemble au corps-de-garde, et commencèrent à crier: « Tue! tue! » J'étois alors sur la paillasse, et la plupart des soldats du corps-de-garde étoient endormis; mais nous fûmes bientôt réveillés, et quelque surpris que je fusse, me voyant ainsi tout d'un coup pressé, je sors la porte l'épée à la main, criant: « A moi! à moi! » J'appelle les piquiers et les mousquetaires, et je commence à pousser assez

vigoureusement nos assaillans, sur le dos desquels on déchargeoit de grands coups de piques qu'on ne leur épargnoit pas. Comme ils se virent reçus si gaîment ils se mirent à crier : « Le duc d'Orléans ! » et le prince crioit lui-même : «Gaston! Gaston!» Mais plus ils crioient, plus je frappois sans rien écouter, jusqu'à ce qu'enfin nous les enfermâmes tous dans le corps-degarde, où l'on étoit sur le point de leur faire un trèsméchant parti, lorsqu'ayant vu et reconnu M. le duc d'Orléans je m'écriai : « Ah ! monseigneur, qu'avez-
« vous fait? vous avez joué à vous perdre, et à nous
« perdre tous avec vous. » Je le fis entrer aussitôt dans ma chambre, et fis cesser tout ce tumulte, les soldats étant extraordinairement échauffés et irrités de s'être ainsi laissés surprendre.

Il n'y eut personne de tué parce que cela fut fait fort prestement, et que les soldats eurent à peine le loisir de se reconnoître et de se mettre en état. Je vins ensuite trouver M. le duc d'Orléans, et lui dis que j'étois au désespoir de ce qui venoit d'arriver ; mais qu'il devoit nous pardonner, puisque nous n'avions pu faire autrement, ne sachant pas qui c'étoit, et que nous étions perdus si nous nous fussions laissés forcer. M. le duc d'Orléans me répondit : « Va, va, ce n'étoit que
« pour rire ; pourvu que tu n'en dises mot ce ne sera
« pas nous qui voudrons nous en vanter. » Je ne pus point néanmoins prendre cette affaire en riant, et j'appréhendois merveilleusement quelque disgrâce de cette rencontre. M. le duc d'Orléans me protesta qu'il me pardonnoit de bon cœur, et me donna toute assurance en me faisant bon visage. Jamais prince n'eut si belle peur, son jeu lui ayant si mal réussi,

et se voyant par sa faute poussé si vigoureusement, et sur le point d'être assommé par ceux qui eussent dû le garder. Ce fut un très-grand bonheur pour nous et pour lui qu'il s'en retirât la vie sauve, puisque nous étions perdus sans ressource, quoique en faisant notre charge. Tels jeux ne devroient jamais se tenter, et sont indignes, je ne dis pas d'un grand prince, mais du moindre gentilhomme. Je le conduisis ensuite jusque vers son appartement, où il se fit aussitôt saigner. Je fis une sévère réprimande à la sentinelle qui étoit un brave cadet, et qui fut plus malheureux que coupable en cette rencontre, quoique selon les lois ordinaires de la guerre il méritât punition.

Le matin je me trouvai au lever du Roi, n'osant lui cacher cette affaire qu'il auroit apprise d'ailleurs. Il me mena dans son cabinet, où je lui dis comment la chose s'étoit passée. Après qu'il m'eut demandé si son frère n'étoit point blessé, et qu'il eut su qu'il n'avoit aucun mal, il n'en fit que rire, et me dit : « Je vois « bien qu'ils ont été battus comme il faut; mais il « n'importe, ils le méritoient. » Craignant néanmoins toujours que M. le duc d'Orléans n'eût quelque ressentiment de cet affront, je pris la liberté de supplier très-humblement le Roi de vouloir bien faire ma paix auprès de lui; ce que Sa Majesté eut la bonté de me promettre. Il lui envoya un valet de chambre le matin pour s'informer de sa santé, sans parler de rien. M. le duc d'Orléans, qui n'avoit garde de se vanter de ce qui lui étoit arrivé, lui fit réponse qu'il se portoit bien, mais qu'il s'étoit fait saigner pour quelque légère indisposition : et étant lui-même venu au bout de quelque temps voir le Roi, Sa Majesté le mena dans son cabinet, où après lui avoir témoigné qu'il avoit déjà appris cette nouvelle, et lui avoir parlé fortement sur cette témérité avec laquelle il jouoit ainsi à se faire misérablement assommer, il m'appela, et dit à M. le duc d'Orléans : « Voilà Pontis qui est au « désespoir de ce qui lui est arrivé à votre égard. » Ce prince lui répondit aussitôt qu'il ne me savoit point mauvais gré de ce que j'avois fait, et qu'au contraire il me serviroit dans les occasions. Et en effet il en eut si peu de ressentiment, que quelque temps depuis, ayant désiré de donner une enseigne à un de mes soldats, Son Altesse royale me la fit avoir.

LIVRE IX.

Le Roi envoie le cardinal de Richelieu avec une puissante armée pour secourir le duc de Mantoue. Mort de M. de Canaples. Casal assiégé par les ennemis est secouru. Entrevue des généraux de France et d'Espagne après la paix. Le cardinal Mazarin sauve l'armée de France, et le sieur de Pontis la tire ensuite d'un grand péril.

[1630] LE duc de Savoie, voyant le Roi éloigné et retourné à Paris, crut qu'il y alloit de son honneur de rompre le traité qu'il avoit fait avec lui, à cause qu'il l'avoit fait plutôt par force que de sa bonne volonté. Dans ce dessein il rechercha l'alliance du roi d'Espagne et de l'Empereur, qui envoya investir le duc de Mantoue dans sa ville capitale, par le grand Colalte, avec une puissante armée. Le Roi, justement irrité de la mauvaise foi du duc de Savoie, envoya le cardinal de Richelieu au commencement de l'année 1630 pour repasser les monts, et secourir le duc de Mantoue son allié, en vengeant cette mauvaise foi du Savoyard. Ce fut une chose de grand éclat que la marche du cardinal de Richelieu, lorsque pour aller à Pignerol il passa par la plaine de Montolins; car durant toute une journée il fit marcher l'armée en bataille, tous les officiers à pied, et lui au milieu de l'armée dans son carrosse, se divertissant avec le petit***, enfant fort joli, qui étoit presque toujours avec son Eminence, et ne la quittoit qu'afin d'aller faire l'espion dans toute l'armée. Quoiqu'il fût encore fort petit, il s'acquittoit habilement de ce ministère, et se montroit en cela grand disciple d'un si grand maître ; car, sans rien faire paroître de son dessein, il s'en alloit folâtrer et se divertir avec les uns et les autres, et tout ce qu'il entendoit il le rapportoit au cardinal. Il fourboit ainsi tout le monde d'autant plus sûrement qu'il le faisoit plus innocemment en apparence ; couvrant sa malice sous le voile de la simplicité ordinaire de cet âge. Comme j'étois dans l'armée, et beaucoup observé à cause du refus que j'avois fait d'entrer au service de son Eminence ; je crois bien que je ne fus pas plus épargné que tous les autres par cet enfant, quoique je me tinsse assez sur mes gardes pour ne rien dire qui pût être rapporté. Mais qui se seroit défié d'un si jeune espion, et qui auroit cru que le jeu d'un enfant de cet âge eût été de jouer et de fourber tous les officiers de l'armée ?

Quand nous fûmes arrivés en un village proche la petite rivière de Doria, son Eminence y fut visitée par son Altesse de Savoie, à laquelle on rendit par son ordre les mêmes honneurs qu'à Sa Majesté. Après cette première entrevue, qui se fit pour parler d'accommodement, le cardinal s'apprêta à passer à gué la rivière avec toute la cavalerie, ayant envoyé l'infanterie prendre un détour pour la passer sur un pont. Ce que je trouvai de remarquable en cette rencontre, fut de voir un évêque et un cardinal revêtu d'une cuirasse de couleur d'eau, et un habit de couleur de feuille morte, sur lequel il y avoit une petite broderie d'or. Il avoit une belle plume autour de son chapeau ; deux pages marchoient devant lui à cheval, dont l'un portoit ses gantelets, et l'autre son habillement de tête ; deux autres pages marchoient aussi à cheval à ses deux côtés, et tenoient chacun par la bride un coureur de grand prix ; derrière lui étoit le capitaine de ses gardes. Il passa en cet équipage la rivière de Doria, ayant l'épée au côté et deux pistolets à l'arçon de sa selle ; et lorsqu'il fut passé à l'autre bord, il fit cent fois voltiger son cheval devant l'armée, comme s'il eût pris plaisir à faire voir qu'il savoit quelque chose dans cet exercice.

De là nous allâmes coucher à Rivoli, où son Eminence fut visitée de nouveau par son Altesse de Savoie, à qui on rendit en entrant les mêmes honneurs que l'autre fois ; mais, lorsque le cardinal et le duc se furent entretenus, et que ce dernier eût refusé de consentir à quelques propositions qu'on lui faisoit, on nous envoya avertir de ne lui faire non plus d'honneur lorsqu'il sortiroit que si c'eût été un simple particulier. C'est pourquoi, ayant mis aussitôt nos armes bas, nous promenant et nous entretenant les uns avec les autres, nous ne fîmes pas semblant de le voir passer.

De Rivoli le cardinal étant résolu d'aller mettre le siége devant Pignerol, usa d'une ruse de guerre assez ordinaire pour tromper le duc de Savoie, faisant mine de vouloir aller assiéger Turin, afin que Son Altesse, étant empêchée à s'y fortifier le mieux qu'elle pourroit, ne pensât point à jeter quelque secours dans Pignerol. Son Eminence ayant donc fait avancer l'avant-garde et l'artillerie jusqu'à une lieue de Turin, fit défiler tout d'un coup l'arrière-garde vers Pignerol ; et, ayant ainsi de l'arrière-garde de son armée fait l'avant-garde, il vint surprendre si bien cette ville, qu'elle se trouva investie sans qu'on eût pu y faire entrer aucun secours, ce qui l'obligea de se rendre en très-peu de jours. Le pauvre M. de Comminges, capitaine aux Gardes, un de mes plus intimes amis, perdit la vie durant ce siége par sa pure faute ; car, comme j'avois été reconnoître deux ou trois fois un travail avancé pour voir si l'on ne pourroit point le pousser encore plus avant, et faire un logement plus près de la ville, il voulut aussi l'aller reconnoître, et en demanda permission à M. le maréchal de Créqui, qui lui dit d'abord qu'il ne lui conseilloit pas de s'aller faire tuer sans nécessité, puisque j'avois vu tout ce qui étoit à voir. Il ne se rendit pas pour cela, et pressa tant M. le maréchal, qu'il obtint de lui la permission de s'aller faire casser la tête, ne considérant pas que Dieu punit assez souvent la témérité et l'ostentation de ceux qui recherchent le péril. Il me pria de lui montrer le chemin, ce que je ne pus lui refuser, et il s'avança plus que moi. En revenant il arriva, je ne sais comment, que je demeurai derrière ; et comme il marchoit devant moi assez doucement en un lieu fort découvert, je lui dis de doubler le pas et de ne faire point tant le brave, parce que je voyois un homme qui le couchoit en joue. Lui, craignant sans doute de paroître avoir quelque crainte, alla son pas ordinaire, bravant la mort qui le menaçoit ; et dans ce moment il reçut un coup de mousquet au travers du corps, dont il fut jeté par terre. Il ne mourut pourtant pas sur-le-champ ; car, ayant été emporté au camp, il vécut encore quelques jours : et ce fut alors qu'il reconnut, quoique trop tard, qu'il avoit tort de n'avoir pas suivi le conseil de M. le maréchal de Créqui et le mien.

J'eus une sensible douleur de le voir dans cet état ; mais on ne peut empêcher le malheur d'un homme qui court volontairement à sa mort : et jamais je ne vis d'effet plus visible du juste jugement de Dieu dans la punition de ceux qui osent tenter sa providence et affronter le péril sans nécessité ; car, quoiqu'il fût effectivement fort brave et un de mes meilleurs amis, je ne pus point ne pas condamner une conduite si peu sage. Il est juste et il est même nécessaire de ne pas craindre la mort lorsqu'il s'agit d'être fidèle à son devoir ; mais c'est la dernière folie d'entreprendre de la braver à contre-temps. J'avoue que j'ai toujours méprisé cette ridicule bravoure, et que je n'ai jamais pu faire gloire de m'exposer à un coup de mousquet sans y être engagé. Il n'y a rien de plus sot que d'être tué de la sorte ; c'est s'attirer le mépris et le blâme de tout le monde, pour s'acquérir une fausse gloire de bravoure. Je ne saurois trop parler contre cette vaine idée de courage qui emporte une infinité de jeunes gens ; et il est bon qu'ils apprennent, par l'exemple de ceux qui les ont précédés, que jamais cette sorte de mort n'est en honneur, ni devant le monde ni devant Dieu.

Pignerol s'étant rendu, je fus un de ceux qui reçurent ordre de faire travailler aux fortifications de la ville, et je fis bâtir un grand bastion, qui porta depuis le nom de Pontis.

Pendant que les armes du Roi étoient si heureuses en Piémont sous la conduite du cardinal de Richelieu, Sa Majesté se mit en chemin pour venir à Lyon, avec toute la cour, environ au mois de mai de l'année 1630. Et comme le duc de Savoie persistoit toujours à vouloir soutenir ce qu'il avoit commencé, le Roi alla mettre le siége devant Chambéry, qui ne fit guère de résistance et se rendit presque aussitôt; mais cela n'empêcha pas que M. de Canaples n'y reçût un coup de mousquet dont il mourut quelque temps après. La ville s'étant rendue il y fut mené. Je ne saurois exprimer l'amitié et la tendresse qu'il me fit l'honneur de me témoigner dans sa maladie. Jamais peut-être on ne vit d'exemple d'une plus parfaite réconciliation. Il souhaitoit que je demeurasse presque toujours auprès de son lit, et, me parlant quelquefois du différend que nous avions eu ensemble au siége de La Rochelle, il me disoit avec une bonté extraordinaire : « En vérité, « mon pauvre monsieur de Pontis, je ne vous con- « noissois point, et il étoit nécessaire en quelque « sorte que nous nous brouillassions pour nous con- « noître l'un et l'autre, et pour devenir bons amis. » Je ne pouvois guère me dérober d'auprès de lui pour m'acquitter des fonctions de ma charge; et à moins qu'on ne lui dît que le Roi m'avoit envoyé querir, ou que quelqu'un de nos généraux m'avoit mandé, il se plaignoit comme si j'eusse voulu l'abandonner en un état où il témoignoit avoir une si grande confiance en moi. Je faisois de mon côté tout ce qui m'étoit possible pour répondre à une si parfaite cordialité. Je le consolois tout de mon mieux, je l'encourageois et lui donnois bonne espérance, et j'ose dire que si Dieu n'avoit disposé de lui, j'aurois pu presque espérer de retrouver en sa personne un autre M. Zamet pour l'amitié, tant il me fit paroître d'affection et d'ouverture de cœur. Mais son heure étoit venue, comme la nôtre viendra un jour; et je dois lui rendre ce témoignage, ayant voulu le voir expirer, qu'il mourut avec de grands sentimens de Dieu.

Plusieurs places se rendirent comme Chambéry, et tout plioit sous les armes du Roi. Mais il m'arriva un grand accident au siége du fort de Montméliant, que le maréchal de Châtillon avoit eu ordre d'assiéger, ou plutôt d'y continuer le siége commencé par le sieur de Vignoles. Les nôtres ayant un jour dressé une batterie contre deux flancs bas, et les incommodant fort, les ennemis en dressèrent une contre la nôtre, de cinq ou six des plus grosses pièces de leur artillerie, qui fit un si terrible feu que tous les affûts de notre canon furent brisés, et les canonniers ou tués ou mis en fuite. Je tenois un corps-de-garde à cinquante pas de là; et craignant que les ennemis, enflés d'un si bon succès, ne voulussent faire quelque sortie, j'allai trouver promptement la sentinelle, et lui recommandai fort de se tenir sur ses gardes, de peur de quelque surprise que je craignois plus que toute autre chose : je me retirai ensuite à mon poste. Dans le même temps que j'y arrivois, il vint un boulet de canon donner le long d'une muraille contre laquelle les soldats du corps-de-garde avoient posé et arrangé leurs mousquets tout droits, et les coupant tous par le milieu, il les fit tirer tous en même temps. Ce grand bruit et un accident si extraordinaire m'ayant surpris, me fit faire plusieurs pas en arrière, comme il arrive dans un premier étonnement. Mais Dieu permit que ce premier boulet de canon, m'ayant ainsi étonné par un si soudain et si furieux fracas, me sauvât la vie; car dans l'instant il vint un ou deux autres boulets de canon qui donnèrent dans le haut de la muraille et la renversèrent au lieu même d'où le premier m'avoit fait sortir. Dieu néanmoins voulut en quelque sorte me faire sentir que c'étoit lui qui m'avoit sauvé de ce péril, en permettant que je fusse atteint par une assez grosse pierre qui, tombant sur moi, me brisa mon hausse-col, et me meurtrit l'épaule.

Au mois de septembre de la même année 1630, le Roi tomba fort malade à Lyon; et pendant cette maladie on rendit de très-mauvais offices au cardinal de Richelieu auprès de Sa Majesté. Ce cardinal en étant bien averti, crut que sa présence à la cour étoit nécessaire pour dissiper ce grand orage qui se formoit contre lui par l'intrigue de ses ennemis qui étoient puissans. Il partit donc de l'armée, dont il laissa la conduite à messieurs les maréchaux de La Force, de Schomberg et de Marillac, donnant néanmoins tout le secret des affaires à M. de Schomberg, qui lui étoit fort uni par une confidence toute particulière, et il s'en alla promptement à Lyon. Le Roi s'étant ensuite guéri s'en retourna à Paris, où ce cardinal l'accompagna pour ne pas hasarder davantage la fortune par son absence.

Cependant que notre armée étoit en quartier de rafraîchissement, je fus établi par messieurs les généraux et les intendans de justice pour faire raccommoder tous les moulins qui étoient sur la rivière de la Mante; et le munitionnaire étant tombé malade en ce même temps, l'on me donna encore la commission de faire faire le pain pour toute l'armée. Allant un jour reconnoître le long de la rivière les moulins qui avoient besoin d'être réparés, je vis de loin une chapelle dont je m'approchai, non par dévotion, mais par curiosité. Comme j'en trouvai les portes murées, je voulus savoir ce qu'il y avoit dedans, et je fis monter un soldat, qui, ayant cassé une vitre, aperçut dans cette chapelle quantité de sacs de blé entassés les uns sur les autres. Après une découverte si heureuse et si salutaire à notre armée, qui n'avoit pas beaucoup de pain, j'allai trouver nos généraux, et leur promis de faire amener une fort grande provision de blé, s'ils vouloient me fournir un grand nombre de charrettes avec bonne escorte. Le jour suivant on me donna toutes les charrettes de l'artillerie et environ cent cinquante de l'armée, avec autant de soldats que j'en demandai. Nous chargeâmes donc et emmenâmes ce blé, à la réserve de quelque cinquante sacs que nous ne pûmes emporter à cause de l'alarme qui se répandit dans tout le pays, et de quelques troupes qui vinrent pour charger notre convoi, et qui, donnant sur la queue du bagage, nous eussent fort incommodés à cause du grand embarras, si nous n'eussions pensé à la retraite de bonne heure. Je reçus par l'ordre de messieurs les généraux un quart d'écu de chaque sac pour ma récompense ; mais je puis dire que dans la commission que j'avois de faire des farines pour toute l'armée, il m'auroit été bien facile de profiter d'une très-grande somme d'argent, si je n'avois renoncé de bon cœur à tout autre gain que celui qui me paroissoit le plus légitime et selon les règles de l'honneur.

Notre armée se rafraîchissoit ainsi dans le comté de Mante, lorsque le Roi, pressé par M. de Toiras, qui défendoit la citadelle de Casal, de lui donner du secours contre les troupes d'Espagne qui l'assiégeoient, envoya un ordre à messieurs les généraux de faire marcher incessamment l'armée vers Casal pour le secourir. Cette résolution prise et publiée, M. le maréchal de Schomberg me dit qu'il falloit faire faire du pain biscuit pour toute l'armée, pour onze jours de marche; ce que je fis. Et par dessus la provision, je fis présent à M. de Schomberg de deux mille pains avec de l'anis, à M. de La Force de huit cents, autant à M. le maréchal de Marillac, et aux maréchaux de camp, intendans de justice et trésoriers de l'armée à proportion.

Toute l'armée, avec tout son équipage, s'étant rendue dans la plaine de Raconi, elle y fut rangée en bataille, et divisée en trois corps : avant-garde, corps de bataille et arrière-garde. Cette marche fut continuée jusqu'à quatorze ou quinze lieues de Casal, où l'on eut avis que le duc de Savoie s'étoit ligué avec l'Espagnol pour nous donner sur la queue; c'est ce qui fut cause que l'on changea l'ordre de la marche. On disposa notre armée en trois colonnes : l'avant-garde faisoit la colonne droite, le corps de bataille faisoit la colonne du milieu, et l'arrière-garde faisoit la colonne gauche. Entre la colonne droite et la colonne du milieu marchoit tout le canon et attirail. Entre la colonne du milieu et la colonne gauche marchoit l'équipage de messieurs les généraux et de toute l'armée; de sorte que tout étoit enfermé. La cavalerie étoit sur les ailes, à la tête et à la queue, par escadrons et en forme de bataille. En cet ordre on continua les marches durant toutes les plaines, nos troupes étant toujours en état de combattre, soit l'armée de Savoie qu'ils avoient en queue, soit celle d'Espagne qui étoit en tête; mais les Espagnols ne voulurent point sortir de leurs retranchemens, s'opiniâtrant à prendre la citadelle de Casal qu'ils tenoient déjà fort pressée. Lorsque nous fûmes arrivés au bourg d'Oximeane, à quatre petites lieues de Casal, nous y séjournâmes trois jours, attendant toujours des nouvelles de M. de Toiras, vers qui l'on avoit envoyé six hommes pour l'avertir de l'approche de notre armée et l'assurer du secours, et pour convenir en même temps de l'heure que l'on feroit avancer les troupes pour attaquer les retranchemens. Il ne revint qu'un seul homme des six que l'on avoit envoyés. Toutes les mesures étant prises, les ordres furent donnés pour faire marcher les troupes droit à Casal. A une lieue de la ville on fit faire halte pour attendre le signal de la citadelle, qui devoit être une grosse fumée, à laquelle on connoîtroit que tout le monde étoit prêt dans la citadelle et sous les armes.

Au moment que le signal eut paru, toutes les troupes s'avancèrent, étant disposées en trois corps : M. de La Force commandoit l'aile droite, M. de Marillac l'aile gauche, et M. de Schomberg le corps de bataille, parce que c'étoit son jour de commander l'armée. Avant que de nous approcher des tranchées, il nous harangua de cette sorte en peu de mots, mais avec beaucoup d'ardeur, et de cette éloquence vive et guerrière qui sied bien dans la bouche d'un général, et qui est la plus capable d'animer toute une armée :
« Compagnons, nous dit-il, voici la plus importante
« et la plus glorieuse occasion que nous ayons vue
« de notre temps ; j'en espère une bonne issue, voyant
« le courage et l'ardeur de tant de braves gens à qui
« le plus grand roi de la terre a confié l'honneur de
« ses armes, et l'étonnement des ennemis qui branlent

« déjà et qui tremblent avant le combat. Si vous avez
« été jusqu'ici des braves, il faut être aujourd'hui des
« héros. Le péril et la mort sont pour ceux qui les
« craignent et qui les fuient; c'est être à demi victo-
« rieux de les affronter sans rien craindre. Nous avons
« une armée en tête et une autre en queue. Ceux qui
« fuiront seront tués honteusement comme des lâches;
« et ceux-là seuls qui seront tués en tuant les ennemis
« mourront d'une mort glorieuse. Je pardonne, dès
« à présent, à celui qui ne m'épargnera pas s'il me
« voit faire une action lâche; mais je ne pardonnerai
« pas à celui qui tournera la tête pour fuir. Allons
« donc sans rien craindre où la gloire et notre devoir
« nous appellent; et je promets à tous ceux qui se
« seront signalés pour le service de leur prince, de
« faire valoir leurs belles actions auprès de Sa Ma-
« jesté, et de leur procurer l'honneur et la récom-
« pense dus à leurs services. »

Ce peu de paroles, jointes à l'ardeur de celui qui les prononçoit, et au courage de ceux qui les écoutoient, fit marcher toute l'armée comme si elle eût été déjà assurée de la victoire. Les enfans perdus, et ceux qui les devoient soutenir, s'avancèrent. Lorsqu'on fut à demi portée du canon on fit la prière selon la coutume, et, en gardant un profond silence, on attendit le coup de canon qui devoit être le signal pour charger les ennemis. A l'instant qu'il fut entendu, nos troupes s'avancèrent avec une résolution et une ardeur incroyable, quoique nous nous mirassions dans l'embouchure du canon, qui, étant pointé le long des retranchemens des ennemis, ne pouvoit manquer de produire un terrible carnage. Le maréchal de Marillac, comme étant le plus avancé, avoit déjà commencé l'attaque, et nous étions tous dans la meilleure disposition où l'on vit jamais une armée, de combattre pour la gloire de notre prince et de notre patrie, lorsque tout d'un coup, au grand mécontentement de toute l'armée, on vit paroître M. de Mazarin à cheval, sortant du camp des ennemis, tenant à la main et faisant voltiger une feuille de papier blanc, pour marque d'accord et de paix, et criant à haute voix : « Halte ! halte ! arrête ! arrête ! » Le dépit qu'eurent les soldats de se voir ainsi arrêtés dans le plus fort de leur ardeur, en porta quelques-uns jusqu'à cet excès que de faire une décharge contre lui de plusieurs coups de mousquet. Nos généraux eurent grande peine à les arrêter; mais enfin M. de Mazarin, ayant eu la liberté de s'approcher et de conférer avec messieurs les maréchaux de France, leur déclara que les généraux d'Espagne l'envoyoient vers eux pour leur présenter le papier, afin qu'ils y dressassent eux-mêmes les articles de paix qu'ils voudroient. M. de Schomberg répondit que cette affaire méritoit bien que les généraux, de part et d'autre, en conférassent ensemble, et que, tant qu'elle ne se traiteroit que par entremise et par écrit, il resteroit toujours quelques sujets d'éclaircissement qui seroient autant de semences de nouveaux troubles.

Alors M. de Mazarin s'en retourna au camp des ennemis, pour convenir avec eux du lieu où ils pourroient s'assembler. L'on choisit celui qui étoit entre les deux armées comme le meilleur et le plus sûr. Tous les généraux de part et d'autre s'y rendirent, et dressèrent tous ensemble les articles du traité, selon qu'ils en convinrent entre eux ; c'est à savoir, qu'on mettroit la ville de Casal entre les mains du duc de Mantoue, que l'on en feroit sortir les soldats français, et qu'on mettroit en leur place des Montferrins, sujets du duc de Mantoue ; que l'armée du Roi se retireroit du Montferrat, sans partir toutefois du poste où elle étoit avant qu'elle eût fait embarquer sur le Pô tout le canon et l'équipage des ennemis, et qu'on mettroit pour gouverneur dans la citadelle un officier montferrin que l'on nomma. Les articles étant signés par les généraux, ils se séparèrent après de grands complimens de part et d'autre ; et notre armée se retira à un quart de lieue de là, afin d'ôter tout ombrage aux ennemis, et y campa la nuit sous les armes, de peur de quelque surprise. Les ennemis campèrent aussi la même nuit dans leurs retranchemens ; et décampèrent le jour suivant dès le grand matin, afin de passer la rivière le même jour suivant l'accord.

Il tomba cette nuit une si grande abondance de pluie, que toutes les armes des soldats en furent gâtées et eux tout percés. C'est pourquoi, dès le matin, ils se dispersèrent la plupart de côté et d'autre dans les villages voisins pour se sécher, laissant leurs armes dans le camp assez en désordre. Cependant M. le maréchal de Toiras sortit de la citadelle et vint au camp saluer messieurs les maréchaux. M. de Schomberg, qui n'étoit pas en fort bonne intelligence avec lui, lui dit d'abord : « Eh bien, monsieur, voilà « pour la seconde fois ! » voulant dire qu'il l'avoit déjà secouru en un autre siége dans l'île de Ré, lorsqu'il y fut assiégé dans Saint-Martin par Buckingham, général des Anglais. M. de Toiras lui répondit

civilement, quoique froidement : « Oui, monsieur,
« j'en ai l'obligation aux armes du Roi et à vous aussi,
« monsieur. » Ensuite M. de Schomberg lui donna à
dîner et aux deux autres maréchaux.

Pendant qu'ils étoient à table avec grand monde
dans la salle, où j'étois aussi présent et témoin de
tout ce qui se passoit, voici messieurs les généraux
d'Espagne, Piccolomini et Colalte, qui, après avoir
traversé notre camp, entrèrent tout d'un coup dans
la salle. M. le maréchal de Schomberg, fort surpris,
aussi bien que tous les autres, leur dit : « Vraiment,
« messieurs, je suis bien fâché de n'en avoir pas été
« averti, puisque j'aurois monté à cheval pour aller
« au-devant de vous. » Sur quoi Piccolomini, qui ne
manquoit non plus d'esprit que de cœur, lui répondit : « Nous l'avons fait exprès, monsieur ; et nous
« avons voulu vous surprendre au moins dans la paix,
« ne l'ayant pu faire comme ennemis. Mais il faut que
« je vous avoue, ajouta-t-il, que j'ai été moi-même
« un peu surpris en passant par votre camp ; car, au
« lieu que je puis dire que je n'ai jamais vu d'armée,
« quoique j'en aie commandé plusieurs et en diffé-
« rens pays, qui fût plus belle et en meilleur ordre,
« et qui témoignât plus d'ardeur pour se bien battre
« que la vôtre, lorsqu'elle étoit hier rangée en ba-
« taille et prête à forcer nos retranchemens, je n'ai
« trouvé aujourd'hui personne dans votre camp, et
« n'ai vu que les armes de vos soldats en confusion
« et en désordre de tous côtés. » M. de Schomberg,
nous faisant alors un signe de l'œil pour aller faire
promptement rassembler tous les soldats sous leurs
drapeaux, répondit à Piccolomini avec beaucoup de

présence d'esprit : « Cela ne doit nullement vous sur-
« prendre, monsieur, lui dit-il ; car moi, qui suis
« allemand de nation, lorsque je vins m'établir en
« France, et que j'entrai au service du Roi, je fus à
« la vérité d'abord aussi étonné que vous de voir cette
« humeur dans les Français. Mais, lorsque j'eus com-
« mandé quelque temps, et que je me fus accou-
« tumé à l'air du pays, je reconnus que les soldats
« français étoient les plus courageux et les plus ar-
« dens lorsqu'il s'agit de combattre, et les plus portés
« à se donner du bon temps lorsqu'ils n'ont plus
« d'ennemi. Ce qu'il y a de commode en eux, c'est
« que, s'ils mettent promptement les armes bas, ils
« les reprennent aussi promptement ; et afin que vous
« soyez vous-même témoin de la vérité de ce que je
« dis, je veux tout présentement vous faire voir
« quelle est l'humeur de nos Français. Je ferai battre
« le tambour par tous les quartiers, et je vous donne
« ma parole qu'avant que nous ayons traversé le camp
« vous verrez toute l'armée en ordre. »

En même temps tous les officiers qui étoient dans la même salle sortirent en foule, et, étant montés à cheval, coururent de tous côtés pour rassembler tous les soldats. Cependant M. le maréchal de Schomberg employoit toute l'adresse de son esprit pour entretenir et arrêter insensiblement messieurs les généraux d'Espagne : il leur fit ensuite prendre un petit détour, et les amusa durant quelque temps sans qu'ils pussent se douter de rien. Enfin son adresse et la diligence des officiers fut si grande, que Piccolomini et Colalte trouvèrent en repassant toute l'armée en très-bel ordre. Les officiers la pique à la main, et les soldats avec leurs armes, faisoient tous bonne mine : ce qui surprit et étonna de telle sorte ces deux généraux d'Espagne, qu'ils avoient peine à se persuader que ce fût par ce chemin qu'ils avoient passé, croyant au moins qu'il y eût quelque enchantement qui charmât leurs yeux, et leur fît voir ce qu'ils n'avoient jamais vu ni en Espagne ni dans le reste de l'Europe. Piccolomini voyant ce bel ordre, et remarquant sur le visage de tous le courage qui les animoit, ne put s'empêcher d'en témoigner de l'admiration ; et il dit agréablement à M. de Schomberg qu'il ne pouvoit y avoir que de l'honneur à être vaincu par tant de braves soldats conduits par tant de grands capitaines. Ils prirent ensuite congé les uns des autres et s'en retournèrent à leur armée.

Mais les suites ne répondirent pas à tant de civilités, et la mauvaise conduite de nos généraux pensa être cause de la perte de l'armée. On viola le traité de paix en quelques-uns de ses principaux articles, et au lieu que l'on étoit convenu que les nôtres mèneroient jusque sur l'eau tout le bagage des ennemis, tout leur canon et son attirail, les Français, par une conduite peu digne d'eux et que tout le monde a condamnée, volèrent une partie des cordages, des brides, des licous et du reste du bagage de l'armée d'Espagne. Au lieu que nous étions obligés, comme j'ai dit, de faire sortir de la citadelle les soldats français, et de mettre en garnison à leur place des soldats du Montferrat, on fit faire en grande diligence quantité d'habits à la montferrine, et l'on employa un si grand nombre de tailleurs pour ce sujet, qu'en un jour et une nuit il y eut près de huit cents de ces habits de faits, dont on habilla autant de soldats français, que l'on fit entrer dans Casal en guise de Montferrins, après leur avoir appris deux ou trois mots du langage du pays. Ainsi, par le moyen de leurs habits à manches pendantes, et de ces mots, *signor si, signor la*, ils se rendirent maîtres de la citadelle ; et ce qui couvrit encore davantage cette tromperie, fut que l'on mêla avec ces soldats français quelques soldats montferrins qu'ils avoient gagnés ; de sorte qu'une partie mit tout le reste à couvert.

On passa encore plus loin, et l'on manqua d'exécuter le principal article, qui étoit celui du gouverneur, lequel avoit été établi, comme j'ai dit, du consentement des deux parties ; car, comme on eut résolu de le tirer de ce poste sous prétexte qu'il étoit espagnol de cœur et d'affection, on le joua et on le surprit de la manière que je vais le rapporter. Deux jours après que les ennemis furent passés au-delà du Pô avec leur bagage et leur canon, notre armée se divisa en deux corps : huit mille hommes d'infanterie et quelques escadrons de cavalerie passèrent aussi la rivière sans canon pour s'en aller à Livourne ; le reste de l'infanterie, et ce qui restoit de cavalerie avec le canon, marcha, pour une plus grande sûreté, tout le long de la rivière sans la passer, se doutant bien que les ennemis pourroient faire quelque dessein sur notre armée, qui étoit du même côté que la leur, et ne voulant pas l'embarrasser de tout l'attirail du canon, qui n'est pas commode pour la retraite. Cependant M. le maréchal de Marillac, ayant résolu de surprendre le nouveau gouverneur de la citadelle, s'avisa lorsque notre armée fut passée, et qu'il ne restoit plus

que les généraux avec quelques troupes à passer, d'inviter ce gouverneur à venir souper chez lui. Quand il fut sorti de la citadelle, l'on avertit tous les soldats déguisés en Montferrins qui y étoient en garnison de changer le mot de guerre, et de lui refuser la porte quand il retourneroit du souper, comme si on ne le connoissoit point et qu'il ne sût pas le mot. Ce gouverneur, ayant donc soupé chez M. de Marillac qui lui fit mille honnêtetés, prit congé de lui fort content pour s'en retourner à sa citadelle : mais il fut bien étonné du compliment que la sentinelle lui fit lorsqu'il s'approcha pour entrer ; car aussitôt qu'elle l'entend elle l'arrête, et demande qui il est. Il répond : « Le gouverneur. — Le mot, réplique la sentinelle ? » Le gouverneur ayant dit le mot qu'il avoit lui-même donné avant de partir, la sentinelle lui crie : « Ar-
« rête, demeure là, traître de Français qui te veux
« saisir de la citadelle ; si tu avances je te tue. » Voilà donc le pauvre gouverneur en un étrange étourdissement. Il se voit traité de traître et de Français ; mais il reconnoît aussitôt que c'est un Français qui le trahit. Il crie, il tempête contre la France ; il nous appelle des perfides, des méchans, des fourbes, etc. ; mais plus il crie qu'on le trahit, plus la sentinelle lui crie qu'il est un traître, et qu'il ne s'approche pas. Il revient trouver nos généraux, qui, l'ayant joué si civilement, lui répondirent avec la même civilité qu'ils n'étoient pas garans de la mauvaise conduite des Montferrins ; que c'étoit au duc de Mantoue qu'il se devoit plaindre, puisque c'étoit entre ses mains que le Roi avoit remis la place. Mais le gouverneur, qui pénétra le sens caché de ces paroles, n'y fut pas trompé,

et il écrivit aussitôt après aux généraux d'Espagne, qui n'étoient qu'à deux ou trois lieues de là, de quelle sorte les Français (1) l'avoient exclus de la citadelle.

Cependant nos généraux, ayant passé la rivière pour aller trouver leur armée qui les attendoit à une lieue de là dans un village où elle s'étoit arrêtée, firent grande diligence, et s'avancèrent avec toutes leurs troupes jusqu'à Livourne. D'autre part, les ennemis ayant appris la trahison qu'on avoit faite au gouverneur de la citadelle de Casal, et étant d'ailleurs déjà irrités de ce qu'on avoit pillé une partie de leur bagage, se résolurent de venir fondre sur nous lorsque nous étions plus foibles par la division de nos troupes, et se mirent en chemin dans ce dessein; mais M. de Mazarin, qui faisoit l'office de médiateur, et qui avoit procuré cette paix, voyant le péril où nous allions être exposés, joua un tour d'Italien aux Espagnols, et, étant monté à cheval, vint à toute bride en notre camp à Livourne en pleine nuit. J'étois en garde cette même nuit du côté qu'il arriva; et la sentinelle l'ayant arrêté et ouï le nom de Mazarin, elle m'appela. Je m'avançai à l'heure même, et vis M. de Mazarin, qui me dit d'abord avec une grande émotion : « Ah! monsieur, vous êtes perdus! les ennemis « sont à une petite lieue d'ici, et ils viennent avec « toute leur armée fondre sur vous : faites prompte- « ment sonner l'alarme par tout le camp. » Je lui répondis assez froidement : « Nous ne faisons point

(1) *De quelle sorte les Français* : Cette violation de la convention de Casal est déguisée avec beaucoup d'art dans les Mémoires de Richelieu.

« sonner l'alarme, monsieur, sans l'ordre du général;
« sa tente n'est pas loin d'ici, et je vais vous y mener
« si vous le trouvez bon. » Je ne laissai pas de profiter de cet avis et d'envoyer toujours par avance avertir dans tous les quartiers qu'on se tînt prêt; et cependant je menai M. de Mazarin à la tente de M. le maréchal de Schomberg. Le compliment qu'il lui fit en se jetant à son cou fut celui-ci : « Ah! monsieur,
« faut-il que j'embrasse présentement une personne
« que je dois voir morte dans une heure! — Comment! monsieur, lui dit M. de Schomberg, il semble
« que vous nous vouliez faire peur. » M. de Mazarin lui répondit : « Je ne veux pas vous faire peur, monsieur, mais je veux vous sauver la vie et à toute
« votre armée, puisque les ennemis vont fondre sur
« vous, et ne sont qu'à une petite lieue d'ici. » Ils étoient pourtant à deux lieues; mais il vouloit nous donner l'alarme plus chaude pour nous presser davantage. M. de Schomberg lui répondit avec le froid d'un grand général : « Pourvu que nous les voyions
« venir ils ne nous feront pas de peur; mais il est
« juste de prendre ses sûretés. » Il fit sonner en même temps l'alarme par tout le camp; et nous courûmes, tout autant d'officiers que nous étions présens, pour porter ses ordres partout, de sorte que notre armée fut bientôt prête à se mettre en marche.

On assembla cependant le conseil de guerre pour délibérer sur ce qu'on avoit à faire; et l'on jugea que notre armée étant trop foible pour soutenir l'effort d'une si puissante, il falloit penser à la retraite : l'on étoit pourtant bien fâché de se voir dans la nécessité de fuir devant l'Espagnol; mais enfin l'on crut que la retraite étoit toujours honorable lorsque la résistance étoit si manifestement périlleuse. M. de Schomberg eut la conduite de l'avant-garde, et les deux autres maréchaux celle de l'arrière-garde. Toute notre armée fut mise en bataille, et elle marcha en cet ordre durant toute cette retraite, à cause qu'on avoit deux lieues de plaine campagne à traverser. M. de Malissi, capitaine aux Gardes, commandoit les enfans perdus, et, sous lui, un lieutenant et moi commandions ceux d'entre les enfans perdus qui étoient les plus avancés vers les ennemis. J'eus une assez grande querelle avec cet autre lieutenant, voulant commander tout seul comme son ancien, et lui voulant commander avec moi en qualité de lieutenant, et disant, de plus, que si je venois à être tué il n'y auroit plus personne qui commandât, ce qui causeroit beaucoup de désordre et de carnage parmi ces premières troupes. Notre opiniâtreté à nous maintenir chacun dans notre poste alla si loin, qu'il s'en fallut peu que nous n'en vinssions aux mains, tant l'ambition est aveugle et violente dans les occasions même les plus périlleuses. Les généraux étant accourus pour apaiser ce différend, ordonnèrent que je commanderois le lieutenant, mais que le lieutenant commanderoit aussi sous moi; ce qui étoit plus dans l'ordre et remédioit à toutes choses.

Lorsque nous fûmes assez avancés dans cette plaine, j'aperçus de loin quatre cavaliers qui couroient à toute bride vers nous; j'envoyai avertir en même temps les généraux, qui vinrent aux enfans perdus afin d'y attendre ces cavaliers, qui, s'étant ensuite approchés avec un trompette, dirent à messieurs les maréchaux de France que les généraux d'Espagne les envoyoient pour leur témoigner qu'ils se trouvoient fort offensés et outragés par le violement qu'ils avoient fait de tous les articles de l'accord, et qu'ils venoient avec toute l'armée d'Espagne pour leur en demander raison. Nos généraux leur répondirent que, puisqu'ils croyoient avoir reçu une injure, et qu'ils vouloient s'en venger, ils étoient aussi de leur côté tout prêts de leur donner satisfaction les armes à la main, et de leur rendre raison dans un combat; qu'au reste ils étoient si éloignés d'avoir rompu leur accord, que même ils l'exécutoient alors en se retirant du Montferrat, suivant l'un des articles du traité; que leur marche n'étoit point une retraite de fuyards et de perfides, mais une marche de braves soldats qui portoient ailleurs leurs armes victorieuses; que les Espagnols étoient eux-mêmes des traîtres et des gens de mauvaise foi, puisque, n'ayant osé quelques jours auparavant soutenir l'assaut de toute l'armée française, ils venoient l'attaquer par derrière lorsqu'elle étoit divisée; qu'ils se trahissoient en cela, et faisoient trop connoître leur lâcheté, puisqu'il étoit plus que visible qu'ils n'avoient fait auparavant la paix qu'à cause qu'ils s'étoient sentis les plus foibles, et ne la rompoient présentement qu'à cause qu'ils se croyoient les plus forts par la division de nos troupes; que néanmoins leur petit nombre ne laisseroit pas de leur faire sentir que peu de Français valoient beaucoup d'Espagnols, et que ce n'étoit pas par le grand nombre des soldats, mais par le courage qu'on devenoit victorieux. Ils amusèrent ainsi fort long-temps ces quatre cavaliers par de semblables rodomontades, plus propres à l'Espagnol qu'au Français, qui aime plus ordinairement à se vanter des choses qu'il a faites que de celles qu'il doit faire.

Cependant nos troupes marchoient toujours et s'avançoient le plus qu'elles pouvoient, nonobstant ces belles paroles de leurs généraux, qui pouvoient bien amuser ces cavaliers, mais non retarder la marche de notre armée qui se sentoit la plus foible. Enfin, se trouvant lassés et ennuyés de l'éloquence de nos généraux, ils prirent congé d'eux, et s'en retournèrent aussi vite qu'ils étoient venus. En même temps on fit aussi doubler le pas à notre armée; et déjà l'avant-garde étant arrivée en un vallon jusqu'à une rivière nommée Doria-Balta, sur laquelle étoit un pont, elle se hâta de passer pour faire place à l'arrière-garde lorsqu'elle seroit arrivée. D'autre côté, l'arrière-garde étant encore assez loin commença à découvrir peu à peu, en montant sur une colline, jusqu'à trente-cinq et quarante escadrons de cavalerie en très-bel ordre, et marchant grand train. Nous nous vîmes approcher ensuite de plus en plus des ennemis, qui s'attendoient bien à nous tailler tous en pièces, et nous regardoient déjà comme des victimes dévouées à leur vengeance; comme en effet il eût été impossible de résister à tant de troupes avec si peu de monde que nous étions. Mais ils furent tout-à-fait trompés dans leur attente; et nous eûmes le loisir de mettre entre eux et nous la rivière dont j'ai parlé: ce qui arriva d'une assez plaisante manière, et par une petite ruse de guerre dont je m'avisai, et que ces grands généraux d'Espagne ne purent point découvrir.

Lors donc que notre arrière-garde fut arrivée au chemin par lequel il falloit descendre dans le vallon, et à l'entrée duquel il y avoit une vieille masure, comme nous nous vîmes assurés de notre perte, et principalement nous autres qui tenions la queue et touchions presque aux ennemis, je fis sauter tout d'un coup dans cette masure un nombre de quelques vaillans soldats avec un sergent, et leur donnai ordre que, lorsque les ennemis seroient à quarante ou cinquante pas, ils fissent une décharge sur eux, en tirant sagement et posément les uns après les autres; ce que j'espérois pouvoir arrêter et même détourner ceux qui nous poursuivoient, dans la pensée qu'ils auroient peut-être que le péril seroit plus grand qu'il n'étoit. Cette ruse nous réussit parfaitement; car, les ennemis s'étant approchés, et nos mousquetaires ayant tiré plusieurs coups de suite, ainsi que je le leur avois marqué, on fit faire halte aussitôt à toute cette cavalerie; et dans la crainte qu'eurent les ennemis qu'il n'y eût dans cette masure beaucoup de monde qui les arrêtât dans leur marche, ne voulant point donner le loisir à notre armée de défiler, ils négligèrent d'attaquer ce corps-de-garde prétendu, et firent à l'heure même demi-tour à gauche pour venir fondre sur nous par un autre endroit. Mais ce détour les retarda plus qu'ils ne pensoient, et fut cause du salut de toute notre arrière-garde, qui eut le temps de passer la rivière, les uns sur le pont, et quelques autres auprès d'un moulin, où ils n'avoient de l'eau qu'à la ceinture. Les mousquetaires que j'avois fait entrer dans la masure, voyant l'armée ennemie détournée, s'en revinrent joindre l'arrière-garde, et, étant tous passés, il ne restoit plus qu'un goujat qui avoit pris un mouton, dont il étoit un peu embarrassé. M. de Schomberg le fit aussi passer comme tous les autres, et, me disant par galanterie qu'il n'y auroit pas jusqu'au mouton qui ne passât, il m'embrassa avec beaucoup de bonté à cause de ce service que je venois de rendre à l'armée. Il passa ensuite le dernier de tous, n'étant suivi que de moi seul; et le pont fut aussitôt rompu après nous. Les ennemis parurent presque dans l'instant que nous fûmes tous passés, et se montrèrent à l'autre bord de la rivière; mais, trouvant cette barrière entre eux et nous, ils se vengèrent par des injures et par des outrages, ne pouvant en venir aux mains. Ils ne laissèrent pas néanmoins de faire une furieuse décharge qui causa un très-grand bruit dans ce vallon, mais peu d'effet, n'y ayant eu que vingt-cinq ou trente des nôtres de tués ou de blessés, pour servir seulement de témoignage à cette illustre et glorieuse retraite.

Notre armée marcha ensuite vers Fouys, ayant laissé une bonne garde sur la rivière pour empêcher le passage aux ennemis, qui le tentèrent la même nuit, mais qui furent si vigoureusement repoussés, tant par la garde que nos généraux y avoient posée, que par un secours qu'on y envoya de notre armée qui étoit encore assez proche, qu'ils furent contraints de renoncer à leur dessein, et de retourner honteusement d'où ils étoient venus en si grande hâte. Les nôtres revinrent aussi joindre le corps de l'armée, qui alla se rafraîchir à Fouys et aux environs.

Ce fut dans le château de ce bourg, qui appartient à trois comtes du pays, que M. le maréchal de Marillac fut arrêté quelques jours après par un revers de fortune, ou, pour parler plus chrétiennement, par un jugement de Dieu qui devroit faire trembler tous ceux qui regardent leur fortune comme la mieux affermie. Il y a dans ce château trois ou quatre beaux pavillons, dans chacun desquels chaque maréchal de France eut son logement.

LIVRE X.

Disgrâce du cardinal de Richelieu. Son rétablissement. Le maréchal de Marillac est arrêté prisonnier et condamné. Bataille de Castelnaudary. Le duc de Montmorency est pris dans le combat. Relation de son procès et de sa mort. Siége de Nancy. Conférence du duc de Lorraine avec le sieur de Pontis. Réduction de la ville sous l'obéissance du Roi.

Pendant tout le temps de la guerre dont j'ai parlé, la reine-mère Marie de Médicis, le garde des sceaux de Marillac et quelques autres seigneurs remuoient à Paris, et formoient, par des intrigues secrètes, un puissant parti contre le cardinal de Richelieu pour l'éloigner de la cour. Il faudroit un long discours pour démêler toute cette grande affaire et en découvrir tout le secret, qui pourroit fournir la matière à une ample histoire. Il suffit donc de dire ici que les ennemis de ce cardinal agirent si puissamment auprès du Roi, qu'ils lui persuadèrent enfin de l'éloigner de sa cour. Le garde des sceaux dépêcha à l'heure même un courrier au maréchal de Marillac son frère, pour lui mander cette disgrâce de celui qu'ils regardoient comme leur ennemi particulier aussi bien que celui de tout le royaume; et il se réjouissoit avec lui, dans la lettre qu'il lui écrivoit, de ce que ce grand obstacle de leur fortune étoit levé. Cette nouvelle réjouit extraordinairement ce maréchal, et lui fit concevoir de très-hautes espérances. Il témoigna publiquement sa joie aux deux autres maréchaux de France ses confrères, dont l'un, savoir M. de Schomberg, qui étoit uni très-étroitement avec M. le cardinal, conçut un très-grand chagrin de ce qu'il n'avoit reçu aucunes lettres de sa part, et jugea que sa fortune pourroit bien être ébranlée par la chute de celui qui avoit été toujours son protecteur. J'étois en garde ce jour-là dans le château de Fouys, qui étoit, comme j'ai dit, le quartier et le logement de nos généraux ; et, en ayant encore été le lendemain et la nuit suivante, je fus témoin oculaire de tout ce qui s'y passa. M. le maréchal de Schomberg, ne pensant alors qu'à sa disgrâce, qu'il regardoit comme inséparable de celle du cardinal de Richelieu, ne voulut point souper ce jour-là ; et M. le maréchal de Marillac, de son côté, ne pensant à rien moins qu'à devenir tout puissant dans l'Etat avec son frère, se remplissoit l'esprit des grandeurs qu'il se promettoit et qu'il goûtoit déjà par avance. Mais nous allons voir en sa personne un des plus redoutables exemples qu'on puisse s'imaginer de l'incertitude des choses humaines et des vains projets des sages du monde.

Lorsqu'on regardoit déjà le cardinal de Richelieu comme un homme entièrement abattu sous le parti de ceux qui le haïssoient et hors d'espérance de se pouvoir jamais relever, il trompa en un instant tous ses ennemis, et, par un coup de la plus grande politique qu'on vit jamais, il mit sous ses pieds ceux qui triomphoient de lui. Il tourna contre eux tout l'effet de leur mauvaise volonté, et se servit pour les combattre de la facilité du même prince qu'ils avoient armé pour sa perte. Le cardinal de La Valette, son ami, sachant sa disgrâce, lui conseilla de ne se pas décourager et de ne quitter pas la partie. Il lui persuada de retourner

trouver le Roi, et de faire de nouveaux efforts pour
tâcher de se rendre maître de son esprit, et lui représenta que les rois étant les images de Dieu même, ils
vouloient être importunés comme lui par les hommes,
et qu'il n'y avoit que la persévérance qui l'emportât.
Le cardinal de Richelieu suivit ce conseil politique de
son ami, et il retourna fièrement chez le Roi ; et usant
de tout son esprit, dont il avoit un si grand besoin
en cette rencontre, et s'armant de tout son courage
pour faire violence à celui de ce prince, il lui parla de
cette sorte : « Je viens, sire, lui dit-il, apporter ma
« tête à Votre Majesté, afin qu'elle fasse de moi ce qu'il
« lui plaira, si je ne lui prouve, non-seulement par
« des raisons invincibles, mais par des pièces indubi-
« tables, que le maréchal de Marillac, le garde des
« sceaux son frère et les autres ont attenté sur sa per-
« sonne ; qu'ils ne sont mes ennemis que parce qu'ils
« sont les vôtres, sire ; qu'ils ne veulent m'accabler
« par leurs calomnies que parce que je soutiens les
« intérêts de Votre Majesté contre leurs violences ;
« que ma querelle n'est pas celle d'un particulier,
« mais de tout l'Etat. Ils savent, sire, que je pénètre
« dans leurs artifices, et que je me sers de votre au-
« torité royale pour rendre inutiles leurs mauvais des-
« seins, et ils ne veulent m'éloigner d'auprès de votre
« personne, me chasser de votre cour et me bannir
« du royaume, qu'afin de pouvoir plus impunément se
« jouer de votre bonté, qui les considère comme de
« fidèles serviteurs lorsqu'ils nourrissent dans leur
« ame des trahisons et des perfidies. Si Votre Majesté
« veut bien me permettre de lui dire ce que je sais
« de science certaine, elle aura sans doute peine à

« croire ce que je puis à peine me persuader moi-
« même, et qui n'est pourtant que trop vrai. Elle
« saura que mes ennemis négocient secrètement pour
« la détrôner, et que leurs intrigues tendent à s'assu-
« rer de votre personne royale, afin que, l'ayant fait
« mettre dans la prison d'un monastère, comme on
« en a vu des exemples dans nos histoires, ils se ren-
« dent maîtres de l'État. »

Ces paroles (1) et beaucoup d'autres, prononcées d'un ton assuré par une personne qui s'étoit acquis un certain empire sur l'esprit du Roi, persuadèrent si bien, ou, pour mieux dire, étonnèrent de telle sorte ce prince, qui étoit d'ailleurs, comme l'on sait, d'un naturel défiant, qu'il permit au cardinal de faire arrêter le maréchal de Marillac et le garde des sceaux son frère. Ce dernier ayant été fait aussitôt prisonnier, un courrier fut dépêché dans l'instant à M. le maréchal de Schomberg, avec ordre de la part du Roi de faire arrêter le maréchal de Marillac. Ce courrier fit une si prodigieuse diligence, qu'étant parti deux jours après le premier courrier dont j'ai parlé, qui avoit porté les nouvelles de la disgrâce de M. le cardinal, il ne laissa pas d'arriver au camp un jour après lui. M. le maréchal de Schomberg ayant lu cet ordre du Roi, fut dans une aussi grande surprise que l'on peut s'imaginer, de voir la face de la cour si prodigieusement changée en si peu de temps. Il eut de

---

(1) *Ces paroles :* Il n'est pas fait mention de ce discours dans les Mémoires de Richelieu. Pontis ne le rapporte que sur des bruits publics et peu sûrs. Voyez, à l'égard de l'arrestation du maréchal de Marillac, une note tirée des Mémoires de Puységur, qui se trouve à la page 429 du tome XXVI de la seconde série.

la joie du rétablissement si prompt de ses espérances et de sa fortune ; mais il fut fâché de ne la voir rétablie que par la ruine de celle du maréchal de Marillac qu'il aimoit. Il avertit M. le maréchal de La Force de l'ordre qu'il avoit reçu du Roi, et, m'ayant fait venir, il me dit d'aller querir M. de Montigny, premier capitaine, et tous les autres officiers du régiment des Gardes, de faire entrer ma compagnie dans la cour du château, et de faire ensuite lever le pont-levis. J'exécutai à l'heure même ce qu'il m'ordonna : tous les officiers se rendirent dans le château ; ma compagnie qui étoit en garde entra dans la cour, et les ponts-levis furent levés. Tout ceci eût pu donner quelque soupçon au maréchal de Marillac, si ce n'eût été que, ce jour-là ayant été pris pour faire la montre, il avoit lui-même été d'avis le jour précédent qu'on enfermât tous les officiers pour empêcher les passe-volans ; ainsi il n'en eut aucun ombrage.

Nous montâmes tous ensuite dans la chambre de M. le maréchal de Schomberg, où entra en même temps M. le maréchal de Marillac, qui, s'étant contenté de le féliciter sur ce qu'il avoit reçu un courrier, lui dit qu'il le laissoit lire ses lettres, qu'il alloit cependant dîner, et qu'il reviendroit ensuite pour apprendre des nouvelles. M. de Schomberg le pria de ne se pas donner cette peine, l'assurant qu'il iroit lui-même lui faire part de ses lettres, et il le conduisit jusques à moitié chemin. Lorsque le maréchal de Marillac vit ma compagnie dans la cour, il dit sans se douter de rien au maréchal de Schomberg : « Vous « avez voulu empêcher les passe-volans ; c'est fort « bien fait. » Ainsi il alla dîner ; car M. de Schomberg

ne voulut pas le faire arrêter alors, n'ayant pu encore déclarer aux officiers l'ordre qu'il avoit reçu. Il revint donc dans sa chambre avec nous tous ; et, après avoir regardé s'il n'étoit entré personne qui eût quelque confidence particulière avec M. de Marillac, il ferma la porte au verrou, et nous parla de cette sorte : « Messieurs, le Roi vous a fait l'honneur de
« vous confier la gloire et la sûreté de ses armes,
« et il vous confie aujourd'hui la sûreté de sa per-
« sonne et de son Etat. Je ne doute point que vous
« ne soyez surpris de l'ordre que j'ai reçu de Sa Ma-
« jesté ; mais il ne nous appartient pas de pénétrer
« dans les secrets de la volonté du prince, et il est
« uniquement de notre devoir de respecter ses com-
« mandemens, et d'obéir à ses ordres. Le Roi m'a
« donné charge d'arrêter M. le maréchal de Marillac.
« C'est assez que je vous aie déclaré sa volonté, et je
« sais que vous lui êtes trop fidèles pour manquer
« à lui obéir, principalement en une affaire de cette
« importance. » Ensuite il nous dit qu'afin que la chose pût s'exécuter plus sûrement, et qu'on pût moins s'en douter, il falloit que nous fissions quelques plaintes en sortant de sa chambre, comme s'il nous retenoit toujours nos montres, et ne vouloit point nous payer.

Je ne puis pas exprimer l'étonnement où je fus, et la douleur que je ressentis d'une si triste nouvelle. Comme j'aimois et respectois d'une manière toute particulière M. le maréchal de Marillac, et que j'ose dire qu'il me faisoit bien l'honneur de m'aimer aussi, je sentis qu'on me déchiroit le cœur, entendant parler de cet ordre d'arrêter une personne que j'honorois infiniment, et voyant la nécessité où j'étois de contribuer à sa perte. Il me fallut néanmoins contenir et céder à une autorité supérieure, mon devoir et ma charge m'obligeant d'obéir à l'ordre du Roi. Nous sortîmes donc tous ensemble de la chambre de M. le maréchal de Schomberg, chacun se plaignant assez hautement que c'étoit une chose étrange d'avoir affaire à un homme de cette humeur, qui promettoit toujours de payer, et qui ne payoit qu'en paroles, qui les arrêtoit en un pays éloigné, et les avoit empêchés de retourner auprès de la personne de leur prince ; qu'après tout il n'y avoit rien tel que d'être auprès de son maître. Ils faisoient ces plaintes et d'autres encore qu'il avoit lui-même commandé que l'on fît.

Sur la fin du dîner de M. le maréchal de Marillac, messieurs de Schomberg et de La Force s'en vinrent avec nous tous dans sa chambre. Et comme il s'avança au-devant d'eux étant fort gai, et demandant quelles nouvelles ils avoient reçues de la cour, il en entendit de bien tristes pour lui, lorsque M. de Schomberg, lui présentant les lettres du Roi qui portoient l'ordre de l'arrêter pour les crimes qui y étoient spécifiés, le pria de prendre la peine de lire lui-même ces lettres. On peut bien s'imaginer quel effet est capable de produire dans l'esprit d'un homme un si prodigieux et si prompt renversement de fortune et d'espérances ; mais il est comme impossible néanmoins de se figurer la violence de la colère qui le transporta hors de lui, lorsqu'il lut les fausses accusations dont on le chargeoit, et sur lesquelles on le faisoit arrêter ; car, ne se reconnoissant plus alors lui-même, et ne sachant où il en étoit, perdant tout respect et toute crainte, il commença à s'emporter contre M. le cardinal de la manière la plus outrageuse (1), disant tout haut, sans le nommer, que celui qui avoit dit ces choses au Roi en avoit menti, que c'étoit un fourbe, un traître et un parjure.

Le maréchal de La Force le voyant ainsi emporté, et jugeant que cela même lui pourroit nuire si le cardinal le savoit, s'efforça de l'adoucir en lui disant très-sagement : « Il n'y a encore rien de perdu, monsieur. « Vous savez que j'ai moi-même tiré l'épée contre « mon prince, et que cependant il n'a pas laissé de « me pardonner, et de me confier même la conduite « de ses armées. Si vous êtes innocent, votre inno- « cence en sera d'autant plus glorieuse étant plus « connue; et si vous êtes coupable, votre crime ne « sauroit être si grand que la clémence du Roi ne « soit encore plus grande pour vous pardonner si « vous vous jetez aux pieds de Sa Majesté, et im- « plorez comme moi sa miséricorde. » Mais rien n'étoit capable d'arrêter les mouvemens de sa juste indignation. Et quoique je ne puisse point approuver l'excès de son emportement, j'avoue néanmoins que si jamais il y eut une occasion légitime de repousser avec force l'injustice de la calomnie, c'étoit lorsqu'un aussi grand homme que le maréchal de Marillac, qui avoit toujours gardé une fidélité inviolable à son prince, se voyoit ainsi malicieusement accusé d'avoir voulu attenter sur sa liberté, sur sa couronne et sur sa vie.

(1) *A s'emporter contre M. le cardinal de la manière la plus outrageuse :* Les Mémoires de Puységur, déjà cités, disent au contraire que le maréchal de Marillac montra dans cette circonstance la plus grande résignation.

C'étoient aussi ces horribles accusations dont il se sentoit très-innocent, qui le faisoient comme sortir hors de lui-même, et parler sans aucun respect contre ceux dont il étoit au moins obligé de redouter la puissance.

M. le maréchal de Schomberg voyant que rien n'étoit capable de l'adoucir, et ne pouvant pas le voir plus long-temps dans cet excès d'affliction et de désespoir, pensa à se retirer, et lui dit enfin qu'il ne croyoit pas pouvoir remettre sa personne en une meilleure garde que celle à qui le Roi même faisoit l'honneur de confier la sienne. Mais comme il avoit encore l'épée au côté, M. de Montigny dit à M. de Schomberg qu'il falloit le prier de la quitter, et de se mettre en état de prisonnier. C'est pourquoi M. de Schomberg lui dit à l'oreille que, puisque c'étoit une nécessité de se soumettre à l'ordre du Roi, il valoit mieux qu'il quittât lui-même son épée, en se retirant doucement dans une garde-robe qui étoit proche : ce qu'il fit à l'heure même. Que s'il eût été d'un sens plus rassis, il auroit pu facilement se sauver par la fenêtre de cette garde-robe, sous laquelle il y avoit une charretée de foin, et il n'auroit été obligé de sauter que six ou sept pieds de haut ; mais il étoit tellement occupé de sa douleur, et si transporté hors de lui-même, qu'il ne pensoit qu'à l'injustice qu'on lui faisoit, sans songer à s'en délivrer. Comme j'étois en garde, ainsi que je l'ai dit, je le gardai tout le reste de ce jour et toute la nuit suivante.

M. le marquis d'Atichy, son parent, ayant eu la permission de s'entretenir avec lui, après quelque conversation, le maréchal lui dit d'aller écrire à diverses personnes, et de ne point fermer ses lettres pour éviter le soupçon. Cependant il me pria d'aller trouver M. le maréchal de Schomberg, pour lui demander s'il voudroit bien mettre dans son paquet une lettre qu'il désiroit d'écrire au Roi. M. de Schomberg, après y avoir pensé quelque temps, me répondit qu'il le feroit de tout son cœur, mais que le courrier étant à M. le cardinal, il ne pouvoit pas l'assurer qu'elle fût rendue au Roi. Il me dit ensuite, parlant du même M. de Marillac : « Je l'avois bien cru violent; mais je « ne l'aurois jamais cru jusqu'à ce point. L'homme « est bien peu de chose quand Dieu l'abandonne. Le « jugement nous manque toujours au besoin. » Mais sans doute que tout autre qui eût été en sa place, auroit reconnu par sa propre expérience ce que peut sur l'esprit de l'homme le plus constant un coup aussi imprévu et aussi rude qu'étoit celui qui frappa M. de Marillac. On trouve plus facilement à redire aux plaintes qu'une douleur excessive arrache de la bouche des autres, qu'on ne supporte patiemment la sienne propre. Ce grand homme fit néanmoins une faute en cette occasion, et ne se ménagea pas assez pour ses propres intérêts ; car le courrier même ayant entendu une partie de ce qu'il dit avec une trop grande chaleur contre M. le cardinal, on ne peut douter qu'il n'ait contribué lui-même à rendre sa cause plus mauvaise auprès de cette Eminence, qui ne manqua pas sans doute d'être informée de toutes choses.

J'allai donc porter à M. de Marillac la réponse de M. de Schomberg touchant la lettre qu'il vouloit écrire au Roi, et il en fit une de quatre grandes pages, fort belle et très-éloquente ; car la douleur ne manque jamais de l'être. Dans cette lettre il représentoit au Roi que ses ennemis ne s'efforçoient de le perdre qu'à cause des bons services qu'il avoit rendus à Sa Majesté, et qui le rendoient digne de leur haine; que le propre caractère de l'envie étoit d'attaquer les plus louables actions de ceux qu'elle regarde d'un œil mauvais; qu'elle cherche le mal dans le bien, les ténèbres dans la lumière, et le crime dans la vertu; qu'elle inspire plus de hardiesse à ceux qu'elle anime pour accuser et pour perdre les innocens, que ces innocens mêmes n'ont d'empressement pour se défendre; mais qu'il espéroit de la lumière et de l'équité du Roi qu'elle ne se laisseroit pas surprendre à la mauvaise volonté de ses ennemis; qu'elle jugeroit au contraire de sa fidélité inviolable à son service par tant de témoignages publics qu'il en avoit donnés jusqu'alors, plutôt que par les faux préjugés de ses calomniateurs, et qu'ainsi il se remettoit entièrement entre les bras de sa justice, qui étoit toujours favorable aux innocens; qu'au reste il ne pouvoit pas croire que, lui ayant fait l'honneur le jour précédent de lui envoyer une lettre si remplie de bonté, il eût pu en un instant être changé de telle sorte à son égard; qu'il reconnoissoit en cela la main de ses ennemis, qui se trahissoient eux-mêmes, et qui commençoient déjà à usurper son autorité royale au même temps qu'ils l'accusoient d'avoir voulu y attenter. Il ajouta diverses choses dont je ne puis pas me souvenir, et me l'ayant donnée à lire, comme à une personne qu'il honoroit particulièrement de sa bienveillance, il me pria de la porter à M. le maréchal de Schomberg afin qu'il la lût aussi. M. de Schomberg, après l'avoir lue, me la rendit pour la reporter à M. de Marillac, et le prier de la raccourcir, de peur que le Roi ne la lût pas étant si longue. M. de Marillac suivant son conseil la raccourcit, et la lui renvoya de nouveau; mais M. de Schomberg, par honnêteté, ne voulut point la lire, disant qu'il savoit bien que M. de Marillac n'y avoit rien mis contre le respect qu'il devoit au Roi; ce qui le contenta fort, et le porta à se louer beaucoup de cette honnêteté de M. le maréchal de Schomberg.

Durant toute la nuit suivante il ne ferma point du tout l'œil pour dormir, et il ne fit autre chose que se promener, que crier, que se plaindre, qu'écrire des lettres et les déchirer après les avoir écrites, tant étoit grande l'agitation de son esprit. Il se représentoit à tous momens l'effroyable malice de ses ennemis, et pouvoit à peine se persuader qu'il y eût des hommes assez misérables pour publier de si grandes calomnies contre un innocent, ni qu'il y eût des princes assez faciles pour les croire. Il ne savoit quelquefois à qui s'en prendre; et, après avoir fait diverses réflexions sur le respect qu'il devoit au Roi, sur la mauvaise volonté du cardinal, et sur sa propre innocence, il considéroit la providence de Dieu comme la souveraine dispensatrice de tous ces événemens humains; il imploroit la miséricorde et la justice divine. Enfin il est impossible d'exprimer la multitude, la diversité et la violence des mouvemens presque convulsifs qui parurent, et dans son corps et dans son esprit, pendant cette nuit fatale qui suivit immédiatement sa disgrâce. Ce fut alors qu'il sentit bien que le poids de sa grandeur l'accabloit, que son rang si élevé dans le monde ne servoit qu'à rendre son malheur plus éclatant, et qu'enfin son innocence n'auroit point été accusée si sa fortune avoit moins été digne d'envie.

J'avoue que la vue de cet état si déplorable d'une personne pour qui j'avois le dernier respect, et qui me faisoit l'honneur de m'aimer, me déchira cruellement le cœur pendant cette même nuit, où je fus témoin de tout ce qu'il dit et de tout ce qu'il fit sur ce sujet. Comme je me faisois à moi-même une extrême violence pour me retenir, et que je n'osois par prudence me décharger au dehors d'une partie de ce qui m'accabloit, je sentois que ma douleur s'augmentoit d'autant plus que je l'étouffois au dedans de moi. J'eus certes tout le loisir de faire bien des réflexions, et d'envisager en bien des manières le peu d'assurance qui se trouve dans les plus grands établissemens de cette vie. Le prompt rétablissement d'un cardinal disgracié, et le soudain renversement de toutes les espérances de ses ennemis, étoient une ample matière qui me fournissoit de grands sujets de me dégoûter de la faveur; mais le temps n'en étoit pas encore venu; et il arrive rarement que nous prenions pour nous-mêmes ce que nous voyons arriver aux autres. L'esprit seul s'arrête à le considérer, et l'on ne passe presque point plus avant. Je ne sortirois jamais de ce sujet auquel je ne puis penser encore à présent sans douleur; mais il suffit d'ajouter ici que ce grand maréchal fut mené jusqu'à quelques lieues de Turin, deux ou trois jours après qu'il fut arrêté, et que de là on l'envoya avec une escorte de cinq cents chevaux à Paris.

[1632] C'étoit vers la fin de l'année 1630; et son

procès lui étant fait par ordre du Roi, ou, pour mieux dire, par celui du cardinal de Richelieu, qui fit établir à Ruel une chambre de commissaires choisis de divers parlemens pour ce sujet, il ne fut achevé qu'en 1632. Je ne rapporterai point ici ce qui se passa dans toute cette grande affaire. On sait, par la connoissance publique et par les mémoires qui sont entre les mains de tout le monde, que si on avoit suivi le sentiment de quelques-uns de messieurs ses juges qui n'avoient pas passé jusqu'alors pour les moins habiles, la fin de cette affaire lui eût été aussi glorieuse qu'elle lui fut au contraire funeste, et que ses ennemis auroient eu lieu de rougir d'avoir attaqué son innocence; mais Dieu permit par un effet de sa justice, que M. de Marillac lui-même se sentit obligé d'adorer, qu'il fût accablé par le nombre de ses autres juges.

Sur la fin de son procès, environ quinze jours ou trois semaines avant qu'il fût condamné, lorsqu'il étoit gardé à Ruel par M. des Reaux, lieutenant des Gardes du Corps, qu'il n'aimoit pas, le Roi me donna ordre de l'aller garder. J'eus une très-grande peine à m'y résoudre, craignant les suites de cette affaire, à cause de la haine que je savois que me portoit M. le cardinal de Richelieu, et du respect tout particulier qu'il savoit bien que j'avois pour M. de Marillac; car, ayant un ennemi si vigilant et si redoutable, j'étois assuré que, si je manquois en la moindre chose, il ne manqueroit pas cette occasion pour me perdre. Je pensai donc à faire tout mon possible pour me décharger de cette commission, et je suppliai instamment Sa Majesté de ne me point éloigner d'auprès de sa personne pour me charger de la garde d'un maréchal de France qui m'avoit souvent commandé dans les armées. J'ajoutai que tout le monde sachant qu'il avoit beaucoup de considération pour moi, je serois étrangement observé par mes ennemis, et exposé à tous les effets de leur mauvaise volonté. « Que craignez-vous, me dit « le Roi, puisque c'est moi qui vous envoie? est-ce « que vous appréhendez de me manquer de fidélité? » Je lui répondis que j'aurois mieux aimé mille fois mourir que de manquer à mon devoir; que ce n'étoit nullement le sujet de mon appréhension, mais que je craignois ce que Sa Majesté savoit mieux que moi que je pouvois appréhender, et en même temps je me jetai à ses pieds. Le Roi me repartit doucement et avec beaucoup de bonté : « Allez, allez, obéissez; soyez-« moi fidèle, et ne craignez rien. » Ainsi je fus obligé de partir.

M. le maréchal de Marillac témoigna avoir de la consolation de me voir, et d'être en la garde d'une personne qu'il aimoit. Je le trouvai dans l'assurance et la fermeté qu'inspire une bonne conscience. Il me disoit fort souvent : « De quoi peuvent-ils me con-« vaincre, sinon d'avoir toujours très-fidèlement servi « le Roi? Pourvu que l'on me fasse justice, je sais « qu'ils ne sauroient me faire aucun mal. » Il dressoit lui-même ses écritures, et il étoit tellement persuadé de son innocence, qu'il ne crut jamais qu'il fût possible qu'on le condamnât à la mort. J'évitois autant que je pouvois de lui parler seul, pour ôter tout sujet de me soupçonner d'avoir quelque intelligence secrète avec lui. Cependant messieurs ses commissaires le faisoient venir de temps en temps pour l'interroger sur différens chefs d'accusation qu'on leur avoit présentés contre lui. Un jour que je le conduisois dans leur chambre, il me disoit avec un visage gai, en s'appuyant sur mon bras : « Voyez-vous, monsieur, dans « tout ce dont je me sens coupable il n'y a pas de « quoi faire fouetter un page. » Mais il fut bien étonné lorsqu'étant entré dans la chambre, et ayant connu la disposition de ses juges, qui prenoient pour règle de leur jugement la volonté de son ennemi, il vit qu'il ne devoit plus s'attendre qu'à porter sa tête sur un échafaud. Il changea de telle sorte dès ce moment, qu'il n'étoit plus reconnoissable lorsqu'il sortit de la chambre. La mort étoit peinte sur son visage et dans ses yeux. Son esprit n'étoit occupé que de cette effroyable injustice qui prévaloit au-dessus de son innocence; et son corps s'affoiblit si fort dans ce moment, qu'il ne pouvoit presque plus se soutenir. S'appuyant sur moi, il disoit tout haut, mais d'un ton bien différent de celui dont il parloit en venant : « Ah ! « où est le Dieu de vérité qui connoît mon inno- « cence ? Seigneur, où est ta providence, où est ta « justice ? Venez, mon Dieu, à mon secours ! » On ne pouvoit rien s'imaginer de plus touchant, et l'on peut juger si j'en étois attendri ; mais il falloit faire bonne mine et digérer cruellement au dedans de moi la douleur dont je me sentois déchiré.

Comme j'avois accoutumé d'aller de temps en temps rendre compte au Roi de ce qui s'étoit passé, lorsque je vis ce grand maréchal condamné à la mort, je pris occasion de supplier Sa Majesté de me décharger de sa garde, ne pouvant pas me résoudre de conduire jusqu'au supplice une personne pour qui j'eusse été dans la disposition de donner ma propre vie. Le Roi me l'accorda avec beaucoup de bonté. Ainsi je ne dirai rien touchant sa mort (1), dont les particularités furent recueillies avec grand soin et données au public. J'ajouterai seulement que, quelque violent qu'il fût de son naturel, et quelque assuré qu'il se tînt de son innocence, il se soumit à la fin avec une parfaite résignation à l'ordre de la justice de Dieu, qui sait se servir quand il lui plaît de l'injustice des hommes pour exécuter ses arrêts divins; et reconnoissant alors avec beaucoup d'humilité que Dieu vouloit lui faire miséricorde, et punir dans lui, par cette mort publique, ses crimes cachés, il souffrit dans cette vûe, non-seulement le dernier supplice avec l'infamie qui l'accompagne; ayant eu la tête coupée en pleine Grève, mais encore les insultes de ses ennemis, dont la mauvaise volonté paroissoit à peine satisfaite par sa mort. Car il est assez étrange que, lorsqu'on vint dire au cardinal de Richelieu que ce maréchal étoit condamné à la mort, il dit qu'il n'auroit pas cru que cette affaire en dût venir jusque-là; mais qu'il parois-soit que les juges avoient des lumières que les autres n'avoient pas. C'est ainsi qu'après avoir employé tous les moyens possibles pour perdre celui qu'il n'aimoit point, il voulut se justifier en apparence, en rejetant sur les juges la haine d'une condamnation que tout

(1) *Je ne dirai rien touchant sa mort*: Le maréchal de Marillac fut exécuté le 10 mai 1632. Lorsqu'on lui lut son arrêt, motivé sur une accusation de péculat, d'exactions et de concussions, il s'écria : *Cela est faux* ; et lorsqu'il entendit qu'il étoit condamné à restituer 100,000 écus : *Mes biens*, dit-il, *ne les valent pas*. Le chevalier du guet, en le conduisant à la mort, lui témoigna le regret de lui voir les mains liées derrière le dos : *Ayez-en regret*, lui dit Marillac, *pour le Roi, et non pour moi*.

le public a attribuée à lui seul. Et ce qui pouvoit paroître sans doute plus dur et plus insupportable à M. le maréchal de Marillac, c'est que cette manière froide et indifférente dont le cardinal parla de sa mort, après l'avoir désirée et procurée avec tant d'ardeur, ne pouvoit être regardée que comme une secrète malignité, par laquelle il insultoit à la fin sanglante d'un homme innocent, qui méritoit plutôt les larmes de toutes les personnes sages que la raillerie piquante de son ennemi.

Je ne m'arrête point à dire ici ce qui se passa à l'égard de M. le garde des sceaux (1) de Marillac son frère, qui mourut dans la prison pour la même cause, et à l'égard de la Reine mère du Roi, cette illustre princesse que son exil et sa mort ont rendue encore plus illustre que sa vie. C'ont été autant de victimes dévouées au chagrin d'un ministre politique, qui ne trouva point d'autre moyen d'assurer sa haute fortune que par la perte de tous ceux qui s'opposoient à ses desseins, et qui s'attachoient uniquement au service et aux intérêts véritables de leur roi.

Je veux passer maintenant à ce qui regarde une autre de ses victimes, dont la personne fut encore plus illustre que celle du maréchal de Marillac, et dont la fin fut aussi tragique, quoique sa cause fût moins innocente. Je parle du grand duc de Montmorency, qui, ne pouvant supporter la domination violente de celui qui s'étoit rendu en quelque sorte maître

---

(1) *A l'égard de M. le garde des sceaux :* Michel de Marillac fut d'abord enfermé dans le château de Caen; ensuite on le transféra à Lisieux, puis à Châteaudun. Il mourut de chagrin dans cette dernière prison le 7 août 1632, deux mois après son frère.

de l'esprit et de la personne du Roi, se ligua avec M. le duc d'Orléans pour délivrer la France, tous les grands et le Roi même, de l'oppression sous laquelle ils gémissoient. Tel fut son dessein, dans lequel il ne paroissoit rien que de louable; mais les moyens dont il se servit ne furent pas également innocens; car, n'étant jamais permis de prendre les armes contre son prince, pour quelque sujet que ce puisse être, il se crut bien assuré d'engager dans son parti le frère unique du Roi, et pouvoir en sa compagnie se soulever, non pas tant contre son souverain que contre celui qui abusoit de son autorité pour abaisser tous les grands et tous les princes. Il ne consulta pas en cela autant qu'il devoit son devoir et sa raison; et il devoit auparavant considérer qu'il n'est pas sûr dans ces rencontres de faire un grand fond sur la liaison des princes, qui s'engagent d'autant plus facilement dans ces révoltes qu'ils abandonnent aisément dans la suite ceux qui les y ont engagés, et qu'ils trouvent toujours dans leur qualité l'impunité de leur faute.

M. de Schomberg étant alors dans le Languedoc avec une armée pour s'opposer aux desseins de Monsieur et du duc de Montmorency, nous eûmes ordre, M. de Saint-Preuil et moi, avec quelques compagnies des Gardes, de l'y aller joindre. Lorsque nous fûmes arrivés auprès de M. le maréchal, toute l'armée, qui n'étoit que de six à sept mille hommes, marcha vers la ville de Castelnaudary, capitale du Lauragais, qui tenoit pour Sa Majesté. Celle de Monsieur et du duc de Montmorency, composée de treize mille hommes, s'approcha à trois lieues de celle du Roi; mais il y avoit entre les deux armées de grandes ravines et fondrières qui nous assuroient beaucoup dans le désavantage que nous avions à cause de notre petit nombre. Il se trouva environ à un quart de lieue de là, au milieu de quelques vignobles, une maison vide, fort commode pour y poser un corps-de-garde, à cause qu'étant en un lieu assez élevé on y pouvoit découvrir toutes les démarches de l'ennemi. C'est pourquoi M. le maréchal de Schomberg y envoya un sergent et quelques soldats, avec ordre néanmoins de se retirer en cas qu'ils y fussent attaqués. Cependant le duc de Montmorency, qui s'étoit avancé avec cinq cents hommes pour reconnoître la situation et la contenance de notre armée, ayant aperçu cette petite maison, crut qu'il pourroit bien y avoir quelque corps-de-garde. Il l'alla charger aussitôt, et n'eût pas de peine à lui faire quitter ce poste, où il mit un puissant corps-de-garde de cent cinquante hommes.

Notre armée ne branloit point, et M. de Schomberg avoit résolu, étant le plus foible, d'attendre l'attaque, ayant d'ailleurs la ville de Castelnaudary pour retraite assurée dans le besoin. Le duc de Montmorency, étant retourné fort gai vers Monsieur, lui dit : « Ah! « Monsieur, voici le jour où vous serez victorieux « de tous vos ennemis; voici le jour où vous rejoin- « drez le fils avec la mère (entendant parler du Roi « et de la Reine-mère); mais il faut, ajouta-t-il en « montrant son épée, rougir cette épée jusqu'à la « garde. » M. le duc d'Orléans, qui craignoit l'issue du combat, lui répondit assez froidement : « Ho! « M. de Montmorency, vous ne quitterez jamais vos « rodomontades. Il y a long-temps que vous me pro- « mettez de grandes victoires, et que je n'ai encore

« eu que des espérances. Quant à moi, je veux bien
« que vous sachiez que je saurai bien toujours faire
« ma paix et me retirer moi troisième. » Sur cela
quelques paroles de chaleur furent dites de part et
d'autre; et le duc de Montmorency s'étant ensuite
retiré en un coin de la salle où étoient les comtes de
Moret et de Rieux, et M. d'Aiguebonne, un de mes
intimes amis, de qui j'ai su tout ceci, il dit à ces
deux premiers, parlant de M. le duc d'Orléans: « Notre
« homme saigne du nez. Il parle de s'enfuir lui troi-
« sième; mais ce ne sera ni vous, monsieur de Moret, ni
« vous, monsieur de Rieux, ni moi, qui lui servirons de
« troisième dans sa retraite; et il faut que nous l'en-
« gagions aujourd'hui si avant qu'il soit obligé malgré
« lui de mettre l'épée à la main dans le combat. »

Dans ce temps que M. de Montmorency se disposoit à nous approcher, M. de Schomberg mit son armée en bataille devant la ville de Castelnaudary, où
il pensoit, comme j'ai dit, se retirer s'il étoit poussé.
Un gentilhomme du pays, âgé de soixante-dix ans,
vint alors lui dire que s'il vouloit lui donner cinq cents
mousquetaires et deux ou trois cents chevaux, il l'assuroit de la victoire, et lui livreroit l'armée des ennemis, en leur dressant une embuscade qu'ils ne
pourroient éviter auprès d'un pont où il falloit qu'ils
passassent pour pouvoir venir attaquer l'armée du Roi.
Le maréchal de Schomberg écouta l'avis de ce gentilhomme avec joie, et crut ne pouvoir manquer de
le suivre voyant qu'il ne hasardoit que huit ou neuf
cents hommes pour toute l'armée. Il commanda donc
à M. de Saint-Preuil, à quelques autres officiers et à
moi, de suivre le gentilhomme avec cinq cents mous-

quetaires des Gardes que nous avions amenés à l'armée, et il y ajouta trois cents chevaux. Le lieu se trouva en effet très-propre pour dresser une embuscade ; car c'étoient des fondrières, des chemins creux et des fossés, auprès desquels l'armée de Monsieur devoit nécessairement passer pour aller gagner le pont. Nous plaçâmes donc les mousquetaires dans ces lieux creux où ils ne pouvoient être vus, et la cavalerie en un endroit plus élevé, parce qu'elle avoit ordre d'attaquer, afin de conduire et faire tomber les ennemis dans l'embuscade de l'infanterie, qui étoit rangée et disposée de telle sorte qu'elle pouvoit faire en fort peu de temps une décharge de cinq cents coups de mousquet.

Le duc de Montmorency ayant persuadé à Monsieur de s'avancer avec l'armée, nonobstant la pique qu'ils avoient eue, marchoit à la tête de l'avant-garde, et derrière lui les comtes de Moret (1) et de Rieux. Monsieur tenoit le corps de bataille, et il n'y avoit point d'arrière-garde, mais seulement un gros de réserve. M. de Montmorency, comme chef de l'avant-garde, donna le premier dans le chemin de l'embuscade, et ayant été attaqué par nos gens de cheval, il les repoussa vigoureusement et les défit en partie; mais, comme il poursuivoit un peu trop chaudement sa pointe, il tomba avec l'avant-garde dans notre embuscade, qui en moins de rien fit une si furieuse décharge sur eux, qu'on ne vit jamais un plus grand carnage en si peu de temps. Les comtes de Moret, de Rieux et de La Feuillade y furent tués. Le duc de Mont-

(1) *Le comte de Moret*: Voyez, sur ce prince qui étoit fils naturel de Henri IV, une note des Mémoires de Gaston, duc d'Orléans, p. 141.

morency lui-même, après avoir fait tout ce qu'un grand général pouvoit faire en cette rencontre, et avoir même forcé quelques rangs des nôtres, fut à la fin abattu sous son cheval; et la nouvelle s'étant répandue à l'heure même qu'il avoit été tué avec tous les autres, Monsieur jeta ses armes à terre et dit qu'il ne s'y jouoit plus. Ainsi il fit sonner la retraite.

Cependant un sergent des Gardes nommé Sainte-Marie me vint dire qu'il croyoit avoir vu M. de Montmorency abattu sous son cheval; mais comme j'avois une liaison très-particulière avec ce duc, que je respectois et que j'aimois tendrement à cause de ses grandes qualités, je ne voulus pas aller moi-même le faire mon prisonnier, étant fort touché de son infortune. J'en avertis donc M. de Saint-Preuil, étant bien aise d'ailleurs de lui céder cette gloire. Il ne voulut pas non plus y aller tout seul, et il me pressa si fort qu'il me fit résoudre de l'accompagner. Nous nous en allâmes donc avec le sergent et quelques soldats au lieu où il l'avoit vu. M. de Saint-Preuil l'ayant aperçu en ce pitoyable état, s'écria : « Ah! mon maître! » qui étoit le nom dont il l'appeloit toujours. Le duc de Montmorency, qui avoit eu autrefois quelque pique contre Saint-Preuil, et qui ne l'aimoit pas, s'imagina qu'il étoit bien aise de trouver cette occasion de le désobliger et de se venger d'une personne qu'il regardoit comme son ennemi; et dans cette première crainte il lui cria, étant tout hors de lui : « Ne m'ap-« proche pas; j'ai encore assez de vie pour t'ôter la « tienne. » M. de Saint-Preuil, qui étoit infiniment éloigné d'avoir la pensée de lui faire le moindre mal, et qui étoit au contraire très-touché de le voir en cet état, lui protesta qu'il ne venoit que pour le servir, et qu'il auroit mieux aimé mourir mille fois que de rien faire contre le respect qu'il devoit à sa personne. M. le duc de Montmorency s'étant un peu rassuré, et m'ayant aperçu avec M. de Saint-Preuil, nous témoigna qu'il nous étoit obligé, et qu'il s'estimoit heureux d'être tombé entre nos mains, puisque nous avions cette bonne volonté pour lui. Nous nous approchâmes ensuite pour le secourir, et nous eûmes toutes les peines du monde à le retirer de la fosse, ou sa cuisse étoit engagée sous son cheval mort qui étoit très-pesant. C'étoit d'ailleurs une chose très-digne de compassion de le voir tout couvert de sang, et presque étouffé par celui qui lui sortoit de la bouche, étant fort blessé. Je le pris enfin entre mes bras, et le mis dans un manteau que je fis porter par quatre soldats qui le tenoient chacun par un coin. Nous rencontrâmes M. de Brezé, lequel M. le duc de Montmorency ayant aperçu, comme il craignoit alors toutes choses, et qu'il n'avoit pas toute la liberté de son jugement, il eut quelque appréhension de le voir, à cause qu'il étoit particulièrement son ennemi. Il demanda en même temps à M. de Saint-Preuil un confesseur afin de pouvoir au moins mourir en chrétien. Mais M. de Saint-Preuil le rassura de nouveau, et lui promit que tant qu'il seroit en sa garde il ne lui arriveroit aucun accident. On le conduisit ensuite à M. le maréchal de Schomberg, qui lui dit, avec un très-grand sentiment de compassion et de tendresse, qu'il étoit extraordinairement touché de son malheur, et qu'il auroit souhaité qu'il lui eût couté de son sang, et ne le pas voir tombé dans cette infortune; car tout le monde avoit du respect pour la personne et pour le mérite de ce grand homme. Il demanda à M. de Schomberg un confesseur, craignant à toute heure de mourir en cet état sans confession; mais le maréchal de Schomberg l'assura qu'il n'avoit rien à craindre, et qu'il lui donneroit son chirurgien pour le panser, ou tel autre qu'il voudroit choisir; et on le mena quelque temps après à Lectour.

Comme j'avois reçu un ordre du Roi de l'aller trouver s'il se donnoit quelque combat, afin de lui en porter les nouvelles, je partis le plus promptement qu'il me fut possible, et fus le premier, de trois courriers qui étoient partis en même temps, qui arrivai à Pésenas, où s'étoit rendue Sa Majesté. Etant entré dans la salle où elle étoit avec M. le cardinal de Richelieu et plusieurs grands seigneurs de la cour, je m'adressai, non au cardinal, comme faisoient beaucoup d'autres, mais au Roi, et lui dis qu'il s'étoit donné un combat et que son armée avoit été victorieuse. A cette nouvelle, le Roi fut saisi d'une si grande crainte que Monsieur n'eût été tué, qu'il devint tout pâle et tout défait, et qu'il s'écria à l'heure même, dans le transport de la frayeur où il étoit : « Quoi donc ! mon frère est-il mort ? » Je le rassurai dans l'instant, en lui disant qu'il ne l'étoit pas et qu'il se portoit très-bien. Le cardinal de Richelieu étant surpris de ce cri que le Roi avoit fait, et de cette grande affection que Sa Majesté avoit fait paroître envers son frère, ne put s'empêcher de dire à quelques personnes qui étoient présentes : « Il a beau faire la « guerre à son frère, la nature se déclare et lui fait « violence. »

Je rendis ensuite compte au Roi des particularités

du combat et de la prise de M. de Montmorency ; et dans le temps que je lui faisois le récit de tout ce qui s'étoit passé, les autres courriers arrivèrent, qui, s'adressant, non au Roi, mais au cardinal, lui rapportèrent les mêmes choses que je venois de déclarer à Sa Majesté.

Quelque temps après toute la cour partit pour s'en aller à Toulouse ; et comme j'étois bien aise de prendre cette occasion, voyant la guerre finie, d'aller faire un tour à Pontis où j'avois plusieurs affaires, ayant demandé mon congé au Roi, il ne voulut pas me le permettre, et me commanda de l'accompagner jusqu'à Toulouse. Son dessein étoit de se servir de moi pour conduire M. de Montmorency à Paris, où, en qualité de pair de France, il devoit être jugé par le parlement des pairs, qui est celui de Paris ; mais le cardinal de Richelieu, qui le regardoit comme son ennemi particulier, n'aimant pas les longues procédures, et craignant que la qualité, les alliances et le mérite de celui qu'il haïssoit ne fussent capables avec le temps de fléchir l'esprit du Roi, il aima mieux user de voies abrégées, et, passant par dessus toutes les règles établies pour le jugement des pairs de France, il persuada à Sa Majesté d'ordonner que le procès du duc de Montmorency seroit fait au parlement de Toulouse. Il n'étoit peut-être pas fâché aussi de le faire juger au milieu de son gouvernement, et à la vue de tout un peuple dont il étoit si fort honoré.

Cependant le Roi me commanda d'aller trouver ma compagnie qui étoit à quelques lieues de là, et que j'avois laissée auprès de Sa Majesté au commencement de la guerre sous la conduite du seul enseigne, lorsque je reçus ordre avec M. de Saint-Preuil, comme je l'ai dit, de conduire cinq cents mousquetaires en Languedoc. Il me donna ordre en même temps de me rendre le lendemain à Narbonne, où Sa Majesté devoit aussi arriver pour continuer son chemin vers Toulouse. Il y avoit quelques jours qu'on entendoit d'épouvantables bruits sur la mer, comme des mugissemens de taureaux, ce qui me parut présager certainement quelque grande et furieuse tempête. L'effet le fit connoître bientôt; car, comme j'étois en chemin avec mon valet, nous entendîmes tout d'un coup un très-grand éclat de tonnerre, accompagné de furieux éclairs, et il tomba dans l'instant une si effroyable pluie, que durant près de quatre heures l'on ne voyoit presque ni ciel ni terre. Ayant à passer un pont qui étoit sur une petite rivière, je courus à toute bride pour tâcher de prévenir les grandes eaux; mais elles se grossirent si fort en très-peu de temps, et il vint par dessus le pont un si grand flot dans le moment que je le voulus passer, qu'il s'en fallut peu que mon cheval ne fût emporté, ayant de l'eau jusques au ventre. Mon valet y fut encore en plus grand danger, n'ayant passé qu'après moi. Nous courûmes risque ensuite d'être noyés mille fois, nos chevaux étant obligés de nager en divers endroits et tous les chemins étant comme des rivières. Le Roi, qui étoit dans le même temps sur le chemin de Narbonne, n'eut pas moins de peine à se sauver au grand trot dans la ville. Toute la cour perdit son bagage; il y eut plus de trois cents hommes de noyés; plusieurs carrosses, et entre autres de ceux de la Reine, y demeurèrent; et ses filles eurent beaucoup de peine à être sauvées. Un chevau-léger en sauva deux, les ayant mises, l'une devant et l'autre derrière lui, sur son cheval. Pour moi, étant arrivé avec toutes les peines du monde au lieu où étoit ma compagnie, je vis toutes sortes d'oiseaux et de bêtes, jusqu'aux lapins, entrer dans les maisons au travers de tout le monde et se sauver dans les greniers. Il n'y a aucune exagération dans ce que je dis ; et l'on auroit cru certainement que c'eût été un nouveau déluge ; la pluie ayant duré, comme j'ai dit, quatre heures dans sa plus grande violence, et vingt-quatre heures en tout.

Je ne fus jamais plus embarrassé que je me trouvai pour lors ; car, me piquant d'être exact, et ayant reçu l'ordre dont j'ai parlé de me rendre le lendemain à Narbonne avec ma compagnie, je ne voulois pas y manquer. Je l'y menai en effet, mais avec une fatigue incroyable, jusque-là que le Roi m'en fit des reproches, et me dit que je me moquois de mener des troupes par la campagne durant un tel temps. Sa Majesté continua son chemin jusqu'à Toulouse, où M. de Montmorency fut aussi conduit par son ordre. Il y arriva le 27 octobre de l'année 1632, sur le midi. On le mena dans la maison de ville, et on le mit en la garde de M. de Launay, lieutenant des Gardes du Corps. Les rues et les places publiques, qui sont depuis la porte par où il entra jusques à l'Hôtel de Ville, étoient bordées de soldats des Gardes et de Suisses, et on avoit encore posé des corps-de-garde en divers endroits dans tout le reste de la ville, tant le cardinal appréhendoit que celui qu'il regardoit comme son prisonnier ne lui échappât.

Trois heures après que M. de Montmorency fut arrivé, deux commissaires se rendirent à l'Hôtel de Ville pour l'interroger. On lui lut d'abord la commission que le parlement avoit reçue pour lui faire son procès. Sur quoi il dit avec beaucoup de douceur qu'encore qu'il ne dût être jugé qu'au parlement de Paris à cause du rang qu'il tenoit en France, il reconnoissoit néanmoins que son affaire étoit d'une telle nature, que, si le Roi ne lui faisoit grâce, il n'y avoit point de juges qui n'eussent droit de le condamner; qu'il étoit ainsi très-content d'avoir pour ses juges messieurs du parlement de Toulouse, qu'il avoit toujours honorés, et qu'il estimoit fort gens de bien. Les commissaires s'assirent au bout de la table, et le firent asseoir à leur main gauche. On lui confronta sept témoins, savoir: quatre officiers du régiment des Gardes, deux sergens, et le greffier des états de Languedoc. Il avoua tout ce que les officiers du régiment des Gardes déposèrent touchant la journée de Castelnaudary. Et l'un d'eux, étant interrogé s'il avoit connu M. de Montmorency dans le combat, il répondit en pleurant (1) que l'ayant vu tout couvert de feu, de sang et de fumée, il eut d'abord de la peine à le reconnoître, mais qu'enfin, lui ayant vu rompre six de leurs rangs et tuer quelques soldats dans le septième, il jugea bien que ce devoit être M. de Montmorency, et qu'il l'avoit su depuis certainement, lorsque, son cheval étant tombé mort sous lui, il demeura au même lieu sans se pouvoir dégager.

Les commissaires lui demandèrent s'il avoit signé la délibération des états de Languedoc du 22 juillet,

---

(1) *Il répondit en pleurant :* Cette réponse est attribuée à Guitaut, capitaine des Gardes.

dans laquelle ils supplioient M. le duc d'Orléans de les honorer de sa protection, et promettoient de fournir tout l'argent nécessaire pour soutenir son parti, et de ne se séparer jamais de ses intérêts. Il nia qu'il l'eût signée, et le greffier lui ayant été confronté, il se mit en une grande colère contre lui, l'appelant faussaire, et l'accusant d'avoir supposé son seing.

Toute la cour cependant étoit occupée à faire de très-instantes prières au Roi pour lui demander la grâce de M. de Montmorency, et tout le monde faisoit en même temps des prières à Dieu pour ce sujet; car, outre qu'il étoit extrêmement aimable pour sa personne, les grandes alliances qu'il avoit avec la maison royale, ayant l'honneur d'être beau-frère du premier prince du sang, et oncle de deux autres princes et d'une princesse, qui est madame la duchesse de Longueville, et le nom illustre de sa maison, qui a été connu en France en même temps que celui de la religion, étoient cause que tout le royaume s'intéressoit dans sa conservation. Le cardinal de La Valette fit paroître par dessus tous les autres un zèle extraordinaire en cette rencontre; et, après avoir fait auprès du Roi tout ce qu'il put, aussi bien que le nonce du Pape et que tous les princes, il eut recours aux prières de l'Eglise, qu'il fit faire de tous côtés, y assistant lui-même avec plusieurs personnes de la cour, et n'oubliant rien de tout ce qu'une amitié aussi ardente et aussi généreuse qu'étoit la sienne peut inspirer dans ces rencontres. Les pénitens bleus firent aussi une procession, à laquelle il se mêla un grand nombre de personnes de qualité, et ils allèrent visiter les corps des apôtres saint Simon et saint Jude le jour de leur fête, dans l'abbaye de Saint-Cernin, où la messe fut chantée et où beaucoup de monde communia, chacun témoignant qu'il faisoit ses dévotions à l'intention de M. de Montmorency, dont il demandoit la vie à Dieu. M. le duc d'Orléans lui-même, quoique complice de la révolte, ayant mis, comme j'ai dit, les armes bas, et étant rentré dans son devoir, n'oublia pas le duc de Montmorency dans cet extrême péril où il le voyoit. Il envoya au Roi un gentilhomme qui, s'étant jeté par trois fois à ses pieds, le supplia de sa part, avec toutes les instances possibles, de vouloir faire grâce à une personne qui avoit toujours témoigné une très-grande passion pour le service de Sa Majesté, et qui s'étoit engagée dans ce malheur, aussi bien que lui, plutôt par légèreté que par une volonté mauvaise et criminelle.

Parmi tous ces grands qui sollicitoient la grâce de M. de Montmorency, M. de Saint-Preuil, mon capitaine, osa, par un manque de jugement presque incroyable, mêler sa sollicitation particulière, ayant demandé sa vie au Roi en présence du cardinal de Richelieu; ce qui fut trouvé si ridicule qu'il fut le jouet de toute la cour. Le Roi s'en moqua, et le cardinal lui dit par un compliment à la Richelieu, lorsqu'il entendit faire cette prière à Sa Majesté : « Saint-Preuil, si le Roi vous « faisoit justice il vous feroit mettre la tête où vous « avez les pieds. » J'entendis moi-même ce compliment, qui me parut un peu cavalier pour un évêque. Mais il est vrai que ce n'étoit pas à un petit officier à demander une grâce que tant de princes et de grands seigneurs ne pouvoient point obtenir. Ce qu'on peut dire pour son excuse, est qu'ayant non-seulement un profond respect, mais encore une tendresse particulière pour la personne du duc de Montmorency, et l'ayant fait son prisonnier, il crut avoir quelque droit de demander sa grâce, et suivit moins en cela les lumières de sa raison que la pente de son cœur. Pour moi, qui n'avois peut-être pas moins ni de respect ni d'inclination pour lui, et qui pouvois également le regarder comme étant mon prisonnier, je crus devoir me contenter des puissantes sollicitations de ceux qui étoient les premiers du royaume, ne pouvant me joindre à eux que par mes souhaits et par mes vœux. J'étois touché beaucoup plus que je ne saurois l'exprimer, tant par mon propre sentiment que par la vue de la désolation presque générale qui paroissoit, et dans la cour et parmi le peuple même; jusque-là qu'un jour, lorsque le Roi étoit dans sa salle avec grand monde, on entendit tout d'un coup un grand tumulte causé par le peuple, qui, tout transporté de douleur et de tristesse, se mit à crier auprès du logis du Roi : « Miséricorde ! miséricorde ! Grâce ! grâce ! » Le Roi demanda ce que c'étoit que tout ce grand bruit; et M. de Brezé, qui avoit été fait maréchal de France depuis la journée de Castelnaudary, lui ayant dit que si Sa Majesté vouloit prendre la peine de mettre la tête à la fenêtre, elle auroit compassion de ce pauvre peuple, le Roi répondit assez fièrement, et suivant sans doute plutôt les impressions que lui avoit données le cardinal que les siennes propres : « Si je voulois suivre les différentes inclinations d'un « peuple je n'agirois pas en roi. »

Pendant que toutes ces sollicitations et que toutes ces prières se faisoient pour la conservation de M. de

Montmorency, et qu'il sembloit qu'il n'y eût qu'une seule voix de tous les grands et de tout le peuple, qui d'un commun consentement demandoient à Dieu et au Roi la vie d'un seul homme chéri uniquement de tout le monde, ce duc lui seul sembloit presque s'être oublié lui-même pour ce qui étoit de la vie du corps. La persuasion où il étoit de s'être rendu coupable de mort, et la connoissance particulière qu'il avoit du caractère de l'esprit de son principal ennemi, lui ôtèrent toute pensée et toute inquiétude touchant sa grâce ; et, s'abandonnant entre les mains de Dieu, il pensa uniquement à se procurer une autre grâce que celle de cette vie qu'il étoit tout résolu de quitter. Ainsi l'on peut dire que tous ceux qui prioient n'ayant point été exaucés, ils le furent d'une manière beaucoup plus avantageuse à son salut ; puisqu'en même temps que le Roi refusoit de lui accorder sa grâce, Dieu le favorisa très-particulièrement de celles du ciel, l'ayant touché d'un vif repentir de ses fautes, et du désir de les expier par la mort. Il s'y prépara en effet par une confession générale, à laquelle il se disposa pendant deux jours par une application toute particulière sur lui-même et sur toute sa vie passée ; et, souhaitant de se fortifier davantage contre une aussi violente tentation qu'étoit celle qu'il avoit à soutenir, il demanda et reçut le corps de notre Seigneur, comme le sacré viatique dont il espéroit toute sa force.

Le même jour, qui étoit le 29 d'octobre, les chambres étant assemblées au parlement, M. le garde des sceaux (1) s'y rendit, accompagné des six maîtres des

(1) *M. le garde des sceaux :* Châteauneuf, qui avoit été autrefois attaché, comme page, à la maison de Montmorency. Il étoit sous-

requêtes, et l'on y examina son procès. La nuit suivante tous les gens de guerre qui étoient aux environs de Toulouse eurent ordre d'entrer dans la ville, et se mirent en bataille dans toutes les places et carrefours, jusqu'au nombre de plus de douze mille hommes. Sur les sept ou huit heures du matin, M. le comte de Charlus alla prendre M. de Montmorency dans l'Hôtel de Ville, et le mena au Palais dans son carrosse. Il le conduisit jusqu'à la chambre où Messieurs étoient assemblés, et où M. le garde des sceaux avoit pris séance, et, après l'avoir mis sur la sellette, il se retira. Les juges baissèrent tous les yeux lorsqu'il entra, et la plupart tenoient leurs mouchoirs à leur visage, comme s'ils eussent voulu cacher leurs larmes, qu'ils ne pouvoient faire paroître en cette occasion avec bienséance. La sellette étoit placée au milieu du parquet, et on l'avoit extraordinairement élevée, en sorte qu'elle étoit presque à la hauteur des siéges des juges. Il étoit sur la sellette nu-tête, sans être lié, contre l'usage du parlement de Toulouse, où nul ne paroît sur la sellette que les fers aux pieds. M. le garde des sceaux, après lui avoir fait les demandes ordinaires qui sont de formalité, lui demanda s'il avoit signé la délibération des états de Languedoc : sur quoi il répondit qu'il étoit vrai qu'il l'avoit signée, qu'il s'en étoit souvenu après y avoir pensé, et qu'il avoit eu tort de le nier.

On lui demanda s'il avoit appelé M. le duc d'Orléans dans son gouvernement : il dit que non, mais que les Etats de la province l'avoient prié de vouloir

diacre, et avoit eu besoin d'une dispense du Pape pour présider au procès du maréchal de Marillac. Cette dispense lui servit pour le procès de Montmorency.

prendre la protection de leurs privilèges. Interrogé si Monsieur ne lui avoit pas fait prendre les armes, il dit qu'il ne vouloit point chercher des excuses sur la personne de Monsieur. Interrogé qui l'avoit donc obligé à faire ce qu'il avoit fait, il répondit que c'avoit été son malheur et son mauvais conseil. Interrogé du nom de ceux qui l'avoient accompagné au combat, il dit qu'il étoit demeuré d'accord avec les témoins de tout ce qui s'étoit passé. Interrogé s'il avoit intelligence avec les étrangers sur la frontière, il le nia absolument, et soutint qu'il n'avoit jamais eu intention de nuire à l'Etat. Il répondit à tout ce qu'on lui demanda, avec tant de modération et d'honnêteté, et d'un ton de voix si charmant, que les juges ont avoué qu'ils eurent une extrême peine à se contenir, voyant ce grand homme dans cet état si touchant. A la fin de l'interrogatoire, M. le garde des sceaux lui demanda s'il ne reconnoissoit pas qu'il avoit fait une très-grande faute, et qu'il méritoit la mort : à quoi il repartit avec un grand sentiment qu'il méritoit au-delà de tout ce qu'on pouvoit dire. Étant ensuite sorti il demanda à rentrer, et excusa devant la cour le greffier des Etats qu'il avoit chargé et maltraité le jour précédent.

Lorsqu'il se fut retiré, et pendant qu'on le remena à l'Hôtel de Ville, le parlement étoit aux opinions : on ne pouvoit pas beaucoup délibérer sur ce sujet ; et un homme qui avoit été pris ayant les armes à la main contre son prince, ne pouvoit pas n'être point condamné à la mort. Ainsi l'un des commissaires forma le premier l'avis de mort, et on remarqua qu'en finissant il avoit les larmes aux yeux. Toute la compagnie ayant ôté le bonnet sans dire un seul mot, M. le garde des sceaux conclut de même, fit dresser et signa l'arrêt avant que de sortir du Palais. Alors tous les juges se retirèrent en grande hâte dans leurs maisons, pour donner toute la liberté à leurs larmes et à leurs soupirs, qu'ils avoient été contraints de retenir par cérémonie dans le siége de la justice. L'arrêt ayant été porté au Roi, Sa Majesté ne put elle-même s'empêcher de s'attendrir, et elle changea deux articles de l'arrêt : l'un, que l'exécution qui devoit être faite dans les Halles se feroit à huis clos dans l'Hôtel de Ville, et l'autre, que M. de Montmorency pourroit disposer de ses biens qui avoient été confisqués : ce qu'il fit ensuite par un testament qu'il donna à M. de Saint-Preuil pour le porter à Sa Majesté, le priant de lui demander pardon de sa part. Et il voulut, par une action digne d'un vrai chrétien, témoigner encore à son plus grand ennemi qu'il renonçoit en mourant à tout ressentiment et à toute haine, ayant chargé le même M. de Saint-Preuil d'offrir à M. le cardinal de Richelieu un tableau de saint François, pour marque qu'il mouroit son serviteur.

Sur le midi du même jour que l'arrêt fut donné, les deux commissaires et le greffier-criminel se rendirent dans la chapelle de l'Hôtel de Ville, où l'on fit venir M. de Montmorency, lequel se mit à genoux au pied de l'autel, et, ayant les yeux sur le crucifix, il ouït prononcer son arrêt. S'étant ensuite levé, il dit à ceux qui étoient présens : « Priez Dieu, messieurs, qu'il me « fasse la grâce de souffrir chrétiennement l'exécu- « tion de ce qu'on me vient de lire. » Les commissaires le laissant entre les mains de son confesseur,

l'un d'eux lui dit : « Nous allons faire, monsieur, ce
« que vous nous avez commandé; nous prions Dieu
« qu'il vous fortifie. » Comme il demeura dans la chapelle, et qu'il leva de nouveau ses yeux sur le crucifix,
les ayant ensuite baissés sur ses habits qui étoient fort
riches, il jeta sa robe de chambre, et dit : « Oserai-je
« bien, étant criminel comme je suis, aller à la mort
« vêtu avec vanité, lorsque je vois mon Sauveur,
« mourir innocent tout nu sur la croix ! Il faut, mon
« père, ajouta-t-il en parlant à son confesseur, que
« je me mette en chemise pour faire amende hono-
« rable devant Dieu des grands péchés que j'ai commis
« contre lui. » Dans ce moment le comte de Charlus
vint lui demander de la part du Roi l'ordre du Saint-
Esprit et le bâton de maréchal de France. Il employa
tout le temps qui lui restoit à s'offrir à Dieu, à se fortifier contre la mort par la vue des souffrances de Jésus-
Christ, et à le prier de vouloir lui pardonner ses péchés. S'étant informé de l'heure à laquelle il devoit être
exécuté, il demanda comme une grâce de mourir à
l'heure que Jésus-Christ étoit mort, c'est-à-dire environ deux heures plus tôt qu'il n'avoit été ordonné : ce
qui fut laissé à son choix. Il écrivit avant que de
mourir à madame de Montmorency sa femme un billet
par lequel il la conjuroit de vouloir se consoler, et
d'offrir à Dieu pour le repos de son ame la douleur
qu'elle ressentoit de sa mort, en modérant son ressentiment dans la vue de la miséricorde que Dieu lui
faisoit.

Il se fit couper les cheveux par derrière, et, étant
nu en caleçon et en chemise, il traversa, au milieu des
gardes qui le saluèrent à son passage, une allée qui-

conduisoit dans la cour de l'Hôtel de Ville, à l'entrée de laquelle il rencontra l'échafaud, qui pouvoit être de quatre pieds de hauteur. Lorsqu'il fut monté, accompagné de son confesseur et suivi de son chirurgien, il salua la compagnie, qui n'étoit que du greffier du parlement, du grand-prévôt et de ses archers, et des officiers du corps de ville qui avoient eu ordre de s'y trouver. Il les pria de vouloir bien témoigner au Roi qu'il mouroit son très-humble sujet, et avec un regret extrême de l'avoir offensé, dont il lui demandoit pardon aussi bien qu'à toute la compagnie. Il s'informa où étoit l'exécuteur, qui ne l'avoit point encore approché, et ne voulant plus souffrir par humilité que son chirurgien le touchât, mais s'abandonnant absolument entre les mains du bourreau afin qu'il l'ajustât, qu'il le liât, qu'il le bandât, et qu'il lui coupât encore les cheveux qui ne l'étoient pas assez, il dit avec un profond sentiment d'humilité qu'un grand pécheur comme lui ne pouvoit mourir avec assez d'infamie. Enfin il se mit à genoux proche le billot, sur lequel il posa son cou en se recommandant à Dieu (1), et l'exécuteur à l'instant lui coupa la tête, chacun ayant détourné les yeux, tous fondant en larmes, et les gardes mêmes jetant les plus grands soupirs.

Ainsi mourut Henri de Montmorency, duc et pair, maréchal, et autrefois amiral de France, gouverneur du Languedoc, petit-fils de quatre connétables et de six maréchaux, premier chrétien et premier baron de France, beau-frère du premier prince du sang, et

(1) *En se recommandant à Dieu*: Ses dernières paroles furent: *Domine Jesu, accipe spiritum meum*. L'exécution eut lieu le 30 octobre 1632. Le duc de Montmorency étoit âgé de trente-huit ans.

oncle du fameux prince de Condé, après avoir gagné deux batailles, l'une navale contre les hérétiques, par laquelle il disposa la prise de La Rochelle, et l'autre sur terre contre l'Empire, l'Italie et l'Espagne, par laquelle il força les Alpes, et disposa la délivrance de Casal, qui toutes deux ont contribué à cette grande gloire qui a élevé le roi de France au-dessus de tous les princes de l'Europe. Ceux qui assistèrent à sa mort lui ont rendu ce témoignage, qu'on ne vit jamais, en une semblable occasion, et dans une personne de sa qualité, tant de piété ni de courage : aussi étoit-il juste que l'on vît en la personne du premier chrétien et du plus vaillant homme de France, des merveilles de la nature jointes avec des miracles de la grâce. Depuis la monarchie, il ne fut point de seigneur dans le royaume à qui la nature et la fortune eussent fait de plus riches présens. Il naquit en 1595, le plus riche, le mieux fait, et le plus noble seigneur du royaume. Sa conversation et sa parole étoient charmantes. Il avoit une honnêteté et un accueil qui le rendoient infiniment aimable. Il employa dans toute sa vie, pour les intérêts de Sa Majesté, tout ce que son esprit, sa sagesse, sa naissance, et tous ses autres grands avantages lui acquirent de crédit et de gloire, tant parmi les étrangers que parmi ceux de sa nation ; jusque-là qu'il a renoncé à ses propres intérêts pour le service du Roi et pour le bien des affaires publiques, et a fait la guerre à ses dépens dans le Languedoc, pendant dix années, contre les rebelles. Enfin le Roi a bien voulu lui-même, deux diverses fois, publier dans son royaume ses louanges en des termes si avantageux et si honorables, qu'on peut dire en quelque sorte de ce dernier engagement où il s'est trouvé, qu'il a paru un peu excusable de n'avoir pu vivre en voyant la Reine mère du Roi chassée de France, le frère unique de Sa Majesté éloigné de la cour, et tant de grands, ou exilés, ou emprisonnés, ou exécutés à mort par la violence d'un seul ministre, et que c'a été un grand malheur pour lui d'avoir cru pouvoir rendre un service considérable à son prince en prenant les armes contre ce ministre.

Il ne faut plus s'étonner, après ce que je viens de dire, si tous les peuples et tout le royaume furent touchés si sensiblement de sa mort. Aussi dans l'instant que l'exécution eut été faite, le grand-prévôt ayant fait ouvrir les portes, tout le peuple entra en foule avec un empressement incroyable pour voir le corps. Leur douleur, et la vénération qu'ils avoient pour la personne du grand duc de Montmorency étoient telles, que, ne pouvant se consoler d'une autre manière de la perte qu'ils avoient faite, ils s'étouffoient presque les uns les autres pour pouvoir au moins s'approcher de l'échafaud, et recueillir le sang répandu qu'ils mettoient dans leurs mouchoirs. Quelques-uns même se portèrent jusqu'à cet excès que d'en boire, et tous généralement fondoient en larmes.

Cependant deux ecclésiastiques qui appartenoient à M. le cardinal de La Valette vinrent prendre le corps et le portèrent dans la chapelle de la maison abbatiale de Saint-Cernin (1), où, ayant été embaumé, il fut mis dans un cercueil de plomb, et, par un privilége tout

---

(1) *Saint-Cernin* : En 1645, le corps de Montmorency fut transporté à Moulins, où sa veuve lui fit élever un superbe mausolée.

particulier, enterré dans l'église de Saint-Cernin, dans laquelle, depuis le temps que Charlemagne y apporta les corps des saints apôtres, nul n'avoit été enterré; en sorte que les comtes de Toulouse ne purent pas eux-mêmes y avoir leur sépulture : ce qui ne fut pas une petite marque de la vénération qu'on avoit pour cet illustre criminel, que l'on crut digne d'être enterré en un lieu où nul autre n'avoit droit de l'être. Dès quatre heures du matin on commença à y dire quantité de messes selon la coutume; et entre les autres qui la dirent, furent messieurs les évêques de Pamiers et de Comminges. La plupart de messieurs du parlement y furent aussi avec le peuple rendre les derniers devoirs à celui qu'ils n'avoient pu condamner qu'en pleurant et avec le dernier regret. Ainsi finit cette sanglante tragédie, qui, en faisant voir le plus grand homme du royaume exécuté sur un échafaud, à la vue de toute la cour, et au milieu de la province et de la ville capitale dont il étoit gouverneur, représente en même temps dans sa personne combien la grâce du Ciel, qui l'assista si divinement sur cet échafaud, est plus estimable que la faveur de la cour, qui l'abandonna en un besoin si pressant. On ne sera peut-être point fâché de voir ici un sonnet qui peut lui servir d'épitaphe, et avec lequel je finirai ce sujet.

Ce grand Montmorency n'est plus qu'un peu de cendre
Que le sort précipite où tout doit arriver.
Là courent ses pareils, si l'on en peut trouver;
C'est le destin d'Achille et celui d'Alexandre.

Tant de rares vertus ne l'en ont pu défendre;
Mars commença l'outrage, et ne sut l'achever.

Il respecta le sang qu'on a vu réserver
A la plus vile main qui le pouvoit répandre.

De son bras qui couvroit les campagnes de morts
L'un et l'autre élément ont senti les efforts,
Et sa gloire a passé tout ce que l'on admire.

Quand le Ciel d'un héros veut la terre honorer,
Il n'en fait que la montre, et soudain le retire,
De peur que sa valeur ne le fasse adorer.

[1633] Le Roi, après l'exécution de M. le duc de Montmorency, partit avec toute la cour pour s'en retourner à Paris, et nous eûmes l'année suivante, qui étoit 1633, de nouveaux troubles et de nouvelles brouilleries du côté d'un autre prince qui, bien qu'il fût souverain, l'étoit néanmoins avec dépendance du Roi. Le duc de Lorraine rompant divers traités qu'il avoit faits avec Sa Majesté, et refusant de faire hommage à la couronne à cause du duché de Bar, le Roi résolut de s'aller faire justice à lui-même les armes à la main. Il partit vers le mois d'août pour aller mettre le siége devant la ville de Nancy, qui étoit une des plus fortes places de l'Europe. J'eus l'honneur de l'accompagner partout lorsqu'il se donnoit la peine d'aller lui-même tendre les cordeaux pour dresser les lignes des retranchemens, ce qu'il faisoit avec une habileté particulière, excellant, comme je l'ai déjà remarqué, dans toutes les choses de la guerre.

Le duc de Lorraine, se voyant en un assez grand péril de perdre tous ses Etats par sa faute, envoya au Roi le cardinal de Lorraine son frère, afin qu'il traitât de la paix; et après beaucoup de détours et de vaines défaites, il fut à la fin contraint de céder à une plus grande puissance et à une lumière plus pénétrante que la sienne. Il résolut de venir lui-même trouver le Roi en son quartier, qui étoit à Neuville, à une lieue de Nancy, où il lui fit toutes sortes de soumissions. Le Roi lui fit de son côté un fort bon accueil, et le reçut avec les mêmes témoignages d'amitié que s'il n'avoit eu aucun sujet d'être mal satisfait de lui. Il eut le chapeau à la main durant quelque temps, et s'étant couvert ensuite il fit aussi couvrir le duc. Mais comme il connoissoit parfaitement, après plusieurs expériences qu'il en avoit eues, la souplesse de son esprit, il prit résolution de l'empêcher adroitement d'aller ce jour-là à Nancy, se doutant bien que s'il l'y laissoit aller il pourroit user de quelque nouvel artifice, et, s'enfermant peut-être dans la ville, refuser de lui en ouvrir les portes, nonobstant la parole qu'il lui donnoit. La chambre du Roi étoit fort obscure ; c'est pourquoi, feignant de ne pouvoir lire des lettres qu'il avoit reçues, il fit apporter des flambeaux, afin que lorsque la nuit viendroit le duc ne s'en aperçût pas. Il étoit environ quatre heures après midi au mois de septembre.

Le duc de Lorraine, qui avoit une fort grande envie d'aller à Nancy, voyant que le Roi se mettoit à lire des lettres, voulut prendre congé de lui, et le pria de trouver bon qu'il s'en allât pour donner ordre à l'exécution de ce qu'il lui avoit promis. Le Roi, qui étoit très-persuadé que son intention étoit plutôt d'en empêcher l'effet, lui répondit simplement : « Mon cousin, vous « êtes bientôt las de nous voir ; il n'est pas tard, il « n'y a qu'une petite lieue d'ici à Nancy, et il ne vous « faut pas une heure pour y aller. » Ainsi le Roi fit si bien par ses adresses, en le caressant, en lisant des lettres et en l'entretenant de différentes choses, que la nuit vint insensiblement. Enfin le duc de Lorraine, commençant à s'ennuyer fort, voulut une seconde fois prendre congé du Roi et s'en aller. Le Roi demanda à ceux qui étoient présens quelle heure il étoit; et ayant su qu'il étoit sept heures, il dit au duc comme s'il eût été fort surpris : « Cela est étrange « comme le temps passe vite ; il est trop tard, mon « cousin, pour que vous vous en retourniez présen- « tement. » Le duc, qui eût mieux aimé, sans comparaison, marcher toute la nuit que de demeurer ainsi entre les mains du Roi, lui répondit qu'il connoissoit très-bien les chemins, qu'il seroit bientôt à Nancy, et qu'il ne lui falloit que très-peu de temps, comme Sa Majesté elle-même lui avoit fait l'honneur de le lui dire. Le Roi, qui se vit un peu pressé, et qui ne vouloit rien témoigner de son dessein, s'en tira fort adroitement en demandant à quelques officiers qui étoient présens si la garde étoit posée; car, comme ils lui eurent répondu qu'elle l'étoit, et que tous les ordres étoient déjà donnés, il dit au duc de Lorraine : « Mon cousin, il n'y a pas d'apparence que vous par- « tiez aujourd'hui, il est trop tard, et la garde étant « posée il faudroit tout troubler ; il vaut mieux que « vous couchiez ici, et vous partirez demain de grand « matin. » Ainsi, après beaucoup d'instances qu'il fit de nouveau pour partir, il fut enfin obligé de consentir à la volonté du Roi, n'osant le choquer dans la conjoncture présente des affaires.

On donna pour logement à M. le duc de Lorraine la maison du cardinal de La Valette; et le Roi commanda à M. le duc de Saint-Simon et au comte de Nogent de l'aller entretenir durant son souper, et à moi avec quelques autres officiers de le servir. Mais cet honneur que Sa Majesté lui faisoit rendre tendoit à s'assurer davantage de sa personne ; car ce fut dans ce même dessein qu'elle ordonna que douze Suisses garderoient sa porte comme par honneur. Le duc de Lorraine fit souper avec lui messieurs de Saint-Simon et de Nogent, qui l'entretinrent jusqu'à onze heures de nuit. Cependant l'on fit entrer secrètement dix ou douze soldats pour s'assurer du dedans de la maison, et nous nous retirâmes ensuite, tout autant que nous étions d'officiers, avec M. le duc de Saint-Simon et le comte de Nogent.

Son Altesse de Lorraine s'étant couchée, je fus commandé pour faire bonne garde avec ma compagnie tout autour de sa maison, de peur qu'il ne lui prît envie de s'enfuir à la faveur de la nuit. Ainsi, voyant l'importance de cette garde, je posai des sentinelles de six pas en six pas, et je me plaçai sous un arbre auprès d'une sentinelle, vis-à-vis d'une des fenêtres de la chambre où le duc étoit couché. La pensée qu'il eut d'avoir été pris pour dupe et joué par le Roi, comme il l'avoit été en effet, lui donnoit une merveilleuse inquiétude ; et, ne pouvant prendre aucun repos dans son lit, il voulut tenter s'il ne pourroit point s'enfuir. Il se leva donc environ à une heure après minuit, et vint mettre la tête à la fenêtre qui donnoit sur l'arbre sous lequel j'étois pour le moins aussi éveillé que lui. D'abord il se mit à chanter comme pour se désennuyer, et appelant peu de temps après la sentinelle, il cria : « Sentinelle, sentinelle, j'en-

« tends beaucoup de bruit, qu'est-ce que c'est? » Je pris la parole au lieu de la sentinelle, et lui répondis que c'étoit un corps de cavalerie qui faisoit la ronde. « De combien est-il, ajouta le duc? — Il est, mon- « sieur, lui dis-je, de deux mille chevaux. — Comment! « de deux mille chevaux? répliqua-t-il; cela est ex- « traordinaire; la garde n'a pas accoutumé d'être si « grande. — Pardonnez-moi, monsieur, lui dis-je, elle « est d'ordinaire aussi forte. — Ho, quelque chose de « moins, repartit-il; vous la faites plus grande qu'elle « n'est : passe, passe. Et qui est celui qui la commande? « — Chacun à son tour, monsieur, répondis-je ; tantôt « les maréchaux de camp, tantôt les lieutenans géné- « raux, et ainsi des autres. — Vraiment, dit le duc, la « garde est bonne, il n'y a rien à craindre. » J'ajoutai que partout où étoit le Roi on faisoit la garde de même. Ensuite, comme il vouloit me sonder, il continua de cette sorte : « Mais n'est-ce point un officier à qui je « parle? » Je lui répondis que j'étois un pauvre cadet, son serviteur. « Oui! ajouta-t-il en s'étonnant ; j'eusse « pourtant cru à vous entendre parler que vous étiez « un officier. Hé bien donc, camarade, puisque tu es « soldat, dis-moi, y a-t-il long-temps que tu fais le mé- « tier? — Monsieur, lui dis-je, il y a dix à douze ans. « — Et combien y a-t-il que tu es dans les Gardes? » Je lui répondis qu'il pouvoit bien y avoir environ cinq ou six ans. « Comment! il y a donc long-temps, ajouta- « t-il, que tu sers sans récompense? d'où vient que « tu n'es pas monté plus haut? » Je lui repartis qu'il y avoit des gens plus heureux les uns que les autres, et que pour moi j'étois des derniers, et que j'attendois tous les jours le bonheur que je voyois arriver à quel-

ques-uns de mes camarades. Il me demanda si au moins l'on me payoit bien mes montres ; je lui répondis que je n'avois nul sujet de me plaindre de ce côté-là, et que si j'étois malheureux dans le reste j'étois heureux en ce point. Après qu'il m'eut demandé de nouveau combien on me donnoit, et que je lui eus répondu que je recevois la paië ordinaire des soldats, il ajouta : « Mais c'est être pourtant bien malheureux
« de demeurer toute sa vie en cet état sans monter à
« quelque charge : ne désirerois-tu pas bien donc d'a-
« voir quelque emploi ? » Je lui dis qu'assurément, s'il plaisoit au Roi de me donner quelque charge, je ne la refuserois pas. « Ho bien, continua-t-il, écoute,
« camarade ; si tu veux, il y a bien moyen de faire ici
« la fortune d'un honnête homme. » Je lui répondis que j'avois l'honneur de servir le plus grand prince du monde, qui avoit bien le pouvoir de me récompenser si je savois bien le servir. Il me repartit fort agréablement : « Mais tu ne l'as donc pas encore bien
« servi jusques ici, puisqu'il y a si long-temps que
« tu le sers, et qu'il ne t'a point encore récompensé ?
« — C'est qu'il me veut éprouver long-temps, mon-
« sieur, lui dis-je, afin de mieux juger si j'en suis
« digne. L'on ne perd rien à attendre. C'est pourquoi
« j'attends tous les jours ; et ce sera peut-être dès de-
« main qu'il me récompensera. Je suis au moins as-
« suré que je ne saurois manquer de lui être fidèle,
« et que c'est l'unique moyen pour avancer ma for-
« tune. »

Le duc de Lorraine jugea bien par ma réponse que je parlois avec connoissance, et qu'il n'avoit rien à espérer de mon côté. C'est pourquoi, bien qu'il se sentît piqué jusqu'au vif et outré au dernier point de se voir ainsi dupé, il fit mine néanmoins d'estimer notre sentinelle en lui disant : « Va, mon camarade, « tu es un brave garçon, je t'aime de cette humeur ; « adieu. » Et à l'heure même il se retira. Un gentilhomme qu'il avoit avec lui, et qui entendit ce pourparler, lui dit aussitôt : « Ah ! mon maître, vous êtes « arrêté ; il n'y a pas moyen de nous sauver. » Cependant je m'en allai dans le moment donner avis à M. le duc d'Epernon de l'entretien que j'avois eu avec Son Altesse, afin qu'il en avertît le Roi. M. d'Epernon, espérant que le duc pourroit peut-être revenir une seconde fois à la charge, voulut lui-même en avoir le divertissement, et vint se poster avec moi sous mon arbre. Le duc, en effet, ne manqua pas de se présenter de nouveau à la fenêtre peu de temps après, et il cria : « Camarade, sentinelle, quelle heure est« il ? » Je lui dis qu'il n'étoit pas encore deux heures. Il me demanda si ce n'étoit pas à moi qu'il avoit déjà parlé. Je lui dis que c'étoit moi-même qui avois eu cet honneur. Il ajouta : « Vous êtes bien long-temps « en faction ; » car il lui ennuyoit merveilleusement, et il eût bien souhaité d'avoir affaire à un autre qu'à moi. Je lui répondis qu'il n'y avoit pas encore deux heures que j'y étois, et que le temps approchoit qu'on me devoit bientôt relever. « D'où vient, ajouta le duc, « que je n'entends plus le même bruit que tantôt ? « — C'est, monsieur, lui dis-je, que la patrouille est « passée ; et elle repassera peut-être bientôt. — Vrai« ment, dit-il, cette garde est belle et bien grande ; « mais il est vrai que c'est un grand prince qu'elle « garde. Va, tu es heureux de servir un si grand roi.

« C'est le prince de l'Europe qui sait le mieux tous
« les ordres de la guerre. — Je serois, monsieur, lui
« dis-je, le plus malheureux homme du monde, si je
« ne connoissois mon bonheur d'être au service d'un
« si grand prince ; et vous pouvez bien, monsieur,
« ajoutai-je, juger de sa grandeur mieux que personne,
« en ayant vu quelque chose. — Ne fait-il pas faire
« lui-même l'exercice, continua le duc? — Oui, mon-
« sieur, lui dis-je, il le fait faire à son régiment des
« Gardes, à ses mousquetaires et à tous les régimens.
« — Il vous fait bien travailler, à ce que je vois,
« ajouta-t-il, et ne vous laisse guère en repos. — Il est
« vrai, monsieur, lui repartis-je, qu'il nous fait sou-
« vent bien suer ; mais il ne s'épargne pas aussi lui-
« même. » Il me demanda ensuite où étoit le logis de
M. le cardinal, ajoutant qu'il se doutoit bien qu'on y
faisoit bonne garde ; et sur ce que je l'assurai que dans
tout le quartier du Roi on faisoit la même garde, il
dit en riant : « Il y a du plus ou du moins ; tous n'ont
« pas besoin d'être gardés également. » Il s'étendit
fort ensuite sur les louanges du Roi ; et, après m'a-
voir tourné sur tous les sens, me trouvant partout
également à l'épreuve de ses attaques, il me dit
enfin : « Ho bien, mon camarade, qui que vous
« soyez, je suis votre serviteur ; adieu. » Et ainsi il
se retira.

M. le duc d'Epernon avoit pensé tout gâter, n'ayant
presque pu s'empêcher d'éclater de rire, tant le jeu
lui paroissoit agréable ; car, outre que les choses
d'elles-mêmes étoient plaisantes, l'air dont nous nous
parlions l'un à l'autre sans nous voir, l'un étant toujours
à l'attaque et l'autre sur la défensive, avoit quelque

chose de divertissant. Je me retirai quelque temps après, ayant donné ordre à la sentinelle que si le duc mettoit de nouveau la tête à la fenêtre et vouloit la faire causer, elle lui dît assez rudement: « Retirez-vous, « monsieur; dormez s'il vous plaît : c'est ici une heure « indue. » Mais elle ne fut pas dans cette peine ; car le duc ne se présenta plus se voyant pris. Le Roi, ayant été informé par M. le duc d'Epernon à son réveil de cette agréable conférence, s'en divertit avec ceux qui étoient présens, et il avoit grande envie de me l'entendre conter à moi-même.

Je ne tardai guère à l'aller trouver, et lui en fis tout le récit de la manière la plus naïve qu'il me fut possible. Lorsque je lui témoignai que le duc m'avoit tenté en me disant qu'il y avoit moyen de faire la fortune d'un honnête homme, Sa Majesté me dit que je devois le pousser plus avant, et faire mine d'accepter l'offre qu'il me faisoit, pour voir jusqu'où il auroit été; sur quoi je répondis assez prestement au Roi que, si c'eût été à recommencer, je l'aurois fait parce que Sa Majesté me le commandoit, mais que je n'eusse pas cru qu'il eût été sûr pour moi de le faire auparavant, puisque j'aurois eu peut-être assez de peine à lui persuader que j'en faisois seulement la mine, et qu'ainsi j'aimois toujours mieux jouer au plus sûr, et ne point tenter une chose qui eût eu besoin d'interprétation. Le Roi se mit à rire ; et voulant avoir le plaisir de faire lui-même ce conte, comme il le faisoit fort agréablement, il me défendit d'en parler ; mais, lorsqu'il avoit conté la chose à quelque seigneur de sa cour, il m'appeloit, et vouloit que je confirmasse ce qu'il avoit dit. Chacun en dit le bon mot, et à toute heure le duc de

Lorraine et le lieutenant de Pontis étoient en conférence l'un avec l'autre.

Le Roi envoya le matin demander au duc de Lorraine des nouvelles de sa santé, et lui dire en même temps qu'il s'étonnoit qu'après avoir écrit, comme il avoit fait, à ceux de Nancy, ils ne lui ouvroient pas les portes selon le traité, car Son Altesse leur avoit déjà écrit une fois sur ce sujet; mais elle leur avoit défendu auparavant d'obéir à sa lettre, quelque commandement qu'elle leur pût faire, à moins qu'ils n'y vissent une marque particulière dont elle étoit convenue avec eux. Le Roi donc lui fit témoigner qu'il avoit quelque sujet de croire qu'il ne lui vouloit pas tenir sa parole, qu'il le prioit d'agir en homme d'honneur, et d'écrire de nouveau à ses sujets de la ville de Nancy. Le duc leur écrivit pour la seconde fois, mais sans y mettre encore la marque dont j'ai parlé; ce qu'il faisoit dans l'espérance que le Roi le laisseroit enfin aller à Nancy pour faire lui-même ouvrir les portes. Ceux de Nancy n'ayant donc pas davantage obéi à cette seconde lettre qu'à la première, le duc de Lorraine étant pressé de nouveau par le Roi de lui tenir sa parole, et n'espérant plus avoir la liberté d'aller à Nancy s'il n'exécutoit le traité, il leur écrivit enfin un billet, avec la marque qui étoit comme le signal auquel ils devoient obéir. Ainsi ils ouvrirent les portes au Roi. Toutes ses troupes y entrèrent les piques baissées, les rangs fort serrés, la mèche allumée, et toutes prêtes à combattre si on leur faisoit quelque trahison. Nous nous rendîmes maîtres de tous les quartiers et de toutes les places; et l'on fit ensuite commandement à toute la garnison lorraine de mettre les armes bas. Un de mes amis, nommé de La Serre, qui étoit un des principaux officiers de la garnison, entendant crier, armes bas! pensa se désespérer, et me dit que, s'il eût cru qu'on les eût dû traiter de la sorte, le Roi n'y seroit jamais entré que par la brèche. J'adoucis un peu son courage, et le portai à souffrir paisiblement son malheur. Ainsi le Roi fut entièrement maître de Nancy, dont il donna le gouvernement à M. de Brassac.

LIVRE XI.

Le sieur de Pontis est fait commissaire général des Suisses en France. Il se met mal ensuite auprès du Roi pour avoir voulu se défaire de cette charge. Il va en Hollande avec le maréchal de Brezé. Bataille d'Avein, où il fait prisonnier le comte de Feria, lieutenant général de l'armée d'Espagne. Prise de la ville de Tirlemont, et horribles inhumanités des Hollandais. Louvain est assiégé. Le sieur de Pontis va forcer le château d'Arscot avec quatre cents mousquetaires. Différend qu'il eut avec un officier de l'armée sur ce sujet.

[1634] EN l'année 1634, quelques mois après la réduction de Nancy, le Roi voulut m'honorer de la charge de commissaire général de tous les Suisses qui étoient en France. Il sut que plusieurs Suisses avoient beaucoup de créance en moi, et que m'ayant fort prié de leur montrer l'exercice je n'avois pu les refuser; ce qui étoit cause qu'ils venoient souvent me trouver en mon logis, où je tâchois de leur apprendre ce qu'ils désiroient. Ayant donc su que j'étois particulièrement aimé de ces bonnes gens, il jugea que cette confiance qu'ils avoient en moi me donneroit une grande facilité pour faire d'eux ce que je voudrois. Ainsi m'ayant un jour demandé, lorsqu'il étoit à Versailles, si les Suisses me venoient voir à l'ordinaire, et s'ils apprenoient quelque chose; comme je lui eus répondu qu'ils continuoient toujours d'y venir, et qu'ils étoient un peu pesans, mais très-bonnes gens, il me repartit tout d'un coup : « Il faut que je vous établisse leur

« commissaire général dans mon royaume, afin que
« vous puissiez les régler tous comme vous avez réglé
« votre compagnie. » J'acceptai avec grande joie cette
proposition qui m'étoit très-honorable, et je témoignai au Roi la profonde reconnoissance que j'avois de
l'honneur qu'il me faisoit de me choisir pour cet emploi ; mais, ne voyant pas bien clairement le moyen
d'y parvenir faute d'argent, je ne m'avançai point davantage pour lors, étant bien aise de voir si le Roi
feroit quelque chose de plus que de me témoigner de
la bonne volonté.

Celui qui étoit alors pourvu de cette charge étoit
un nommé Ferrary qui ne plaisoit pas à Sa Majesté ; et
c'étoit encore une des raisons pour lesquelles le Roi
pensa à me la donner, afin que, comme j'étois entièrement attaché auprès de sa personne, je prisse la
place d'un autre dont il n'étoit pas satisfait. Quelque
temps après qu'il m'en eut parlé la première fois, il
m'en parla de nouveau, et me dit qu'il falloit que je
vendisse ma charge de lieutenant aux Gardes pour m'aider à acheter celle de commissaire général des Suisses.
Il me dit même avec une bonté extraordinaire qu'il se
chargeoit de faire lui-même le marché de ma lieutenance, et qu'il m'en feroit donner le plus d'argent
qu'il se pourroit. Je consentois fort volontiers à toutes
ces propositions, qui m'étoient aussi avantageuses
qu'honorables ; mais j'envisageois les suites d'un engagement pour lequel je savois qu'il me falloit trouver une somme trois fois plus grande que celle que
je pouvois tirer de ma charge. Je laissois néanmoins
agir le Roi, n'osant m'opposer à ses ordres, et espérant qu'il lui viendroit peut-être dans l'esprit qu'il étoit

un peu plus riche que moi, et que ce qui m'étoit impossible lui seroit aisé. Il fit donc venir M. de Chenoise, de qui j'avois l'honneur d'être fort aimé, et qui vouloit acheter une lieutenance dans les Gardes pour son fils le baron de Boucaut ; et mon affaire étant entre les mains d'un aussi puissant entremetteur que le Roi, le marché fut bientôt conclu par le prix de 12,000 écus, qui étoit plus d'un tiers plus qu'on ne vendoit alors les lieutenances aux Gardes. Le Roi me pressa ensuite de traiter avec M. Ferrary pour sa charge, et me promit de me faire donner une quittance de ses finances, par laquelle l'épargne seroit obligée de payer à mes créanciers ce qu'ils m'auroient avancé pour cette charge, en cas que je vinsse à être tué. Cela m'obligea de penser tout de bon à en traiter, et je conclus le marché avec M. Ferrary par le prix de 30,000 écus.

Cependant, comme mes amis venoient en foule m'offrir de l'argent pour payer la charge, je pressois le Roi de vouloir bien me faire donner la quittance des finances qu'il m'avoit fait la grâce de me promettre, et je sollicitois aussi moi-même auprès des personnes qui pouvoient contribuer davantage à me la procurer. Allant un jour chez M. de Bullion pour ce sujet, et trouvant sur l'escalier M. de Bellièvre, qui a depuis été premier président du parlement de Paris, je le priai instamment de vouloir prendre la peine de remonter pour recommander mon affaire à M. le surintendant. Il remonta aussitôt, et fit ce que je souhaitois, avec cette grâce et cette honnêteté qui l'ont fait aimer de tout le monde. Quoique M. de Bullion fût tout-à-fait à M. le cardinal de Richelieu, qui n'avoit aucune inclination pour moi, il répondit assez civilement qu'il auroit bien souhaité de me servir, mais que si le Roi m'accordoit cette prérogative par dessus tous les autres officiers, il les auroit tous ensuite sur les bras; qu'ils demanderoient au Roi la même grâce, que Sa Majesté ne pourroit leur accorder sans engager extraordinairement son épargne, ni leur refuser sans me faire autant d'ennemis qu'il y auroit d'officiers dans l'armée; que je pouvois néanmoins présenter ma requête au conseil, et que là on en délibéreroit en présence de Sa Majesté.

Je crois qu'il ne manqua pas d'en parler à M. le cardinal, et qu'il eut bon ordre de s'y opposer; car, quoique le Roi fût bien résolu de m'accorder cette grâce, qu'il en eût même parlé à M. le chancelier qui témoigna l'approuver, et qu'il se fût chargé avec une bonté toute particulière de présenter lui-même ma requête dans son conseil, je ne laissai pas d'être débouté de ma demande, ainsi que le Roi prit la peine de me le dire au sortir du conseil en ces termes remarquables : « Nous avons, me dit-il, été tondus, « nous avons perdu notre cause ; mais ne vous met- « tez pas en peine, je vous récompenserai, et vous « donnerai quelque chose qui vaudra plus. » Il est vrai que je ne pus assez admirer qu'un prince perdît sa cause de cette sorte dans son conseil, en une affaire qui dépendoit absolument de sa libéralité, et que, voulant faire une grâce et donner une juste récompense à un de ses officiers, il ne le pût pas. Mais il n'étoit pas difficile de juger d'où pouvoit venir cette impossibilité.

Cependant, quoique le Roi me promît, comme j'ai

dit, de m'assister et de me récompenser d'une autre manière, je n'étois nullement d'humeur à m'assurer sur une promesse dont je voyois si clairement que les effets pourroient bien n'être pas en son pouvoir. J'eusse mieux aimé de l'argent comptant; et me voyant ainsi engagé sur l'assurance que le Roi m'avoit donnée tout d'abord, craignant que mes créanciers ne fussent en danger de perdre quelque chose après moi, j'étois presque déjà dégoûté de cette charge avant que d'en avoir pris possession. Le Roi néanmoins me pressa si fort, que je me vis obligé malgré moi de passer par dessus tout, et d'entrer en possession de la charge.

Pour faire le serment accoutumé, il me fallut habiller à la suisse d'un habit de velours noir avec du passement. J'avois une toque de grand prix dont le Roi me fit présent, où il y avoit une fort belle aigrette, un oiseau de Paradis, avec quelques autres enjolivemens. Je fis venir une partie des officiers suisses, jusqu'au nombre de soixante ou quatre-vingts; et, étant entré à leur tête dans la salle où le Roi étoit avec fort grand monde, je l'allai saluer, selon la coutume, à la suisse. Le Roi me reçut comme les ambassadeurs, étant debout à côté de son lit, et m'ôtant son chapeau; il me donna sa main à baiser, et me dit par galanterie : « Parlez suisse. » Je lui répondis que Sa Majesté ne m'avoit pas donné le loisir de l'apprendre. Après que j'eus fait le serment accoutumé je me mis au côté du Roi; et à mesure que chacun des officiers suisses s'avançoit pour lui faire la révérence, je les présentois en lui marquant toutes les bonnes qualités des uns et des autres, et faisant en peu de mots le portrait de chacun d'eux, pour faire connoître au Roi leurs différentes humeurs que je connoissois parfaitement; ce qui fut pour ce prince et pour les seigneurs de sa cour qui se trouvèrent présens, une espèce de petite comédie qui leur donna un assez grand divertissement; car je tâchois d'affecter par mes gestes et par mes paroles la naïveté de ces bonnes gens, voulant paroître vrai Suisse comme eux, tant que j'eus l'habit de Suisse.

Le Roi me fit la grâce de m'entretenir long-temps de ma charge, et me dit qu'il avoit dessein de la rendre entre mes mains une des premières charges de sa cour. En effet y attacha de très-beaux priviléges, et, me donnant lui-même des règles pour me conduire à l'égard de tous les autres officiers de l'armée, il me marqua qui étoient ceux à qui il vouloit que je cédasse, et ceux à qui je ne le devois pas faire. De tous les officiers suisses je n'avois au-dessus de moi que le colonel, qui étoit M. le maréchal de Bassompierre, et j'étois le premier quant à la police du régiment des Gardes suisses, et de tous les autres qui étoient en France, jusqu'au nombre de sept à huit mille, ce qui étoit selon son ancienne institution. Le Roi voulut même que, lorsque M. le maréchal de Bassompierre seroit absent, je commandasse aussi bien pour ce qui regardoit la guerre que pour ce qui étoit de la police; et je puis dire véritablement que c'étoit pour moi la plus belle charge que je pusse souhaiter.

Huit ou quinze jours après que j'en eus pris posséssion, comme j'ai dit, et fait le serment entre les mains de Sa Majesté, je fis faire l'exercice au régiment en présence de grand monde et de beaucoup de personnes de qualité. Je commençai par le serment qu'il fallut faire faire au lieutenant colonel ; ce qui se fait de cette sorte : Le commissaire général, représentant la personne du Roi, se tient couvert; et le lieutenant colonel avec tout le régiment met chapeau bas. Alors le commissaire général, s'adressant à ce lieutenant colonel, lui demande le serment en ces termes : « Ne jurez-vous pas, sur la part que vous prétendez « au paradis, d'être fidèle au Roi toute votre vie, et « de mourir plutôt que de rien faire contre son ser- « vice, de lui dire ou de lui faire dire ce que vous « saurez qui pourroit être préjudiciable à sa personne « ou à son Etat? etc. » Après que le lieutenant colonel a fait le serment en cette manière, le commissaire général lui commande de le faire faire de même sorte à tout le régiment, et ensuite on fait l'exercice.

Mais quoiqu'il n'y eût rien que de grand et d'honorable dans cette charge, que je possédois avec tous les anciens priviléges, je m'en dégoûtai bientôt pour plusieurs raisons. Le Roi me donnoit tous les jours divers ordres pour le réglement de tous les Suisses, qu'il vouloit que j'accoutumasse à une discipline aussi exacte que celle d'un cloître très-réformé. Je me trouvois accablé sous la multitude des soins dont il me chargeoit, et des comptes que j'étois obligé de lui rendre tous les jours. Sa Majesté ne me parloit à toute heure que de nouveaux réglemens, et je me voyois mille fois plus assujetti qu'auparavant. « A quoi donc « me sert, disois-je en moi-même, cet honneur qui « me rend esclave et misérable, et pourquoi vendre « ma liberté et ma vie pour un peu de vent et de fu- « mée ? » Je voyois d'ailleurs mes amis en danger de perdre l'argent qu'ils m'avoient prêté, parce que si le Roi témoignoit avoir bonne volonté pour moi, on ne souffroit point qu'il l'exécutât, et on s'opposoit aux grâces qu'il me vouloit faire. Il y eut même quelques-uns de mes amis qui me représentèrent fortement toutes les suites de cet état où je m'engageois; et, quoique je le visse et le sentisse mieux qu'eux, toutes ces choses jointes ensemble contribuèrent à me faire prendre une ferme résolution de me défaire d'une charge dont j'envisageois moins l'honneur que le poids, qui m'étoit devenu insupportable.

Ma grande peine étoit d'y faire consentir le Roi, et je regardois comme une disgrâce assurée pour moi de lui en parler. Je me sentois néanmoins disposé à tout événement; et l'étant un jour venu trouver, je lui dis que je me voyois dans une étrange extrémité; qu'ayant acheté ma charge sur la parole qu'il lui avoit plu de me donner que son épargne en tiendroit compte à mes créanciers, ils me sollicitoient maintenant de leur donner quelque assurance. « Votre Ma-
« jesté, lui dis-je, jugera, s'il lui plaît, de ce que je
« puis faire en cette rencontre, et s'il est juste que
« je trompe mes amis. J'aime mieux, sire, remettre
« ma charge entre les mains de Votre Majesté, et m'en
« défaire avec son agrément, que de me voir obligé
« de l'importuner si souvent pour une chose de cette
« nature. » Le Roi, quoique très-choqué de la demande que je lui faisois, se contint pour lors. Il me répondit qu'il étoit vrai qu'il m'avoit promis de m'acquitter sur son épargne, mais que son conseil pour plusieurs raisons s'y étoit opposé; qu'au reste, puisque j'avois toutes ces inquiétudes, et que je voulois me défaire

de cet emploi, je pensasse à choisir quelqu'un qui lui agréât.

Après que j'eus obtenu cette permission du Roi, je traitai avec un nommé Saint-Denis, qui me fit perdre deux mille écus sur ma charge, n'ayant jamais voulu m'en donner plus de vingt-huit mille, de trente mille que je l'avois achetée. M'ayant ainsi fait perdre cette somme, il ne laissa pas de me demander encore une grâce, qui étoit que je voulusse parler en sa faveur, afin que le Roi lui conservât cette charge avec les mêmes priviléges qu'il avoit eu la bonté d'y attacher en ma considération. Je lui rendis le bien pour le mal, lui promettant de faire tout mon possible pour lui procurer cet avantage, mais lui témoignant en même temps que j'étois trompé si je l'obtenois; car je connoissois à peu près la disposition du Roi, qui ne m'avoit accordé ces priviléges qu'à cause de la longue expérience qu'il avoit de ma parfaite fidélité, en un temps où peu de personnes s'attachoient uniquement à son service. En effet, lorsque je le lui présentai, et que je pris la liberté de lui demander la conservation des mêmes priviléges dont Sa Majesté m'avoit honoré, tout ce que je pus lui dire pour faire valoir les services de cet officier et relever toutes ses bonnes qualités fut entièrement inutile. Elle refusa tout net ma demande, et nous renvoya sans écouter presque ce que je disois. Ainsi il fallut se tenir encore trop heureux de ce qu'elle vouloit bien lui accorder cette charge avec ses droits ordinaires.

Cependant le Roi, qui étoit tout-à-fait en colère de l'empressement que j'avois eu pour me défaire de ma charge, quoiqu'il n'en eût rien fait paroître d'abord, ne put s'empêcher de me le témoigner quelques jours après en des termes qui me donnèrent lieu de croire que je ferois mieux de m'éloigner de la cour pour quelque temps. Ce qui choqua plus le Roi fut la pensée qu'il eut que j'avois été dégoûté de son service. L'expérience qu'il avoit depuis plusieurs années de la manière dont on lui enlevoit tous les jours ses plus fidèles serviteurs lui donna le même soupçon de moi; ce qui lui fit dire sur mon sujet à M. le chancelier, qui voulut bien me le redire depuis : « N'est-ce pas « une chose étrange qu'aussitôt que j'ai un bon ser- « viteur on me le débauche ? » Mais en vérité ce prince ne me faisoit pas en cela la justice qu'il m'a faite dans la suite; et ayant eu l'honneur d'approcher de sa personne depuis si long-temps, j'étois encore peu connu de lui pour ce que j'étois, puisque rien au monde n'étoit capable de me détourner du service légitime que je devois à mon prince, et que nul autre que lui n'eût jamais pu avoir la même place dans mon cœur. Ma disgrâce ne dura pas néanmoins beaucoup de temps; et Sa Majesté m'envoya bientôt faire commandement de l'aller trouver lorsqu'il s'en alloit à Sainte-Geneviève-des-Bois. Je demeurai quelques mois à la cour comme auparavant, sans avoir de charge que celle d'ordinaire auprès du Roi.

[1635] La guerre étant déclarée à l'Espagne vers la fin du mois de mai de l'année 1635, on leva beaucoup de troupes dont on fit plusieurs armées, l'une desquelles devoit entrer dans les Pays-Bas par la Picardie. Me voyant alors sans charge, je suppliai Sa Majesté de me donner quelque emploi, et de me permettre d'aller avec M. le maréchal de Brezé en Hollande, lui témoignant que je m'ennuyois de mener ainsi une vie oisive et inutile, et de ne rien faire pour son service. Je fus un peu surpris de la réponse du Roi, qui me demanda avec beaucoup de bonté si je n'étois pas content de demeurer auprès de sa personne, et si je pouvois m'ennuyer étant actuellement à son service. Je lui répondis néanmoins avec assez de présence d'esprit qu'il étoit vrai que je ne méritois pas cet honneur, mais que c'étoit afin de me rendre plus digne de le servir que je souhaitois d'aller en Hollande, et d'apprendre en un pays étranger, et dans l'école la plus parfaite de la guerre, diverses choses qui contribueroient à me rendre encore plus capable des emplois dont il m'honoroit. Le prétexte dont je me servois étoit spécieux, et la conjoncture où je me trouvois alors n'étoit pas moins favorable; mais ce prince, qui se voyoit enlever tous les jours, comme j'ai dit, ses plus fidèles serviteurs, témoigna d'abord beaucoup de peine à m'accorder ce que je demandois, craignant que, lorsque je serois ainsi éloigné, j'en fusse moins attaché à sa personne, et plus susceptible des impressions que l'on voudroit me donner; car il est certain que le peu d'attachement qu'il remarquoit dans la plupart de ceux qui l'approchoient, le portoit à avoir une considération toute particulière pour les moindres de ceux en qui il remarquoit une disposition opposée; et ainsi l'on ne doit pas s'étonner s'il témoignoit quelquefois se rabaisser à l'égard d'un simple officier comme moi pour l'attacher davantage à son service, puisque les conjonctures fâcheuses du gouvernement sembloient l'obliger à tous ces ménagemens, qui d'ailleurs ne convenoient pas à un si grand prince ; mais, quelque opposition qu'il eût à me permettre de faire la campagne de Hollande, il fut néanmoins obligé de se rendre enfin aux importunités de plusieurs de mes amis, qui savoient que j'étois alors comme dans un état violent à la cour, n'ayant point de charge considérable, et qui sollicitèrent si puissamment pour moi, qu'ils obtinrent, quoique avec quelque violence, mon congé.

M. le maréchal de Brezé avoit pour moi une bonté et, j'ose dire, une tendresse de père; et pour marque de l'amitié sincère dont il m'honoroit, il me donna une très-belle médaille d'or, sur laquelle étoient gravées une épée d'un côté et une bourse de l'autre, voulant m'assurer par là que son épée et sa bourse étoient à moi : ce qui sans doute pouvoit passer pour une assez grande faveur, surtout de la part d'un homme de sa qualité, qui se communiquoit assez peu et ne se rendoit accessible qu'à peu de personnes. Il me chargea de lever son régiment, dont il me fit premier capitaine et major, et de plus comme son aide de camp. L'armée de Picardie, qu'il commandoit alternativement avec M. le maréchal de Châtillon, n'étoit pas moins de vingt mille hommes de pied et de six à sept mille chevaux.

Le dessein des généraux étoit d'aller assiéger la ville de Namur, située sur la Meuse. C'est pourquoi, lorsque l'armée en approcha de quatre ou cinq lieues, M. le maréchal de Brezé nous envoya M. de Vientais, M. de Lansac et moi, pour reconnoître auparavant les ennemis et les dehors de la ville, et nous donna une escorte de trois cents chevaux. Nous prîmes au village d'Avein quelques prisonniers, de qui nous sûmes que les ennemis s'avançoient avec toute leur armée sous la conduite du prince Thomas, qui en étoit général, du comte Feria, fils du comte de Bénévent, gouverneur d'Anvers, son lieutenant général, et du comte de Buquoy, qui commandoit la cavalerie. Nous marchâmes toute la nuit, et, nous étant avancés jusques assez près de Namur, nous laissâmes dans un bois notre escorte, afin de pouvoir nous approcher davantage de la ville et mieux reconnoître toutes choses. Nous entendîmes aussitôt toutes les trompettes, les tambours et tout le charivari d'une armée qui marche avec son bagage et avec son artillerie. Comme il faisoit clair de lune, nous commençâmes aussi bientôt à voir l'armée qui passoit sur le pont de la Meuse, et nous comptâmes jusqu'à quarante compagnies de cavalerie.

En ayant trop vu et entendu pour n'être pas assurés que ce ne fût l'armée ennemie, nous retournâmes promptement joindre notre escorte, et regagner le village d'Avein au grand trot; car il ne faisoit pas trop sûr de s'arrêter en chemin, les ennemis ayant commencé bientôt après à détacher quelques pelotons de cavalerie pour battre la campagne et venir reconnoître notre armée. Si j'eusse voulu croire messieurs de Vientais et de Lansac, nous nous fussions arrêtés à Avein pour nous reposer à cause que nous étions extrêmement fatigués; mais je leur représentai si fortement le péril où ils s'exposoient d'être égorgés par les coureurs, ce qui ne leur eût pas été honorable, que nous continuâmes notre marche jusqu'à l'armée. Nous fîmes notre rapport à M. le maréchal de Brezé, qui eut d'abord quelque peine à croire que les ennemis fussent si proche; mais, ne pouvant néanmoins démentir nos yeux et nos oreilles, il donna à l'heure même tous les ordres pour que nous ne fussions pas surpris par les ennemis.

M. le maréchal de Châtillon avec toute l'arrière-garde étoit encore assez éloigné; et, quoique le maréchal de Brezé ne fût pas fâché de commencer la bataille sans lui, il l'envoya néanmoins avertir de s'avancer en diligence. Le maréchal de Châtillon arriva peu de temps après; et, considérant avec sa froideur accoutumée la posture des ennemis, il dit fièrement aux officiers qui étoient présens : « Je me réjouis de les « voir si près de nous; je les aime mieux là qu'à « Bruxelles. » Les ennemis s'étant emparés du village d'Avein, on fut obligé de disposer notre armée en bataille dans un vallon fort étroit, où nos généraux n'eurent pas peu de peine à corriger par leur habileté le désavantage du lieu. Le maréchal de Brezé prit l'aile gauche, et le maréchal de Châtillon l'aile droite. M. de Brezé, qui me faisoit l'honneur, comme j'ai dit, de me témoigner beaucoup de bonté, et qui croyoit que j'avois quelque expérience dans la guerre, voulut ce jour-là que je fisse la charge de sergent de bataille; ce qui m'obligeoit de me trouver en divers lieux pour y faire exécuter les ordres des généraux.

Au commencement du combat, les enfans perdus des ennemis repoussèrent les nôtres, qui tombèrent avec assez de désordre sur ceux qui les soutenoient. Leur artillerie, qui étoit postée très-avantageusement pour eux, fit en même temps un si grand feu et un tel fracas, qu'une grande partie des troupes de l'aile gauche en fut ébranlée. Ce fut alors qu'un officier considérable qui étoit à cheval proche de moi, et à qui je venois de parler, prit tout d'un coup l'épouvante et s'enfuit à toute bride. Ceux qui le virent commencèrent à crier : « Un tel s'enfuit. » Quoique je ne le connusse point particulièrement, je fus touché néanmoins de voir que cette seule action étoit capable de le perdre pour jamais; et, dans l'instant, je dis à haute voix à ceux qui l'avoient remarqué : « Non, il « ne s'enfuit point, et il va où je lui ai commandé. » En même temps je lui envoyai un gentilhomme qui étoit auprès de moi et à qui je me fiois, pour l'avertir de ce que j'avois témoigné en sa faveur, et l'obliger de revenir sur-le-champ reprendre son poste, et me dire devant tout le monde qu'il avoit exécuté l'ordre que je lui avois donné. En effet il revint à l'heure même; il me parla comme me rendant compte de ce qu'il avoit fait, et il eut toute sa vie une parfaite reconnoissance de ce bon office que je lui rendis alors.

Nos troupes s'étant rassurées de nouveau après cette première épouvante dont j'ai parlé, et faisant réflexion sur ce qu'on pourroit leur reprocher de s'être étonnées du bruit du canon, et d'avoir plié d'abord, rentrèrent au combat et marchèrent contre les ennemis avec tant de furie, qu'après une résistance opiniâtre, qui dura long-temps de part et d'autre, ils furent enfin obligés de lâcher le pied et de nous abandonner le champ de bataille (1). Je remarquai alors le prince Thomas, qui après avoir combattu avec beaucoup de valeur se retira des derniers. Etant extraordinairement pressé, il fut obligé de sauter par dessus une petite muraille pour se sauver; et en sautant il laissa tomber

---

(1) *De nous abandonner le champ de bataille* : La bataille d'Avein fut gagnée par les maréchaux de Châtillon et de Brezé le 20 mai 1635.

son chapeau et sa canne, au bout de laquelle ses armes étoient gravées sur une poignée d'or. Comme je le suivois de fort près, je ramassai cette canne et la donnai ensuite au maréchal de Brezé, qui en fit quelque temps après présent au Roi. De plus, nous poussâmes si vivement le comte Feria, son lieutenant général, qu'il fut obligé de me demander quartier en criant : « Sauve la vie, rançon de 10,000 écus. » Ainsi je le fis mon prisonnier.

Mais, quelque grande et signalée qu'ait été cette victoire, elle fut sanglante pour la France, qui perdit un très-grand nombre de braves gens qui y furent sacrifiés pour le bien général de l'Etat. On y prit une infinité de drapeaux et de cornettes, et on y fit beaucoup de prisonniers. Le principal étoit le comte Feria dont j'ai parlé. Don Charles, bâtard de l'archiduc Léopold, le colonel Sfondrate, italien, le colonel Brons, anglais, y furent aussi pris. Pour le prince Thomas et le comte de Buquoy, ils trouvèrent leur sûreté dans leur fuite. J'eus un assez grand différend après le combat avec celui qui commandoit les enfans perdus, lequel soutenoit que le comte Feria étoit son prisonnier, à cause que c'étoient ceux qu'il commandoit qui l'avoient poussé et forcé de se retirer, et qu'ainsi il appartenoit à celui qui les conduisoit. Je lui répondis que c'étoit à moi que le comte Feria avoit demandé quartier, et que c'étoit à moi qu'il s'étoit rendu, et qu'au reste je m'en rapporterois au jugement du prisonnier même. On lui demanda donc de qui il se reconnoissoit le prisonnier; et il répondit aussitôt que c'étoit à moi qu'il avoit demandé quartier et qu'il s'étoit rendu. Ainsi notre différend fut jugé par la déclaration de ce comte, lequel à l'instant, et pour marque d'affection, me donna son écharpe de général. Il me fit présent aussi d'un reliquaire qu'il portoit sur soi, lequel j'ai gardé toujours depuis. Je m'attendois bien de recevoir de la libéralité du Roi les 10,000 écus qui se payent ordinairement pour récompense à celui qui a pris dans un combat un général; mais je ne fus pas plus heureux dans cette rencontre que dans toutes les autres de ma vie, où il sembloit que ce qu'on appelle la fortune du monde s'enfuît toujours de devant moi : car Dieu permit qu'au bout de quelques mois le comte Feria se sauvât; et quoique le Roi ne laissât pas de me promettre la même somme qui m'étoit due pour ma récompense, je n'en vis aucun effet.

Après cette célèbre journée de la bataille d'Avein, le prince d'Orange, qui avoit été déclaré généralissime des deux armées de France et de Hollande, et qui étoit pour lors à plus de dix lieues de notre armée, eut un grand dépit de ce que nos généraux avoient donné la bataille sans lui. Il se désespéroit de n'avoir point eu de part à une action si glorieuse, et peu s'en falloit qu'il ne regardât cette victoire comme une perte considérable pour lui. Lors donc que nos troupes victorieuses s'avancèrent, et que nous commencions à nous approcher de son armée, messieurs les maréchaux de France jugèrent à propos de m'envoyer vers lui pour le saluer de leur part, et lui dire que quand il plairoit à son Excellence elle trouveroit toute notre armée prête à le recevoir et à lui rendre les honneurs qui lui étoient dus. Ils me donnèrent ordre aussi qu'en cas que ce prince se mît en chemin, je le quittasse à une lieue de notre armée et retournasse au grand galop les avertir, afin que tous les généraux et les principaux officiers allassent au devant de lui. On commanda en même temps à tous les soldats et à tous les officiers de l'armée de se mettre en la meilleure posture, et de prendre sur eux tout ce qu'ils avoient de plus beau et de plus riche, afin de faire plus d'honneur à celui qu'ils reconnoissoient pour leur généralissime ; et l'on mit ensuite toute l'armée en bataille.

Etant arrivé auprès de M. le prince d'Orange, je lui fis mon compliment de la part de messieurs nos généraux avec le plus d'honnêteté qu'il me fut possible, et lui témoignai l'empressement qu'ils avoient de lui rendre eux-mêmes et de lui faire rendre par toute l'armée ce qu'ils lui devoient comme à leur généralissime. Mais ce prince, sur l'esprit duquel la victoire d'Avein avoit fait une terrible impression, se trouva si fort interdit qu'il ne savoit proprement que me répondre, ni quelle résolution il devoit prendre. Comme je le vis chancelant et irrésolu, et qu'il ne me répondoit rien de positif, me disant tantôt une chose, et tantôt une autre, je me lassai à la fin, et lui témoignai que je n'attendois que sa réponse pour m'en retourner vers nos généraux. Se voyant ainsi pressé, il me dit qu'il vouloit bien venir trouver notre armée, et en même temps il détacha environ mille chevaux du corps de la sienne, afin qu'ils l'accompagnassent jusqu'au lieu où étoit la nôtre ; mais il changea de sentiment bientôt après, et il n'avoit pas encore fait une demi-lieue, qu'il me dit qu'il étoit trop tard ce jour-là pour qu'il vînt joindre notre armée, et qu'il vouloit différer jusqu'au lendemain. Ce fut alors

qu'il se découvrit, et qu'il me témoigna assez ouvertement le dépit secret qu'il avoit eu de ne s'être pas trouvé à la bataille ; car il me dit, quoique par manière de raillerie : « Votre armée est présentement bien glo-
« rieuse, et elle triomphe, je m'assure, d'avoir rem-
« porté une si belle victoire. Quand elle nous auroit
« attendus pour nous y laisser prendre quelque part,
« elle n'auroit pas eu sujet de s'en repentir, et elle
« auroit au moins éprouvé si les Hollandais sont bons
« soldats. » Je lui répondis fort respectueusement que notre armée avoit été pressée par celle des ennemis, et que nous n'avions combattu que parce que nous n'avions pu différer le combat ; mais que, comme il étoit notre généralissime, il y avoit la première part, et en auroit toujours la principale gloire ; que les Français ne doutoient point du courage des Hollandais, et qu'il se trouveroit encore assez d'occasions dans cette guerre où ils pourroient soutenir la gloire de leur réputation. Je pris ensuite congé de son Excellence, et retournai vers nos généraux, qui furent très-mal satisfaits de ce que ce prince n'avoit pas voulu venir ce jour-là, où chaque soldat en particulier et toute l'armée en général étoit dans le plus bel ordre où elle eût jamais été. Mais la chose ne fut différée qu'au lendemain, où son Excellence fut reçue avec tous les honneurs qui lui étoient dus, et avec toutes les cérémonies accoutumées.

Les deux armées marchèrent ensuite vers Tirlemont, ville qui est devenue célèbre par sa prise et par le saccagement horrible qui en fut fait avec tant d'inhumanité et de sacriléges, que je ne puis encore y penser sans que les cheveux me dressent presque à la tête. Il fallut d'abord prendre les faubourgs ; et comme j'étois des premiers avec les enfans perdus, j'eus dans l'assaut une assez grande brouillerie avec M. de La Motte-Houdancourt; car, me voyant en même rang que lui, et dans une aussi grande ardeur de pousser ma pointe et de monter le premier à l'escalade, il commença à me crier: « Monsieur, monsieur de « Pontis, vous ne marchez pas en votre rang. Je suis « mestre de camp; je dois marcher devant vous. » Je lui répondis sans m'émouvoir : « Monsieur, chacun « garde le poste qui lui a été donné. Vous gardez le « vôtre, et je tâcherai de conserver le mien. » Ma réponse, au lieu de lui plaire, le mit tout de bon en colère. Il ne put souffrir ma froideur et la fermeté avec laquelle je lui avois parlé ; et, commençant à jurer un peu, il me cria encore plus haut que si je ne m'arrêtois il se ressentiroit de cet affront. Je lui répondis en riant que je croyois qu'il ne s'en souviendroit que pour m'en aimer davantage, lorsque nous serions tous deux entrés glorieusement dans la ville, et que c'étoit là tout le ressentiment que j'attendois de l'honneur de son amitié. Il ne prit pas néanmoins en raillerie ce que je disois; et comme nous avancions toujours chacun de notre côté, lorsque je montois déjà sur un travail avancé en forme de bastion, et qu'il me vit près d'être monté, et de lui ravir l'honneur qu'il prétendoit de monter le premier, il se mit à me crier de nouveau, mais avec plus de chaleur qu'auparavant, que si je ne m'arrêtois il alloit faire tirer sur moi. C'étoit assurément une aussi agréable chose que l'on puisse guère s'imaginer, de nous voir ainsi tous deux parlementer et combattre touchant

l'honneur de l'assaut, l'un avec le froid d'un homme qui rit, et l'autre avec toute la chaleur d'une personne qui est transportée de colère. Je ne m'étonnai pas davantage de ce dernier compliment que des précédens, et je lui dis avec la même gaîté qu'à l'ordinaire : « Si je ne connoissois M. de La Motte-Houdan-
« court, et quelle est sa générosité, j'aurois quelque
« lieu de craindre ce dont il me menace ; mais je sais
« que c'est seulement pour rire. Je m'en vais, mon-
« sieur, ajoutai-je, vous faire le chemin et vous ou-
« vrir un passage. » Dans le même instant je gagnai le dessus du bastion avec mes soldats ; et les ennemis, se voyant forcés de tous côtés, se retirèrent dans la ville.

Je me trouvai justement, étant monté, vis-à-vis d'une des portes ; et comme ce poste étoit très-avantageux, cela contribua encore à augmenter le chagrin et la mauvaise humeur de M. de La Motte-Houdancourt, qui fut obligé de prendre un détour, et se rencontra en un autre poste beaucoup moins favorable que le mien. Mais je fus prophète, car notre querelle, n'ayant commencé qu'avec le combat, se termina bientôt heureusement de la manière que je le vais dire. M. le maréchal de Brezé, ayant su qu'il y avoit dans les fossés des tanneries qui étoient fort propres pour placer des corps-de-garde, me chargea de les aller reconnoître. J'y fus au milieu d'un grand feu et des mousquetades qui siffloient de tous côtés autour de moi, sans que j'en fusse blessé. Ayant rencontré une de ces tanneries, je la trouvai en effet très-propre pour y poster un corps-de-garde. J'en avertis M. le maréchal de Brezé, et lui dis en même temps qu'il ne falloit pas y hasarder beaucoup de soldats, parce qu'en cas de sortie ils seroient tous en un péril évident d'être assommés par les ennemis.

M. de La Motte-Houdancourt étoit lors présent; et, comme il étoit déjà un peu revenu de cette mauvaise humeur dont j'ai parlé, il commença à rire à son tour, et à me dire assez galamment : « Il faut avouer que « j'ai été tantôt horriblement en colère contre toi ; je « pense que si je t'eusse tenu entre mes dents je « t'eusse cassé tous les os. Pour faire notre paix, il « faut que tu me mènes voir cette tannerie; » ce qu'il disoit par une espèce de bravoure qui convenoit peu à une personne de sa qualité et de son mérite. Aussi, jugeant à peu près de son intention, et croyant bien que je ne lui ferois pas un fort grand déplaisir de le refuser, je lui dis assez brusquement que je ne ferois point ma paix avec lui à condition de le mener ensuite à la boucherie ; que ce seroit se réconcilier en ennemi, et que je ne le regardois pas comme tel ; qu'il n'étoit nullement nécessaire qu'il s'allât faire tuer par vanité. M. le maréchal de Brezé, qui ne vouloit pas paroître moins brave que M. de La Motte-Houdancourt, me dit sur cela qu'il vouloit lui-même y aller, et que je les y menasse tous deux; mais, ayant honte, pour un maréchal de France, qu'il se piquât de ces sortes de bravoures, et voyant que tout cela n'étoit qu'une vaine galanterie et une rodomontade à contre-temps, je lui répondis, avec la même liberté qu'à M. de La Motte-Houdancourt, que j'en avois oublié le chemin. Il fit mine de se fâcher, quoiqu'il l'eût été peut-être davantage si j'avois voulu le mener au lieu dont il s'agissoit ; et il me dit qu'il étoit tout de bon en colère contre moi, et que je m'étois fait deux ennemis au lieu d'un que j'avois auparavant. Je lui repartis, sans m'étonner beaucoup de sa colère, que ce n'étoit pas à un général comme lui à se faire tuer par galanterie; que ce droit n'appartenoit qu'à la jeunesse, et que le moindre soldat de l'armée avoit intérêt au salut de son général. Ainsi tout notre différend s'apaisa; il trouva son compte, et moi le mien; et après qu'ils eurent tous deux satisfait leur petite vanité, ils ne s'estimèrent pas malheureux de ce qu'il ne leur en coûtât rien.

Les ennemis, se voyant extrêmement pressés, et hors d'état de pouvoir résister à deux si puissantes armées, ne voulurent pas se hasarder de soutenir le grand assaut, et, étant sortis par une porte de derrière qui n'étoit pas investie, ils se sauvèrent. On vint en donner avis au maréchal de Brezé, qui dit qu'il falloit laisser fuir la garnison, et se rendre maître de la ville. Je fis approcher son régiment contre la porte, après avoir fait abattre avec beaucoup de peine le pont-levis; mais comme cette porte étoit bien barricadée par derrière, et qu'il étoit nécessaire d'entrer dedans afin de la débarrasser, je fis fort serrer les soldats qui étoient les plus proches de la porte, et, étant monté sur leurs épaules avec un soldat qui avoit une hache, je le fis entrer par une des fentes dans lesquelles s'emboîtent les solives qui soutiennent le pont-levis. Voulant ensuite y entrer moi-même, il arriva dans ce moment que les soldats s'écartèrent tant soit peu, et, tombant au milieu d'eux, je pensai être étouffé. Je me relevai néanmoins fort promptement, et remontai de nouveau sur leurs épaules, et, n'ayant jamais pu retirer mes souliers, j'entrai nu-pieds par la même fente, et fis rompre la porte, par laquelle tout notre régiment et le reste de l'armée entrèrent.

L'on étoit convenu auparavant avec le prince d'Orange que les Hollandais n'entreroient point dans la ville à cause des violences et des violemens auxquels ces esprits hérétiques sont accoutumés; et M. le maréchal de Brezé, pensant à empêcher le désordre, m'envoya aussitôt avec une vingtaine de soldats pour garder un couvent de religieuses. Je trouvai dans ce couvent quantité de draps d'écarlate avec d'autres marchandises qu'on y avoit apportés comme en un lieu de sûreté; mais, connoissant le désordre de la guerre, je dis à ces bonnes religieuses qu'elles jouoient à faire piller leur maison; que je ne leur conseillois pas de demeurer en ce lieu plus long-temps, et que si les troupes venoient de ce côté-là, il ne seroit peut-être pas en mon pouvoir d'empêcher le pillage. Elles me répondirent tout éperdues : « Ah! monsieur, « sauvez-nous la vie et l'honneur; nous ne savons où « aller ni que faire. » Je les assurai que j'y ferois tout mon possible; mais je leur témoignai en même temps que je n'y trouvois pas trop de sûreté pour elles.

Cependant le prince d'Orange, qui avoit quelque mécontentement de la ville de Tirlemont à cause qu'elle ne lui avoit pas payé une somme d'argent considérable qu'elle lui devoit, laissa entrer ses soldats dans la ville contre l'accord. Ces misérables, s'étant répandus en un moment dans tous les quartiers, pillèrent, ravagèrent et massacrèrent les prêtres et les religieux avec les plus grandes inhumanités qu'on sauroit s'imaginer. Comme le couvent des religieuse que je gardois étoit grand, ils ne manquèrent pas aussi d'y venir en très-grand nombre, partie Hollandais, partie Cravates, partie Français, tous enragés et pires que des démons, tous sans Dieu, sans religion et sans raison. Je me battis tout le plus longtemps que je pus avec le peu de soldats que j'avois, et je soutins tant que j'eus des forces contre cette multitude de furieux; mais, ayant enfin enfoncé les portes, ils entrèrent en foule, et chargèrent notre corps-de-garde, dont ils blessèrent les uns et mirent les autres en fuite. Pour moi, comme je me défendois toujours avec mon épée, sans vouloir leur céder le passage, et étant résolu de périr plutôt que d'exposer tant de pauvres filles à leurs violences, l'un des officiers, plus brutal encore que les soldats, voulut me fendre en deux d'un coup de son sabre qu'il me déchargea de toute sa force; et il l'auroit fait assurément si je n'avois, avec mon épée, soutenu l'effort du coup, qui la rompit néanmoins en deux. Alors, comme je me trouvai sans défense, ils se jetèrent sur moi, m'arrachèrent ce qui me restoit de mon épée, et me coupèrent mon baudrier, qu'ils emportèrent. Je me mis à crier fort haut que je m'en plaindrois à son Excellence, ce qui leur donna quelque appréhension; et, m'ayant laissé la vie, ils se contentèrent de me chasser hors de la maison. En même temps, ne trouvant plus d'obstacle à leur fureur, ils rompent toutes les portes du couvent, brisent tout, violent et massacrent toutes les religieuses qu'ils rencontrent, pillent toutes les marchandises dont j'ai parlé, et causent des désordres qu'il est impossible de représenter. Je vis avec une douleur que je ne saurois exprimer une de ces pauvres religieuses qui couroit tout éperdue, ayant un couteau enfoncé dans la tête, et qui crioit en pleurant : « Hé, messieurs, sauvez-moi la vie ! » J'eusse bien voulu me sacrifier pour leur service ; mais j'étois sans armes et fort éloigné, outre qu'il m'eût été impossible de résister à une si grande foule.

Ayant ensuite rencontré le colone que je connoissois, je commençai à lui crier tout en colère : « Com-« ment ! monsieur, est-ce là l'ordre que vous faites « observer dans la guerre? Après que les généraux « m'ont envoyé en ce lieu avec un corps-de-garde « pour le défendre, vous souffrez que ces coquins-« ci s'en viennent nous charger et nous assommer « comme ennemis; qu'ils m'ôtent mes armes par « force, et qu'ils pillent et violent tout dans une mai-« son religieuse que les généraux ont pris en leur « sauve-garde ? — Que voulez-vous que je fasse ? me « dit-il ; ce sont des Cravates, qui sont pires que des « bêtes farouches. — Allez-y, lui dis-je, avec une « canne, et frappez fort et ferme ; chassez-moi tous « ces coquins qui m'ont arraché mes armes et qui « m'ont voulu assommer. » Il me répondit qu'ils le tueroient lui-même s'il y alloit, étant acharnés comme ils étoient, et qu'il ne savoit comment j'avois pu échapper d'entre leurs mains, et comment ils ne m'avoient point mis en pièces. Ce n'étoit pas là me donner satisfaction, et j'étois en une terrible colère d'avoir été ainsi maltraité, et de voir qu'un colonel ne pût pas se faire obéir par ses soldats. Je m'en allai donc à l'heure même trouver M. le maréchal de Brezé, ne me possédant presque pas et ayant les yeux tout étincelans de fureur. Je me plains qu'on a violé son autorité, qu'on m'a voulu assommer dans ce couvent où il m'avoit envoyé, qu'on a tout pillé avec les dernières violences, et qu'il n'y a non plus de raison à ces voleurs qu'à des loups furieux et affamés. Ce maréchal, étant au désespoir de voir la perfidie des Hollandais, fit mener une partie de l'armée derrière ce même couvent, et, s'étant cantonné en ce lieu, il donna moyen de se sauver à six ou sept de ces pauvres religieuses qui se réfugièrent vers lui, s'étant échappées par derrière.

Il arriva deux ou trois jours après qu'étant avec quelques officiers de mes amis, et m'en allant au quartier du Roi, je rencontrai ce misérable officier qui m'avoit si maltraité. Je le reconnus aussitôt à cause que la douleur d'un si mauvais traitement avoit peint très-vivement son visage dans mon esprit et dans ma mémoire, et je commençai à lui dire tout en colère : « Ah! malheureux, je te reconnois pour le traître « qui me fit l'autre jour un si grand affront; rends-« moi mon épée et mon baudrier. » Sur cela il voulut mettre l'épée à la main; mais je lui sautai prestement au collet, et, lui appuyant le bout du pistolet contre la tête, je lui dis que s'il ne me donnoit sur-le-champ son épée et son baudrier je lui cassois la tête. Il ne le voulut pas éprouver parce qu'il me vit fort en colère; et, étant tout étonné, il fut obligé de me donner ce que je lui demandois. Alors je le pris par le bras, et lui dis avec fermeté et avec la même autorité que j'aurois parlé à un soldat : « Tu n'es qu'un coquin, « je te vas faire pendre tout à cette heure pour les « violences que tu as commises contre l'ordre des « généraux. » Ce pauvre misérable demeura tellement interdit et effrayé de l'audace avec laquelle je lui parlois, qu'il se trouva trop heureux de me demander pardon, et de me promettre mon épée et mon baudrier qu'il n'avoit pas, m'ayant déjà donné la sienne. Il me fit présent aussi, pour m'apaiser, d'une boîte d'argent doré dans laquelle on met la poudre, avec un cordon de tresse d'or qui s'attachoit en forme de bandoulière. Il méritoit assurément d'être pendu pour ces violences et ces inhumanités horribles qu'il avoit exercées lui-même et fait exercer par ses soldats; mais comme je n'en avois pas l'autorité, et que d'ailleurs il étoit de l'armée du prince d'Orange, je me contentai pour mon particulier de la satisfaction qu'il me fit, sans parler de mon épée et de mon baudrier qu'il me fit rendre depuis. Son Excellence néanmoins, en ayant reçu de grandes plaintes de M. le maréchal de Brezé, le menaça en ma présence de le faire pendre avec tous ses compagnons, ainsi qu'ils le méritoient en bonne justice. Je ne sais si les menaces furent suivies de l'effet.

Les deux armées se divisèrent au sortir de Tirlemont: celle du prince d'Orange tourna vers Bruxelles comme si elle eût voulu l'assiéger, et celle de France alla vers Louvain. Elles s'arrêtèrent plusieurs jours dans le pays qui est entre Tirlemont, Louvain et Bruxelles; mais comme l'armée française marcha vers Louvain, les Espagnols commencèrent à se découvrir à leur queue. Le maréchal de Brezé, surpris de les voir si proche, me donna ordre de faire entrer dans un clos qui étoit derrière notre armée trois régimens afin de pouvoir arrêter les ennemis. Je l'exécutai fort promptement, et plaçai nos gens d'une manière assez avantageuse pour pouvoir mettre à couvert notre armée, et nous défendre nous-mêmes de ceux qui nous attaqueroient. Je pensai perdre en cette rencontre une partie de mon bagage, une roue d'une charrette s'étant rompue lorsque l'armée ennemie n'étoit éloignée que de cinq ou six cents pas; mais, étant couru à l'artillerie, j'en achetai une 40 livres, et la fis mener fort diligemment et mettre à la place de celle qui étoit rompue. Ainsi j'eus encore le temps de sauver cette charrette. Nos trois régimens étant postés dans le clos dont j'ai parlé, les ennemis s'approchèrent pour nous attaquer, et il y eut grande escarmouche de part et d'autre. Cependant tout le reste de l'armée battoit en retraite, étant trop foible pour donner combat, et elle marchoit toujours à grands pas; ce qui commença à faire un peu murmurer les trois régimens, qui disoient tout haut que je les exposois à la boucherie. Je leur répondis que j'attendois à toute heure les ordres du général, que je ne pouvois pas de moi-même leur faire quitter ce poste, et que s'il y avoit du péril pour eux il n'y en avoit pas moins pour moi.

Nous ne fûmes pas long-temps en cette peine, parce que M. le maréchal de Brezé m'envoya dire bientôt de nous mettre en marche pour le venir joindre. Les ennemis nous escarmouchoient toujours en queue, et lorsque nous fûmes arrivés à un bourg avec toute notre armée, ils commencèrent à nous pousser assez vigoureusement, et nous obligèrent enfin de quitter le bourg et de nous retirer en combattant, jusqu'à ce qu'ayant gagné un lieu plus étroit nous nous mîmes à faire ferme et à nous battre d'égales forces. Les ennemis, ayant ainsi perdu tout l'avantage que leur donnoit auparavant leur grand nombre, jugèrent plus à propos de se retirer pour aller donner sur la queue de l'armée du prince d'Orange ; mais ils ne la trouvèrent plus, ce prince ayant marché toute la nuit et mis ses troupes à couvert.

Les deux armées confédérées allèrent ensuite planter le siége conjointement devant Louvain. Comme je ne fus que dix ou douze jours à ce siége, pour la raison que je marquerai dans la suite, je ne saurois en rien dire de considérable. Il m'arriva seulement une querelle de jeu et de galanterie avec deux de nos généraux, qui firent mine d'être fort en colère contre moi, à cause que je les tirai d'un péril où ils s'exposoient par pure bravoure à se faire tuer ridiculement. M. le maréchal de Brezé et M. le grand-maître de La Meilleraye étant montés par galanterie sur le haut d'un retranchement, j'allai par derrière prendre M. de La Meilleraye par le milieu du corps et l'emportai jusqu'au bas du même retranchement; je fis à l'instant la même chose à M. le maréchal de Brezé, leur donnant à peine le loisir à tous deux de se reconnoître, et je leur dis, avec la liberté qu'ils vouloient bien que je prisse à leur égard : « Voilà de plaisantes galanteries qui « nous coûteront la vie à tous. Si les généraux sont « tués qui commandera l'armée ? et que deviendront « les autres officiers et les soldats ? » Ces deux messieurs, aussi surpris qu'ils l'avoient jamais été, se regardant l'un l'autre, mirent l'épée à la main, et commencèrent à courir après moi comme pour se venger de cet affront ; mais, ne voulant pas leur donner lieu de faire quelque chose de mal à propos et contre leur volonté, après que je leur avois rendu un si bon. service, je me mis aussi à courir tout de mon mieux, de peur que le jeu ne se terminât à quelque malheur. Je savois bien que dans le cœur ils n'étoient point mécontens de se voir tirés d'un péril où ils ne s'étoient engagés que par une vaine émulation. Aussi, quand ils me virent courir de la sorte, ils furent bien aises de ne me pouvoir atteindre, et ils s'arrêtèrent. Je ne voulus pas néanmoins me montrer sitôt devant eux, pour sauver au moins les apparences, et répondre par des mines à celle qu'ils avoient faite de me vouloir beaucoup de mal.

Quelque temps après, ayant reçu aux tranchées un coup de mousquet dans le bras qui ne me blessa que légèrement, on rapporta à M. le maréchal de Brezé que j'étois blessé ; sur quoi faisant fort le fâché contre moi, il dit qu'il auroit voulu que je fusse mort. Il parloit sans doute contre son intention ; car il m'envoya aussitôt son chirurgien pour me panser, et lorsque j'allai l'en remercier ayant le bras en écharpe, je ne pus point m'empêcher de lui témoigner de nouveau que, bien loin de me repentir de ce que je leur avois fait, je ne croyois pas pouvoir leur mieux témoigner le respect que je leur portois, que d'empêcher de telles bravades qui alloient à la perte de l'armée. J'admire que de grands hommes soient sujets à de si grandes bévues, comme si un général étoit réduit à ne pouvoir faire paroître son courage que dans ces sortes de jeux, plus dignes de jeunes soldats étourdis que du moindre des officiers, dont la vie n'est pas tant à lui qu'au Roi, et qui doit la ménager pour son service et pour le salut de ceux qui sont sous sa conduite, au lieu de la prodiguer ridiculement par vanité,

Je ne demeurai, comme j'ai dit, que peu de jours devant Louvain ; car M. de Brezé, manquant d'avoine et de fourrage pour ses chevaux, me donna commission d'aller forcer un château nommé Arscot, qui est à huit ou neuf lieues de Louvain, où il y avoit grande abondance de toutes sortes de vivres, tant pour hommes que pour bêtes. Il me donna pour cet effet une vingtaine de charrettes, et environ quatre cents mousquetaires, avec lesquels je m'avançai durant la nuit vers ce château, qui étoit tout entouré de fossés extraordinairement larges et pleins d'eau, et défendu par une bonne garnison. Je trouvai moyen d'approcher de la porte avec mes gens, partie sur un bateau, et partie dans l'eau jusqu'à la ceinture, sur les ruines du pont qui avoit été rompu. Je fis enfoncer la porte à grands coups de levier, et, entrant par force, nous contraignîmes la garnison, après deux ou trois heures de combat, de se retirer dans une tour, d'où ils firent leur capitulation. Je fis charger aussitôt d'avoine et de foin les charrettes que j'avois menées avec moi, et les envoyai à M. le maréchal de Brezé, lui mandant que s'il vouloit m'envoyer les charrettes de l'artillerie, j'avois de quoi en charger cinq cents de blé, d'avoine, de foin, d'orge et d'autres choses ; car il y avoit dans ce château de fort grands greniers qui en étoient pleins, à cause que l'on y avoit retiré toutes les richesses des villages d'alentour. Je pensai ensuite à me fortifier et à me barricader le mieux que je pus pour la défense de nos grains ; et M. de Brezé m'ayant envoyé de nouveau grand nombre de charrettes, je les renvoyai toutes chargées comme auparavant ; ce qui rafraîchit un peu le train de nos généraux.

Il m'arriva vers ce même temps un grand différend avec M. le marquis de S..., (1) qui est aujourd'hui maréchal de France. Comme il vit que j'envoyois à l'armée tant de vivres et tant de fourrages, il voulut y avoir part, et, étant venu avec sa compagnie de cent maîtres à ce château où j'étois, il résolut d'y entrer pour partager le butin. Nous étions dès lors assez mal ensemble, parce qu'étant autrefois maréchal des logis, je lui avois marqué une maison où il y avoit beaucoup de fourrage et grand logement, mais peu de cuisine à cause que l'hôte n'y étoit pas : ce qui le mit en colère contre moi, et le porta à me reprocher que j'entendois fort bien à le loger séchement. Lors donc qu'il fut proche du château d'Arscot, qui étoit, comme j'ai dit, entouré de fort grands fossés pleins d'eau, il demanda à me parler. Je sortis dehors, ayant pourtant une barrière entre lui et moi, et vingt-cinq ou trente mousquetaires qui étoient prêts à tirer si l'on eût voulu faire la moindre violence. Alors le marquis de S... commença à me congratuler de l'heureuse rencontre que j'avois faite, et me dit avec beaucoup d'honnêteté qu'il venoit faire sa paix avec moi, et qu'il reconnoissoit bien qu'il y avoit eu de sa faute, et un peu de chaleur de jeunesse dans l'affaire qui s'étoit passée entre nous deux. Comme je vis que cette réconciliation étoit forcée et ces complimens intéressés, je lui répondis assez froidement que j'étois bien aise pour l'amour de lui qu'il reconnût qu'il avoit eu tort. Quoique ma réponse ne lui plût pas il passa outre, et en vint au sujet principal de

---

(1) *Avec le marquis de S...* C'est peut-être le marquis de Senneterre, qui fut depuis maréchal de France.

ses complimens. Il me demanda à entrer et à avoir quelques charretées de fourrages. Je lui répondis que sans un ordre des généraux je ne pouvois lui rien donner de ce qui étoit dans le château, parce qu'ils m'y avoient envoyé, et que tout ce qui étoit dedans leur appartenoit, que je ne pouvois pas non plus le laisser entrer avec sa compagnie sans leur ordre exprès ; mais que s'il vouloit y entrer seul on lui ouvriroit la porte.

Il commença aussitôt à changer de langage, et à me dire en jurant que je parlois en roi et en souverain. Il me menaça en même temps d'y entrer par force, et de se faire ouverture l'épée à la main. Plus il s'échauffa, plus je fis paroître de froid ; et, sans m'étonner, je lui dis que je ne lui conseillois pas de l'entreprendre, que s'il branloit je ferois tirer sur lui sans rémission. Étonné qu'il fut du calme avec lequel je répondois à ses menaces, il me dit : « Tu es aussi froid « qu'une corde à puits, et tu me menaces de me faire « tuer! — Je fais ma charge sans m'émouvoir, lui re- « partis-je. » Enfin il prit le parti le plus sûr pour lui, qui fut de se retirer, quoique en me faisant de grandes menaces, dont je n'étois guères épouvanté. Me doutant bien néanmoins qu'il ne manqueroit pas de s'aller plaindre à M. le maréchal de Brezé, et qu'il pourroit le prévenir contre moi, je lui écrivis à l'heure même un billet où je lui mandois dans la vérité comment la chose s'étoit passée. Ainsi, lorsque M. le marquis de S... alla lui faire ses plaintes, et qu'il lui dit entre autres choses, pour me desservir, que je faisois si mauvaise garde qu'il auroit pu me surprendre dans le château s'il avoit voulu, M. le maréchal, qui avoit été informé de ma conduite et du sujet de ses plaintes par ma lettre, lui témoigna n'ajouter pas grande foi à ce qu'il disoit, et me croire un peu trop vigilant pour ceux qui entreprendroient de me surprendre. Il me récrivit en même temps une lettre où il me louoit d'avoir agi comme j'avois fait, en refusant l'entrée et le fourrage au marquis de S... Il m'envoya même un ordre exprès de la part du Roi de ne recevoir qui que ce fût dans le château, et de ne donner du fourrage à quelque personne de qualité que ce fût, si elle ne venoit avec un ordre, ou de M. le prince d'Orange, ou de M. le maréchal de Châtillon, ou de lui-même.

M. le marquis de S...., ne sachant pas cette réponse de M. le maréchal de Brezé, ni ce nouvel ordre que j'avois reçu, revint une seconde fois au château d'Arscot, et me dit qu'il avoit parlé à M. le maréchal de Brezé, lequel avoit fort blâmé ma conduite : il ajouta qu'il falloit que je lui ouvrisse à l'heure même si je ne voulois me révolter contre l'ordre du général. Je l'attendois sur cet article ; et dans le moment, tirant de ma poche la lettre que j'avois reçue, et la lui montrant de loin, je lui criai : « Voici un homme « qui m'informera mieux des sentimens de M. le ma- « réchal de Brezé que non pas M. de S... Voilà comme « il me commande de vous ouvrir la porte du châ- « teau, en me louant de ce que je ne vous l'ouvris « pas l'autre jour, et me défendant de la part du Roi « d'ouvrir à qui que ce soit qui n'apportera pas un « ordre exprès de nos généraux. Montrez-moi votre « ordre, monsieur, lui dis-je, et toutes les portes « vous seront ouvertes. » Le marquis se trouva merveilleusement étourdi, et eut une extrême confusion de se voir démenti si honteusement par celui-là même dont il prétendoit s'autoriser. Il se retira à l'instant fort en colère, sans avoir d'autre satisfaction que d'avoir dit plusieurs choses désobligeantes contre M. le maréchal de Brezé et contre moi.

Je ne fus pas néanmoins aussi heureux dans la suite que je me l'étois proposé en devenant maître de ce château; et il m'arriva à mon ordinaire que ce qui devoit enrichir un autre ne m'apporta aucun avantage. Le peu d'union qui étoit entre le prince d'Orange et nos généraux étant cause que le siége de Louvain n'avançoit point, il fut résolu qu'on le lèveroit. M. le maréchal de Brezé m'envoya à l'heure même une vingtaine de charrettes, avec une escorte de quelques compagnies commandées par les lieutenans, et me manda que, le siége étant sur le point d'être levé, il me prioit de faire charger ces charrettes de blé, d'avoine et de foin; que je laissasse dans le château les officiers qu'il envoyoit avec leurs compagnies, et que je revinsse au camp avec les troupes que j'avois. Cette nouvelle, à la vérité, me surprit fort; car je m'attendois assurément que Louvain seroit pris, et que le château d'Arscot que j'avois si bien gardé me demeureroit en partage, avec une bonne quantité de meubles qu'on y avoit retirés, et qui étoient dans les coffres que j'avois toujours épargnés jusques alors, les regardant comme à moi, et ne voulant point les rompre qu'à la fin. Mais je comptois sans mon hôte, et le soin que j'eus de les bien garder ne servit qu'à ces officiers, qui, ayant pris aussitôt ma place, rompirent tout, et s'accommodèrent aux dépens de ceux à qui ces riches meubles appartenoient. Je partis donc assez mécontent, après avoir fait charger le plus promptement qu'il me fut possible ces vingt charrettes que le maréchal de Brezé m'avoit envoyées, et je les fis escorter par les quatre cents mousquetaires que je remenois à l'armée.

Nous aperçûmes à quelques lieues de là un parti de quatre à cinq cents chevaux ennemis qui paroissoient d'un peu loin, et qui venoient à la traverse nous couper chemin. Nous crûmes d'abord être perdus et taillés en pièces, à cause de la campagne où nous étions, et où la cavalerie avoit un grand avantage sur nous ; mais le guide me rassura, en me disant qu'il y avoit un peu plus loin un chemin assez élevé et étroit où nous pourrions nous mettre à couvert de quelques bois, et que si nous voulions nous hâter nous aurions encore le temps de le gagner avant que d'être joints par les ennemis, qui seroient bientôt obligés de prendre un détour à cause d'un fossé qu'ils trouveroient en leur chemin. Je mis à l'instant tous mes soldats en bataille, et les enfermai à mon ordinaire entre les charrettes, sur lesquelles j'en fis monter quelques-uns. On toucha ensuite les chevaux, et, en faisant très-grande diligence, nous arrivâmes au chemin dont j'ai parlé, où nous fûmes approchés et attaqués par la cavalerie des ennemis. Je fis alors faire halte à tous nos gens, et les exhortai à faire bien leur devoir, en recevant à grands coups de mousquet les premiers qui se présenteroient. Il est vrai que je ne fus jamais mieux obéi, et que jamais assaillans ne furent plus gaîment reçus ; car il se fit tout d'un coup une si furieuse décharge sur ces premiers, qu'elle en coucha grand nombre par terre, et ôta aux autres l'envie de nous attaquer davantage. Ainsi s'étant retirés plus sages, mais en plus petit nombre, ils nous laissèrent marcher en toute assurance.

Cependant le maréchal de Brezé eut avis que j'avois été rencontré par quelques escadrons de cavalerie; et, s'imaginant que tout étoit taillé en pièces, il commença à entrer dans une fort méchante humeur contre moi, et à m'accuser d'en avoir été la cause par ma négligence, comme étant parti trop tard, et ayant mal à propos employé beaucoup de temps à m'enrichir du butin de ce château. Je le trouvai dans cette mauvaise humeur lorsque j'arrivai; et quand il sut que nous n'avions rien perdu, il passa tout d'un coup d'un grand chagrin à une joie encore plus grande, et me dit avec le dernier étonnement qu'il avoit peine à comprendre comment nous en étions échappés. Je lui fis entendre ce que j'avois fait, lui témoignant en même temps mon mécontentement de ce qu'on exposoit ainsi les troupes du Roi pour quelque fourrage.

On leva le siége aussitôt après; et notre armée étant allée pour se rafraîchir vers Ruremonde, elle y fut au contraire bien maltraitée. Ce pays étant tout de sables, il s'y éleva une si furieuse tempête, avec de si grands tourbillons, qu'on n'y respira durant plusieurs jours que le sable au lieu de l'air pur. Cinq à six mille hommes en furent étouffés subitement, ou moururent en très-peu de temps par les maladies que formoit en eux cette grande corruption; car non-seulement celui qui se respiroit par le nez, mais encore celui qu'on mangeoit avec les viandes, qui en étoient toujours fort assaisonnées, formoit une espèce de contagion dans le corps, qui s'en trouvoit bientôt accablé. Cela affoiblit si fort notre armée, et la réduisit en un si pitoyable état, qu'elle ressembloit plutôt à un hôpital rempli de malades qu'à un camp de soldats prêts à combattre : ce qui fut cause que plusieurs demandèrent leur congé, et soupiroient après l'air natal pour recouvrer leur santé, que cet air malin avoit presque entièrement consumée.

Parmi ce grand nombre de malades et de misérables, j'aperçus un jour un homme vêtu comme un gueux, qui alloit demander l'aumône, et qui étoit mangé de vermine, et couvert de teigne. Après l'avoir considéré je le reconnus, et vis que c'étoit un gentilhomme qui avoit mangé tout son bien, et s'étoit réduit par sa faute dans cette horrible misère. Je fus touché de compassion, et ayant donné quelque argent à mon valet pour lui acheter le plus nécessaire, je lui commandai de le suivre. On l'habilla ; et comme il m'eut témoigné souhaiter extrêmement de s'en retourner en France, à cause qu'il se mouroit de maladie et de misère en ce pays-là, j'obtins, quoique avec beaucoup de peine, son congé, à cause qu'il étoit de notre armée, et que M. le maréchal de Brezé avoit reçu ordre de ne laisser retourner personne en France. Comme la maladie et la misère l'avoient obligé de quitter le service, je sollicitai puissamment M. le maréchal, qui ne put pas me refuser pour cet homme ce qu'il n'accordoit presque à personne, et je lui donnai cinquante écus pour la dépense de son voyage. Mais quoiqu'il se soit rétabli depuis et qu'il se soit mis fort à son aise, il fit bien voir que les plus grands services sont souvent peu reconnus, et qu'un faux honneur fait quelquefois oublier volontairement l'obligation dont on a honte de se souvenir; car il fut six ans entiers sans venir seulement me remercier, fuyant même autant qu'il pouvoit de me rencontrer; et il différa pendant neuf années à me payer ce que j'avois avancé pour le tirer de la misère.

Lorsque notre armée étoit malade en Hollande, ainsi que j'ai dit, je perdis et je retrouvai d'une manière fort plaisante un cheval d'assez grand prix, et le meilleur que j'eusse alors. Quelqu'un ayant trouvé le moyen de me l'enlever dans le camp même, je rencontrai, quelques jours après qu'on me l'eut volé, un cavalier monté sur un cheval qui ressembloit tout-à-fait au mien. Je lui dis sans hésiter que ce cheval étoit à moi, et lui demandai de qui il l'avoit acheté. Il me répondit fort franchement que cela pouvoit bien être, parce qu'il l'avoit eu à très-bon marché d'un soldat qui ne le lui avoit vendu que trois pistoles, et qu'il étoit prêt de me le rendre pour le même prix. Ainsi en lui donnant cet argent j'eus le cheval que j'avois cru être le mien, quoique ce ne le fût pas. Quelque temps après, comme je criois un peu haut en appelant quelqu'un dans le camp, mon véritable cheval, qui se trouva dans ce même quartier, et qui connut ma voix comme étant fort accoutumé à moi, se mit dans l'instant à hennir fort et ferme, comme pour marquer qu'il connoissoit la voix de son maître. Je reconnus aussi moi-même son hennissement, et j'envoyai un valet au lieu où je l'entendois, afin qu'il vît si je ne m'étois point trompé. Il reconnut mon cheval, et revint m'en donner avis. Sur quoi étant allé trouver celui qui l'avoit, je l'obligeai, quoique avec assez de peine, à me le rendre. Ainsi j'eus en fort peu de temps mon cheval et celui qui lui ressembloit. Mais il arriva, par une rencontre assez agréable, que ce dernier retrouva aussi bientôt son maître; car l'officier à qui il appartenoit véritablement m'ayant rencontré avec son cheval le reconnut, et me fit le même compliment que je lui aurois fait sans doute si j'avois été en sa place, qui étoit que ce cheval étoit à lui. Il m'en donna même une marque assez certaine, qui étoit que l'on trouveroit sous un de ses pieds un morceau de drap vert en forme d'emplâtre, qui y avoit été mis à cause d'un mal qu'il y avoit. On trouva en effet ce qu'il avoit dit. Il me donna une paire de pistolets, et je lui rendis son cheval : et ainsi, par le moyen de ces deux conjonctures et de ces différentes rencontres, ceux qui possédoient ce qui ne leur appartenoit pas en furent dépossédés, et les deux chevaux retournèrent à leurs véritables maîtres.

LIVRE XII.

Le sieur de Pontis est dans une considération toute particulière auprès du prince d'Orange, qui s'efforce inutilement de le retenir à son service. Le Roi lui donne une charge de capitaine aux Gardes. Artifice dont on se sert pour lui enlever cette gratification du Roi. Grande consternation dans l'armée de France, du temps de Piccolomini et de Jean de Vert, généraux d'Espagne. Le sieur de Pontis est commandé pour aller secourir Abbeville avec le régiment de Brezé. Sa conduite à l'égard de celui qui lui avoit voulu enlever le don du Roi. On lui suscite des affaires en cour au sujet de sa garnison d'Abbeville. Il est fait prisonnier dans un combat. Siége de La Capelle. Le sieur de Pontis empêche le soulèvement des Suisses. Siége et réduction de la ville d'Arras.

Pendant que notre armée souffroit beaucoup dans le lieu qui lui avoit été donné pour quartier de rafraîchissement, les Espagnols, ayant assiégé le fort de Schench, qui est situé en une île du Rhin, à quinze ou seize lieues de Ruremonde, l'emportèrent et s'en rendirent les maîtres. Le prince d'Orange résolut de le reprendre, et fit marcher dans ce dessein les deux armées vers ce fort. Ce fut en cette occasion que je commençai à avoir beaucoup d'accès auprès du prince d'Orange, et, si j'ose le dire, une union très-particulière avec son Excellence, dont il lui plut de m'honorer ; ce qui arriva de cette sorte : voulant connoître tous les officiers de notre armée, et savoir leurs noms, il les fit venir les uns après les autres dans une salle où où il étoit. J'y allai donc à mon rang; et comme M. le maréchal de Brezé avoit eu la bonté de lui parler de moi favorablement en quelques occasions, et que j'avois eu aussi l'honneur d'être connu de lui-même, à cause de cette députation dont je fus chargé de la part de nos généraux, lorsque j'allai, comme j'ai dit, lui témoigner l'empressement où étoit toute notre armée de le recevoir comme son généralissime, il me fit la grâce de s'entretenir un peu plus particulièrement avec moi lorsque je lui eus fait la révérence. Il m'interrogea sur différentes choses de la guerre, sur lesquelles je tâchai de le satisfaire le mieux que je pus ; et à la fin m'ayant demandé si je pourrois lui fournir dans le besoin soixante ou quatre-vingts mousquetaires qui fussent tous braves soldats, et qui eussent leurs armes bien nettes, je lui répondis, sans crainte de m'engager trop, que je ne lui en fournirois pas seulement quatre-vingts, mais cent et deux cents, et trois cents s'il le vouloit; que j'osois bien l'assurer qu'il n'y avoit point de régiment dans toute l'armée qui eût les armes toujours belles et toujours luisantes comme le nôtre, qui étoit celui de M. le maréchal de Brezé, et qu'il étoit composé de fort braves gens. Le prince me demanda de nouveau ce que je faisois pour tenir toujours en si bon état les armes de nos soldats, même dans la marche de l'armée ; et je lui dis qu'en arrivant à quelque bourg où il y avoit un armurier, j'avois soin de faire frotter toutes les armes du régiment.

Cette conférence que j'eus avec le prince d'Orange, où il me fit l'honneur de s'entretenir avec moi sur bien des choses, me concilia si bien ses bonnes grâces, qu'il me témoigna une bonté extraordinaire, jusque-là que, lorsque j'étois sur le point de prendre congé de lui pour faire place à un autre, il me dit que je lui donnasse la main ; ce que refusant d'abord par respect, et voulant baiser celle du prince, il voulut absolument que je lui donnasse la mienne, laquelle il prit, et mettant la sienne dedans il me dit fort familièrement : « Je veux être votre ami, et que vous « soyez le mien. Vous m'avez plus satisfait qu'aucun « autre : je suis très-content de vous ; car j'aime les « gens qui me parlent franchement, comme je vois que « vous avez fait. » Depuis ce temps-là, toutes les fois que ce prince me voyoit il m'appeloit, et sembloit prendre à tâche de me témoigner une bienveillance toute particulière devant tout le monde, m'obligeant même de me promener quelquefois un temps considérable avec lui. Je reconnus bientôt que tout cela ne tendoit qu'à m'attirer à son service, les princes n'ayant pas accoutumé d'en user avec ces manières si obligeantes inutilement et sans dessein. Aussi il me fit tenter dans la suite, et me dire de sa part que si je voulois demeurer en Hollande, et m'attacher auprès de sa personne, il me promettoit de me regarder et de me traiter comme son ami. C'étoit sans doute parler un langage peu ordinaire à un prince ; et je crois que ce qu'il pouvoit peut-être rechercher principalement dans moi, étoit ma fidélité et mon attache inviolable à celui que je servois. Mais c'étoit aussi cela même qui m'empêchoit de manquer à mon devoir en cette rencontre, outre que j'avois appris par une assez longue expérience quel fonds je pouvois faire sur ces amitiés des princes. Ainsi, répondant toujours avec toute sorte de reconnoissance et de soumission aux offres qu'on me faisoit, je témoignai ouvertement la volonté où j'étois de ne me point départir du service de la France.

Cependant la bonté si particulière que ce prince faisoit paroître à mon égard me suscita beaucoup d'envieux. Chacun en parloit à sa manière, et plusieurs se trouvoient blessés de ce qu'en diverses rencontres son Excellence prenoit plaisir à me relever par-dessus les autres : ce que j'avoue ne pouvoir pas approuver moi-même dans un prince, qui doit, ce me semble, ménager ceux qu'il honore de sa bienveillance, et ne les exposer pas de la sorte par des louanges souvent excessives à la haine de leurs amis. Mais c'est aussi d'autre part une grande injustice de s'en prendre à ceux qui sont innocens de cette faute ; car si un prince, par prévention, ou avec justice, témoigne considérer quelqu'un plus que les autres, celui qu'il considère de cette sorte, ne faisant rien que s'acquitter de son devoir, n'en est pas coupable ; et c'est injustement que ceux qui sont moins considérés que lui prennent sujet de le haïr. Aussi le maréchal de Brezé m'ayant dit qu'il ne savoit ce que j'avois fait au prince d'Orange pour le porter à m'aimer, je lui dis nettement en ce peu de mots, qui renfermoient, ce me semble, un assez grand sens : « Je n'ai
« fait, monsieur, à son égard, lui dis-je, que ce
« que je fais tous les jours au vôtre ; c'est-à-dire que
« j'ai tâché seulement de m'acquitter de mon devoir
« pour le contenter aussi bien que vous. Et s'il m'ho-
« nore de sa bienveillance, c'est une marque de la
« bonté de son naturel, qui sait aimer ceux qui le
« servent avec affection. » Il me repartit : « Au moins

« ne vous laissez pas débaucher ; car je vous enlè-
« verois moi-même d'entre les bras du prince d'O-
« range. » Sur quoi je lui dis fort cordialement et avec
beaucoup de respect : « Monsieur, vous êtes mon gé-
« néral et mon maître particulier, et vous le serez
« toujours après le Roi. Je sais trop les obligations que
« je vous ai pour les payer d'une ingratitude dont je
« ne me sens pas capable. »

Je ne fus pas peu étonné dans la suite, lorsqu'on
m'amena un grand chariot à six chevaux qui me fut
présenté de la part des Etats, afin de porter mon bagage. C'étoit le prince d'Orange qui me l'avoit procuré
pour une plus grande marque de la bonté qu'il avoit
pour moi ; et il étoit entretenu aux dépens des mêmes
Etats, sans qu'il m'en coutât un sou : ce qui me vint
fort à propos, parce que, deux de mes chevaux s'é-
tant épaulés, mon chariot étoit demeuré. Lorsque
nous fûmes aussi arrivés au fort de Schench, les mêmes
Etats me fournirent un bateau à leurs dépens durant
tout le temps que j'y demeurai.

Le siége fut planté devant ce fort sur l'entrée du
mois de septembre de la même année 1635 ; et ce fut
durant ce siége que le prince d'Orange voulut éprouver si j'étois homme de parole : car, ayant formé une
entreprise secrète sur la place, il me demanda tout
d'un coup deux cents mousquetaires, que je lui fournis
à l'instant, tels qu'il me les avoit demandés. Son entreprise étant découverte et manquée, il témoigna
m'en savoir autant de gré que si elle avoit bien réussi.
Je ne me souviens point qu'il soit rien arrivé d'extraordinaire pendant que nous fûmes à ce siége. On
repoussa seulement avec beaucoup de vigueur le car-

dinal Infant qui se présenta avec son armée pour secourir les assiégés, les Français étant convenus dès auparavant avec les Hollandais que ceux-ci continueroient toujours le siége, et que ceux-là, c'est-à-dire les Français, n'auroient soin pour lors que de repousser les ennemis ; ce qu'ils firent aussi avec beaucoup de courage, les ayant contraints de se retirer sans rien faire. Enfin à l'entrée de l'hiver l'armée de France alla hiverner dans le canton qui lui fut marqué ; et le prince d'Orange laissa pour continuer le siége le comte Guillaume de Nassau, qui prit la place par capitulation sur la fin du mois d'avril de l'année suivante, c'est-à-dire au bout de huit mois. Notre régiment fut distribué dans quatre villes différentes, dans chacune desquelles j'avois aussi mon logement ; mais je passai la plus grande partie de l'hiver proche le prince d'Orange à La Haye.

[1636] Le Roi cependant eut la bonté de se souvenir de moi, quoique je fusse éloigné de sa personne, et me donna une charge de capitaine dans son régiment des Gardes. Il semble qu'après les longs services que j'avois tâché de lui rendre j'aurois pu espérer plus tôt la même récompense. J'en voyois une infinité d'autres qui, pour être moins fidèles que je n'étois, faisoient des fortunes considérables ; et pour moi, je demeurois toujours dans le même état ; et l'attache inviolable que j'avois toute ma vie témoignée pour la personne et le service du Roi, bien loin de me procurer un grand avantage, m'étoit au contraire un obstacle à pousser ma fortune aussi loin que beaucoup d'autres. Je ne le dis pas tant néanmoins pour me plaindre que pour déplorer la condition d'un prince qui, étant maître du premier royaume du monde, avoit toutefois sans comparaison moins de pouvoir de récompenser ceux qu'il jugeoit ses plus fidèles serviteurs, que son ministre n'en avoit d'agrandir les siens. Le Roi me fit donc expédier aussitôt une lettre de cachet pour me faire revenir en France. M. de Boulogne, mon ami intime, dont j'ai déjà parlé plusieurs fois, en ayant su le sujet, m'écrivit en même temps pour m'obliger de revenir le plus promptement que je pourrois à Paris, sans me marquer toutefois rien de particulier, mais seulement en général que c'étoit pour une affaire qui m'étoit de conséquence.

M. de Ch.... (1), ambassadeur pour le Roi en Hollande, ayant reçu le paquet de la cour, et ouvert les lettres selon la coutume, comme il vit que Sa Majesté me donnoit la charge dont j'ai parlé, il usa d'une très-mauvaise foi en mon endroit; et voulant se servir de cette occasion pour avancer son neveu, outre qu'il étoit bien aise de me retenir en Hollande à cause de quelque grande entreprise qu'il avoit sur Gueldres, il retint, par la plus grande de toutes les injustices, la lettre de cachet qui étoit pour moi, et envoya à l'heure même son neveu à la cour, afin qu'il parlât au cardinal de Richelieu de ces entreprises qu'il formoit, et qu'il tâchât d'obtenir pour récompense de ce bon service la charge que le Roi me destinoit; mais son neveu perdit sa peine et ses frais, le Roi ayant témoigné plus de fermeté qu'on n'auroit cru, et dit tout net qu'il avoit déjà donné cette charge. Cependant je pressois fort pour obtenir mon congé à cause de la lettre de M. de Boulogne, qui me donnoit lieu de

(1) *M. de Ch...* : M. de Charnacé.

penser tout de bon à m'en retourner en France, outre que je commençois à manquer d'argent. Mais, soit que M. le cardinal s'y opposât secrètement, ou que M. l'ambassadeur fût d'intelligence avec messieurs les généraux pour empêcher mon retour, je ne pus jamais obtenir mon congé, et je me vis obligé, malgré moi, et contre l'ordre formel de Sa Majesté, de demeurer tout l'hiver dans le pays : ce qui fut cause que le Roi, n'ayant pas eu, si je l'ose dire, le pouvoir de me faire revenir, quoiqu'il le désirât fort, donna la charge à un autre, après m'avoir attendu plusieurs mois.

Nous nous embarquâmes au commencement du printemps de l'année suivante, qui étoit 1636; et lorsque j'allai prendre congé du prince d'Orange, il me témoigna avoir quelque peine de ce que je ne voulois pas demeurer auprès de sa personne après les offres qu'il m'avoit faites ; mais comme il savoit que c'étoit cette fidélité même, qu'il estimoit davantage en moi, qui m'empêchoit de demeurer en Hollande, il ne laissa pas de m'assurer qu'il étoit très-content de ma conduite : « Et si vous voulez même, me dit-il, j'é-
« crirai au Roi pour lui rendre témoignage de vos
« bons services. » Je lui répondis avec beaucoup de respect qu'étant né sujet du roi de France j'étois obligé de suivre ses ordres, mais que rien ne seroit capable d'effacer de mon souvenir tant de témoignages de bonté et de bienveillance que j'avois reçus de Son Altesse ; que je ressentois au fond de mon cœur, plus que je ne pouvois l'exprimer, l'honneur qu'elle m'avoit fait d'agréer mon service, et que si elle daignoit encore par un excès de bonté m'honorer

de sa recommandation auprès du Roi ce seroit comme achever de me combler de ses faveurs.

Lorsque nous fûmes arrivés en France, notre armée s'alla rafraîchir durant quelque temps en Normandie ; mais il vint bientôt un nouvel ordre de faire marcher toutes les troupes pour aller joindre M. le comte de Soissons et M. le maréchal de Brezé à La Fère. Je m'y rendis donc aussi avec notre régiment ; et, comme je me trouvai extraordinairement fatigué, je me retirai en un grenier pour y dormir : ce qui me fut doublement avantageux, pour me reposer et pour me sauver d'un grand péril où l'on m'auroit engagé. Les ennemis étant en campagne avec une puissante armée composée de quarante mille hommes, et conduite par le prince Thomas et les deux célèbres généraux Piccolomini et Jean de Vert, pilloient tout, se rendoient maîtres de plusieurs villes, et faisoient tout plier sous leurs armes. De long-temps on n'avoit vu une si grande consternation dans la France ; et la puissance de l'Espagne prit si bien dans cette conjoncture l'ascendant sur nous, qu'il sembloit qu'il y eût de la témérité à vouloir même leur résister. Comme on jugea qu'ils ne manqueroient pas d'assiéger Le Catelet, M. le comte de Soissons pensa à m'y envoyer, et me fit chercher de tous côtés pour cela. M. le maréchal de Brezé, qui savoit bien où j'étois, me ménagea avec beaucoup de bonté en cette occasion, et, jugeant bien que ce seroit m'exposer visiblement de m'envoyer dans une place qui ne pouvoit pas tenir contre une si puissante armée, il ne voulut jamais témoigner qu'il sût où j'étois. Aussi il est sans difficulté que j'y aurois péri, puisque, n'étant pas d'humeur à me rendre sans me bien battre, j'aurois peut-être exposé la place à être emportée d'assaut. Après donc que l'on m'eut bien cherché sans me trouver, on y en envoya un autre au lieu de moi ; et les ennemis, ayant assiégé cette ville vers le mois de juillet de la même année 1636, s'en rendirent bientôt les maîtres.

De La Fère notre armée alla à Bray pour empêcher les ennemis de passer la rivière. Chacun travailla dans son poste à se fortifier le mieux qu'il put. Pour moi, mettant pourpoint bas avec tous les officiers et les soldats de notre régiment, nous nous retranchâmes si bien en quatre heures de temps dans une prairie au-deçà de la rivière, vis-à-vis de la montagne par où devoient descendre les ennemis, que nous étions entièrement à couvert de leur canon. J'avois fait aussi planter dans la rivière quantité de pieux pour empêcher le passage de la cavalerie. Ayant vu ensuite de loin un homme qui sondoit le gué, j'allai aussitôt avertir celui qui commandoit le régiment de Champagne de se préparer, et de s'attendre à être bien battu dans peu de temps, à cause que le poste où ils s'étoient retranchés se trouvoit moins avantageux et plus exposé. Je courus en même temps donner avis à M. le maréchal de Brezé de ce que j'avois vu, afin de recevoir ses ordres ; mais il n'en avoit point à nous donner, tant il se trouvoit alors embarrassé. Je fus même un peu surpris de l'entendre lorsqu'il me dit que je me défendisse comme je pourrois en mon quartier, parce qu'ils ne savoient tous où ils en étoient ; et j'ose dire que cet étourdissement de nos généraux me parut plus capable d'abattre le courage de nos troupes que la terreur même des Espagnols. Les ennemis commencèrent bientôt après à paroître ; et, ayant pointé sur la montagne quatorze pièces de canon, ils saluèrent tout d'abord notre régiment avec grand feu et grand bruit, mais peu d'effet ; car, nous étant retranchés au pied de cette montagne, et comme enfouis bien avant dans la terre, le canon ne put nous faire aucun mal, et les boulets passoient par-dessus notre tête : au lieu que nous autres, au contraire, avions toute liberté de tirer sur eux sans nous montrer, et de les incommoder beaucoup. Ainsi, ne pouvant forcer ce quartier, ils transportèrent leur canon pour aller battre le régiment de Champagne, lequel en effet ils foudroyèrent à cause qu'il étoit beaucoup plus à découvert.

Nos généraux, se voyant forcés par cet endroit, firent mettre en marche notre armée pour se retirer à Nesle, parce qu'il n'y avoit aucune apparence de résister, et que d'ailleurs, comme j'ai dit, les ennemis avoient l'ascendant sur nous par je ne sais quelle frayeur qui s'étoit répandue dans tous les esprits. Le dessein avoit été pris de faire rafraîchir l'armée dans ce bourg ; mais j'avertis M. le comte de Soissons de l'avis qu'on m'avoit donné qu'il y avoit au-delà un très-grand marais, et que, si nous étions poursuivis par les ennemis, nous pourrions bien, à cause du long défilé, y perdre une partie de nos troupes. Ainsi, quoiqu'on eût déjà planté le piquet pour le retranchement, il fut résolu que l'armée passeroit tout ce grand marais sans s'arrêter. Lorsque M. le comte de Soissons étoit à table, où il m'avoit fait l'honneur de me faire asseoir aussi, on lui vint dire tout d'un coup que les ennemis s'étoient beaucoup avancés, que notre premier corps-de-garde avoit déjà été poussé, et que les enfans perdus couroient risque d'être taillés en pièces. C'étoient environ deux mille chevaux qui, s'étant détachés de leur armée, se hâtoient de venir donner en queue sur la nôtre. Alors chacun montant à cheval avec précipitation courut au lieu de l'attaque ; mais on trouva que nos gens avoient déjà été rompus. Ainsi nous fûmes contraints de battre en retraite et de chercher la sûreté de notre armée dans la ville de Noyon. Tant d'heureux succès donnoient grand cœur aux ennemis, et causoient une étrange consternation parmi les nôtres, qui sembloient n'avoir plus de force que pour s'enfuir. Les généraux d'Espagne voyant M. le comte de Soissons, comme trop foible, retiré à Noyon avec son armée, allèrent mettre le siége devant Corbie, résolus de pénétrer plus avant dans la France, et de pousser la pointe de leurs victoires aussi loin qu'ils le pourroient.

Quelque temps après, le Roi qui étoit pour lors à Chantilly m'envoya faire commandement de l'aller trouver en diligence. Comme je n'avois point encore eu l'honneur de le saluer depuis mon voyage de Hollande, Sa Majesté me questionna fort, et voulut savoir de moi toutes les nouvelles de ce pays-là ; et, après que je lui eus dit le principal de ce qui s'étoit passé, il me parla en particulier du prince d'Orange, et me fit assez connoître, ou que ce prince lui avoit écrit en ma faveur, ou que quelqu'un l'en avoit déjà entretenu ; car il me demanda par quel charme je l'avois pu si bien enchanter, et me mettre si avant dans ses bonnes grâces. Sur quoi, connoissant un peu le naturel du Roi, qui étoit défiant, et qui auroit pu peut-être avoir quelque soupçon de cette grande confidence, je lui répondis avec la même franchise qu'à M. le maréchal de Brezé, que je n'avois rien fait que m'acquitter fidèlement de mon devoir, et que j'étois obligé à son Excellence de ce qu'elle avoit eu tant de considération pour mes services que Sa Majesté m'avoit obligé de lui rendre. Le Roi enfin me demanda pourquoi je n'étois pas venu plus tôt, après la lettre de cachet qu'il m'avoit fait envoyer. Je lui dis qu'on ne m'avoit rien rendu de sa part, et qu'on m'avoit refusé de me donner mon congé, sous prétexte qu'on avoit besoin de moi dans ces quartiers. Sa Majesté ne voulant point se découvrir davantage, ni me déclarer le dessein qu'elle avoit eu de me donner une charge de capitaine dans son régiment des Gardes, se contenta de me dire qu'il falloit avouer que j'étois bien malheureux, et que je n'aurois jamais de bonheur. Comme je ne savois rien de cette affaire je ne lui fis aucune réponse, quoiqu'il ne m'eût pas été difficile de lui repartir que, ma fortune étant entre ses mains, il dépendroit toujours de sa volonté de me rendre heureux. Je remarquai dans ce moment une demi-lune qu'on avoit faite devant la porte du château, et je ne pus m'empêcher d'en rire. Le Roi s'en aperçut; m'en ayant demandé la cause, je lui dis que je suppliois très-humblement Sa Majesté de faire abattre cette demi-lune, afin qu'on ne la trouvât pas là à la honte de la France, comme si l'on avoit eu besoin de cette fortification pour mettre en sûreté la personne d'un si grand prince.

Le Roi me donna ordre ensuite d'aller promptement

à Abbeville et d'y mener notre régiment, me pressant de faire grande diligence afin de porter de l'argent aux Suisses, et de secourir la ville avant qu'elle fût assiégée par les ennemis. Il fit venir en même temps un valet de chambre, qui, en présence de Sa Majesté, du cardinal de Richelieu et de M. de Chavigny, me cousit et m'ajusta dans une chemisette seize cents pistoles. Je partis donc avec cet ordre, et, étant allé au plus vite rejoindre le régiment du maréchal de Brezé, nous fîmes si bonne diligence, marchant jour et nuit, que nous arrivâmes à Abbeville assez à temps pour la sauver. Nous y entrâmes sur les deux heures après minuit avec une joie incroyable, tant des habitans que de ceux de la garnison, qui attendoient ce secours avec la dernière impatience, craignant à toute heure de se voir surpris et obligés de se rendre, ou bien emportés d'assaut. Aussi nous trouvâmes toute la ville comme en feu à cause de la multitude des chandelles et des flambeaux que l'on avoit mis à toutes les fenêtres : et chacun se réjouissant, on n'entendoit qu'un seul cri d'une infinité de voix d'hommes, de femmes et d'enfans, qui tous ensemble faisoient retentir *vive le Roi!* Ils avoient sans doute sujet de se réjouir ; car, la garnison étant de beaucoup trop foible pour la défense de la ville, si nous fussions seulement arrivés une demi-journée plus tard, il n'y avoit guères d'espérance de sauver la place.

Dès le jour suivant l'on vit paroître vers les dix heures du matin cinquante-sept escadrons de cavalerie, les ennemis venant à dessein d'emporter la place. En même temps M. le comte d'Alais, qui s'y étoit retiré, et qui avoit comme un petit escadron de cavalerie, sortit dehors, et je le suivis avec tout notre régiment que je divisai en plusieurs bataillons. Le reste de la garnison se posta sur les remparts, et l'on fit commandement à tous les habitans portant armes de s'y présenter aussi, de sorte qu'on ne voyoit partout que soldats très-résolus à se défendre. L'on fit tirer de la ville quelques volées de canon avec quelques coups de mousquet, plutôt pour faire voir aux ennemis qu'on avoit de quoi les servir, que dans le dessein de leur faire beaucoup de mal. Les ennemis délibérèrent pendant deux heures de ce qu'ils feroient; et cependant dix ou douze trompettes de M. le comte d'Alais firent quantité de fanfares pour témoigner qu'on étoit en belle humeur de les recevoir s'ils s'avançoient. Enfin, jugeant qu'ils pourroient être arrêtés dans leurs conquêtes s'ils entreprenoient l'attaque d'une ville soutenue par une si forte garnison, ils s'en retournèrent porter ailleurs leurs armes victorieuses.

Je demeurai environ un an dans Abbeville avec le régiment du maréchal de Brezé, parce qu'on craignoit toujours quelque entreprise de la part des ennemis qui étoient en garnison dans des villes qui n'en étoient pas fort éloignées. Quelques jours après que je fus arrivé, comme j'ai dit, dans cette place, l'officier dont j'ai parlé, qui avoit voulu m'enlever la charge de capitaine aux Gardes que le Roi me vouloit donner, y arriva aussi avec le régiment du marquis de Brezé duquel il étoit major. M. de P..., qui étoit un des plus braves hommes de son temps, l'y suivit bientôt, ayant une grande querelle avec lui pour un soufflet qu'on disoit que cet officier lui avoit donné. Tous les amis de part et d'autre s'employèrent pour apaiser ce différend. M. Miré déclaroit qu'il n'avoit point donné le soufflet; mais M. P..., ne pouvant souffrir qu'on eût seulement la pensée qu'il avoit reçu un soufflet, résolut de s'en venger à quelque prix que ce fût. M. Miré, qui me témoignoit beaucoup d'affection, quoiqu'il m'eût joué le mauvais tour dont j'ai parlé, sans que je le susse, me pria de vouloir bien m'entremettre de cette affaire, me disant en termes exprès qu'il étoit disposé à faire telle satisfaction qu'on voudroit, et qu'il se remettoit pour cela au jugement de telles personnes qu'on voudroit choisir. Souhaitant donc d'accommoder ce différend par les voies de la douceur, je fis mon possible pour porter M. de P... à y consentir. Je me promenai diverses fois avec lui dans ce dessein, et lui dis que je ne connoissois pas le sujet de leur querelle et que je ne voulois pas non plus le connoître; mais que, quelque affront qu'il eût reçu, il ne pouvoit être si grand qu'on ne pût le réparer par des voies d'accommodement et de douceur, sans être obligé d'en venir où il prétendoit. Je l'exhortois à s'en remettre au jugement de leurs amis, et je lui disois tout ce qu'une longue expérience m'avoit appris que je pouvois lui dire, pour le porter davantage à un accommodement et le détromper de la persuasion où il étoit de ne pouvoir sauver son honneur sans un duel. Il n'écouta rien de ce que je lui disois, ou, s'il l'écoutoit en apparence, il n'en étoit pas moins résolu d'exécuter son dessein; et il le fit en effet au bout de dix ou douze jours, s'étant battu hors la ville avec M. Miré, qu'il blessa mortellement de cinq coups, et de qui il reçut aussi lui-même deux coups.

M. Miré ayant été ainsi blessé, je le fis porter chez moi, et en pris un très-grand soin jusqu'à sa mort, qui n'arriva que trois semaines après. Je n'épargnai à son égard ni peine ni argent, et je n'eus pas moins de soin de son ame que de son corps, ayant eu toujours chez moi et nourri durant toute sa maladie un religieux, lequel ne le quitta point. Ce qui étoit étonnant, c'est que Dieu permettoit que, sans le savoir, j'obligeasse jusqu'à ce point une personne qui m'avoit elle-même si fort désobligé et comme ruiné ma fortune, ayant voulu m'enlever la charge que le Roi m'avoit destinée, et ayant été la première cause que Sa Majesté la donna enfin à un autre. Ce pauvre homme, sentant sa conscience chargée de ce crime, et le sentant d'autant plus qu'il se voyoit comme accablé de bienfaits par celui-là même à qui il avoit rendu un si mauvais office, résolut enfin de s'ouvrir à moi sur ce sujet. Quelques jours avant sa mort, tout fondant en larmes, il fit un effort extraordinaire sur lui-même, et me parla de cette sorte : « Ah! monsieur mon cher
« ami, il n'y a pas moyen de vous cacher davantage
« ce qui me cause la dernière douleur, et je me vois
« enfin obligé de vous témoigner le déplaisir très-
« sensible que j'ai de vous avoir desservi dans une
« affaire dont vous ne pouvez avoir le moindre soup-
« çon; il y a long-temps que je cherchois l'occasion
« de vous en parler, et de vous en demander un très-
« humble pardon. Je vous conjure donc, mon cher
« monsieur, de pardonner à un homme qui a été assez
« malheureux pour ruiner votre fortune. » Moi, fort étonné de ce discours, ne pouvant m'imaginer ce que

c'étoit, je lui répondis cordialement que je croyois qu'il m'aimoit trop pour avoir fait ce qu'il disoit. Mais ma réponse n'ayant servi qu'à augmenter ses larmes et ses sanglots, il me repartit : « Hélas! c'est cela « même qui me touche jusqu'au vif, de ce qu'ayant « tant de sujet de vous aimer, j'ai pu néanmoins me « résoudre à vouloir bien m'avancer à vos dépens ; « mais si vous ne me pardonnez avant que je vous le « déclare, je serai au désespoir, puisque le tort que je « vous ai fait est si grand, que si vous ne me le par- « donnez dans ce moment où je vais paroître devant « Dieu, j'ai sujet de craindre qu'il ne me pardonne « pas mon crime. » Il n'y avoit guère sans doute à délibérer dans l'état et la disposition où je le voyois : c'est pourquoi je lui dis à l'heure même avec beaucoup de compassion que je pouvois l'assurer, et lui protestois devant Dieu, que je n'en aurois aucun ressentiment, et que s'il m'avoit effectivement offensé je lui pardonnois de tout mon cœur. Sur cette assurance, que je lui donnai de la meilleure grâce qu'il me fut possible, il me déclara toute la chose en ces termes : « C'est moi, dit-il, mon cher monsieur, qui « ai renversé votre fortune ; c'est moi qui suis cause « que vous n'êtes pas présentement capitaine dans le « régiment des Gardes ; c'est moi qui ai empêché que « vous ne soyez revenu de Hollande, en retenant, « par le moyen de mon oncle, les lettres du Roi qui « vous mandoient de retourner à la cour pour prendre « possession de cette charge. »

Il est vrai que je demeurai dans une surprise incroyable ; mais l'extrême compassion que j'avois de le voir en cet état, étouffant tout ressentiment au dedans de moi, je l'assurai de nouveau que je lui pardonnois de tout mon cœur, et que je ne l'en aimerois pas moins pour cela, mais qu'au contraire je l'en aimois davantage d'avoir bien voulu me le déclarer, puisque c'étoit une marque qu'il me connoissoit, et qu'il avoit l'opinion qu'il devoit avoir de moi. En effet, j'ose dire que j'eus toujours depuis la même affection pour lui ; et, après sa mort, je lui fis faire un enterrement aussi solennel que si c'eût été à un général, les deux régimens marchant en ordre, les piques traînantes, et tout le reste étant observé selon la coutume des pompes funèbres. Il étoit alors abandonné de tous ses parens et amis, et Dieu ménagea par sa providence qu'il fût uniquement assisté par celui que les fausses règles de l'honneur du monde sembloient devoir rendre son ennemi. M. son père ne manqua pas néanmoins quelque temps après de me témoigner sa reconnoissance, et de me faire rendre tout ce que j'avois dépensé pour lui.

J'eus d'assez grandes brouilleries avec les officiers de la gabelle dans le temps que je demeurai en garnison à Abbeville. Nos soldats, qui n'étoient pas trop bien payés, faisoient un petit trafic fort commode pour les bourgeois et pour eux-mêmes : allant acheter du sel à Saint-Valery, ils le vendoient aux habitans à grand marché, et, trouvant ainsi leur compte les uns et les autres, il n'y avoit que les officiers de la gabelle qui désespéroient de n'être pas assez forts pour empêcher ce qui ne leur étoit pas avantageux. Ces messieurs en firent grand bruit, et s'en plaignirent à M. le duc d'Angoulême qui les soutenoit pour quelque considération particulière. Pour moi, comme je n'avois pas de quoi satisfaire et payer le régiment, je les laissois agir, ne voyant pas grand mal à cela, et y trouvant même l'intérêt du Roi, qui trouvoit ainsi moyen de faire subsister les troupes sans rien débourser et sans charger ses sujets. Je ne leur commandois pas néanmoins de le faire, mais je souffrois qu'ils le fissent sans m'y opposer.

Etant venu à Paris dans ce même temps pour rendre compte au Roi de la garnison, je fus jusqu'à près d'une heure après minuit à entretenir Sa Majesté de toutes choses. Je lui dis aussi ce que m'avoit déclaré M. Miré avant sa mort, touchant la charge qu'il lui avoit plu de me destiner, et je pris de là occasion de lui en rendre mes très-humbles actions de grâces, lui disant que mes ennemis n'avoient pu au moins me priver de la reconnoissance que je devois à Sa Majesté. Comme je vins ensuite à parler de la garnison, je dis au Roi que je me trouvois extrêmement embarrassé, ne recevant point d'argent pour la paye des soldats; et sur ce que Sa Majesté me demanda comment donc je pouvois faire subsister la garnison, je lui répondis, avec toute la liberté qu'elle vouloit que je prisse auprès d'elle, qu'ils avoient trouvé un moyen de se payer eux-mêmes : « Ils vont, sire, lui dis-je, ache-
« ter du sel à bon marché, et en tirent quelque ar-
« gent, en attendant que Votre Majesté puisse avoir
« pourvu à leur paiement. » Le Roi se mit aussitôt à rire, et me dit : « Ecoute, je ne les empêcherai
« pas d'être faux-sauniers; mais s'ils sont pris par la
« justice, je ne les empêcherai pas aussi d'être pen-
« dus. » Je lui répondis assez gaîment qu'ils étoient braves soldats, et que j'étois fort trompé s'ils se

laissoient prendre. Cela se passa ainsi en riant.

N'ayant pu me coucher plus tôt cette nuit que sur les trois heures, je me récompensai sur le jour, et je dormis jusqu'à huit heures du matin ; ce qui m'empêcha de pouvoir me rendre sitôt auprès du Roi. Je fus bien heureux de lui avoir pu parler le soir de devant ; car M. le duc d'Angoulême, étant au Louvre dès le matin, entretint beaucoup le Roi des désordres que causoit la garnison d'Abbeville. J'y arrivai sur ces entrefaites, et rencontrai quelques-uns de mes amis qui me dirent : « Vraiment, on parle de toi là-haut « d'une belle manière. » Je ne laissai pas de monter, n'ayant pas beaucoup d'appréhension à cause que j'avois parlé au Roi. Comme je fus à la porte de la chambre, le Roi, qui me vit, et qui vouloit avoir le plaisir de faire un peu discourir M. le duc d'Angoulême sur mon sujet en ma présence, me fit signe de l'œil de ne me pas montrer. Je compris à l'heure même ce que Sa Majesté me vouloit dire : c'est pourquoi, me coulant doucement derrière le monde qui se trouva dans la chambre, j'allai justement me placer derrière M. d'Angoulême, qui parloit avec beaucoup de chaleur contre notre garnison. Alors le Roi, faisant l'étonné de ce qu'il disoit, et voulant le faire donner de bonne foi dans le panneau, lui dit : « Mais « quoi ! Pontis n'est-il pas à Abbeville, et n'empêche-« t-il pas ces désordres ? — Sire, lui répondit M. d'An-« goulême, il y est, mais il fait comme les autres ; on « dit néanmoins qu'il y tient un peu la main. — Pre-« nez garde, lui dit le Roi ; comme vous parlez, il y « a un homme ici qui vous écoute. » En même temps je me présentai devant M. d'Angoulême, et lui dis

comme en riant : « Vraiment, monsieur, je vous suis
« bien obligé du bon office que vous me rendez au-
« près de Sa Majesté. » Lui, se trouvant extraordinairement surpris de me voir lorsqu'il ne me pensoit
pas si proche, me dit tout d'un coup en se rétractant
avec un peu de précipitation : « Ah! monsieur, mon-
« sieur de Pontis, on m'avoit bien dit cela de vous,
« mais je ne l'ai jamais cru. » Le Roi et tout le monde
qui étoit dans la chambre ne purent s'empêcher de rire
en entendant cette rétractation si subite, et je lui dis
de nouveau assez prestement : « Vraiment, monsieur,
« je vous en suis encore plus obligé, de ce que ne
« l'ayant pas cru vous l'avez voulu faire croire au
« Roi. » Il s'en tira comme il put, et toute la chose
fut tournée en raillerie, M. d'Angoulême me faisant
l'honneur de m'assurer de son amitié et de ses services.

Étant retourné à ma garnison, j'y trouvai plus grand
bruit qu'auparavant; car les soldats, se voyant en
quelque sorte appuyés, à cause qu'on ne leur défendoit point leur petit trafic, levoient le masque, et
travailloient assez hautement pour leur profit, sans
se mettre en peine des officiers, ni des archers de la
gabelle, qui n'étoient pas les plus forts. Ils s'en allèrent un jour, jusqu'au nombre de soixante ou quatre-
vingts, bien armés, à Saint-Valery. Les officiers de
la gabelle en ayant eu avis, mirent en campagne un
aussi grand nombre d'archers, avec ordre de charger
les soldats, et de les leur amener pieds et poings liés.
Cet ordre étoit plus difficile à exécuter qu'à donner.
S'étant rencontrés, ils se battirent furieusement. Plusieurs archers y furent tués, et quelques soldats blessés;

mais les soldats eurent l'avantage. Lorsqu'ils furent arrivés à Abbeville, deux de ceux qui étoient blessés vinrent se retirer chez moi comme en un asile. Je commençai à crier contre eux, les appelant des coquins, de ce qu'ils jouoient ainsi à me perdre, et les fis sortir par une porte de derrière, les logeant néanmoins dans une pauvre maison où on les pansa fort secrètement. Les officiers de la gabelle, piqués de ce désavantage et de cette disgrâce qu'avoient reçus leurs archers, me vinrent trouver aussitôt, et firent grand bruit, se plaignant que toute la ville étoit en désordre à cause de nos soldats, et me menaçant d'en faire porter leurs plaintes jusqu'au Roi. Je feignis d'être fort en colère contre les soldats, et dis à ces officiers que s'ils pouvoient en faire arrêter quelques uns, j'en ferois justice sur-le-champ. Je me mis moi-même à en faire la recherche; et quoiqu'on ne pût rien découvrir, ces officiers témoignèrent être si satisfaits de moi, outre qu'ils étoient extraordinairement fatigués et ennuyés de ces batteries, qui ne leur étoient pas fort avantageuses, qu'ils vinrent un ou deux jours après me trouver pour me parler d'accommodement. Ils me dirent qu'ils voyoient bien que j'étois homme d'honneur, et très-attaché aux intérêts et au service de Sa Majesté, et qu'ainsi ils ne pouvoient mieux faire pour arrêter tous ces désordres que de s'adresser à moi-même, et me proposer un expédient dont ils s'étoient avisés, qui étoit de permettre à nos soldats d'aller acheter le sel à Saint-Valery, et qu'au lieu qu'ils le vendoient aux habitans d'Abbeville ils l'apporteroient au grenier du Roi, où le même argent qu'ils recevoient des bourgeois leur seroit payé. Je trouvai cette offre trop avantageuse pour nos gens, et, voulant me faire prier sur cela, je dis à ces officiers qu'ils étoient trop honnêtes gens, et que ceux de la garnison ne méritoient pas cette grâce, que je voulois absolument faire pendre les coupables. Mais, soit qu'ils jugeassent favorablement de mon intention, ou autrement, ils me pressèrent et me conjurèrent si bien sur cela, que je fus contraint de leur accorder ce que je souhaitois plus qu'eux. Je fis donc la proposition aux soldats, qui l'acceptèrent de tout leur cœur, ayant depuis vendu leur sel au grenier du Roi, et ne laissant pas aussi de s'accommoder secrètement avec les bourgeois, contentant ainsi à fort bon marché les uns et les autres. Je gagnai par ce moyen et avec l'agrément du Roi l'affection de tout le monde, et surtout des habitans, qui ne pouvoient assez me témoigner leur reconnoissance de ce qu'empêchant par une bonne discipline qu'ils ne reçussent aucun tort de la garnison, je souffrois même qu'ils se procurassent par leur moyen un avantage si considérable. J'eus aussi, durant le temps que je demeurai à Abbeville, un honneur assez particulier, qui fut d'avoir voix délibérative dans le conseil de M. de Sève, alors intendant de justice, et depuis prévôt des marchands à Paris, lequel, par une grâce toute spéciale, me donna part dans ses jugemens, et voulut me témoigner par cette intime confidence l'amitié dont il m'honoroit.

[1637] Au mois de mai de l'année 1637, le régiment du maréchal de Brezé, que je commandois, reçut ordre d'aller joindre les troupes du cardinal de La Valette, qui se disposoit à entrer avec une armée considérable dans les Pays-Bas. Le Roi avoit eu dessein de me faire son lieutenant dans Abbeville; mais je ne pus goûter cette charge, qui, bien qu'honorable, me réduisoit à une vie particulière et paisible, et me privoit de l'unique plaisir que je prenois à combattre dans les armées contre les ennemis de l'Etat. J'en fus néanmoins fort pressé ; et je ne doute point que la ville n'eût beaucoup de part dans les sollicitations pour me faire avoir cette charge ; mais je répondis toujours que je l'accepterois de bon cœur si le régiment que je commandois demeuroit à Abbeville ; et je ne voulus y entendre en aucune sorte sans cela. Les habitans, qui témoignoient être si satisfaits de ma conduite, firent paroître beaucoup de regret de ce que je les quittois ; et les principaux d'entre eux voulurent au moins se réjouir avec moi avant mon départ, m'ayant régalé trois ou quatre jours le mieux qu'ils purent. Je crois que messieurs de la gabelle me virent partir avec moins de déplaisir ; mais il seroit difficile de satisfaire tout le monde.

J'allai joindre notre armée, que commandoient le cardinal de La Valette et le duc de Candale, et je ne fus pas long-temps sans payer le bon traitement et toute la bonne fortune que j'avois goûtée depuis un an dans une ville où toutes choses sembloient contribuer à mon divertissement. Notre armée s'étant approchée de Cateau-Cambresis dans les Pays-Bas, je fus commandé avec deux cents hommes à la tête de l'armée pour aller poser un corps-de-garde plus avant, et la cavalerie avoit ordre de nous soutenir ; mais cet ordre ayant été tout d'un coup changé, et la cavalerie étant envoyée sur-le-champ à un autre poste, nous nous vîmes tout d'un coup investis de quelques escadrons de cavalerie des ennemis, que nous regardâmes d'abord comme des chevaux de notre armée ; mais nous fûmes bientôt détrompés ; et, nous trouvant ainsi surpris, nous nous jetâmes dans un lieu entouré de haies, où nous nous défendîmes fort et ferme assez long-temps. Voyant enfin que le nombre des ennemis croissoit à toute heure, je crus qu'il y auroit de la témérité à vouloir tenir davantage contre plus de mille chevaux qui nous attaquoient, sans qu'il parût que l'on se mît en état de nous secourir. Je criai donc : « Quartier ! messieurs, quartier ! C'est assez « vous avoir donné des preuves de notre courage, « et ce seroit témérité de résister plus long-temps. » Comme je vis que l'on continuoit à nous charger, je criai tout de nouveau : « Quartier ! messieurs ; si vous « refusez de nous le donner, vous verrez d'étranges « affaires, et vous pourrez vous en repentir, puisque « nous mourrons jusqu'au dernier l'épée à la main. » Ils s'arrêtèrent, sachant bien ce que c'étoit que des hommes désespérés, et nous donnèrent le quartier que nous demandions. Les seuls officiers furent retenus avec moi ; on renvoya les soldats, et on nous mena à Cambray. Le Roi n'eut pas plutôt su que j'avois été fait prisonnier qu'il eut la bonté de m'envoyer à Cambray M. de La Sablonnière, valet de la garde-robe de Sa Majesté, avec ma rançon et tout l'argent dont je pouvois avoir besoin pour ma dépense, et pour réparer la perte que j'avois faite dans le combat. Ainsi je ne demeurai pas plus de six semaines ou deux mois au plus prisonnier.

Etant de retour au mois d'août ou de septembre de la même année 1637, j'allai joindre l'armée de M. le maréchal de La Meilleraye, dans le temps qu'il se résolut d'aller mettre le siége devant La Capelle. Il étoit fort mal dans l'esprit du Roi ; et ainsi M. le cardinal de Richelieu, qui l'aimoit fort, se trouvoit assez embarrassé, à cause de cette mauvaise disposition où étoit le Roi sur son sujet. Cependant le maréchal de La Meilleraye, voulant se rendre considérable par quelque action éclatante, crut qu'il devoit entreprendre, comme j'ai dit, le siége de La Capelle. Ce n'étoit pas néanmoins le sentiment du cardinal, qui, jugeant qu'il se perdroit tout-à-fait dans l'esprit du Roi s'il ne pouvoit prendre cette ville après s'y être engagé, s'efforça de l'en détourner, et lui manda qu'il considérât que l'entreprise étoit dangereuse, et la place assez forte pour lui faire recevoir un affront. Ce maréchal ne se rendit point pour cela, et il répondit à son Eminence que, bien qu'il y eût une bonne garnison, il la voyoit en état de pouvoir être prise, pour plusieurs raisons qu'il lui marquoit. Après lui avoir écrit de la sorte, il mit le siége devant la place. Le cardinal, craignant tout pour une personne qu'il aimoit, lui récrivit qu'il ne lui conseilloit point d'assiéger cette ville, et lui en marqua plusieurs raisons, qui faisoient assez connoître que son Eminence ne se tenoit pas alors elle-même si bien appuyée qu'elle pût lui promettre une assurance contre la disgrâce du Roi ; car les grands progrès qu'avoient faits les ennemis, comme j'ai dit, les années précédentes, avoient un peu ébranlé la fortune et la fermeté de ce ministre, qui eut besoin de toute la force de son esprit pour se soutenir contre les insultes et les plaintes générales de tout le royaume, comme il eut encore depuis besoin de toute sa politique pour se démêler de toutes les nouvelles intrigues que l'on forma contre lui, ainsi que j'en toucherai quelque chose dans la suite. Le maréchal de La Meilleraye, ne s'étonnant point de tout ce que lui mandoit M. le cardinal de Richelieu, lui récrivit que la place étoit déjà investie, et qu'il n'en pouvoit espérer qu'une bonne issue; et, après plusieurs autres choses qu'il lui marquoit sur ce sujet, il ajouta au bas de la lettre, comme il me fit l'honneur de me le dire lui-même, cette célèbre parole d'un poète :

Audaces fortuna juvat.

Dieu me préserva pendant ce siége d'une manière que je ne saurois assez admirer, en me retirant tout d'un coup d'une occasion où je devois nécessairement me trouver, et où la mort sembloit m'être inévitable. Un jour que mon régiment devoit entrer en garde sur le soir, ayant su que M. de Rambures, mon ami intime, qui étoit pour lors en garde, s'étoit trouvé mal la nuit passée, je l'allai voir. On me dit à sa tente qu'il étoit à la tête des tranchées. Je m'y rendis à l'heure même, et l'ayant trouvé tout tremblant comme un homme qui avoit encore la fièvre, je lui dis avec un grand sentiment d'amitié qu'il se moquoit de demeurer ainsi en ce lieu, lorsqu'à peine il pouvoit se soutenir : « Ne devriez-vous pas, ajoutai-je, être au « lit? La tranchée est-elle le poste d'une personne « malade? Si les ennemis font quelque sortie, que « ferez-vous en l'état où vous vous trouvez? » Il me répondit que ce n'étoit rien que son mal, et que pour ce qui regardoit les ennemis, il n'y avoit point d'apparence qu'ils voulussent faire aucune sortie; qu'ils avoient été dans un grand repos toute la nuit précédente, et qu'il ne paroissoit pas qu'ils eussent alors de grands desseins. Je lui repartis, selon l'expérience que j'en avois, que j'étois bien d'un autre sentiment que le sien, et que je trouvois qu'il y avoit d'autant plus à craindre qu'il croyoit qu'il n'y en avoit aucun sujet; que ce grand repos des ennemis m'étoit suspect et ne pouvoit rien présager de bon; que les habiles pilotes craignoient beaucoup le grand calme de la mer. Je m'entretenois ainsi fort sérieusement avec lui, lorsque M. le comte de Bussy-Lamet, qui étoit aussi de mes intimes amis, vint rompre notre entretien, me prenant en particulier pour me dire un grand secret, qui étoit qu'on lui avoit fait présent d'un pâté de cerf, et qu'il vouloit que j'assistasse à l'ouverture qui devoit s'en faire ce même matin à déjeuner.

Sur ces entrefaites arriva M. le maréchal de La Meilleraye, à qui je dis avec la liberté dont il vouloit bien que j'usasse avec lui : « Vraiment, monsieur, « ne faites-vous point conscience de souffrir qu'un « homme malade comme M. de Rambures, qui a eu « la fièvre toute la nuit, et qui l'a encore présente- « ment, se tienne à la tête des tranchées? Comman- « dez-lui, s'il vous plaît, d'aller se coucher; car il a « présentement un autre ennemi à combattre que « l'Espagnol. » M. de Rambures prit aussitôt la parole, et, voulant paroître négliger sa fièvre lorsqu'il s'agissoit de s'acquitter de sa charge, il tourna en raillerie ce que je disois, et assura qu'il se portoit bien. M. le maréchal de La Meilleraye le pressa de se retirer; mais il ne voulut jamais quitter son poste, et pour n'avoir pas voulu suivre mon conseil, il fut lui-même bientôt après cause de sa mort. Alors M. de La Meilleraye, qui avoit formé un dessein contre la ville, me dit qu'il falloit que je l'obligeasse en lui rendant un petit service, qui étoit de partir dans le moment, et d'aller dire de sa part au lieutenant de l'artillerie qu'il lui fît faire quatre mille fascines, et les tînt prêtes pour six heures du soir précisément, parce qu'il en avoit absolument affaire. Je lui promis d'y aller; et lui s'étant retourné vers d'autres, M. le comte de Bussy-Lamet me dit tout bas d'attendre que M. le maréchal fût parti, afin que nous pussions déjeuner ensemble avant que je m'acquittasse de sa commission; mais M. de La Meilleraye, qui croyoit que je dusse partir dans le moment, m'ayant encore aperçu quelque temps après, me cria : « Comment ! « vous n'êtes pas encore parti ? Je pensois que vous « voleriez pour l'amour de moi. » Je lui dis que je n'osois partir devant lui, et que j'attendois qu'il s'en fût allé. Sur quoi il me répondit que, puisque je n'y étois pas encore allé, nous nous en irions ensemble jusqu'au bout de la tranchée, et que là nous monterions tous deux à cheval pour aller chacun de notre côté. Ainsi je manquai le déjeuner, dont j'avois un très-grand besoin; mais, par une providence toute particulière de Dieu, j'évitai une occasion où j'aurois infailliblement perdu la vie, comme on le verra dans la suite.

Aussitôt que j'eus quitté M. le maréchal de La Meilleraye, qui alla faire la visite des travaux, je courus au quartier du lieutenant de l'artillerie. Je n'avois pas encore fait plus de six ou sept cents pas que j'entendis un très-grand bruit d'une infinité de coups tirés. Je

me retournai, et vis de loin toute la tranchée en feu, aussi bien que la courtine ; et je crus bien qu'il y avoit grande batterie, et que les ennemis avoient donné dedans nos retranchemens. Je me trouvai dans ce moment plus embarrassé que je ne puis exprimer. D'une part l'amitié intime que je portois à M. de Rambures me rappeloit à la tête de la tranchée, d'autre côté la crainte de mécontenter et de choquer le maréchal de La Meilleraye me pressoit d'exécuter l'ordre qu'il m'avoit donné. Enfin je me résolus de pourvoir à l'un et à l'autre, s'il étoit possible, par mon extraordinaire diligence. C'est pourquoi, continuant mon chemin à toute bride, à l'heure même que j'eus rencontré le lieutenant de l'artillerie, sans lui faire de grands discours, je lui dis tout net que M. de La Meilleraye m'avoit envoyé lui commander de sa part de tenir pour cinq heures et demie du soir quatre mille fascines toutes prêtes ; et de peur qu'il ne m'eût pas assez entendu, je le répétai encore une fois. Il me répondit que M. le maréchal lui commandoit une chose impossible. Je lui répétai pour la troisième fois, sans m'arrêter à raisonner avec lui, qu'il fît comme il pourroit, mais que j'avois ordre de lui dire de sa part qu'il falloit quatre mille fascines pour cinq heures et demie du soir ; et à l'heure même le quittant, je retournai à toute bride vers la tranchée. Mais c'en étoit déjà fait, tout avoit été rompu ; et je rencontrai en chemin le pauvre M. de Rambures qui avoit la cuisse cassée, que l'on reportoit en sa tente. Il me dit d'abord en s'écriant : « Ah ! monsieur, le pauvre Bussy est tué, et
« tous ceux que vous avez vus avec moi à la tête de
« la tranchée. Le corps-de-garde s'est laissé sur-

« prendre; ce qui nous a fait tous périr. Tout ce que
« vous m'aviez dit m'est arrivé. J'eusse été plus sage
« de vous croire. » Alors voyant que j'avois perdu un
de mes meilleurs amis, que l'autre étoit si fort blessé,
et qu'un tel carnage s'étoit fait en un moment, je fus
accablé de douleur. Mais il n'étoit pas temps de s'écouter, et M. de Rambures lui-même me pria de courir
à la tranchée pour voir si l'on n'auroit point besoin de
moi, et s'il ne seroit point nécessaire d'y mener mon
régiment pour repousser les ennemis. Je courus donc
le mettre en bataille; et le maréchal de La Meilleraye
étant survenu, et m'y trouvant, me dit fort surpris :
« Hé quoi! monsieur de Pontis, vous n'avez donc pas
« été où je vous ai dit? » Je lui répliquai que c'étoit
fait, et que j'avois dit et répété par trois fois au lieutenant de l'artillerie ce qu'il m'avoit ordonné; que ce
lieutenant trouvoit la chose bien difficile, mais qu'il
feroit son possible pour le contenter. Il me dit ensuite
qu'on n'avoit pas besoin de mon régiment, parce que
les ennemis étoient déjà repoussés. Et il ajouta en me
parlant avec beaucoup de bonté et de cordialité : « Il
« faut avouer que nous avons eu ici d'étranges affaires
« dans le peu de temps que tu as été absent. Tu m'as
« obligation de la vie; car si tu étois demeuré à la tran-
« chée un quart d'heure davantage, tu n'aurois pas
« été plus heureux que le pauvre Bussy et Rambures,
« qui ont été tués. — Monsieur, lui dis-je, il est vrai
« que je vous en ai l'obligation. Vous avez perdu en
« la personne de M. de Bussy un de vos meilleurs ser-
« viteurs et amis; car c'étoit un très-brave homme.
« Pour M. de Rambures, il n'est que blessé. » M. de
La Meilleraye déplora fort la perte de M. de Bussy, di-

sant qu'il perdoit en lui un de ses plus intimes amis, et que M. le cardinal y perdoit aussi un de ses meilleurs serviteurs. Il me dit ensuite que je me tinsse en état avec tout mon régiment pour l'entreprise du soir, et qu'il alloit reconnoître un chemin fort avancé. Souhaitant de l'accompagner, je lui demandai s'il ne vouloit point que je le suivisse pour prendre ses ordres. Il me dit d'abord qu'il n'étoit pas nécessaire ; mais s'étant depuis ravisé il voulut bien que je l'y accompagnasse. Et après que nous eûmes reconnu l'endroit, il y avança le soir un logement vers la ville, de plus de cent cinquante pas, par le moyen des fascines qu'il avoit commandées, pour se faire un passage dans un canal. Je ne dirai rien davantage de ce siége, ne me souvenant d'aucune particularité considérable, et je passerai à ce qui m'arriva l'année suivante lorsque je fus envoyé dans la Franche-Comté.

En 1638, vers le mois de juin, je reçus ordre du Roi, étant à Paris, d'aller me rendre à l'armée commandée par M. le duc de Longueville, qui assiégeoit la ville de Poligny dans la Franche-Comté ; et ma commission étoit de reconnoître l'état de l'armée, et de retourner en faire mon rapport à Sa Majesté. Quelque temps après que j'y fus arrivé, comme je n'avois point d'autre emploi que de voir et de combattre des yeux, le munitionnaire de l'armée, qui témoignoit avoir quelque confiance en moi, me pria de vouloir l'accompagner dans la visite qu'il alloit faire des montagnes voisines, afin d'y chercher des vivres. J'y consentis de bon cœur, me lassant de ne rien faire ; et ce qui pouvoit alors paroître seulement une rencontre du hasard, fut depuis d'une très-grande conséquence

pour l'Etat, ainsi que je le dirai présentement. Tandis que nous parcourions ces montagnes, nous nous rencontrâmes avec un bon Suisse fort âgé qui portoit des lettres. Je reconnus son visage, du vieux temps où je l'avois vu dans les armées; et, voulant à cause des troubles de la guerre lui prendre ses lettres adroitement pour voir s'il n'y avoit rien qui pût concerner le service du Roi, je renouvelai d'abord les anciennes connoissances, et, l'abordant avec beaucoup d'amitié :
« Hé bien, mon bonhomme, lui dis-je, où allez-
« vous ainsi tout seul dans ces montagnes? — Je vais,
« monsieur, me dit-il, porter quelques lettres en un
« tel lieu. — Il me semble, ajoutai-je, que je vous ai
« vu autrefois dans les Gardes du roi de France :
« n'y avez-vous pas servi en un tel temps? — Oui,
« monsieur, me répondit-il, j'y étois dans ce même
« temps, et j'y ai servi tant d'années. — Je croyois
« bien aussi ne me pas tromper, continuai-je ; je vois
« bien que je n'ai pas encore perdu la mémoire. Hé
« bien, qu'est-ce, mon cher ami? comment vivons-
« nous? Vous portez-vous encore bien à votre âge?
« — Hélas, oui, monsieur, grâces à Dieu, me dit-il,
« autant qu'un homme âgé comme je suis se peut bien
« porter. — Vois-tu, mon cher camarade, lui repar-
« tis-je, nous avons tous deux une consolation, qui
« est que si nous ne pouvons plus espérer de vivre
« long-temps, nous n'en craindrons pas si long-temps
« la mort. Pour moi, j'ai trouvé que le meilleur re-
« mède de la vieillesse étoit de se réjouir un peu, et
« de ne pas trop entretenir sa mélancolie. Dis-moi :
« fait-il bon vivre en ce pays-ci? Le vin y est-il à bon
« marché? » A ce mot de vin, le bonhomme com-

mence à montrer un visage plus serein, selon l'humeur des gens du pays ; et après qu'il m'eut assuré qu'il n'y faisoit pas mauvais vivre, et que le vin n'étoit pas trop cher : « Ho bien, lui dis-je, je veux que nous « buvions à la santé l'un de l'autre, et que nous re- « nouvelions nos connoissances. Allons, buvons à « la santé de la vieillesse. » Je fis ensuite entrer le bonhomme dans une hôtellerie qui étoit proche ; et là, comme il eut bu quelques verres, selon sa coutume, par dessus la juste mesure, je lui pris ses paquets de lettres que j'ouvris, et où je trouvai que les Suisses vouloient prendre les armes, pour se maintenir dans leurs droits qu'ils croyoient que le roi de France vouloit usurper, à cause que M. le duc de Longueville assiégeoit Poligny, où il y a des salines sur lesquelles ils avoient droit de prendre du sel. Comme donc ces bonnes gens sont merveilleusement jaloux de leur liberté, et qu'ils craignoient que le Roi ne voulût ainsi peu à peu usurper leurs droits, ils s'entr'exhortoient, selon leur pratique ordinaire, les uns les autres par ces lettres à prendre les armes, et à envoyer un certain nombre de gens de guerre en divers endroits, pour défendre leurs priviléges.

Ayant vu la conséquence de ce soulèvement, je laissai là le bonhomme assoupi comme il étoit, et je retournai à l'heure même trouver M. de Longueville, à qui je dis, sans lui parler d'autre chose, que, comme j'étois inutile à l'armée après avoir satisfait à l'ordre du Roi, je le priois de me donner mon congé, et de me laisser aller rendre compte à Sa Majesté de la commission que j'avois reçue. Je partis donc du camp de Poligny, et fis la plus grande diligence qu'il me fut possible pour arriver promptement à Paris, où j'allai à l'heure même trouver le Roi ; et, après lui avoir rendu compte de l'état de l'armée, je lui présentai les paquets de lettres que j'avois pris au bonhomme suisse, et lui dis de quelle manière ils m'étoient tombés entre les mains. Le Roi, extrêmement étonné de ces nouvelles, mais très-content du service que je lui avois rendu, fit écrire en diligence à M. de Longueville et aux cantons suisses, pour les assurer de sa part qu'il ne prétendoit en aucune sorte toucher à leurs droits, qu'ils avoient eu un injuste soupçon de sa conduite, qu'il les aimoit et les aimeroit toujours, et les protégeroit contre tous : ce qui apaisa tous les troubles qui étoient près de s'élever dans leur pays.

Il n'en falloit peut-être pas davantage pour avancer la fortune d'un autre plus heureux que moi ; mais il étoit dans l'ordre de la Providence que ce qui auroit pu servir à d'autres me fût inutile. Il est vrai que je ne saurois me lasser de considérer et d'admirer en même temps tous les différens effets de la conduite de Dieu sur moi dans ma vie ; car, quoique je fusse alors dans une insensibilité étonnante touchant les choses de mon salut, je vois clairement maintenant, et je remarque en cent conjonctures différentes le soin qu'il prenoit de moi en tant de manières, lorsqu'à peine je pensois à lui. Il me préserva encore par sa providence, l'année suivante, qui étoit 1639, d'une occasion où il est visible que j'aurois été extrêmement exposé ; et il se servit pour m'en détourner, d'un chagrin et d'une mauvaise humeur que je conçus sur le sujet que je vais dire.

[1639] Un de mes amis donnant un jour à dîner à

M. de Feuquières [1] et à un autre de mes amis, comme j'avois quelque dessein d'aller à la campagne suivante avec M. de Feuquières, à cause qu'il entendoit fort bien les ordres de la guerre, et que je ne demandois pas mieux que d'apprendre toujours quelque chose de nouveau, je me priai de moi-même à ce dîner afin de pouvoir lui parler de mon dessein. Un de ceux de la compagnie, intime ami de M. de Feuquières, ne fit autre chose pendant ce dîner que de dire un mot à l'oreille, tantôt à l'un, tantôt à l'autre : ce qui déplaisoit assez à M. de Feuquières, qui affectoit de parler toujours tout haut. Aussitôt après le dîner ce même ami prit M. de Feuquières par le bras avec M. et madame de Saint-Ange pour les entretenir en particulier en un coin de la chambre. Nous demeurâmes ainsi, un gentilhomme et moi, tout seuls, très-mécontens de ce procédé; car je n'étois nullement accoutumé à me voir traité de la sorte, parlant familièrement à tous les plus grands seigneurs, et ayant l'honneur d'entrer souvent dans la confidence même des princes. Nous nous levâmes donc, ce gentilhomme et moi, pour nous en aller; et quoique madame de Saint-Ange fît ce qu'elle put pour m'arrêter, voyant bien que je n'étois pas content, et que je n'avois pas sujet de l'être, je m'en allai tout fâché, sans avoir pu parler de mon dessein à M. de Feuquières : et ainsi ma mauvaise humeur fut cause que mon voyage fut rompu, et que n'ayant point accompagné M. de Feuquières, comme je l'avois souhaité, en cette campagne, je ne me trouvai point à la célèbre bataille de Thionville, d'où il est sans doute

---

(1) *M. de Feuquières:* Manassé de Pas, marquis de Feuquières. Il avoit épousé une parente des Arnauld de Port-Royal.

que j'aurois eu peine à me sauver, parce que j'aurois été inséparablement attaché à la personne de ce grand homme qui y périt (1).

Je pris donc parti d'un autre côté, et servis cette campagne, durant quelque temps, dans l'armée qui étoit à Vervins sous la conduite du cardinal de La Valette et du duc de Candale ; je servis en qualité de major de brigades, c'est-à-dire major de quatre ou cinq régimens, dont la charge est de recevoir les ordres des généraux, et de les faire exécuter par toutes les troupes qui dépendent de sa conduite. Nous avions encore une autre armée dans Maubeuge, que celle des ennemis y tenoit comme bloquée, étant campée entre elle et la nôtre. Comme donc il s'agissoit de joindre les deux armées, on tint conseil dans celle du cardinal de La Valette de la manière dont on pourroit secourir celle qui étoit dans Maubeuge. M. de Gassion, le marquis de Praslin, et deux autres gentilshommes, vinrent s'offrir à nos généraux de passer à travers les ennemis, pour aller porter la nouvelle dans la ville où étoit l'autre armée de l'arrivée de la nôtre, et de la disposition où elle étoit de la secourir, afin qu'ils se tinssent prêts aussi de leur côté pour un certain jour qu'on leur marquoit, et que l'on pût ainsi attaquer en même temps les ennemis des deux côtés. Les généraux acceptèrent cette offre qu'ils leur faisoient, comme très-avantageuse à toutes les deux armées ; et ceux-ci étant fort bien montés commencèrent à piquer droit vers les ennemis. La sentinelle qui

---

(1) *Qui y périt* : Feuquières ne fut pas tué à la bataille de Thionville; il fut blessé et fait prisonnier. Etant mort quelque temps après en 1640, on soupçonna qu'il avoit été empoisonné.

les aperçut donna à l'instant le signal au corps-de-garde, qui leur voulut couper le chemin. Le marquis de Praslin ayant un excellent cheval passa outre avec deux autres; mais le colonel de Gassion, qui fut investi par les ennemis, ne fit pas un coup moins hardi que l'autre; car, se jetant tout d'un coup à côté dans la rivière, tout habillé, botté, et éperonné, la bride de son cheval passée dans son bras, il se sauva à l'autre bord à la nage, et revint ensuite par un autre tour se rendre dans notre armée.

L'autre armée qui étoit dans Maubeuge, ayant eu avis par le marquis de Praslin de la marche de la nôtre, et du jour que nous devions attaquer les ennemis, se tint toute prête pour ce temps-là, et attendoit sous les armes le moment de l'attaque. Cependant nous marchâmes vers les ennemis; et lorsque nous commencions à les approcher, il s'éleva tout d'un coup un si horrible brouillard, qu'on pouvoit à peine se voir de dix pas, et qu'on ne savoit où l'on alloit. Toute l'armée étoit dans une très-grande inquiétude, craignant de tomber dans quelque embuscade sans y penser. Les régimens que je conduisois me donnèrent des peines infinies, en me rompant continuellement la tête par leurs cris et par leurs demandes, comme des gens qui ne savoient à tous momens où ils étoient. Et ce qui augmentoit ma peine est que messieurs les généraux étoient assez éloignés, à cause que nous étions les premiers et marchions à la tête de toute l'armée. Enfin me trouvant importuné de leurs cris, et voulant voir si je ne découvrirois rien plus loin, je m'avançai à la tête de toutes les troupes quelque quarante pas devant; et fort peu de temps après, lorsque nous marchions toujours, je commençai à découvrir d'assez près quelques troupes ennemies. Je criai à l'heure même à nos gens : « Avance, avance, à moi, à moi. » Je fis battre dans le moment la charge, et nous chargeâmes si vertement ceux qui se trouvèrent à notre rencontre, qu'ils se retirèrent avec peu de résistance à la faveur de ce gros brouillard, nous ayant ouvert le passage; car les troupes de l'armée de Maubeuge les ayant attaqués en même temps par derrière, ils ne voulurent pas se hasarder de soutenir tout à la fois deux armées.

Cette même campagne de l'année 1639, environ au mois de juillet, M. le maréchal de Châtillon, après la défaite de l'armée de M. de Feuquières, reçut ordre du Roi d'aller mettre le siége devant Yvoy dans le Luxembourg. Je me trouvai aussi à ce siége, où je fus blessé d'un coup de mousquet à la jambe; mais cette blessure ne m'empêcha pas, après la prise de la ville, de m'acquitter de la commission que me donna le Roi, qui étoit pour lors à Mouzon, de faire raser entièrement cette place. J'intercédai néanmoins pour le portail d'une église, où je ne fus pas peu surpris de trouver les armes de notre maison, qu'un chanoine de mes parens y avoit fait mettre comme l'ayant fait bâtir. Le Roi, qui s'étoit rendu à Yvoy depuis qu'il avoit été pris, voulut par divertissement aller voir lui-même ce portail avant que de m'accorder la grâce que je lui demandois; et comme ce prince étoit alors de fort belle humeur, et prenoit plaisir à vouloir passer par dessus les poutres et les ruines de la ville, je lui témoignai avec liberté que si nul chemin et nul lieu ne devoient être inaccessibles à ses armes, ces sortes de chemins devoient être interdits à sa personne, et que je mériterois punition si, ayant l'honneur d'être son guide, je le conduisois par des ruines et des précipices. Le Roi repartit fort agréablement: « Il a raison, et il « est juste que les princes mêmes suivent ceux qu'ils « ont choisis pour leurs guides. » Lorsque Sa Majesté eut considéré ce portail dont j'ai parlé, et les autres lieux qu'elle vouloit voir dans la ville, elle m'accorda ce que je lui avois demandé; mais l'ardeur avec laquelle je m'employai pour la démolition de cette place, et la fatigue que je me donnai, sans songer à ma blessure, furent cause que ma jambe s'enfla tout d'un coup et s'enflamma extraordinairement. Ainsi M. de Sève, que j'avois eu l'honneur de connoître si particulièrement à Abbeville, m'ayant fait la grâce de me prêter son carrosse, je me fis mener à Sedan, où M. le comte de Soissons, M. le duc de Guise, et plusieurs autres seigneurs s'étoient retirés pendant leur disgrâce. Comme j'étois fort connu de toute la cour de M. le comte, je reçus beaucoup de visites, et n'eus pas le loisir de m'ennuyer dans mon lit. M. le comte voulut lui-même me faire l'honneur de me venir voir, ayant sans doute sa vue particulière dans cette visite dont il ne m'honoroit pas sans dessein. Connoissant un peu le foible des grands, je fis tomber adroitement le discours sur les belles actions de Son Altesse, et parlai beaucoup de la grande journée de Bray, et de plusieurs autres choses que je croyois devoir plaire particulièrement à ce prince; mais je savois fort bien distinguer la reconnoissance que je lui devois à cause de la bonté toute singulière qu'il me témoignoit, d'avec mes devoirs principaux et les engagemens de ma naissance. Aussi, lorsqu'il m'envoya le lendemain une bourse pleine de pistoles, en me faisant dire que je pouvois en avoir besoin dans l'état où je me trouvois, je ne voulus point la recevoir; mais je la lui renvoyai, en prenant la liberté de lui faire témoigner que s'il n'étoit pas permis à un particulier comme moi de refuser un présent de la part d'un prince comme lui, je le suppliois, n'ayant pas besoin d'argent pour lors, d'avoir la bonté de me vouloir garder cette bourse pour un autre temps où j'en aurois plus de besoin. Et je n'eus pas sujet de me repentir d'en avoir usé de cette sorte; car je reçus aussitôt après une lettre de M. le maréchal de Châtillon, qui me fit la grâce de m'écrire en confidence que mon séjour à Sedan faisoit du bruit à la cour, et que le Roi trouvoit mauvais que mon logis fût le rendez-vous de toute la cour de M. le comte. Cette nouvelle m'étourdit beaucoup, et m'obligea, sans délibérer davantage, de partir dès le lendemain matin pour m'en retourner à Paris, ayant prié seulement un gentilhomme de vouloir faire mes excuses à M. le comte de Soissons, et l'assurer qu'un ordre du Roi m'avoit pressé de partir.

[1640] Je me trouvai l'année suivante, qui étoit 1640, au siége célèbre de la ville d'Arras, qui fut investie vers le mois de juin par messieurs les maréchaux de Châtillon et de La Meilleraye. Ces deux généraux, ayant dessein de la surprendre, divisèrent leurs armées en deux, et firent mine d'aller assiéger quelque autre place; ce qui fut cause qu'une bonne partie de la garnison de cette puissante ville en sortit pour renforcer quelques autres garnisons pour qui on craignoit. Mais ceux d'Arras se virent bien étonnés, ayant été tout d'un coup investis, à même jour et à même heure, de deux côtés différens par les deux armées de nos généraux, en sorte qu'il fut impossible d'y faire entrer du secours. L'on fit aussitôt la circonvallation autour de la ville et les retranchemens pour le camp. Comme je voyois que ce siége pourroit durer, je me fis faire une maison de charpente vitrée où il y avoit deux belles grandes chambres, dans l'une desquelles M. le maréchal de Châtillon se retiroit, et se déroboit très-souvent pour y dormir en repos, sans être importuné de personne.

Le comte d'Isembourg, gouverneur d'Arras, qui étoit sorti de la place peu de temps avant qu'on l'investît, afin de conduire un renfort dans la garnison de Béthune qu'il croyoit que nous dussions assiéger, fut au désespoir voyant Arras ainsi bloqué, et il résolut d'y jeter quelque secours : mais tous les passages se trouvoient si bien fermés, qu'il ne vit point d'ouverture pour le faire sûrement. Ainsi il alla presser le comte de Lamboy, qui commandoit l'armée d'Espagne dans le Pays-Bas, de venir au secours de la place. Ce comte en effet vint camper à quelques lieues d'Arras, et détacha quelques troupes de son armée pour venir donner sur nos tranchées. On tenoit conseil chez M. le maréchal de La Meilleraye où j'étois aussi, lorsque cette alarme vint au camp. A l'heure même que j'eus entendu le bruit, je songeai à monter à cheval pour courir à mon quartier. M. de Comminges-Guitaut, qui étoit un de mes plus intimes amis, voyant le péril où je m'exposois de tomber infailliblement entre les mains des ennemis qui me couperoient chemin, se mit à crier que l'on devoit m'empêcher de courir ainsi à ma mort. En effet, messieurs les généraux me dirent dans le moment qu'ils vouloient au moins me donner une escorte de cavalerie pour me conduire jusqu'à mon quartier ; mais, comme je me confiois en la bonté de mon cheval, je les suppliai de trouver bon que je m'en allasse seul, les assurant que j'en serois moins exposé, et je partis en même temps. J'avois une haquenée admirable dont j'ai depuis refusé 80 pistoles, et je puis dire qu'elle valoit davantage, puisqu'elle me sauva la vie dans cette rencontre ; car, comme je courois à découvert pour aller gagner mon quartier, je fus aperçu par un escadron de cavalerie qui voulut me couper chemin en courant à toute bride à moi, le pistolet à la main, et me criant : « Arrête, arrête ! » Mais ne pouvant me résoudre d'obéir à cet ordre des ennemis lorsque j'avois encore lieu d'espérer de me sauver, je piquai tout de nouveau mon cheval, ayant moi-même le pistolet à la main, et, sans écouter, je passai outre. Il y avoit un peu au-delà une montagne fort escarpée qu'il falloit que je montasse pour m'échapper, à cause que ces cavaliers me poursuivoient toujours, et me fermoient le chemin ordinaire de la montagne. Me voyant dans cette extrémité, je pressai mon cheval de faire un effort pour se sauver, lui et son maître ; et en effet ce petit animal, comme s'il eût connu le péril où nous étions, fit un effort extraordinaire pour grimper cette montagne escarpée, où il pensa être crevé par l'essoufflement et la peine horrible qu'il eut à monter. Les ennemis furent plus étourdis qu'on ne sauroit s'imaginer de me voir ainsi monté ; et n'osant pas entreprendre de me suivre par un chemin si dangereux, ils montèrent par un autre endroit pour tâcher de me couper encore chemin ; mais, comme je fus monté beaucoup plus tôt qu'eux, après que j'eus un peu fait reprendre haleine à mon cheval, et que je l'eus caressé pour ce bon service qu'il me rendoit, je me mis tout de nouveau à courir, et, les ayant devancés, je gagnai enfin le quartier.

Nos généraux, ayant eu avis que j'avois été poursuivi par un escadron de cavalerie, étoient en peine du succès de ma course, lorsque M. le maréchal de La Meilleraye, étant arrivé quelque temps après à mon quartier, me trouva avec mon régiment que j'avois mis en bataille, et qui étoit tout prêt à bien faire; mais nous n'en eûmes pas d'occasion, parce que les ennemis s'étant seulement montrés, et ayant vu tout notre camp préparé à les recevoir, se retirèrent.

Je perdis durant ce siége diverses choses contre ma coutume, ayant toujours assez heureusement conservé ce que j'avois. Un jour entre autres, j'avois envoyé quelques-uns de mes valets chercher du fourrage pour mes chevaux, qui étoient en tout au nombre de dix-huit ou vingt. Je leur dis de n'y en mener que que deux ou trois, afin que s'ils faisoient quelque mauvaise rencontre je ne fusse pas en danger de les perdre tous à la fois. Mes gens, espérant rapporter un plus grand butin, ne laissèrent pas, contre l'ordre que je leur avois donné, d'y en mener sept ou huit. Quelques troupes ennemies étant survenues, nos braves ne pensèrent qu'à se sauver, laissant mes chevaux pour les gages. Il y avoit entre les autres un limonier qui étoit assurément un des meilleurs chevaux de sa qualité. Il avoit un courage naturel, et une fierté digne d'un cheval de bataille, et il ne lui manquoit que la taille et la forme pour mériter de porter un général d'armée. Ce cheval guerrier n'étant pas accoutumé au langage espagnol, et voyant bien qu'il étoit parmi des ennemis, se mit à jouer des quatre pieds et des dents contre tous ceux qui étoient auprès de lui, et il entra tout d'un coup en une telle fureur, que ceux qui croyoient l'avoir pris ne pouvant en être les maîtres l'abandonnèrent enfin, et le laissèrent aller, en disant qu'il falloit qu'il eût le démon dans le corps. Comme il étoit attaché avec un autre il le sauva et l'emmena avec lui, et on les vit revenir tous deux toujours courant jusques au camp et jusque dans mon écurie, dont ils savoient parfaitement le chemin. Je fus ravi du courage de cet animal, et je dis à un valet d'aller voir si les autres ne seroient point d'humeur à revenir comme ces deux-là; mais ils ne parurent point.

Je perdis encore, une nuit que j'étois de garde dans les tranchées, toutes mes provisions de bouche. Mes gens avoient préparé dès le soir tout mon dîner pour le lendemain d'assez bon matin; et j'avois accoutumé de donner à dîner aux officiers de la garde lorsque j'y étois. Comme donc j'attendois avec impatience qu'on m'apportât mon dîner, on me vint dire que tout avoit été emporté. On me prit plus de quarante jambons, un muid tout plein de viandes salées, et beaucoup d'autres choses, ce qui se montoit à une assez grande somme. Je fus néanmoins plus heureux que je ne pensois dans mon malheur; car nos généraux et quelques-uns des principaux officiers ayant su mon infortune, m'envoyèrent abondamment de quoi réparer cette perte ; et je trouvai qu'il m'étoit avantageux d'avoir été volé, ayant recouvré plus que je n'avois perdu.

Les assiégés voulurent un jour faire une sortie d'importance sur nous, et attendirent pour cet effet le temps auquel on changeoit les gardes, comme étant le plus favorable à cause qu'il y a toujours quelque désordre. Etant donc sortis de la ville au nombre d'environ huit cents hommes, ils s'avançoient avec une ardeur incroyable droit vers le quartier où nous étions. Comme je les vis venir à nous en si belle humeur, je criai à notre maréchal de camp : « Monsieur, « voici des gens qui se promettent d'avoir bon mar- « ché de nous, et qui sont en grande disposition de « nous bien battre si nous le voulons souffrir ; je « m'en vais, ajoutai-je, au-devant d'eux pour leur « faire la civilité ; » et m'adressant aussitôt aux officiers de mon régiment : « Allons, messieurs, leur « dis-je, allons entrer avec eux dedans leur ville. » Je sors à l'instant de la tranchée, et la plupart des officiers me suivirent avec toute la soldatesque. Les ennemis, nous voyant venir au devant d'eux pour le moins en aussi belle humeur qu'ils pouvoient être, se tinrent très-contens de notre civilité, et, tournant tout court à côté, ils attaquèrent un autre quartier où ils n'étoient pas si bien attendus. Ils y battirent en effet et poussèrent très-rudement le régiment des Gardes, jusqu'à ce qu'ils fussent ensuite repoussés eux-mêmes dans leurs fossés par ceux qui le soutenoient. J'avois remarqué que deux ou trois officiers de mon régiment avoient fait la sourde oreille lorsque je les avois appelés pour sortir de nos tranchées ; et c'en étoit qui hors le péril faisoient les braves. Je crus être obligé de leur faire connoître leur devoir, et leur dis au retour, étant assurément un peu ému, que, puisqu'il étoit dans l'ordre que le régiment obéît à celui qui avoit l'autorité pour commander, je prétendois être en droit de faire observer la discipline, et que je ferois tirer sur le premier qui manqueroit à marcher lorsque je l'appellerois : « Si vous ne voulez « pas obéir, ajoutai-je, faites donc ma charge et je « ferai la vôtre. » Cette parole, que je prononçai avec chaleur à cause de l'amour que j'avois pour la discipline, me fit plusieurs ennemis ; et ils se disoient les uns aux autres : « Quand il seroit notre général il ne « parleroit pas autrement. » Je dis aussi à un de ces officiers pour l'étonner davantage, que si je voulois je pouvois le perdre d'honneur, qu'il faisoit le brave quand il n'y avoit rien à craindre, et qu'il reculoit dans l'occasion du combat. Comme il connoissoit la vérité de ce que je lui disois, il me fit de grandes excuses, et me conjura de l'épargner.

J'eus encore un assez grand différend avec le lieutenant colonel de mon régiment, nommé M. du Plessis-Bellière, pour un sujet qui ne sembloit pas devoir nous brouiller. Recevant tous les jours des plaintes de nos soldats à cause qu'ils n'étoient point payés, je m'avisai d'un expédient pour avoir de l'argent, et j'en parlai à ce lieutenant colonel afin qu'il en parlât aux trésoriers de l'armée. Celui-ci, gagné peut-être par ces trésoriers, au lieu de me seconder dans ce dessein, me prit à partie, et me demanda assez brusquement de quoi je me mêlois, ajoutant que c'étoit mon ordinaire de ne me pas contenter de faire ma charge, mais que je voulois

faire encore celle des autres. Je lui repartis, à peu près du même ton qu'il l'avoit pris, qu'il étoit de mon devoir de prendre soin des intérêts du régiment, et que, puisque c'étoit à moi que les soldats faisoient tous les jours leurs plaintes sur ce sujet, c'étoit aussi à moi à y pourvoir, et que si les autres ne s'acquittoient pas de leur charge, je devois les en faire souvenir. Il continua de me pousser, en me disant que je devois me contenter de faire ma charge, et que les autres sauroient bien faire la leur, et se passeroient très-bien de mes conseils. Comme je le vis s'opposer ainsi avec si peu de raison au bien général du régiment sans que je l'eusse offensé, je le poussai aussi à mon tour, et lui répliquai que, sans faire tort à sa qualité, il y avoit de plus grands seigneurs que lui qui ne tenoient pas à déshonneur de me consulter : « Et vous-
« même, monsieur, ajoutai-je, vous savez le faire
« aussi dans les occasions, sans croire vous rabaisser. »
Là-dessus nous nous échauffâmes beaucoup de part et d'autre ; et il y avoit grand sujet d'en appréhender de fâcheuses suites, si messieurs les généraux, en ayant été avertis, ne nous eussent accommodés, en sorte que depuis ce temps-là nous avons toujours été bons amis.

Mais M. l'évêque d'Auxerre son parent, ayant su notre querelle, en conçut contre moi une haine si furieuse et si indigne de son caractère, qu'il résolut de me perdre, à quelque prix que ce fût, auprès de M. le cardinal de Richelieu, qui me haïssoit déjà autant qu'il aimoit cet évêque. Messieurs ses frères, avec qui j'avois une union assez particulière, m'en avertirent, et me dirent plusieurs fois qu'il me perdroit, et que je prisse garde à moi, parce que j'avois affaire à un homme puissant et habile pour faire le mal; ce qui me paroissoit une qualité rare et extraordinaire pour un prélat. Je les priai de me servir auprès de lui; et il est sans doute qu'ils l'eussent fait de très-bon cœur s'ils l'avoient pu; mais ils me dirent qu'ils n'y pouvoient rien, et que c'étoit un esprit farouche et intraitable, qui étoit capable de les perdre eux-mêmes s'ils le choquoient en quelque chose. On peut bien juger de la disposition où je me trouvois, ayant un ennemi si violent dont je ne pouvois repousser les violences, qu'un manteau épiscopal mettoit à couvert. Il fallut donc en venir aux soumissions; et je puis dire qu'il est incroyable combien j'en fis, et combien de machines différentes je remuai pour adoucir cet homme si fier, le craignant surtout à cause du cardinal de Richelieu dont je redoutois la puissance. J'allai même une fois chez lui avec M. d'Orgeval pour lui donner toute la satisfaction qu'il auroit pu souhaiter. Je l'assurai que je n'avois jamais eu aucun dessein de le blesser dans ce qui s'étoit passé entre M. son parent et moi, mais que je venois lui témoigner le regret sensible que j'avois de ce qu'il s'en étoit tenu offensé. Il fit l'étonné, et me répondit que je ne l'avois pas offensé; et comme je le pressai un peu sur ce sujet pour l'obliger de s'ouvrir à moi, il me tourna tout d'un coup le dos avec la dernière incivilité, et il rentra dans sa chambre. Ainsi je ne pus jamais rien gagner sur son esprit; et il m'arriva enfin ce que messieurs ses frères m'avoient prédit, qui étoit qu'il me perdroit; car il fut cause en effet de ma disgrâce, dont je parlerai après la prise d'Arras.

Mais la raison pour laquelle ce prélat ne voulut jamais se réconcilier avec moi, fut la malheureuse nécessité où il s'étoit mis en quelque sorte de me haïr pour toujours, par la manière odieuse dont il avoit déjà parlé à M. le cardinal sur mon sujet afin de mieux faire sa cour auprès de lui; car, entre autres choses, il lui avoit dit que j'étois si fort attaché au Roi, que, quelque chose qu'il me commandât, j'étois disposé à l'exécuter; ce qui étoit le plus misérable office que l'on pût jamais me rendre auprès de son Eminence, qui craignoit tout, et qui ne pouvoit rien appréhender davantage dans un serviteur du Roi que cette disposition qu'on m'attribuoit, d'être capable de tout faire pour son service. Je ne m'explique point davantage sur cela; et l'on verra dans la suite qu'il me fit assez connoître comment il l'avoit entendu, m'ayant réduit en l'état que je représenterai dans la suite, où il me rendit tout d'un coup aussi malheureux que je pouvois être, me privant même autant qu'il étoit en son pouvoir du secours et de la protection de Sa Majesté. Ce que j'admirai davantage en cette rencontre fut qu'au lieu qu'un cavalier et un officier de l'armée, comme M. du Plessis-Bellière son parent, se dépouillât si promptement de toute l'animosité qu'il avoit eue contre moi, un évêque, dont le caractère ne lui devoit inspirer que des mouvemens de charité et de paix, nourrît dans son cœur une haine irréconciliable contre celui de qui il se croyoit offensé, et mît sa gloire à le pousser jusques aux dernières extrémités. Cette conduite si différente d'un homme d'épée et d'un prélat pourroit fournir un ample sujet de réflexion à ceux qui connoissent mieux que moi jusqu'où doivent aller la sagesse et la vertu d'un évêque.

Le Roi ayant fait partir un jour un très-grand convoi pour le ravitaillement du camp, avec une escorte de plus de cinq mille chevaux, M. le maréchal de La Meilleraye sortit du camp, et alla au-devant d'eux avec encore trois mille chevaux. L'armée ennemie ne manqua pas de prendre cette occasion pour venir donner sur les tranchées. Aussitôt qu'ils parurent d'assez loin, M. le marquis de Grammont, qui commandoit notre cavalerie, dit à M. le maréchal de Châtillon, auprès duquel j'étois attendant ses ordres : « Mon-
« sieur, voilà les ennemis qui paroissent; il faudroit
« aller au-devant d'eux avec quelques escadrons de
« cavalerie, afin de rompre leur premier effort et les
« empêcher de forcer nos retranchemens. » M. le maréchal de Châtillon, qui étoit, comme l'on sait, d'un fort grand froid, lui répondit sans s'émouvoir :
« Monsieur, il ne s'agit pas d'aller combattre l'armée
« ennemie, mais seulement de défendre nos tran-
« chées. — Mais, monsieur, continua M. de Gram-
« mont, c'est aussi pour les défendre que je veux
« aller au-devant des ennemis : celui qui attaque est
« d'ordinaire le plus fort. — Oui, monsieur, repartit
« M. de Châtillon ; et si vous êtes repoussé, qui dé-
« fendra vos tranchées? Voyez-vous, ajouta-t-il en
« montrant Arras, cette ville-là est notre maîtresse.
« Il ne s'agit que de la prendre, et il le faut faire
« à quelque prix que ce soit, en répandant s'il est
« besoin jusqu'à la dernière goutte de notre sang. Il
« ne faut point aller chercher les ennemis, il faut les
« attendre de pied ferme, et voir ce qu'ils nous di-
« ront. — Ah! monsieur, répliqua M. de Grammont

« fort en colère, c'est une jalousie que cela. Vous me
« faites un affront de m'arrêter en cette occasion. Je
« m'en plaindrai au Roi. — Oui, monsieur, je trou-
« verai bon que vous en fassiez vos plaintes, répon-
« dit M. le maréchal, et je vous prie de m'avertir
« quand vous le ferez afin que j'y sois présent. Mais
« cependant, monsieur, sur mon honneur, retour-
« nez-vous-en à votre poste, et n'en sortez pas. »
M. de Grammont, fort offensé, se retira en disant
qu'il ne pouvoit pas ne point obéir au général, mais
qu'il s'en plaindroit hautement.

Cependant les ennemis commencèrent à donner
avec tant de fureur dans nos tranchées vers le quartier de M. de Rantzau, qu'ils y taillèrent en pièces
quelques régimens, pillèrent tout le quartier, et se
disposoient à enfoncer beaucoup plus avant pour tâcher de jeter quelque secours dans la place. Le fort de
Rantzau fut pris plusieurs fois en cette occasion, et
il nous demeura à la fin. J'accompagnai M. le maréchal de Châtillon durant tout ce combat, qui dura
près de cinq heures, et eus le plaisir de voir tout sans
combattre, à cause que notre quartier n'étoit pas attaqué, étant éloigné d'une lieue de là. Quelques-uns
étant venus crier à M. de Châtillon que tout étoit
perdu, que les ennemis nous alloient forcer, il leur
répondit froidement et sans s'étonner : « Attendez,
« attendez qu'ils aient tout fait; » et, fort peu de
temps après, il commanda tout d'un coup à un corps
de réserve de quatre mille chevaux de donner sur les
ennemis. Aussitôt dit, aussitôt fait. Ils allèrent à
l'heure même les charger si vigoureusement, qu'ils
les chassèrent de tous les retranchemens, regagnèrent

quelques pièces qui étoient perdues, et les poussèrent encore bien loin par-delà le camp. Ce fut alors qu'on reconnut, et que M. de Grammont avoua lui-même, que c'avoit été un coup de sagesse à M. de Châtillon d'avoir empêché qu'il ne sortît avec la cavalerie, puisque ce fut elle qui sauva tout, étant demeurée dans le camp.

Enfin la mine ayant joué et fait une assez grande brèche, et deux autres étant encore toutes prêtes à jouer, nos généraux firent sommer ceux d'Arras de se rendre, en leur déclarant que, s'ils se sentoient assez forts pour espérer de soutenir encore après l'effet de ces deux mines, ils avoient droit de refuser de se rendre, et que, s'ils vouloient s'assurer eux-mêmes de la vérité de ce qu'on disoit, ils leur promettoient de les y faire mener sûrement sans qu'ils eussent lieu de rien craindre. Quelques-uns donc étant sortis de la ville, et ayant vu toutes choses, ne doutèrent plus de l'impossibilité qu'il y avoit à résister plus long-temps, et l'on conclut à la capitulation aussitôt après qu'ils eurent fait leur rapport; car on ne leur avoit donné qu'une heure pour se résoudre, de peur qu'un plus long retardement ne leur donnât le moyen de rendre inutile l'effet qu'on se promettoit de ces deux mines. Ainsi les articles étant dressés, lorsque l'on fut convenu de part et d'autre de toutes choses, la ville fut remise entre les mains du Roi au mois d'août (1) de l'année 1640. M. le cardinal de Richelieu en avoit promis le gouvernement à M. de Saint-Preuil en cas qu'elle fût prise, et il lui

---

(1) *Au mois d'août* : Ce fut le 10 qu'Arras se rendit aux généraux de Louis XIII.

tint sa parole, l'en ayant pourvu après sa réduction. M. de Saint-Preuil, avec qui, comme je l'ai déjà remarqué, j'étois uni très-étroitement, s'en étoit ouvert à moi dès auparavant, et il m'avoit même extrêmement pressé de demander la lieutenance de roi dans la même place. Je l'eusse bien souhaitée à cause de cette grande liaison qui étoit entre nous; mais, ne pouvant me résoudre de la demander, je le pressai fort lui-même de la solliciter pour moi, lui témoignant qu'il pourroit bien me procurer cette lieutenance après avoir obtenu si facilement pour soi l'assurance du gouvernement. Comme il connoissoit la disposition de M. le cardinal sur mon sujet, il n'osa jamais s'engager à faire cette sollicitation pour moi: et ainsi, après la réduction d'Arras, la lieutenance de roi tomba entre les mains de M. du Plessis-Bellière; et j'y demeurai en garnison pendant quelques mois avec mon régiment, qui étoit toujours celui du maréchal de Brezé.

LIVRE XIII.

Disgrâce du sieur de Pontis. Ce qui se passa entre lui et un père feuillant sur le sujet d'un crime qu'il préméditoit avec le sieur de Saint-Preuil. Conduite artificieuse du fils d'un ministre qui dupe le cardinal de Richelieu et une partie de la France. Disgrâce du sieur de Saint-Preuil, avec plusieurs particularités considérables touchant l'origine de cette disgrâce. M. le Grand sollicite le sieur de Pontis d'entrer dans le parti qu'il formoit contre le cardinal de Richelieu. Le sieur de Pontis écrit sur ce sujet une lettre sanglante qui tombe entre les mains de ce cardinal. Voyage du Roi en Roussillon. Fortune chancelante du cardinal, qui triomphe enfin de ses ennemis. Grande conférence qu'il a avec le sieur de Pontis, qu'il s'efforce de nouveau d'attirer à son service. Mort de ce cardinal, qui est bientôt suivie de celle du Roi.

Je ressentis, bientôt après la réduction de la ville d'Arras, les effets de la mauvaise volonté du prélat dont j'ai parlé dans le livre précédent. Il réussit si habilement à irriter le cardinal de Richelieu contre moi, que je me vis en un instant dépouillé de tout, et réduit à ne pouvoir plus même voir le Roi, que ce cardinal, par une hardiesse qui pourroit paroître incroyable, ne craignit point de choquer hautement en cette rencontre, en se servant de son autorité même contre l'un de ses officiers pour qui il savoit que Sa Majesté avoit une bonté et une considération toute particulière. Etant donc un jour venu à Paris par un ordre exprès du Roi pour faire une assez grande recrue, et la conduire ensuite à Arras, je travaillai pendant quelque temps à m'acquitter de cette commission; et, peu de jours avant que je retournasse à Arras avec les troupes que j'avois levées, je voulus traiter les trésoriers extraordinaires de l'armée à Aubrières, qui est à une lieue de Paris. Je le fis le plus magnifiquement qu'il me fut possible, n'épargnant rien pour bien régaler des personnes dont je savois qu'il étoit avantageux de s'acquérir les bonnes grâces, et ne pensant guère à la disgrâce qui devoit bientôt m'arriver, et pour laquelle j'eusse eu grand besoin de ménager cet argent, que je dépensai assez inutilement. Ce jour si gai et si serein fut donc suivi d'un autre bien triste pour moi ; car, lorsque j'étois à table avec quelques-uns de mes amis, et que je pensois uniquement à me divertir avec eux, il arriva au logis une personne qui demanda à me parler de la part de M. des Noyers. M'étant aussitôt levé de table pour savoir ce qu'elle me vouloit, elle me présenta un ordre écrit de la main de mondit sieur des Noyers, qui me mandoit que monseigneur le cardinal me faisoit savoir, de la part du Roi, qu'il n'étoit pas nécessaire que je conduisisse à Arras la recrue de soldats que j'avois levée, et que j'eusse à ne point sortir de Paris sans un ordre particulier de Sa Majesté.

Cette nouvelle fut comme un coup de tonnerre pour moi, qui en demeurai tout étourdi. Après néanmoins en être un peu revenu, je dis à cet homme, sans m'expliquer davantage, que je ne manquerois pas d'exécuter ce qui étoit marqué dans cet ordre ; et ensuite, me surmontant le plus qu'il m'étoit possible pour ne point troubler la joie de la compagnie, je vins me remettre à table sans rien témoigner de ma douleur. Il ne fut pas néanmoins en mon pouvoir d'empêcher qu'elle ne parût à ceux qui étoient à table. Ils me dirent aussitôt qu'ils voyoient bien que j'avois reçu quelque fâcheuse nouvelle ; mais je m'en défis comme je pus, et ne voulus point leur rien déclarer.

En même temps que je reçus l'ordre dont j'ai parlé, M. le cardinal fit envoyer des billets, tant à l'épargne qu'aux autres lieux, pour défendre qu'on me payât mes appointemens ordinaires. Ainsi je me vis tout d'un coup réduit au même état où j'avois été autrefois en arrivant tout jeune à Paris ; et, n'osant plus me montrer au Louvre, je vivois dans le dernier chagrin de voir toute ma fortune renversée en un instant. Le Roi néanmoins avoit toujours la même bonté pour moi; il cherchoit même les occasions de m'en donner quelques marques ; mais, comme il appréhendoit le cardinal qui avoit bien osé le choquer si hautement sur mon sujet, il se vit contraint de se ménager lui-même en cette rencontre, et d'user d'adresse pour ne pas faire trop paroître cette bonne volonté qu'il avoit pour moi ; jusque-là que, lorsqu'il avoit envie de me parler, il ne vouloit pas le faire publiquement, mais me mandoit en secret et me donnoit quelque rendez-vous, pour se cacher de celui qui étoit l'auteur de ma disgrâce. On croiroit à peine ce que je dis, qu'un si grand roi ait été réduit à user de tous ces ménagemens envers son ministre, si ce que je rapporte ici sur mon sujet n'étoit appuyé par la connoissance générale de l'autorité absolue que le cardinal de Richelieu s'étoit acquise dans tout le royaume, dont il n'étoit pas fâché que le Roi même se ressentît quelquefois.

Un jour entre autres Sa Majesté, voulant me parler, m'envoya le soir son premier valet de chambre qu'il affectionnoit, et en qui il se fioit entièrement, nommé Archambaut, pour me dire de sa part de me trouver le lendemain, une heure avant le jour, en une galerie de Saint-Germain qu'il me marqua. Je m'y rendis exactement, et, ayant approché de la sentinelle, je lui dis de n'avoir point d'ombrage de moi, et l'assurai que le Roi m'avoit commandé de me trouver en cet endroit à telle heure. La sentinelle ayant su mon nom me dit qu'elle avoit reçu ordre de me souffrir en ce lieu, mais qu'elle me prioit seulement de me promener, et de ne la pas approcher, pour garder les formes qui ne permettent pas qu'on approche une sentinelle. Ainsi j'attendis en me promenant l'arrivée du Roi, qui, étant sorti tout d'un coup, me fit faire deux ou trois tours comme à la dérobée, en s'entretenant avec moi, et me dit ensuite qu'il m'avoit mandé dans le dessein de me mener à Versailles avec lui, mais que la nuit lui avoit fait changer de résolution, et qu'ainsi j'allasse trouver le trésorier de ses menus-plaisirs, qui me feroit toucher quelque argent. Je n'étois pas en état de négliger un tel ordre, et je reçus en effet 500 écus, que je considérai particulièrement comme une preuve que le Roi me conservoit toujours l'honneur de son souvenir, et que, s'il ne pouvoit pas m'empêcher d'être malheureux, ma disgrâce au moins lui étoit sensible.

Je dirai ici en passant qu'étant un jour allé voir M. des Noyers, qui ne me haïssoit pas, et ayant pris la liberté de lui demander d'où venoit que j'avois été traité de la sorte, il me fit une réponse toute semblable à celle que l'on dit être ordinaire aux inquisiteurs de Rome. « Vous devez pourtant croire, me « répondit-il, que le Roi ne l'a pas fait sans avoir eu « raison de le faire. — Mais, monsieur, lui repartis-je, « je ne me sens coupable de rien. — Voyez, me ré-« pliqua-t-il encore, examinez-vous. Il n'y a pas « d'apparence qu'on vous eût traité de la sorte sans « quelque grande raison. » Il se brouilla avec M. le maréchal de Brezé sur mon sujet, à cause que M. de Brezé, qui m'honoroit fort de sa bienveillance, croyoit que M. des Noyers me vouloit du mal, et me rendoit de mauvais offices, quoique dans la vérité je puisse dire qu'il ne me haïssoit pas par lui-même.

L'oisiveté produit ordinairement du mal, et il m'arriva aussi dans ce temps de ma disgrâce, où je n'avois aucune occupation, une malheureuse affaire, dont Dieu permit néanmoins que je retirasse à la fin un grand bien. Il y avoit une dame de qualité fort belle et fort riche que M. de Saint-Preuil aimoit, et qu'il vouloit épouser. Un des cousins de M. de Saint-Preuil, qui étoit un homme très-bien fait, aimoit comme lui cette dame, et avoit les mêmes prétentions. Cette concurrence, comme il arrive presque toujours, produisit entre eux une mortelle jalousie; et M. de Saint-Preuil, ne pouvant plus souffrir ce rival, résolut de se battre contre lui, et de décider leur différend par cette voie diabolique. Comme c'est un des fruits les plus ordinaires de l'amitié du monde de rendre ses amis participans de ses crimes, il me choisit pour le seconder dans ce misérable dessein; et, avant que de l'exécuter, nous passâmes près de deux mois dans une occupation dont j'ose à peine parler ici, en faisant des armes tous les jours l'un contre l'autre, pour apprendre quelque coup extraordinaire qui pût nous servir à nous défaire chacun de notre homme en peu de temps. De cet exercice digne de l'enfer, on ne pouvoit espérer que des suites très-funestes, si Dieu, par une bonté que je ne saurois assez adorer, n'eût empêché la consommation de notre crime en la manière que je vais rapporter.

Il m'inspira en ce même temps d'aller à confesse, et de consulter quelque bon père sur notre dessein, qui me donnoit quelquefois de grands remords de conscience. Je m'en allai aux pères Feuillans, de la rue Saint-Honoré à Paris, où je demandai d'abord au premier religieux que je rencontrai qu'il me fît la grâce de me faire parler au plus saint et au plus savant homme de leur maison, ajoutant que j'avois quelque chose d'importance à lui communiquer. L'on fit venir en effet le plus vénérable de leurs pères, qui étoit un très-bonhomme, comme on le va voir. C'étoit un vieillard, nommé Borromæo, dont la seule vue étoit capable de jeter de l'effroi dans l'esprit d'un vieux pécheur comme j'étois. L'ayant abordé, je lui dis que je le priois de me vouloir faire la grâce de m'entendre en confession ; ce qu'il m'accorda. Après m'être confessé, et lui avoir déclaré entre autres choses la disposition présente où j'étois, et l'exercice misérable que je faisois pour me préparer à un duel, le bon père, frissonnant presque d'horreur d'entendre l'état effroyable où il me voyoit, me dit avec fermeté et avec colère : « Comment avez-vous la hardiesse d'ap-

« procher du tribunal de Jésus-Christ, étant dans
« cette volonté criminelle de commettre une action
« si détestable, et vous exerçant tous les jours pour
« tuer le corps et l'ame de votre frère? Vous êtes
« dans un pire état que le diable même ; car ce mal-
« heureux esprit ne désire la perte des hommes qu'à
« cause qu'il est perdu et damné lui-même pour ja-
« mais. Mais vous, qui êtes dans le sein de l'Eglise,
« qui faites partie et qui êtes un membre du corps
« de Jésus-Christ, vous vous disposez tous les jours
« à damner l'un de vos frères et l'un de vos membres.
« Si c'étoit quelque rencontre imprévue où vous fus-
« siez obligé de vous défendre, ou que ce fût un
« mouvement subit et un transport de colère, vous
« seriez moins criminel, et votre faute, quoique
« toujours très-grande, ne vous rendroit pas si in-
« digne de la miséricorde de Dieu. Mais de dire que
« de sang-froid l'on se prépare depuis long-temps à
« une action si malheureuse, par un exercice aussi
« détestable qu'est celui d'apprendre le moyen de
« percer promptement le cœur de votre frère, est-ce
« être homme? est-ce être chrétien? Je ne puis pas
« vous donner l'absolution en l'état où je vous vois ;
« Dieu me le défend „ et je me rendrois coupable de
« votre crime, si je prétendois vous en absoudre par
« une absolution aussi criminelle que votre action. »

Lorsque j'entendis ces paroles prononcées avec colère et avec force, je crus à la vérité entendre un
coup de tonnerre, qui me foudroya et m'abattit de
telle sorte, que je ne savois plus du tout où j'en étois.
Dieu m'assista néanmoins ; et, bien loin de résister à
ce que me disoit ce bon père, je lui répondis avec

douceur que je lui étois infiniment obligé de ce qu'il m'avoit parlé de la sorte, que je voyois bien que ma disposition étoit abominable aux yeux de Dieu et des hommes, et que je ne pouvois plus rien espérer que de la grande miséricorde de Dieu, et de l'assistance de ses prières. Ce bon père, me voyant ainsi étonné et touché de ses paroles, commença à me parler d'un air plus doux, et me dit avec une grande tendresse de cœur : « Il est vrai, monsieur, que votre crime est
« si grand qu'il semble être indigne de toute miséri-
« corde ; mais il n'est rien d'impossible à Dieu. Il
« faut implorer sa bonté, il faut le prier et gémir.
« Mais, hélas ! comment lui demanderez-vous miséri-
« corde, étant plongé dans une si effroyable misère ?
« Comment oserez-vous le prier, et vous mettre en
« sa présence, ayant le crime dans le cœur comme
« vous l'avez ? » Me sentant touché par la tendresse de ce bon religieux, et par la force de la vérité, je me levai; et lui se levant en même temps, je l'embrassai avec beaucoup de cordialité, et lui dis qu'il étoit vrai que par moi-même je ne pouvois rien espérer, mais que j'avois confiance en ses prières, que je lui demandois de tout mon cœur. Il m'embrassa à son tour, et me dit avec une tendresse de vrai père : « Oui, je vous
« promets de me souvenir demain de vous dans le
« saint sacrifice de la messe. Il faut espérer que Dieu,
« par le mérite du sang que Jésus-Christ a répandu
« pour les pécheurs, exaucera nos prières. » Je lui demandai son nom afin que je pusse avoir le bonheur de le venir voir. Il me le dit, me témoignant qu'il seroit ravi de me servir ; et je retournai ainsi chez moi bien étonné.

M. de Saint-Preuil ayant voulu, selon sa coutume, faire avec moi le même exercice qu'auparavant, fut bien surpris lorsque je lui dis que je ne voulois plus m'amuser à tout cela, que j'avois parlé à un homme qui m'avoit si bien dit mes vérités sur ce sujet, que je n'avois pas envie de m'attirer un nouveau prône, étant plus que satisfait du premier. Saint-Preuil, qui étoit, comme on le sait, un homme fort déterminé, et qui n'alloit presque jamais à confesse, me répondit en se moquant : « Vraiment, nous y voici : et quelle
« nouvelle dévotion t'a-t-il pris? Tu es devenu bien
« scrupuleux. Mais quel est donc cet homme-là? je
« voudrois bien lui parler. — Vous voudriez bien, re-
« partis-je, lui parler? Cela n'est pas difficile si vous
« le voulez. Je suis bien assuré qu'il vous étourdira
« aussi bien que moi, fussiez-vous encore plus mé-
« chant que vous n'êtes. — Mais qui est-il encore, me
« dit-il? » Après que je lui eus fait promettre qu'il l'iroit voir, je lui déclarai qui c'étoit, ajoutant que ce bon père ne m'avoit point épargné, et que j'étois bien assuré qu'il ne le ménageroit pas davantage. « Ah!
« vraiment, s'écria Saint-Preuil, te voilà bien enca-
« puchonné avec tes moines. Il ne restoit plus que
« cela pour t'achever. — Écoutez, lui repartis-je, ne
« pensez pas vous en moquer. Je suis trompé s'il ne
« vous déferre tantôt aussi bien que moi. Armez-
« vous de tout votre courage, et soyez brave tant
« qu'il vous plaira; vous le serez bien si vous ré-
« sistez à ce moine. — Nous le verrons, répliqua-t-il. »

Je le menai donc aux Feuillans; et le père Borromæo étant venu nous trouver dans le jardin, je lui dis :
« Mon père, voilà un homme que je vous amène, qui

« est encore plus méchant que moi, quoique je me re-
« connoisse pourtant devant Dieu plus méchant que
« lui. Voyez si vous le pourrez convertir; cependant
« je m'en vais me promener dans une autre allée pour
« vous laisser dans la liberté. » Saint-Preuil ayant déclaré à ce bon père sa disposition présente, il l'entreprit de telle sorte, et lui représenta si vivement l'horreur de son crime et de sa vie, et les jugemens effroyables de Dieu qui le menaçoient, que, tout brave qu'il étoit, il se trouva terrassé, et qu'au lieu qu'il étoit venu dans le dessein de se moquer, il reçut lui-même une confusion qui ne se peut exprimer, jusque-là que, lorsque nous eûmes pris congé du père, il me dit en nous en retournant : « J'en ai
« jusqu'aux gardes. Il m'a parlé de telle sorte, que si
« je veux espérer d'être sauvé je n'ai plus qu'à me
« faire capucin. » Je fus étonné de l'impression si puissante que les paroles de ce bon religieux purent faire sur son esprit; car, outre qu'il renonça dès ce moment au duel dont j'ai parlé, il se fit même depuis quelque changement dans lui, ayant été jusques alors un vrai athée qui avoit fait tout ce qu'il avoit pu pour me débaucher. Je retournai voir plusieurs fois le père Borromæo, et je fus toujours merveilleusement édifié de ses entretiens; mais nous étions encore, et Saint-Preuil et moi, terriblement éloignés de la voie dans laquelle j'ai connu depuis qu'il falloit marcher pour vivre chrétiennement : et nous verrons dans la suite la fin tragique de cet homme que j'avois eu toujours pour ami, lequel, après être tombé dans la disgrâce de M. le cardinal aussi bien que moi, périt enfin malheureusement.

J'ai parlé auparavant d'une perte que je fis de quelques-uns de mes chevaux pendant le siége d'Arras ; mais j'en perdis un admirable durant ma disgrâce, que j'appelois Millefleurs à cause qu'il étoit tout moucheté et marqué de toutes sortes de couleurs. La manière dont je le perdis, et dont je le recouvrai ensuite, me donnant occasion de parler de celui qui me l'enleva, m'engage à faire une petite relation, qui ne sera pas désagréable, touchant cet homme qui ne me dupa qu'après avoir dupé, pour le dire ainsi, toute la France. Il étoit fils d'un ministre nommé Régis, de la ville d'Orange. Il s'étoit mis au service de l'Empereur contre son prince naturel, qui étoit le roi de France. Ayant été pris prisonnier à la bataille de Wolfenbüttel par les nôtres, on vouloit lui faire couper la tête comme à un sujet qui avoit été pris portant les armes contre son roi ; mais ce jeune homme qui avoit un grand esprit, s'en servit avantageusement en cette occasion si périlleuse, disant qu'il étoit parent de M. de Lesdiguières, et se faisant appeler le baron de Champoléon. M. le comte de Guébriant, ayant ouï qu'il étoit parent de M. de Lesdiguières, dit qu'il lui avoit trop d'obligation pour ne pas sauver la vie à un de ses alliés. Ainsi il le mit entre les mains de M. de Choisy de Caen, chancelier de M. le duc d'Orléans, qui étoit alors intendant de l'armée, afin qu'il le ramenât avec lui à Paris. Lorsqu'ils furent à la dernière hôtellerie proche Paris, M. de Choisy de Caen dit à ce jeune homme qu'il ne pouvoit pas le loger chez lui parce qu'il avoit famille, c'est-à-dire femme et enfans, et que c'étoit la mode de Paris que chacun logeât chez soi, mais qu'il pourroit le venir voir quand il voudroit; et il lui donna dix pistoles pour les besoins qu'il pouvoit avoir.

Notre jeune baron étant plein d'esprit, ayant une prodigieuse mémoire, parlant fort pertinemment de toutes choses, et sur toutes sortes de sujets, connoissant tous les princes d'Allemagne, et tous les intérêts différens des États, résolut de duper la cour de France; ce qu'il fit avec une adresse et une habileté merveilleuse. Il trouva moyen, par quelques amis qu'il se fit bientôt à Paris, d'avoir accès auprès du cardinal de Richelieu. Il lui parla des intrigues et des affaires les plus secrètes de l'Allemagne avec tant d'esprit, d'agrément et de suffisance, qu'il l'empauma tout-à-fait; lui faisant accroire qu'il étoit fort propre pour ses desseins, qu'il connoissoit la plupart des princes de l'Empire, qu'il étoit assuré d'avoir quand il voudroit cinq à six mille chevaux que lui fourniroient un tel duc, un tel comte et un tel prince. Le cardinal voulut néanmoins s'assurer de la vérité de ce qu'il disoit, et en conféra avec quelques-uns de ses confidens qui connoissoient plus à fond toutes les affaires d'Allemagne. Il relut même quelques mémoires qu'il avoit concernant tous ces différens princes; et, ayant trouvé toutes choses conformes à ce que ce jeune baron lui avoit dit, s'y assura entièrement, n'ayant plus aucun soupçon de lui, et il s'en ouvrit à une personne de sa cour, en lui disant : « Ce jeune homme « entend parfaitement toutes ces affaires; il faut nous « servir de lui; il pourra nous être utile. » Pour le mettre donc de belle humeur, il donna ordre à M. des Noyers de lui expédier un brevet de quatre mille livres. Lui, qui voyoit que son jeu lui avoit si bien réussi (comme il étoit extraordinairement adroit en toutes choses), contrefit aussitôt la lettre de M. des Noyers, et, au lieu qu'elle ne portoit que quatre mille livres, il en mit douze mille, et signa *Noyers* aussi bien que M. des Noyers lui-même; car il faisoit tout ce qu'il vouloit de son esprit, de ses doigts et de tout son corps, contrefaisant habilement toutes sortes d'écritures, jouant très-bien de tous les instrumens de musique, et n'y ayant rien qu'il ne pût faire avec une habileté qui lui étoit naturelle pour toutes choses.

Il ne se contenta pas d'avoir ainsi attrapé les finances du Roi, il dupa encore différens particuliers de la même sorte, sous prétexte que M. le cardinal l'envoyoit pour négocier quelques grandes affaires en Allemagne. Entre les autres, il voulut surprendre M. le duc de Bouillon; mais pour cette fois il fut lui-même surpris, et tomba d'une assez plaisante manière dans son propre piége. Il alla trouver M. de Bouillon, et lui fit un compliment fort étudié et très-adroit pour l'engager à lui accorder la grâce qu'il lui demandoit, qui étoit de lui donner une lettre de recommandation pour Sedan, où il témoignoit que M. le cardinal l'envoyoit pour passer de là en Allemagne, et y traiter de quelques affaires importantes dont la cour l'avoit chargé. Ce qu'il demandoit à M. de Bouillon étoit que, lorsqu'il seroit arrivé à Sedan, il pût avoir une bonne escorte pour passer outre avec sûreté. Le duc de Bouillon, ne pouvant pas lui refuser ce qu'il demandoit à la considération du cardinal qu'il n'osoit choquer, écrivit à son lieutenant de Sedan, et lui commanda de donner bonne escorte au gentilhomme qui lui rendroit sa lettre, à cause qu'il étoit envoyé en Allemagne pour des affaires de grande importance. Notre baron ayant obtenu cette lettre, en contrefit aussitôt une autre fort habilement, dans laquelle il mandoit à ce lieutenant que celui qui lui rendoit la présente étoit une personne de grande qualité, que M. le cardinal considéroit et aimoit fort, et qui alloit de sa part pour négocier de grandes affaires en Allemagne; qu'ainsi il vouloit qu'il lui donnât telle escorte qu'il demanderoit pour y passer, et qu'il ne lui refusât rien de tout ce qu'il souhaiteroit, étant bien aise de trouver cette occasion pour faire voir à M. le cardinal qu'il étoit affectionné à son service. Mais comme il ne pouvoit pas contrefaire le cachet aussi bien que l'écriture, il prit la peine d'en faire faire un exprès sur celui de ciré qui fermoit la lettre de M. le duc de Bouillon.

Il alla ensuite à Sedan, où, après qu'il eut rendu cette lettre contrefaite au lieutenant, celui-ci, l'ayant lue, lui promit d'exécuter fidèlement tout ce que le duc son maître lui ordonnoit. Et sur ce que le jeune baron le pressa en lui disant qu'il falloit qu'il partît ce jour-là même, il lui témoigna que cela étoit impossible pour ce jour-là, parce que leurs meilleurs cavaliers étoient en campagne, et ne devoient revenir qu'au soir, et que d'ailleurs il falloit bien le reste de la journée pour préparer toutes choses; mais il l'assura que tout seroit prêt pour le lendemain matin, et qu'il lui feroit toucher trois cents pistoles, qui étoit ce qu'il avoit demandé. Le jeune baron eut bien de la peine à se résoudre d'attendre jusqu'au jour suivant, craignant beaucoup que son jeu, par quelque rencontre, ne fût découvert; mais il fallut en passer par là, ne pouvant faire autrement; et, faisant alors de nécessité vertu, il tâcha de soutenir son personnage jusqu'à la fin, et alla saluer madame la duchesse de Bouillon, qui étoit pour lors à Sedan, et qui lui fit un très-bon accueil.

Cependant, par un grand malheur pour lui, le secrétaire de M. le duc de Bouillon arriva cette nuit même de Paris à Sedan pour les affaires de son maître. Il sut aussitôt qu'un gentilhomme venoit d'arriver aussi de Paris avec une lettre de M. de Bouillon, qui ordonnoit à son lieutenant de lui donner une bonne escorte, et deux ou trois cents pistoles s'il les demandoit. Lui, surpris de ce que son maître ne lui en avoit point parlé, dit aussitôt qu'il étoit un peu étonné du secret qu'on lui avoit fait de cette affaire, qu'il connoissoit l'humeur de M. de Bouillon, mais qu'il savoit qu'il n'étoit point assez libéral pour en user de la sorte, et qu'il eût bien souhaité de voir cette lettre. On la lui fit voir aussitôt; et l'ayant vue il dit : « Il « est vrai que je reconnois l'écriture et le cachet de « mon maître; mais je suis pourtant le plus trompé « du monde si cette lettre n'est supposée et contre- « faite, car je sais que si c'est l'écriture de M. le duc « de Bouillon, ce n'est point là son esprit. » Il va trouver en même temps madame la duchesse de Bouillon, et lui témoigne librement sa pensée; mais cette dame, qui craignoit beaucoup le cardinal, pressa fort qu'on donnât au gentilhomme ce qu'il demandoit. « Nous ne sommes pas déjà trop bien avec M. le car- « dinal, disoit-elle, et il ne faut qu'une mauvaise « rencontre comme celle-ci pour achever de nous

« perdre ; il vaut mieux hasarder tout. Qu'on lui donne
« ce qu'il demande. » Le secrétaire lui répondit avec
fermeté qu'il ne doutoit point que ce ne fût un faussaire ; et qu'il souhaitoit de le voir avant qu'on lui
donnât rien.

Le lendemain, le baron étant venu demander si
tout étoit prêt, le lieutenant l'assura qu'il avoit donné
ordre à toutes choses, qu'il pouvoit partir quand il
voudroit, et que le secrétaire de M. de Bouillon étoit
arrivé la nuit, et souhaitoit de lui parler. A cette nouvelle il fut fort surpris ; mais, faisant bonne mine, il
répondit gaîment qu'il en étoit bien aise, et seroit
ravi de le voir. On le fit donc parler au secrétaire,
lequel, l'ayant un peu considéré, lui dit en présence
de beaucoup de monde : « Monsieur, je suis arrivé
« de Paris un peu après vous, et je m'étonne fort que
« mon maître ne m'ait point parlé de la lettre que
« vous avez apportée. Je connois un peu son hu-
« meur, et je vous avoue que j'ai peine à me persua-
« der qu'il ait voulu me faire un secret de cette af-
« faire, car même je ne vous ai point vu chez nous,
« quoique j'y fusse dans ce temps-là. » Le baron,
voyant son jeu découvert, lui répondit en colère :
« Quoi donc ! vous me prenez pour un faussaire ? Je
« veux bien que vous sachiez que je suis un homme
« d'honneur. Je m'en plaindrai à M. le cardinal. —
« Monsieur, repartit le secrétaire, je parierai tout ce
« qu'on voudra que cette lettre n'est point de la main
« de mon maître, quoique le cachet et l'écriture soient
« semblables. — Vous me faites un affront, répliqua
« le gentilhomme, qui vous coûtera bien cher. —
« Oui, monsieur, ajouta le secrétaire, quand je de-

« vrois perdre la vie, je veux écrire auparavant à mon
« maître, et je me constitue prisonnier avec vous. »

Cependant madame de Bouillon crioit : « Qu'on le
« laisse aller, qu'on lui donne ce qu'il demande ; cet
« homme-là sera cause de notre perte. » Mais le secrétaire s'obstina de telle sorte qu'on les mit tous
deux en prison, selon qu'il l'avoit demandé, en attendant qu'on pût recevoir des nouvelles du duc de
Bouillon. Il arriva quelque temps après un ministre
qui venoit voir madame de Bouillon, laquelle, étant
fort en peine de cette affaire, lui déclara le sujet de
son inquiétude et de sa crainte, et le pria de prendre
la peine de voir cet homme que l'on avoit ainsi arrêté.
Ce ministre connoissoit le père du jeune baron, qui
étoit, comme je l'ai dit, ministre à Orange, et il l'avoit lui-même connu autrefois. Étant donc entré dans
la chambre où il étoit, après qu'il l'eut un peu considéré, il le reconnut, et lui dit qu'il souhaitoit de
lui parler en particulier. Comme ils se furent mis à
l'écart : « Hé quoi! lui dit-il, n'êtes-vous pas le fils
« d'un tel? N'avez-vous pas de honte de déshonorer
« votre famille par une action si indigne ? » Le jeune
homme, tout rempli de confusion, lui avoua toutes
choses, le priant d'excuser la nécessité qui l'avoit réduit à en user de la sorte, et de vouloir bien le servir
en cette rencontre pour le tirer de ce mauvais pas où
il s'étoit engagé ; et il lui fit même entendre que, bien
qu'il fût vrai que la lettre dont il s'agissoit fût contrefaite, il étoit vrai aussi que M. le duc de Bouillon lui
en avoit donné une presque semblable sur le même
sujet, et que d'ailleurs M. le cardinal de Richelieu
vouloit effectivement se servir de lui pour les affaires

de l'Allemagne, dont il avoit une connoissance très-particulière, et lui avoit même fait toucher une somme d'argent considérable dans ce dessein. Le ministre lui promit de le faire sortir; et ayant ensuite fait connoître à madame la duchesse de Bouillon et au secrétaire la vérité de toutes choses, on jugea qu'il étoit plus à propos de faire sortir sans bruit le jeune homme, et de ne point faire éclater cette affaire, à cause de la crainte qu'on avoit du cardinal.

Il alla donc retenir sa place dans le coche pour retourner à Paris; mais, n'étant pas plus sage qu'auparavant, il attrapa le maître du coche aussi bien que tous les autres; car, comme plusieurs eurent donné de l'argent en différentes monnoies, et qu'il vit que le commis paroissoit embarrassé à compter l'argent à cause de la diversité des espèces, étant d'un esprit fort vif, il fit l'obligeant et l'honnête, et dit au commis que ce compte étoit bien facile à faire. Il prit dans l'instant toute cette monnoie, et ayant en un moment distribué et séparé chaque espèce particulière, il leur fit voir tout le compte fort clairement. Il prit ensuite lui-même avec les deux mains tout cet argent, et, le mettant dans le sac, il en fit couler adroitement une partie dans ses manches, dont on ne s'aperçut point jusqu'à Paris, où le sac ayant été vidé on y trouva beaucoup moins qu'il ne falloit; mais il s'étoit déjà échappé par un autre tour qu'il joua pendant ce même voyage.

Un bon vieux Suisse, fort gros et replet, s'étant approché du coche, à cheval, notre baron lui dit, comme par honnêteté et par charité, qu'il voyoit bien qu'il étoit fort incommodé à cheval; que s'il vouloit prendre sa place ils iroient l'un après l'autre dans le carrosse. Le Suisse, qui étoit un fort bon homme, s'excusa d'abord comme d'une grande civilité qu'on lui faisoit; mais enfin, ne pouvant plus résister aux instances si obligeantes du baron, il descendit de cheval pour monter dans le carrosse, et le baron prit son cheval. Lorsqu'on payoit à l'hôtellerie, il disoit au Suisse : « Je m'en vais payer pour vous, et « nous compterons tantôt. » Quand il eut ainsi payé plusieurs fois pour lui, ce bonhomme, avec une simplicité de Suisse, lui présenta sa bourse, en lui disant qu'il n'avoit qu'à prendre ce qu'il avoit avancé pour lui, et ce qu'il pourroit encore payer pour le reste du voyage; mais le jeune homme, ayant la bourse et le cheval du Suisse, qui étoient tout ce qu'il vouloit, ne pensa plus qu'à s'échapper; et en effet il laissa la compagnie, et alla toujours devant à Paris.

Ce fut alors qu'il trouva moyen de me surprendre aussi bien que tous les autres. Il vint loger chez un tailleur en chambre garnie, et fit croire à ce tailleur qu'il étoit un homme de grande importance; qu'il avoit un ordre du cardinal pour aller en Allemagne à une grande commission; qu'il devoit là commander sept ou huit mille chevaux, et qu'il le feroit son intendant s'il vouloit : il lui promit des montagnes d'or, lui remplit l'esprit de belles espérances, et l'engagea insensiblement à lui faire un habit magnifique, et à lui acheter quantité de hardes et beaucoup de vaisselle d'argent. Ce tailleur si généreux ne pensoit à rien moins qu'à établir une très-haute fortune, et il n'appréhendoit pas d'avancer tout cet argent pour celui qu'il regardoit comme un homme de la faveur et des confidens du cardinal. Voulant le loger plus honorablement qu'il n'étoit, il l'amena dans une maison garnie où j'étois pour lors, et le plaça justement dans un lieu fort propre pour jouer son personnage et duper plusieurs personnes. Comme il avoit un esprit si agréable, une mémoire si prodigieuse, une connoissance si exacte de l'histoire, et une facilité presque incroyable pour débiter tout ce qu'il savoit, il charmoit tous ceux qui l'écoutoient; il y avoit presse à qui l'auroit, et on recherchoit sa conversation et son amitié comme d'une personne de qualité et de crédit qui soutenoit l'un et l'autre par un esprit extraordinaire. Il sut enfin si bien gagner le cœur de tout le monde, qu'il n'y avoit qui que ce soit des plus raffinés qui ne fût très-disposé, et qui ne se tînt même fort honoré de le servir de sa bourse comme de toute autre chose. Je n'y fus pas moins trompé que les autres, me trouvant charmé par la langue de cet homme et par mille témoignages d'amitié qu'il me donna. Il voyoit toujours cependant M. le cardinal de Richelieu et quelques autres personnes de la cour, trompant tous ces grands pour le moins aussi habilement que nous autres.

Enfin, après qu'il eut ramassé beaucoup d'argenterie et de hardes qu'il fit partir devant lui, et qu'il eut fait un fort beau train, il résolut de m'enlever aussi mon beau cheval dont j'ai parlé, qui se nommoit Millefleurs, et qui étoit une des plus belles et des meilleures haquenées qu'on ait jamais vues. Il me pria de lui prêter ce cheval pour aller voir son Eminence à Ruel, et il avoit donné ordre à tout son train de l'aller attendre en un certain lieu qu'il leur marqua. Personne ne pouvoit se douter de rien, tant il faisoit toutes choses avec adresse et avec esprit; et comme je n'étois pas plus défiant que tous les autres à l'égard d'un homme que j'aimois, je ne déliberai guère à lui prêter ma haquenée, tenant à honneur de l'obliger. J'en eus en effet pour mon honneur; car, au lieu d'aller à Ruel, il prit le chemin de Flandre, et se sauva avec tout ce qu'il avoit emprunté. Mais il arriva heureusement pour moi que ce misérable, ayant été rencontré par un parti de la ville d'Aire ou de Béthune, il fut mené prisonnier; et mon cheval, ayant ensuite été repris par un autre parti d'Arras, tomba entre les mains d'un officier à qui j'avois fait avoir une compagnie.

Cependant, comme je vis que mon cheval ne revenoit point, et que j'entendis les plaintes du tailleur qui avoit perdu toutes ses belles espérances, et de tous les autres qui avoient été dupés comme lui, je commençai à me persuader tout de bon que j'avois été volé aussi bien qu'eux tous. J'écrivis donc en Catalogne, en Provence, en Flandre, en Allemagne, partout où j'avois quelque connoissance, afin que si l'on voyoit mon cheval, qui étoit connu de tout le monde, on s'en saisît, et qu'on me le renvoyât parce qu'il m'avoit été dérobé. En ce même temps M. de Bourgailles, qui m'avoit succédé dans la charge de major du régiment de Brezé, qui étoit pour lors à Arras, et à qui j'avois donné en pur don ma charge de premier capitaine, me manda que l'officier dont j'ai parlé avoit mon cheval. J'écrivis à cet officier à l'heure même que je le croyois trop homme d'honneur et trop mon ami, pour vouloir garder un cheval de cette conséquence qui étoit à moi. Il me fit réponse qu'en ayant donné un autre pour l'avoir il n'étoit pas raisonnable qu'il y perdît. Quelque temps après, ce même officier étant venu pour quelques affaires à Paris sur mon cheval, le major dont j'ai parlé me le manda. J'allai aussitôt le chercher à son auberge, et ayant su qu'il n'y étoit pas j'entrai dans l'écurie ; je dis au valet de seller mon cheval que je trouvai, et de dire à son maître quand il seroit de retour que c'étoit moi qui l'avois pris pour aller jusqu'à un tel lieu, et qu'il ne le trouveroit pas mauvais. Je m'en retournai ainsi chez moi avec Millefleurs ; et jamais depuis je n'entendis parler du capitaine, qui n'osa point me venir redemander ce qu'il savoit bien ne lui appartenir pas. Je perdis depuis ce beau cheval lorsque je fus pris prisonnier et mené en Allemagne, comme je le dirai dans la suite de ces Mémoires.

[1641] La liaison si particulière que j'ai toujours eue avec M. de Saint-Preuil, gouverneur d'Arras, depuis que je fus lieutenant de sa compagnie dans les Gardes, m'engage à parler de sa disgrâce et de sa mort, qui arriva pendant que j'étois aussi moi-même disgracié. Je m'assure qu'on ne sera point fâché d'apprendre diverses particularités qui regardent les accusations dont on le chargea, et que je puis mieux connoître que beaucoup d'autres, ayant su dans la vérité, à cause de l'amitié très-étroite qu'il me portoit, autant ce qui pouvoit le justifier que ce qui le rendoit coupable.

Il faut donc savoir qu'il y a eu quatre ou cinq chefs d'accusation qui ont rendu odieux M. de Saint-Preuil, et qui l'ont conduit peu à peu sur l'échafaud par un jugement de Dieu, qui voulut faire un exemple de sa justice en la personne de l'officier le plus déterminé qui fût peut-être dans les armées, quoique la plupart de ces accusations particulières que l'on forma contre lui, et qui furent cause de sa perte, allassent beaucoup moins à son désavantage qu'on ne l'a cru communément. Le premier chef fut celui-ci : un religieux de la grande et célèbre abbaye de Saint-Vast d'Arras, étant mécontent de son prieur, pour s'en venger vint trouver ou fit avertir M. de Saint-Preuil qu'il y avoit dans cette abbaye quantité d'armes que l'on y avoit cachées dans le temps que les Espagnols étoient encore maîtres de la ville. Il lui donna même un billet par lequel il lui marquoit précisément les endroits où étoient ces armes, en cas qu'il voulût les venir chercher; et il l'assura de plus qu'il y en avoit aussi beaucoup d'autres cachées dans un monastère de filles de la même ville, lui marquant en même temps les lieux où il les pourroit trouver. Sur cette nouvelle M. de Saint-Preuil alla aussitôt trouver le prieur de cette abbaye, et lui dit qu'il avoit été fort surpris de l'avis qu'on lui avoit donné touchant plusieurs armes qui étoient cachées dans cette maison, et qu'il falloit qu'il lui remît entre les mains toutes ces armes qui appartenoient au Roi. Comme le prieur refusa toujours d'avouer qu'il en eût aucune connoissance, M. de Saint-Preuil lui dit enfin tout en colère qu'il sauroit bien les trouver, et il sortit dans l'instant. Mais il revint bientôt après avec ses gardes, et, suivant le mémoire du religieux, ayant fait fouiller aux endroits où elles étoient cachées, il les trouva, les fit emporter, et ajouta aux grands reproches qu'il fit au prieur de rudes menaces, disant qu'il feroit raser toutes les maisons religieuses de la ville, et qu'il n'y avoit que les moines qui fussent infidèles au Roi et qui eussent intelligence avec l'Espagnol. Mais ce prieur persista toujours à nier qu'il en eût eu connoissance; et peut-être qu'il disoit vrai, étant l'ordinaire de ces maisons religieuses de changer souvent de supérieurs, et de cacher quelquefois aux nouveaux venus ce qui s'est fait sous les anciens.

De cette abbaye M. de Saint-Preuil alla voir l'abbesse du monastère de filles dont le même religieux lui avoit parlé, et lui dit qu'il étoit fort étonné de ce qu'il avoit appris que dans leur maison elles cachoient quantité d'armes qui appartenoient au Roi; qu'il venoit les lui demander de la part de Sa Majesté. Cette fille lui répondit qu'elle n'étoit abbesse que depuis un an, et qu'elle n'avoit aucune connoissance de ce qu'il lui disoit; qu'elle ne croyoit pas non plus que ses filles en sussent rien, mais que s'il vouloit les venir chercher lui-même on lui ouvriroit la porte, et qu'elles ne prétendoient point s'opposer aux intérêts ni au service du Roi. M. de Saint-Preuil usa de la liberté qu'on lui donnoit; et, étant venu en plein jour avec bonne compagnie, il entra dans le monastère, et fit enlever toutes les armes qu'il trouva au même lieu qui lui avoit été marqué. Cependant cette action fit beaucoup crier le monde contre M. de Saint-Preuil, et lui causa beaucoup d'ennemis, les parens des filles ayant publié qu'il entroit par force dans les monastères, qu'il y violoit les religieuses, ou les exposoit au violement de gens perdus. Il est bien vrai qu'il y avoit dans ce monastère une religieuse qui étoit fort belle, et que tout le monde dans la ville en étoit bien informé : ce fut aussi ce qui servit de plus grand fondement à cette accusation ; mais, connoissant très-particulièrement M. de Saint-Preuil, je puis assurer qu'il n'étoit point capable d'une telle brutalité. Il y dit peut-être quelques paroles injurieuses contre ces filles, étant tout-à-fait en colère de ce qu'elles cachoient ainsi des armes dans leur maison ; mais cela se peut excuser dans un homme aussi prompt qu'il l'étoit, et en une occasion où il s'agissoit du service du Roi : et même lorsqu'on eut su toute cette affaire à la cour, le Roi fit expédier une lettre de cachet au prieur de la grande abbaye pour l'envoyer autre part.

Le second chef d'accusation fut plus criminel. Il y avoit un meunier à Arras, qui, sous prétexte d'aller acheter du blé vers les villes frontières des ennemis, entretenoit une intelligence secrète avec eux, et leur donnoit différens avis touchant la garnison et la place. M. de Saint-Preuil en ayant été averti le fit arrêter, et vouloit lui faire faire son procès ; mais la femme de ce meunier, qui étoit une des plus belles femmes du pays, s'étant venue jeter à ses pieds, et lui ayant demandé avec larmes, pour l'amour d'elle, la vie de son mari, M. de Saint-Preuil, touché et vaincu par ses larmes, lui dit : « Oui, je pardonne à votre mari pour « l'amour de vous ; mais faites si bien que vous l'em- « pêchiez d'y retomber, car je ne lui pardonnerois « plus. » On prétend qu'il abusoit de cette femme, et que le mari le savoit bien, et que même, ayant continué d'entretenir par le moyen de son trafic sa première intelligence avec les ennemis, ils lui dirent de permettre qu'on abusât ainsi de sa femme sans témoigner qu'il en sût rien, à cause que, par ce moyen, sa femme connoîtroit mieux les secrets du gouverneur, et que lui-même pourroit ainsi les servir plus avantageusement, dont ils l'assuroient de le bien récompenser.

Cependant ce misérable fut surpris une seconde fois et fait prisonnier; mais, quoique M. de Saint-Preuil eût fait une si belle résolution de le punir s'il retomboit dans sa faute, il lui pardonna tout de nouveau, n'ayant pu résister aux prières de sa femme qu'il aimoit. Il le menaça néanmoins de le faire pendre sans aucune rémission s'il y retournoit. Trois ou quatre mois après, le meunier, s'appuyant encore sans doute sur l'affection que le gouverneur portoit à sa femme, recommença les mêmes intrigues, et continua le même commerce qu'auparavant ; mais il se trouva bien trompé dans ses mesures ; car celui qui ne craignoit pas d'autoriser le violement de la foi conjugale dans sa femme, afin de pouvoir plus impunément violer lui-même la fidélité qu'il devoit au Roi, dans l'espérance qu'il avoit d'être récompensé par les ennemis de son Etat, reçut enfin une corde pour récompense de tous les bons services qu'il leur avoit rendus. Il fut découvert par un espion, qui, ayant été pris à Arras, déposa qu'il n'étoit venu que par la persuasion de ce misérable meunier, lequel fut arrêté aussitôt, et lui étant confronté, il fut convaincu de trahison contre l'Etat, et comme tel condamné par l'intendant de justice et le présidial du lieu à être pendu.

Cette condamnation, quoique si juste, aigrit extraordinairement tous les esprits contre M. de Saint-Preuil, tout le monde disant qu'il avoit fait pendre ce meu-

nier afin de jouir plus librement de sa femme; ce qui n'étoit pourtant pas; car, quoique en effet il se conduisît mal avec elle, ce qui paroissoit publiquement par les présens qu'il lui faisoit et par le soin qu'il avoit de la rendre brave, il ne fit mourir son mari qu'à cause qu'il étoit visiblement criminel; outre que ce ne fut pas lui qui le condamna, mais, comme j'ai dit, l'intendant de justice et le présidial. Mais Dieu conduisoit secrètement M. de Saint-Preuil à son malheur, à cause de ses impiétés et de ses excès; et j'avoue qu'ayant eu de grandes raisons pour l'aimer, et lui ayant des obligations très-particulières, je ne puis assez remercier Dieu de la grâce qu'il m'a faite de prendre tout le moins de part que j'ai pu à sa mauvaise conduite, nonobstant l'étroite amitié qui étoit entre nous deux; car il ne tint pas à lui que je ne participasse à ses crimes; et dans ce temps même de ma disgrâce dont je parle, m'étant dérobé pour l'aller voir à Arras sans qu'on le sût, il s'efforça de m'engager dans les mêmes désordres que lui, et voulut me persuader de prendre part à sa mauvaise conduite; mais le seul honneur, et l'amour que Dieu m'a toujours donné pour la justice, m'inspirant une horreur extrême du crime dans lequel je le voyois engagé, je lui parlai avec tant de force, et lui représentai si vivement toutes les suites qu'il avoit à appréhender des excès auxquels il s'abandonnoit, que nous pensâmes nous brouiller tout-à-fait sur cela. « Je n'ai pas envie,
« lui dis-je à la fin, d'aller porter ma tête avec la vôtre
« sur un échafaud. Si vous ne prenez garde à vous,
« l'issue ne vous en sera pas avantageuse ni honorable;
« et peu s'en faut que je ne rompe avec vous dès à

« présent. — Quoi donc! me répondit-il fort étonné,
« est-ce que vous voulez tout de bon vous brouiller
« pour toujours avec moi, et renoncez-vous dès à
« présent à m'aimer? — Tant s'en faut, lui repartis-
« je, puisque bien loin de vous haïr, dont je me sens
« très-incapable, vous ayant de si grandes obligations
« et tant de raisons de vous aimer, je manquerois au
« contraire au principal devoir de cette amitié que je
« vous porte si je manquois à vous parler comme je
« dois en cette rencontre. Et d'ailleurs je n'ai pas en-
« vie par complaisance de m'engager avec vous dans
« des affaires dont je crains beaucoup que vous ne
« sortiez peut-être pas à votre honneur. Cela est
« étrange, ajoutai-je, que vous ne songiez point que
« vous faites faire des plaintes contre vous de tous
« côtés. L'on parle de bien des choses auxquelles
« vous devriez remédier. Je vois de grandes suites à
« tout ceci. ». Ces paroles le piquèrent, mais non pas
aussi vivement que je l'aurois souhaité pour son avantage; car s'il eût eu tout le sentiment qu'il devoit avoir
de ce que je lui disois, au lieu de se fâcher contre moi il
devoit plutôt se mettre en colère contre lui-même, et
penser à lui sérieusement.

Le troisième chef d'accusation eut pour fondement
un pur malheur, dont l'on peut dire que M. de Saint-
Preuil étoit entièrement innocent. M. le maréchal de
La Meilleraye ayant pris par capitulation Bapaume, il
fut arrêté que la garnison en sortiroit à huit heures
du matin pour se retirer à Douai. L'on écrivit en
même temps aux gouverneurs des villes frontières
d'empêcher les coureurs et les partis, à cause que cette
garnison devoit sortir de Bapaume à l'heure que j'ai

marquée pour arriver à Douai vers les trois heures après midi. Cependant quelques retardemens étant survenus, la garnison ne put point partir avant les trois ou quatre heures après midi, et elle fut obligée de passer la nuit dans la campagne, environ à une lieue de Douai. L'escorte que le maréchal de La Meilleraye lui avoit donnée, n'ayant ordre de l'accompagner que jusqu'à une lieue de Douai, s'en retourna. Sur le soir de ce même jour, un espion étant venu rapporter à M. de Saint-Preuil que quatre cents hommes de la garnison de Béthune étoient sur le point de sortir pour quelque dessein, on tint un conseil où je me trouvai, étant pour lors à Arras où j'étois venu voir le gouverneur, et nous jugeâmes tous ensemble qu'ils pourroient bien faire peut-être quelque entreprise sur la place, et qu'il falloit, pour une plus grande sûreté, que tout le monde se tînt prêt et sous les armes.

Sur le minuit il arriva un autre espion qui rapporta que les quatre cents hommes étoient sortis avec quelque cavalerie par la porte qui répondoit vers Arras. Ainsi, après avoir fait assembler les capitaines, l'on résolut d'aller au-devant des ennemis. J'accompagnai M. de Saint-Preuil, et nous sortîmes environ six cents hommes de pied et trois cents chevaux. Lorsque nous étions assez loin du lieu où étoit campée la garnison de Bapaume, nous nous avançâmes, M. de Saint-Preuil et moi, avec une escorte de cavalerie devant tous les autres, et ayant vu les feux du campement, M. de Saint-Preuil dit aussitôt : « Ce sont sans doute « les ennemis ; il faut les charger vigoureusement « avant qu'ils se soient reconnus. » Comme je n'étois pas tout-à-fait si bouillant que lui, je lui demandai si ce n'étoit point là le chemin de Bapaume à Douai, ajoutant que ce seroit peut-être bien la garnison même de Bapaume. Mais M. de Saint-Preuil me répondit que cela ne se pouvoit pas, parce qu'on lui avoit mandé qu'elle étoit partie le jour d'auparavant à huit heures du matin, et qu'elle devoit arriver à Douai vers les trois heures après midi. Nous rejoignîmes ensuite nos troupes et nous nous mîmes en bataille.

La garnison de Bapaume nous ayant vus d'assez loin venir à eux pour les charger, se mirent en posture de nous recevoir, et marchèrent droit à nous dans le dessein de se défendre, ayant néanmoins envoyé devant un trompette de M. le maréchal de La Meilleraye. Mais les nôtres s'avançant avec beaucoup de chaleur, le trompette n'osa se présenter devant eux, et alla gagner le derrière de nos troupes. Ainsi il y eut d'abord plusieurs coups tirés de part et d'autre. Ceux de Bapaume se voyant chargés si vigoureusement, et se doutant bien qu'ils n'étoient pas reconnus, se mirent à crier «Bapaume! Bapaume!» A ce cri, M. de Saint-Preuil fort étonné fit aussitôt sonner la retraite; mais les soldats étoient déjà si animés, qu'ils pillèrent le bagage des ennemis sans qu'on les pût empêcher. Enfin néanmoins la grande chaleur s'étant refroidie, on délibéra de ce qu'on feroit. Pour moi je dis à M. de Saint-Preuil que c'étoit là une très-méchante affaire, qu'il y alloit de l'honneur du maréchal de La Meilleraye, et qu'il falloit prévenir les mauvaises suites de cette méprise par toute sorte de satisfactions. M. de Saint-Preuil n'eut pas de peine à s'y résoudre; voyant aussi bien que moi les conséquences de cette affaire.

Il alla donc trouver aussitôt le gouverneur de Ba-

paume, et lui parla avec toute la soumission possible en ces termes : « Je suis, monsieur, lui dit-il, au désespoir
« de ce malheur qui est arrivé. Je vous en demande
« pardon, mais je vous proteste en même temps qu'il
« n'y a eu aucune mauvaise volonté de notre part. L'on
« me manda hier que vous deviez arriver sans faute à
« Douai vers les trois heures après midi ; et il en est
« aujourd'hui six du matin. Qui eût jamais pu se per-
« suader que vous étiez encore en campagne? L'on
« nous est venu de plus rapporter qu'il étoit sorti de
« Béthune un parti. Nous avons cru que c'étoit vous ;
« et nous l'avons cru d'autant plus, que vous êtes
« venus au devant de nous en bataille sans nous avoir
« même envoyé un trompette. Toute l'apparence
« étoit contre vous. Au reste, monsieur, je vous as-
« sure que ni vous ni tous vos soldats n'y perdrez
« rien ; car je vous ferai tout rendre présentement.
« Vous savez qu'on n'est pas toujours maître d'eux
« lorsqu'ils sont dans la première chaleur : c'est ce
« qui m'a empêché de les pouvoir arrêter aussitôt
« que j'eusse voulu. »

Le gouverneur, qui étoit un fort homme d'honneur, lui répondit avec beaucoup d'honnêteté qu'il reconnoissoit que c'avoit été un malheur tout pur ; que le trompette qu'il nous avoit envoyé avoit eu peur et ne s'étoit point acquitté de sa commission, et qu'au reste il lui étoit obligé de sa civilité. M. de Saint-Preuil lui fit rendre ensuite généralement tout ce qu'on avoit pillé, ayant même payé de son argent aux soldats diverses choses qu'ils avoient prises : ce qui lui acquit si bien l'amitié de ce gouverneur, qu'il publia hautement la reconnoissance qu'il avoit de sa générosité. Et comme M. de Saint-Preuil savoit bien que ses ennemis pourroient prendre occasion de cette malheureuse rencontre pour le décrier à la cour, il pria le même gouverneur de Bapaume de vouloir lui mettre par écrit ce qu'il lui disoit de bouche, et de le signer de sa main, pour lui servir de justification en cas de besoin : ce qu'il fit à l'heure même avec de grands témoignages d'amitié, ne s'étant pas contenté de le signer, mais l'ayant fait encore signer à tous ses capitaines.

Cependant, quoique l'innocence de M. de Saint-Preuil fût visible en cette rencontre, ses ennemis se servirent de son malheur pour l'accuser malicieusement. Et ce qu'il y eut de plus fâcheux pour lui fut qu'il s'étoit déjà mis mal avec M. le maréchal de La Meilleraye pour une autre occasion ; car ce maréchal, allant reconnoître une des villes de Flandre, passa par Arras dans l'assurance qu'il avoit que M. de Saint-Preuil, qui étoit fort de ses amis, lui fourniroit sept ou huit cents chevaux pour l'accompagner jusques au lieu où il alloit ; mais il fut bien étonné lorsque M. de Saint-Preuil le refusa, en lui disant qu'il lui étoit impossible de lui accorder ce qu'il demandoit, parce que si les ennemis venoient attaquer la place lorsque la garnison seroit si affoiblie, il courroit risque d'être cause de la perte de la ville, et de sa propre perte en même temps. Ce refus piqua extraordinairement le maréchal de La Meilleraye, surrtout à cause qu'il avoit dit au cardinal en partant que, pour ce qui étoit de la cavalerie, il se tenoit assuré de celle de la garnison d'Arras.

Le quatrième chef d'accusation fut sans doute le

plus fort et le plus considérable ; et je fus aussi témoin de ce qui y servit de fondement, m'étant trouvé à Arras lorsque la chose arriva pour la raison que je m'en vais dire, et dont j'ai déjà touché quelque chose par avance. Nous avions été mal ensemble, M. de Saint-Preuil et moi, comme j'ai dit auparavant, et je m'étois vu sur le point de rompre tout-à-fait avec lui à cause de ses excès. Quelque temps après que je fus retourné à Paris, M. de Saint-Preuil écrivit à M. le maréchal de Brezé que nous avions eu quelque petite brouillerie ensemble, et qu'il souhaitoit de se remettre bien avec moi, en me procurant la lieutenance de roi dans Arras, dont M. du Plessis-Bellière vouloit bien se défaire en ma faveur pourvu qu'on le récompensât, ce qu'il promettoit de faire ; qu'ainsi il le supplioit de m'en parler pour m'obliger d'accepter la charge, et que, sachant l'autorité absolue qu'il avoit sur moi, il ne doutoit point que je ne fisse en cela ce qu'il me commanderoit. M. le maréchal de Brezé me fit donc l'honneur de m'en parler, sans me dire néanmoins que ce fût M. de Saint-Preuil qui lui en avoit écrit ; et il m'en pressa si bien, que je résolus de faire un voyage à Arras pour ce sujet. M. de Saint-Preuil m'y reçut à son ordinaire, c'est-à-dire avec grand accueil, et nous soupâmes en fort bonne compagnie. Il dit pendant le souper à M. d'Aubray, commissaire des guerres, qui étoit à table avec nous, qu'il le prioit de vouloir faire la montre bientôt, à cause que les capitaines l'en importunoient tous les jours ; et M. d'Aubray lui répondit fort honnêtement que ce seroit quand il voudroit.

Le lendemain de grand matin tous les officiers de

la garnison se rendirent au logis de M. d'Aubray, faisant grand bruit, et pressant qu'on leur payât l'argent qui leur étoit dû. Lui, fâché peut-être de se voir pressé de la sorte, leur répondit assez séchement qu'il avoit ses ordres, que ce n'étoit pas à eux à régler sa commission, qu'il sauroit bien prendre son heure pour empêcher les passe-volans, qu'il feroit la montre lorsqu'ils ne s'y attendroient pas. Les officiers, aussi piqués pour le moins de sa réponse qu'il l'avoit été de leur demande, vinrent trouver aussitôt M. de Saint-Preuil, et lui firent de grandes plaintes de M. d'Aubray, en criant qu'il ne vouloit point les payer, et qu'il les trompoit toujours, etc. M. de Saint-Preuil alla aussitôt chez M. d'Aubray, et me pria de l'accompagner, comme je fis avec tous ces officiers. Il lui dit d'abord qu'il venoit voir s'il voudroit bien faire la montre ce jour-là. M. d'Aubray lui répondit qu'il avoit son ordre et qu'il la feroit quand il seroit temps. « Comment! monsieur, lui repartit M. de Saint-Preuil, « vous m'avez donné parole de la faire quand je vou- « drois. — Monsieur, répliqua le commissaire, je ne « puis pas changer les ordres du Roi. C'est à moi à « faire ma charge, et à vous à faire la vôtre. — Je vous « la ferai bien faire moi, lui dit M. de Saint-Preuil. » Ainsi des complimens on passa aux paroles piquantes, et de ces paroles on en vint bientôt aux mains ; car M. de Saint-Preuil, qui étoit fort haut à la main, s'emporta jusqu'à lui donner quelques coups de canne ; et si je ne me fusse à l'instant mis entre deux pour arrêter cette violence, l'affaire eût été beaucoup plus loin ; mais je ne tardai guères à les séparer, quoiqu'il n'y eût que moi seul de favorable à M. d'Aubray, tous les officiers étant ravis de le voir ainsi maltraiter. Comme je voyois les conséquences de cette misérable affaire, et que j'étois persuadé qu'elle seule pouvoit causer la ruine de M. de Saint-Preuil, je fis mon possible afin de les accommoder, avant que M. d'Aubray, qui étoit parent de M. des Noyers, en eût écrit à la cour, et je fis même consentir M. de Saint-Preuil à lui faire satisfaction ; mais il n'en voulut jamais recevoir, disant toujours qu'il s'en plaindroit à M. le cardinal et au Roi. Enfin, voyant qu'il n'étoit pas en mon pouvoir d'apporter aucun remède à cette affaire, je ne pensai plus qu'à m'en retourner à Paris, sans vouloir songer davantage à ce qui m'avoit amené à Arras, où je prévoyois dès lors qu'il arriveroit quelque bouleversement.

Un jour que j'allai voir M. des Noyers, comme j'entrai dans sa chambre, je m'arrêtai vers la porte voyant qu'il s'entretenoit avec M. le comte de Charost. Il se trouva justement qu'ils parloient alors de M. de Saint-Preuil, et que M. des Noyers, s'emportant fort contre lui, disoit assez haut pour que je le pusse entendre qu'il renversoit tout dans la garnison d'Arras, qu'il établissoit divers impôts sur la ville, qu'il étoit entré par force dans un monastère, et y avoit violé des religieuses ; qu'ayant abusé de la femme d'un meunier il avoit fait pendre son mari, afin de jouir plus librement de cette femme, et qu'il avoit maltraité un commissaire des armées. M. le comte de Charost, m'ayant vu lorsqu'il parloit de la sorte, lui dit : « Monsieur, « voilà un homme qui vous écoute, qui peut bien « vous en dire des nouvelles, car il a été son lieu- « tenant. » M. des Noyers lui répondit : « Ho, je sais

« bien que M. de Pontis a été le lieutenant de Saint-
« Preuil, et c'est pourquoi il ne manquera pas de
« l'excuser. » Je m'approchai d'eux en même temps, et
je dis à M. des Noyers qu'il étoit vrai que j'avois beaucoup d'obligations à M. de Saint-Preuil, mais que j'é-
tois très-éloigné de l'excuser s'il étoit coupable en
quelque chose, parce que je savois trop que je devois
encore plus au Roi qu'à lui. « Ho çà, me dit-il, n'est-
« il pas vrai qu'il est entré par force dans un monas-
« tère de filles, et qu'il en a violé quelques-unes?
« — Monsieur, lui dis-je, je jurerois devant Dieu et
« mettrois ma main au feu qu'il n'a point fait cette
« action. Je sais bien qu'il a été enlever des armes
« qui étoient cachées dans leur maison ; mais le Roi
« même a témoigné l'approuver, ayant envoyé une
« lettre de cachet contre le prieur de Saint-Vast, et
« contre l'abbesse de ce monastère. »

Sur cela M. des Noyers s'échauffa beaucoup, et
me soutint qu'il savoit de science certaine ce qu'il
me disoit, et que de plus il étoit bien informé qu'il
avoit fait pendre un meunier pour avoir sa femme.
Je lui repartis qu'il l'avoit fait pendre après qu'il avoit
été surpris par trois fois, et convaincu d'intelligence
avec les ennemis. Je me contentai de lui répondre de
la sorte sur les choses dont j'étois bien informé, et
ne disois mot sur les autres, pour lui faire mieux
connoître que je ne voulois justifier que l'innocence,
et non les crimes de M. de Saint-Preuil. Mais M. des
Noyers, qui étoit fort prévenu, s'emporta toujours
contre lui avec beaucoup de chaleur : ce qui fut cause
qu'au sortir de là M. le comte de Charost me dit que,
comme j'étois ami de M. de Saint-Preuil, il me con-

seilloit de l'avertir de penser à assoupir cette affaire, et de travailler de bonne heure à faire sa paix. J'allai trouver aussitôt M. le maréchal de Brezé, et lui contai tout ce que M. des Noyers m'avoit dit contre M. de Saint-Preuil. Il me répondit qu'il falloit que je l'allasse trouver promptement, et lui dire de sa part qu'il étoit absolument nécessaire qu'il vînt à Paris pour s'accommoder, à quelque prix que ce fût, avec M. de La Meilleraye et avec M. des Noyers; que tous ses amis s'y emploieroient, et que si lui, qui étoit beaufrère de M. le cardinal, avoit ces deux personnes pour ennemies, elles étoient assez puissantes pour le ruiner. Je le priai de vouloir bien écrire cela sur un billet afin que M. de Saint-Preuil me crût plus facilement; mais il me refusa tout net, en me disant: « Dieu m'en garde! car, quoique je te dise ceci pré« sentement, si tu allois rapporter à quelqu'un que « je te l'ai dit, je te démentirois aussitôt. » Je lui repartis que j'espérois qu'il ne me donneroit pas de démenti parce que je n'en parlerois à personne.

Je pris aussitôt la poste, et, étant arrivé à Arras, je m'entretins avec M. de Saint-Preuil jusques à près de trois heures après minuit, et le fis enfin résoudre, quoique avec grande peine, de partir le lendemain pour s'en venir à Paris. Nous nous mîmes en chemin le jour suivant; mais il ne persista guères dans sa résolution; car, après que nous eûmes fait six ou sept lieues, il changea en un instant, et, tournant bride tout d'un coup, il me dit qu'il ne vouloit point sortir d'Arras, et que quand il seroit une fois à Paris on lui ôteroit son gouvernement. Il me fut entièrement impossible de lui persuader le contraire, car il étoit frappé de Dieu, et condamné à la mort par l'arrêt de sa justice. Nous retournâmes ainsi à Arras ; et comme je vis qu'il n'y avoit rien davantage à faire auprès de lui, ne voulant point participer à son malheur, je m'en retournai à Paris.

Cependant ses ennemis travaillèrent à le décrier auprès du Roi et de M. le cardinal de Richelieu. M. le maréchal de La Meilleraye surtout, étant extraordinairement piqué contre lui de l'accident qui lui étoit arrivé à l'égard de la garnison de Bapaume, et se souvenant du refus qu'il lui avoit fait de l'escorte de cavalerie qu'il lui demanda, le mit si mal dans l'esprit de ce ministre, qu'il ne fut pas difficile à M. des Noyers, en venant tout de nouveau à la charge contre lui, d'achever entièrement de le perdre. Le Roi et le cardinal étant ainsi très-mal disposés sur son sujet, on donna ordre au maréchal de La Meilleraye de l'arrêter en passant, lorsqu'il s'en alloit en Flandre reconnoître Lille avec une armée.

Ce maréchal étant donc proche d'Arras envoya dire à M. de Saint-Preuil de préparer les logemens de l'armée. Tout le monde jugea aussitôt qu'il étoit perdu, et il y eut même de ses amis qui lui conseillèrent de fermer les portes, lui disant que, puisque sa perte étoit comme assurée, il valoit encore mieux mourir les armes à la main que d'aller porter sa tête sur un échafaud ; mais il répondit fort généreusement qu'il ne lui arriveroit jamais de prendre les armes contre son roi ; qu'il connoissoit la générosité du maréchal de La Meilleraye, et qu'il vouloit même aller au-devant de lui. Il y alla en effet avec quatre-vingts ou cent chevaux ; et étant descendu de cheval pour saluer

M. de La Meilleraye, ce maréchal mit aussi pied à terre, et ils remontèrent tous deux après s'être complimentés. M. de La Meilleraye lui dit qu'il avoit ordre de faire loger une partie des troupes dans Arras, et lui demanda s'il avoit tout disposé pour cela. M. de Saint-Preuil lui répondit qu'il avoit mis ordre à tout. Il lui demanda de nouveau quels régimens il feroit entrer : à quoi M. de Saint-Preuil répondit qu'il falloit toujours faire entrer son régiment, et qu'il avoit fait retirer tous les soldats de la garnison dans un quartier de la ville.

Lorsqu'ils furent arrivés à la grande place d'Arras, les troupes furent disposées de tous côtés ; et les sûretés étant prises, M. de La Meilleraye dit tout d'un coup à M. de Saint-Preuil qu'il étoit bien fâché d'être obligé de lui dire qu'il avoit ordre du Roi de s'assurer de sa personne. Ainsi le pauvre Saint-Preuil fut arrêté et conduit ensuite à Amiens, où il demeura prisonnier durant quelques mois. Je désirai fort de l'aller voir dans la prison, et en demandai la permission au Roi ; mais Sa Majesté m'ayant renvoyé aux juges qui lui faisoient son procès, je fus refusé à cause que personne ne le voyoit. Ce fut très-assurément une grande grâce que Dieu lui fit de le faire ainsi tomber dans la disgrâce des hommes, lorsque la fortune où il se voyoit élevé le rendoit superbe et altier, et lui ôtoit tout souvenir de son salut. Il le reconnut lui-même avant qu'il mourût, ayant dit à son confesseur dans la prison que Dieu avoit permis qu'il tombât dans ce malheur afin de le faire penser à lui, ayant toujours jusqu'alors oublié Dieu, et vécu dans l'impiété. Tout ceci se passa durant le temps de ma disgrâce : car, quoique j'eusse ordre de ne point sortir de Paris, je ne laissois pas de faire secrètement de temps en temps quelques voyages, en avertissant néanmoins auparavant quelques-uns des plus puissans amis que j'avois en cour, comme M. le maréchal de Brezé et M. le comte de Charost, afin qu'ils pussent me faire la grâce de me servir auprès de M. le cardinal en cas de besoin.

Dans ce même temps de ma disgrâce, M. le maréchal de Brezé, qui m'honoroit, comme j'ai dit, d'une affection toute particulière, se vanta un jour de faire ma paix avec M. le cardinal, auprès duquel il étoit tout puissant ; et il me dit de l'aller attendre de grand matin aux Capucins de la rue Saint-Honoré, où il me promit qu'il me viendroit prendre pour me mener avec lui à Ruel. J'acceptai cette offre fort volontiers, étant très-las de la vie obscure et misérable que je menois à Paris. Je me rendis donc exactement au lieu marqué. Il y vint aussi, et nous nous en allâmes à Ruel ensemble. Mais il parut qu'il s'étoit vanté d'une chose qui n'étoit pas en son pouvoir ; car, comme nous eûmes suivi M. le cardinal dans le jardin où il s'alla promener, M. le maréchal de Brezé l'ayant salué, et, après s'être un peu entretenu avec lui, lui ayant dit qu'il y avoit derrière son Eminence un homme qui s'appeloit M. de Pontis, qui auroit bien souhaité de lui faire la révérence, le cardinal ne se fut pas plutôt retourné, et ne m'eut pas plutôt aperçu qu'il me cria : *Serviteur très-humble,* qui étoit le compliment de congé ordinaire qu'il faisoit à ceux à qui il ne vouloit pas de bien. Je compris à l'heure même ce langage, et vis bien que cela vouloit dire que je n'avois qu'à me retirer promptement. Je le fis aussi tout le plus vite qu'il me fut possible; et, étant monté à cheval dans l'instant, je m'en retournai fort légèrement à Paris, croyant entendre à toute heure derrière moi le *Serviteur très-humble* du cardinal de Richelieu. Le maréchal de Brezé m'ayant dit quelque temps après que j'avois mal fait de m'en aller de cette sorte, je lui répondis que, si je n'eusse pas trouvé la porte ouverte, j'eusse plutôt sauté par dessus la muraille, et que je ne me fiois point à de tels complimens.

Mais il m'arriva depuis avec son Eminence une autre affaire beaucoup plus fâcheuse, qui, étant capable de me perdre entièrement, tourna néanmoins enfin, par un étrange revers, à mon avantage, et fut même cause de mon rétablissement. J'avoue qu'encore à présent lorsque j'y pense je ne saurois presque m'imaginer comment je pus sortir d'un si mauvais pas avec un si grand bonheur, et comment il fut possible qu'un ministre tout puissant, qui cherchoit toutes les occasions de me ruiner, en ayant trouvé une si favorable, ne s'en servît au contraire que pour me témoigner de la bonté, et pour s'efforcer de nouveau de m'attirer à son service. Voici donc de quelle sorte cette affaire se passa.

[1642] M. de Cinq-Mars, grand-écuyer de France, étoit pour lors appointé contre le cardinal de Richelieu, et il formoit une intrigue puissante pour éloigner ce ministre qui étoit en butte à tous les grands de la cour. Comme il savoit que j'étois une personne très-fidèle et très-attachée au service du Roi, et par conséquent ennemie du cardinal, il crut qu'il pourroit lui être avantageux de m'engager dans son parti et dans le dessein qu'il avoit de supplanter du ministériat celui qu'il ne pouvoit plus souffrir. Et jugeant même que le temps de ma disgrâce étoit favorable pour cela, il m'envoya un de ses confidens nommé Fouquerolles, qui étoit lieutenant d'une compagnie de chevau-légers, par lequel il me manda que, puisque le cardinal de Richelieu me rendoit si misérable, et témoignoit me vouloir perdre, je me rangeasse de son côté, et qu'il sauroit bien me protéger contre ce tyran, me promettant mille belles choses qu'il est inutile de marquer ici. C'étoit le temps où le Roi étoit sur le point de partir pour le siége de Perpignan; et ainsi il prétendoit m'engager à ce voyage.

Je me trouvai étrangement embarrassé sur le conseil que je devois prendre en cette rencontre; car il n'étoit pas fort difficile de prévoir dès lors la ruine de M. de Cinq-Mars, et je ne pouvois douter qu'il ne succombât à la fin sous la puissance d'un si redoutable ennemi. D'autre côté, je craignois que M. le grand-écuyer, s'étant une fois découvert à moi de son dessein, ne me prît en aversion si je refusois de me joindre à lui. Je crus néanmoins qu'en attendant que j'y eusse pensé sérieusement et à loisir, je pouvois sans rien gâter me servir du prétexte de l'ordre du Roi que j'avois reçu de ne point sortir de Paris. Ainsi je dis à M. de Fouquerolles que M. le grand me faisoit un honneur que je ne méritois pas, de se souvenir de moi dans un temps où presque tous mes amis m'avoient oublié; que je le reconnoîtrois toute ma vie, et aurois tout le sentiment que je devois avoir d'une grâce si particulière; qu'au reste la défense formelle qui m'avoit été faite de la part du Roi de sortir hors de Paris, m'empêchoit de pouvoir accepter l'offre qu'il me faisoit ; mais que je le suppliois de croire que si je pouvois, sans me rendre criminel, entreprendre le voyage, je lui étois entièrement acquis et dévoué à son service ; qu'ainsi je lui demandois quelque temps pour en consulter avec mes amis.

J'écrivis ensuite à M. de Vitermont, un de mes intimes amis, pour le prier de conférer de cette affaire avec un autre de mes confidens, nommé M. de Vennes. Je ne voulus pas néanmoins nommer M. de Cinq-Mars; mais je leur disois en général que j'étois extrêmement en peine de ce que je devois faire dans cette conjoncture du départ du Roi pour le voyage de Perpignan, et si je le suivrois nonobstant l'ordre que j'avois reçu, et que je savois n'être venu que du cardinal. La faute que je fis fut qu'étant en colère lorsque j'écrivis cette lettre je m'emportai fort contre lui, le peignant de toutes sortes de couleurs, et ne me servant pour le désigner que de termes offensans, comme de bonnet et de toque rouge, et d'autres semblables. Je pris néanmoins toutes mes sûretés pour faire rendre en main propre cette lettre à celui à qui j'écrivois ; mais toutes mes précautions n'empêchèrent point qu'elle ne tombât dans la suite entre les mains du cardinal même, qui me faisoit observer avec grand soin, et qui, trouvant ce nouveau sujet de s'irriter contre moi, tourna enfin toute sa colère, par un effet surprenant de sa politique, pour me procurer l'avantage de ses bonnes grâces, et m'attacher s'il avoit pu à son service, ainsi que je le dirai plus bas.

Cependant le Roi étant déjà à Fontainebleau, d'où il devoit partir pour le voyage de Perpignan, me fit la grâce de m'envoyer Archambaut son fidèle, qui étoit

tout-à-fait dans sa confidence, pour me dire que je préparasse mon équipage afin de le suivre. Je demandai confidemment au sieur d'Archambaut s'il m'apportoit cet ordre par écrit ; et lorsqu'il m'eut dit que non, je lui répondis fort librement, comme à mon ami, qu'ayant un ordre par écrit de ne point sortir de Paris, et n'en ayant pas un autre par écrit pour en sortir, s'il plaisoit à M. le cardinal de m'entreprendre sur cela, je me trouverois bien vite abandonné par le Roi même entre les mains de son ministre, qui ne me pardonneroit pas ; qu'ainsi je ne pouvois pas sortir de Paris sans un autre ordre que celui qu'il m'apportoit. « Mais je m'avise, ajoutai-je, d'un moyen facile
« pour me tirer de cette affaire. Comme je sais que tu
« m'aimes, fais-moi la grâce de dire au Roi que tu
« m'as trouvé fort malade. Aussi le suis-je effective-
« ment, et beaucoup plus mal que si j'avois la fièvre
« et que mes affaires allassent bien ; » car c'étoient là mes vrais sentimens, n'ayant dans la tête que la faveur de la cour, et ne pouvant me bien porter que je ne m'y visse en bonne posture, tant la longue expérience que j'avois eue de la fragilité de cette faveur en la personne de tant de grands, et en ma propre personne, avoit fait peu d'impression sur mon cœur. Le sieur Archambaut, qui m'aimoit fort, me promit de parler au Roi comme il devoit et comme je le souhaitois. Ainsi, étant retourné à Fontainebleau, il dit au Roi qu'il m'avoit trouvé fort malade, et que cependant l'impatience où j'avois été de partir aussitôt qu'il m'eut déclaré l'ordre de Sa Majesté témoignoit bien que j'avois toujours la même ardeur pour son service ; mais qu'il n'y avoit aucune apparence que je

pusse me mettre en chemin dans l'état où je me trouvois sans courir risque de ma vie. Tout cela étoit très-vrai, quoique en un autre sens que le Roi ne le comprit. Sa Majesté témoigna être très-satisfaite de la fidélité de mon zèle ; mais, ne voulant pas que j'exposasse si inutilement ma vie, il dit au sieur d'Archambaut de m'écrire de sa part qu'il me défendoit de me mettre en chemin que je ne fusse parfaitement guéri : ce qui n'arriva pas sitôt, mais seulement après son retour de Perpignan, lorsque ma disgrâce finit où celle d'un autre auroit dû commencer.

Le Roi ayant donc fait son voyage en Roussillon, et la ville de Collioure ayant été prise sur les Espagnols, il y eut un grand différend entre M. le cardinal de Richelieu et M. le grand-écuyer, qui demandèrent tous deux au Roi le gouvernement de cette place pour quelqu'une de leurs créatures. M. le grand-écuyer, l'ayant demandé le premier, l'emporta au préjudice du cardinal, à qui le Roi répondit, lorsqu'il le lui demanda depuis, qu'il n'en étoit plus le maître, ayant déjà donné sa parole à un autre. Le cardinal, qui savoit bien que cet autre étoit M. le grand-écuyer, regarda comme le dernier affront qu'il pût recevoir, de ce que celui qui étoit sa créature, et qui depuis étoit devenu son ennemi, avoit pu emporter sur lui ce gouvernement. Comme il s'étoit persuadé qu'il étoit maître de tout, et qu'il croyoit même s'être rabaissé en quelque sorte d'avoir demandé une chose qui dépendoit de son pouvoir, il fut piqué très-sensiblement du refus du Roi ; et, jugeant bien que ce ne pouvoit être qu'un effet de la mauvaise volonté de ses ennemis, qui l'avoient mis mal dans l'esprit de Sa Majesté, il commença à entrer dans quelque appréhension de voir bientôt renverser toute sa fortune; car il savoit, comme j'ai dit auparavant, qu'il se formoit de puissantes cabales contre lui. C'est ce qui le fit résoudre, peu de temps après, à se retirer en un lieu de sûreté, afin que, quelque chose qui pût arriver, il fût en état de se sauver par la fuite. Ce sont de grandes affaires et de grands ressorts que je n'entreprends pas d'éclaircir ici.

Il me suffit donc d'ajouter qu'avant qu'il en vînt à cette grande extrémité de quitter en quelque sorte la partie, il s'avisa, par la plus grande de toutes ses souplesses, de me mettre en jeu avec M. le grand-écuyer, et de se servir de mon nom pour emporter sur son ennemi ce qu'il ne pouvoit souffrir qu'il lui enlevât. Quoique ce fût lui-même qui eût été l'auteur de ma disgrâce, sachant néanmoins que je n'étois pas désagréable au Roi, et qu'il avoit même été très-sensible à ce prince de me voir éloigné de sa personne par une violence où il n'avoit eu aucune part, il crut qu'en parlant à Sa Majesté en ma faveur dans cette rencontre, il pourroit peut-être obtenir pour moi ce qu'on lui avoit déjà refusé, ne se mettant guère en peine s'il obligeoit un simple officier qu'il haïssoit, pourvu qu'il fît retomber sur son principal ennemi l'affront qu'il craignoit de recevoir. Il feignit ainsi de m'aimer et de se souvenir de moi en cette occasion importante; et il dit au Roi avec sa simplicité ordinaire, lorsqu'il lui eut refusé le gouvernement dont j'ai parlé : « Mais
« quoi, sire, Votre Majesté ne se souvient-elle pas
« du pauvre Pontis qui n'a rien, qui est misérable,
« et qui mérite bien néanmoins pour récompense de

« ses services de recevoir ce gouvernement, dont il
« aura plus de soin que pas un autre ? » Le Roi connut
aussitôt le déguisement et l'artifice de cette demande,
ainsi qu'il me fit l'honneur de me le témoigner lui-
même depuis, sachant trop que c'étoit lui seul qui
m'avoit réduit à l'état où je me trouvois alors, et que
ce ne pouvoit être que par une fausse compassion
d'intérêt propre qu'il feignoit en cette occasion d'être
touché de ma disgrâce. Mais ce prince ne voulut pas
lui faire connoître qu'il pénétroit dans ses desseins et
dans le secret de sa pensée ; et, faisant semblant de
goûter fort la proposition qu'il lui faisoit, il lui répondit assez prestement que pour celui-là, en parlant
de moi, il n'auroit pu le refuser, mais qu'ayant déjà
donné sa parole il n'en étoit plus le maître. Ainsi
M. le cardinal, qui avoit témoigné pour moi avec tant
d'adresse cette bonne volonté apparente, par rapport
à ses intérêts, vit tomber cette ruse si bien concertée,
et fut contraint de chercher par d'autres moyens à
renverser son ennemi, comme il fit et comme il se
voit dans l'histoire, où la fin tragique de M. le grand-
écuyer (1) et de M. de Thou son confident, et les
causes de leur perte sont représentées fort au long.

Lorsque M. le cardinal leur eut fait faire leur procès
il s'en revint à Paris, et partit de Lyon le même jour
qu'ils y devoient être exécutés. Sa marche, depuis
Lyon jusqu'à Paris, se fit d'une manière aussi extraordinaire qu'on en ait jamais ouï parler. Comme il

---

(1) *M. le grand-écuyer* : Cinq-Mars, fils du maréchal d'Effiat, avoit
entraîné Monsieur à faire un traité avec l'Espagne. Ce traité avoit été
conclu à Madrid le 13 mars 1642, et signé par Olivarès au nom du roi
d'Espagne, et par Fontrailles au nom de Monsieur.

étoit incommodé, il trouva moyen de marcher sans se lever de son lit, y étant couché et porté par seize personnes. Jamais il n'entroit par la porte dans la maison où il devoit loger; mais M. des Noyers, l'un de ses plus fidèles serviteurs, faisant, pour le dire ainsi, le maréchal des logis, alloit devant, et avoit soin de faire faire une ouverture à l'endroit des fenêtres de la chambre où il devoit reposer. On dressoit en même temps un grand échafaud dans la rue, sur lequel on montoit par des degrés, afin que l'on pût passer et faire entrer dans la chambre par cette ouverture le lit magnifique dans lequel son Eminence étoit couchée.

On tendit les chaînes à Paris dans toutes les rues par où il devoit passer, afin d'empêcher la grande confusion du peuple, qui accouroit de toutes parts pour voir cette espèce de triomphe d'un cardinal et d'un ministre couché dans son lit, qui retournoit avec pompe après avoir vaincu ses ennemis. Je me trouvai comme les autres à son passage, et me plaçai pour le voir dans la rue de la Verrerie. Comme il n'étoit pas si malade qu'il ne jetât les yeux de côté et d'autre sur ceux qui le regardoient, il m'aperçut au milieu de la foule, et dit aussitôt au lieutenant de ses gardes qui étoit proche de son lit : « Avertissez M. de Pontis que « je viens de voir, de se trouver au Palais-Cardinal « dans le temps que j'y descendrai. » Au même instant cet officier se mit à crier au milieu de tout ce peuple en me nommant, et demandant si je n'étois pas là. Je répondis m'entendant nommer, et m'étant montré, il me dit ce que M. le cardinal lui avoit donné ordre de me dire. Aussitôt tous mes amis commencèrent à me blâmer d'imprudence de m'être montré, disant que j'avois beaucoup de sujet de craindre ; que le cardinal ne pouvoit avoir que quelque mauvais dessein contre moi ; que j'étois trop fier, et que je ne devois pas m'engager ainsi témérairement dans le péril sans nécessité. Pour moi, au contraire, qui avois toute l'assurance d'un homme qui ne se sent coupable de rien, ne sachant pas que ma lettre dont j'ai parlé auparavant eût été surprise, je leur dis que j'étois résolu d'aller voir ce que son Eminence souhaitoit de moi ; et étant parti à l'heure même, je me rendis à son palais au moment qu'il y arriva. Je me présentai avec tous les autres ; mais comme il y avoit un très-grand monde, ou il ne me vit pas, ou, s'il me vit, il ne voulut pas me parler en si bonne compagnie, se réservant de le faire en une meilleure occasion. Il dit étant arrivé d'un air fort content : « Ah ! Dieu soit « loué, c'est une grande douceur d'être chez soi. » Et comme tous ceux devant lesquels il passoit se prosternoient avec un profond respect, il leur disoit seulement le *serviteur très-humble*, mais d'un accent bien différent de celui dont il me le dit lorsqu'il me mit en fuite par cette seule parole dans son jardin.

Voyant qu'il ne m'avoit rien dit, je priai le lieutenant de ses gardes de témoigner à son Eminence que je n'avois pas manqué de m'acquitter de l'ordre qu'il m'avoit donné. Il me le promit, et me pria de revenir le lendemain pour savoir sa réponse. J'y retournai diverses fois sans pouvoir saluer M. le cardinal, qui se trouva occupé tous ces premiers jours à recevoir les complimens d'un grand nombre de personnes de qualité qui venoient lui faire la cour après un si long

voyage. Enfin, lorsque j'étois un jour dans son antichambre, et que je m'entretenois avec M. le premier président Molé, on me vint dire que son Eminence me demandoit : et ainsi ayant obtenu audience avant même M. le premier président, aussitôt que je fus entré ceux qui étoient près de son lit se retirèrent à un coin de la chambre, hormis deux pages qui demeuroient au pied du même lit en garde. M'étant approché, je saluai M. le cardinal et baisai son drap. D'abord il me demanda pourquoi je n'avois pas été au voyage de Perpignan avec le Roi. Je lui répondis qu'ayant reçu un ordre exprès de ne point sortir de Paris, je n'en avois point reçu d'autre depuis, ni de la part de Sa Majesté, ni de celle de son Eminence. « Mais est-ce
« là, me dit-il, la véritable cause qui vous en a em-
« pêché ? » Je lui repartis que c'avoit été la seule crainte de désobéir au Roi et à son Eminence. « Mais
« encore, continua-t-il, n'y a-t-il point eu quelque autre
« raison particulière qui vous a porté à demeurer ? Car
« s'il n'eût tenu qu'à le demander au Roi, je sais qu'il
« est si bon qu'il ne vous l'auroit pas refusé. Il faut
« qu'il y ait eu en cela quelque chose de caché que
« vous ne vouliez pas nous dire. — Votre Eminence
« sait assez, lui dis-je, que ce n'étoit pas à un parti-
« culier comme moi d'avoir la hardiesse de demander
« au Roi qu'il m'approchât de sa personne, lorsqu'il
« m'en avoit éloigné pour des raisons qu'il ne m'est
« pas permis de pénétrer. — Je sais bien, me répli-
« qua-t-il, que le Roi ne l'auroit pas trouvé mauvais
« de votre part; et il n'étoit pas même difficile que
« vous trouvassiez des amis qui se chargeassent de
« parler pour vous, sans que vous vous adressassiez

« vous-même immédiatement au Roi. — Il est vrai,
« monseigneur, lui répondis-je ; mais votre Emi-
« nence me permettra de lui dire que j'ai tâché toute
« ma vie de n'être point à charge à ceux qui m'hono-
« roient de leur bienveillance, et de ne les employer
« presque jamais pour mon regard particulier. Je sais
« que le Roi a beaucoup de bonté pour moi ; mais
« c'est à cause de cela même que j'ai toujours cru
« être obligé de recevoir ses châtimens et ses faveurs
« avec une égale reconnoissance, étant persuadé que
« plus il a de bonté pour moi, plus je suis coupable
« lorsque je l'ai offensé en quelque chose. — Je suis
« bien aise, me repartit le cardinal, de vous voir
« dans ces sentimens, car on ne sauroit trop recon-
« noître les faveurs du Roi. Mais il me semble néan-
« moins que l'on pourroit accuser en quelque sorte
« une personne de n'avoir pas toute l'estime qu'elle
« devroit du bonheur qu'il y a à être auprès de Sa
« Majesté, et d'être même coupable de quelque mé-
« pris, lorsqu'elle se tient aussi contente d'en être
« éloignée que d'en être proche ; et ce n'est pas être
« à charge à ses amis que de les prier d'intercéder
« pour soi dans ces rencontres. Je ne puis pas croire,
« ajouta-t-il, qu'il n'y ait eu quelque autre raison
« que vous me cachez ; car enfin il n'y a point de
« prince qui soit tellement irrité qu'il ne puisse être
« apaisé. » Il me faisoit l'honneur de me parler ainsi
familièrement, et il sembloit que nous contestassions
ensemble, lui étant toujours sur l'attaque, et moi sur
la défensive. Enfin, comme il vit qu'il n'avançoit rien
par toutes ses demandes si souvent réitérées, et que
je me tenois toujours fixe sur le même point sans

m'écarter, il me dit que, puisque je ne voulois pas lui répondre sur ce qu'il me demandoit, il ne vouloit pas aussi me dire le sujet pour lequel il m'avoit mandé; mais que j'allasse trouver de sa part M. des Noyers qui me le diroit. Il commanda en même temps à un des deux pages de sa chambre, nommé La Grise, de me mener chez M. des Noyers.

Je ne manquai pas de faire quantité de réflexions sur cet empressement extraordinaire que témoignoit le cardinal, pour connoître ce qui m'avoit arrêté à Paris. Je ne savois pas encore que la lettre que j'avois écrite sur ce sujet fût tombée entre ses mains ; et je crus que son inquiétude pouvoit bien venir d'une rencontre qui m'arriva long-temps auparavant, et qui lui donna de fâcheux soupçons contre moi. Étant un jour chez le Roi, Sa Majesté me fit signe de la suivre dans sa garde-robe, où je n'étois jusqu'alors jamais entré. Je n'osai d'abord suivre le Roi; mais il avertit l'huissier de me faire entrer ; et s'étant assis sur un coffre, fort pensif, il commença à me demander avec beaucoup de confidence d'où venoit que les capitaines qu'il avoit faits le quittoient tous, et qu'il n'en restoit presque pas un auprès de sa personne. Je les excusai le mieux que je pus, disant au Roi en général que, pour ce qui étoit des vieux officiers, ils étoient usés par les fatigues de la guerre, et hors d'état de s'acquitter de leurs charges, et que pour les autres, il y en avoit plusieurs qui avoient été estropiés pour son service, et que quelques-uns pouvoient bien aussi s'être ennuyés des grands travaux de l'armée. Le Roi m'ayant répliqué et demandé en particulier d'où venoit qu'un tel, qu'il me nomma, l'avoit quitté pour se mettre au service de M. le cardinal, je lui répondis fort franchement et sans hésiter que celui-là n'avoit pas gagné au change de quitter le maître pour le valet. Ce furent mes propres paroles, qui ne déplurent pas sans doute au Roi. Ce pauvre prince se mit ensuite à me compter avec ses doigts tous ceux qui l'avoient quitté, déplorant en quelque sorte son malheur. Et j'avoue que, quoique je tâchasse d'excuser les uns et les autres le mieux qu'il me fut possible, j'étois très-sensiblement touché de voir un si grand roi abandonné de la plupart de ses serviteurs; et je ne pouvois me persuader, le respectant et l'aimant au point que je faisois, comment on pouvoit être assez lâche pour préférer à son service celui d'un de ses sujets, quelque puissant qu'il pût être. Il me parut être dans une inquiétude extraordinaire durant tout cet entretien, passant continuellement d'un discours à l'autre, tantôt demeurant comme tout interdit, et tantôt me faisant quelque nouvelle demande; en sorte que, comme il n'avoit pas accoutumé de me parler avec toutes ces circonlocutions et ces détours, je crus indubitablement qu'il avoit quelque chose dans l'esprit qu'il n'osoit me déclarer, quoiqu'il eût bien voulu m'y faire tomber insensiblement; car, comme c'étoit dans le temps que le Roi formoit déjà quelque dessein contre M. le cardinal, il y avoit grand sujet de croire qu'il vouloit me confier quelque secret sur cela.

Mais il arriva tout d'un coup que notre entretien fut rompu par le comte de Nogent, qui regardoit à travers la porte par une fente ou par le trou de la serrure; dont le Roi s'étant aperçu, il cria, demandant s'il y avoit là quelqu'un. En même temps le comte de

Nogent ayant gratté à la porte, le Roi, comme tout surpris, se leva avec tant de précipitation qu'il pensa me faire tomber, témoignant assez par son extérieur qu'il étoit fâché qu'on me trouvât en ce lieu avec lui. Aussitôt que M. le comte de Nogent fut entré, il dit au Roi qu'il venoit de la part de M. le cardinal pour demander à Sa Majesté si elle demeureroit au logis sans sortir, à cause que son Eminence souhaitoit de la venir voir. Le Roi fit réponse que M. le cardinal seroit le très-bienvenu. Le même comte de Nogent me demanda ensuite dans le particulier ce que le Roi me disoit lorsqu'il me parloit ainsi avec action, me faisant assez connoître qu'il soupçonnoit quelque chose de cet entretien. Il est vrai que j'eus une grande envie de mortifier sa curiosité, et de lui faire comprendre qu'il se mêloit de ce qui ne le regardoit pas; mais, craignant un homme qui étoit si fort dans les intérêts du cardinal, je lui répondis simplement que le Roi m'entretenoit, selon sa coutume, de différentes choses touchant ses armées, les soldats et les officiers. Il me repartit, se doutant bien que c'étoit une défaite, qu'il y avoit quelque autre chose sur le tapis. Et s'en étant retourné chez M. le cardinal, il lui donna lieu d'avoir de mauvais soupçons contre moi, lui disant qu'il m'avoit vu seul avec le Roi dans sa garde-robe, et que Sa Majesté me parloit comme en confidence de quelque affaire secrète.

Ce fut donc de cette rencontre particulière, et de cet entretien familier que j'avois eu avec le Roi, que je crus que M. le cardinal vouloit s'informer doucement lorsque je le vis dans l'occasion dont j'ai parlé, et sur le sujet de laquelle j'ai rapporté tout ceci. Lorsque je fus arrivé au logis de M. des Noyers avec le page de M. le cardinal, les livrées de son Eminence me firent ouvrir le passage au travers de tout le monde qui attendoit pour avoir audience. Chacun me fit place, respectant celui dont le page me conduisoit ; et étant monté tout droit avec lui en la chambre de M. des Noyers, après que je l'eus salué et qu'il eut su que je venois de la part de M. le cardinal, il me fit entrer seul avec lui dans son cabinet. Là, il commença à me faire les mêmes questions qui m'avoient déjà été faites, me demandant et redemandant plusieurs fois d'où venoit que je n'avois pas suivi le Roi au voyage de Perpignan. Je compris que c'étoit un dessein concerté entre M. le cardinal et M. des Noyers, et que ce n'étoit pas sans sujet qu'ils paroissoient être d'intelligence sur cette affaire. Je trouvois d'ailleurs qu'il étoit du dernier ridicule de me demander tant de fois raison d'une chose qu'ils connoissoient beaucoup mieux que moi, et j'étois d'humeur à me mettre tout de bon en colère si j'en eusse eu la liberté ; mais pensant à qui je parlois, je me retins par la crainte du cardinal, et demeurai toujours ferme à la réponse que j'avois faite à son Eminence : qu'ayant reçu un ordre par écrit de la part du Roi, signé de M. des Noyers lui-même, pour ne point sortir de Paris, il auroit été le premier à me blâmer si je l'avois fait. Il me tourna et me retourna en toutes manières, dans l'espérance de découvrir quelque chose ; mais comme il me vit à l'épreuve de toutes ces questions, après qu'il m'eut ainsi entretenu quelque temps, il prit une liasse de papiers sur sa table, de laquelle il tira cette lettre fatale que j'avois

écrite à M. de Vitermont sur le sujet du voyage du Roi, et sur la personne en particulier de M. le cardinal, et, me la donnant, il me dit : « Voyez un peu
« cette lettre ; regardez si vous pourrez reconnoître
« votre écriture et votre seing. »

Je demeurai dans un étonnement et un étourdissement d'esprit qui ne se peut exprimer, voyant une lettre que je ne pouvois pas m'imaginer avoir pu tomber entre leurs mains sans une espèce de magie, puisque j'étois assuré de la personne à qui je l'avois confiée, et encore plus de celui à qui je l'avois écrite, qui m'a depuis protesté diverses fois ne l'avoir jamais reçue. Enfin, n'y ayant pas moyen de nier que je l'eusse écrite et signée, et n'étant pas accoutumé à gauchir dans ces rencontres, j'aimai mieux la reconnoître franchement, et je lui dis avec fermeté : « Il
« est vrai, monsieur ; je reconnois cette écriture et
« ce seing ; j'avoue que c'est moi qui ai écrit cette
« lettre, et par conséquent je suis obligé d'avouer
« tout ce qui est dedans quand il m'en devroit coûter
« la tête aujourd'hui. » Cette franchise plut sans doute à M. des Noyers, qui ne laissa pas néanmoins de m'entreprendre et de me parler sur cela avec toute la force possible. « Quoi ! me dit-il, vous avez eu la hardiesse de traiter de la sorte M. le cardinal, qui est
« le plus grand génie et le premier homme du monde ;
« lui qui fait du bien à toute la terre, et qui tire de
« la poussière pour élever dans des charges considérables ceux qu'il éprouve en être dignes ; lui qui
« travaille uniquement à contenter tous les sujets du
« Roi, qui fait du bien à ses ennemis mêmes, et qui,
« dans le même temps que vous le déchiriez de la

« sorte dans cette lettre, a voulu vous servir auprès du
« Roi en lui demandant pour vous le gouvernement de
« Collioure. Est-il possible que de petits officiers atta-
« quent si injurieusement les hautes puissances, et
« qu'on s'oublie jusqu'à ce point que d'outrager ceux
« à qui le prince commet le soin et la conduite de
« ses Etats ! »

Je lui répondis, qu'il étoit vrai que j'avois eu tort de parler ainsi d'une personne à qui je devois toute sorte de respects; mais que je le suppliois de ne pas trouver mauvais si un pauvre prisonnier comme j'étois s'étoit échappé à se plaindre et à crier un peu plus haut qu'il ne devoit ; que c'étoit toute la liberté qui restoit à un misérable, de décharger son cœur en déplorant sa misère ; qu'on n'avoit point accoutumé de le trouver mauvais, ni de regarder une personne comme plus coupable, pour avoir parlé moins respectueusement dans ces occasions, où il sembloit que ce fût plutôt la douleur qui parloit que la personne. « C'est le seul moyen, monsieur, lui dis-je,
« qu'ont les prisonniers de se soulager; ils disent tous
« librement ce qui leur plaît, et nul ne les accuse
« de rendre par là leur cause plus criminelle. Il
« n'est que trop naturel, monsieur, de crier lors-
« qu'on sent du mal, et il semble qu'il y ait quelque
« stupidité à souffrir sans dire mot. Enfin j'avoue que
« je n'ai pas eu toute la patience que je devois ; mais
« je crois que vous avez trop de bonté pour ne me
« pas excuser dans mon malheur, lorsque, ne me
« sentant coupable de rien, je me suis vu tout d'un
« coup accablé sous le poids d'une aussi grande dis-
« grâce que la mienne. »

M. des Noyers, qui fut touché de la manière dont je lui parlois, et qui d'ailleurs avoit sans doute bon ordre de bien ménager cette occasion pour m'attirer au service de M. le cardinal, me dit qu'il vouloit me servir auprès de son Eminence, et qu'il se chargeoit de très-bon cœur de faire ma paix, pour me témoigner qu'il m'aimoit véritablement, et qu'il n'étoit pas moins mon ami qu'il l'avoit toujours été. Je pris ainsi congé de lui, en l'assurant que je reconnoîtrois toute ma vie l'obligation que je lui avois. Je m'en retournai, ne pouvant assez admirer les divers ressorts et les souplesses différentes de la politique de ce ministre, qui, me haïssant à cause de l'attache que j'avois à la personne du Roi, et cherchant depuis si long-temps un prétexte pour me perdre, aima mieux se servir de cette occasion qui se présentoit, pour m'attirer à sa personne que pour me ruiner entièrement.

Après être retourné diverses fois chez M. des Noyers sans pouvoir jamais lui parler à cause du grand monde qui avoit affaire à lui, ayant un jour rencontré M. le maréchal de Brezé et M. le maréchal de La Meilleraye, ils me dirent qu'ils ne savoient ce que j'avois fait à M. le cardinal, mais qu'il paroissoit tout changé à mon égard, et qu'il parloit souvent de moi en bonne part. M. de Brezé ajouta qu'il vouloit me mener chez lui. M. de La Meilleraye dit que ce seroit lui qui m'y mèneroit. Après quelque contestation de part et d'autre, ils convinrent qu'ils m'y mèneroient tous deux. Et ainsi étant allés tous ensemble chez M. le cardinal, comme nous fûmes entrés dans sa chambre, ils lui dirent :
« Monseigneur, voilà M. de Pontis que nous amenons

« à Votre Eminence, bien repentant et bien résolu « à vous offrir son service. » M. de Brezé dit : « Je « me rends caution de sa parfaite fidélité. » M. de La Meilleraye ajouta : « et moi aussi je réponds pour « lui. » Cependant je ne disois mot, ne les avouant de ce qu'ils vouloient bien avancer pour moi que par un profond et respectueux silence.

Alors M. le cardinal, s'adressant à moi, me dit d'un ton riant et un peu railleur : « Hé bien, monsieur « de Pontis, il n'a tenu qu'à vous seul jusques ici de « faire votre fortune. Vous avez cru gagner davan- « tage ailleurs, et mieux avancer vos affaires ; mais « vous n'auriez pas perdu de vous approcher de « nous. » Ce compliment me donna, je l'avoue, un très-grand dépit au fond de mon cœur, de voir qu'on raillât dans moi la fidélité inviolable que j'a- vois vouée à mon prince, et qu'on me jugeât capable d'être débauché de son service; mais je retins ma co- lère, comme j'y étois obligé, et lui répondis, avec tout le respect extérieur que je lui devois, que j'étois confus de l'honneur que son Eminence me faisoit de penser à une personne comme moi, que je m'en re- connoissois très-indigne ; que néanmoins ma cons- cience ne me reprochoit point d'avoir manqué à m'acquitter fidèlement des ordres que j'avois reçus de sa part, et à rendre à son Eminence tous les services dont j'avois été capable ; mais qu'il étoit vrai que j'a- vois cru ne pouvoir quitter le service du Roi sans être blâmé par elle-même d'une très-grande ingratitude, puisqu'elle savoit que je tenois de la pure libéralité du Roi, et ma fortune et ma vie. Le cardinal, sans faire semblant de comprendre ce que je disois, me répondit que le passé ne serviroit qu'à nous rendre meilleurs amis à l'avenir, et qu'il falloit que je revinsse le voir.

Mais comme je n'étois nullement accoutumé à sa cour ni à ses manières, je résolus d'en user à peu près à l'avenir comme j'avois fait par le passé, et je jugeai à propos de donner avis de tout ceci au Roi, qui n'eût pas été content que je lui eusse caché des particularités qui le regardoient de si près. Dès que je lui en eus touché quelque chose il me fit entrer dans son cabinet, où je lui contai naïvement tout ce qui s'étoit passé entre M. le cardinal, M. des Noyers et moi, dont il rit bien en son particulier. Mais lorsque je lui dis, entre autres choses, ce que M. des Noyers m'avoit déclaré touchant le gouvernement de Collioure, qu'il disoit que M. le cardinal avoit demandé pour moi à Sa Majesté, le Roi ne put s'empêcher de s'écrier avec quelque indignation de cette souplesse et de cet artifice si grossier : *Ah! le fourbe.* Je lui demandai ensuite s'il trouveroit bon que j'allasse voir M. le cardinal, comme il m'y avoit fort exhorté, ajoutant que s'il plaisoit à Sa Majesté je ne verrois jamais cette Eminence qu'en tableau. Mais le Roi me répondit qu'il valoit mieux l'aller voir comme les autres, pour lui ôter tout ombrage, et me conserver au moins cette bonne volonté qu'il me témoignoit.

Depuis ce temps-là, qui étoit vers le mois de septembre (1) de l'année 1642, je fus parfaitement bien en cour, étant toujours auprès de la personne du Roi, qui me mena avec lui diverses fois chez M. le car-

---

(1) *Vers le mois de septembre*: Ce dut être au mois d'octobre ; puisque le Roi et le cardinal n'arrivèrent à Paris qu'à la fin de septembre.

dinal, lorsqu'il l'alla visiter sur les derniers jours de sa vie, sans néanmoins me faire entrer dans sa chambre. Le jour que ce grand ministre mourut, quelques heures avant sa mort, comme j'étois dans la chambre du Roi, M. des Noyers lui vint dire fort gai que M. le cardinal étoit ressuscité, et qu'il se portoit beaucoup mieux après avoir pris un remède qui lui avoit fait des merveilles. Le Roi, qui savoit que la maladie du cardinal étoit telle qu'il ne pouvoit pas en réchapper, demeura, en recevant cette nouvelle, au même état qu'il étoit auparavant, sans faire paroître ni joie ni tristesse. Il vint en effet une autre personne quelque temps après, qui dit au Roi que son Eminence étoit expirée, et qu'elle l'avoit vue passer. Le Roi, ne voulant pas se fier à cette première nouvelle, en attendit une seconde et une troisième; et quand la chose fut assurée (1) il se contenta de dire à quelques-uns qui étoient auprès de lui : « Il est mort un grand po« litique. » Aussitôt après, messieurs les maréchaux de La Meilleraye et de Brezé, ses créatures, vinrent se jeter aux pieds du Roi, et lui demander sa protection. Le Roi les embrassa et leur dit qu'il avoit toujours fait estime de leur personne, et qu'il les aimeroit toujours pourvu qu'ils le servissent fidèlement. En quoi ce prince témoigna beaucoup de bonté, n'ayant jamais fait paroître le moindre ressentiment de ce qu'ils avoient été toujours uniquement attachés au service du cardinal; et c'est sans doute une assez grande politique de ménager quelquefois ses ennemis, même lorsque quelque événement extraordinaire les engage à changer de conduite à notre égard.

(1) *Quand la chose fut assurée:* Richelieu mourut le 4 décembre.

Je ne jouis pas long-temps des bonnes grâces du Roi depuis la mort de M. le cardinal. Ce prince n'eut presque aucune santé depuis, mais fut toujours dans une espèce de langueur qui le réduisit enfin à un état digne de compassion. S'étant mis un jour au soleil, qui entroit par une fenêtre de sa chambre, pour s'échauffer, comme je vins le saluer sans prendre garde à cela, j'allai justement me placer ensuite devant la fenêtre ; sur quoi le Roi me dit assez agréablement : « Hé ! Pontis, ne m'ôte pas ce que tu ne me saurois « donner. » Je ne compris point ce que Sa Majesté me vouloit dire, et, en étant fort en peine, je demeurois toujours à la même place. Alors M. le comte de Tresmes me dit que c'étoit le soleil que j'ôtois au Roi, et je me retirai à l'heure même. Ce pauvre prince devint si maigre et si défait, qu'ayant pitié de soi-même dans l'état où il se voyoit, il découvroit quelquefois ses bras tout décharnés, et les montroit à ceux de sa cour qui le venoient voir.

[1643] Lorsqu'il étoit au lit de la mort, M. de Souvré, premier gentilhomme de la chambre, ayant dit un jour, selon la coutume, que tout le monde sortît afin que le Roi pût reposer, et ayant tiré le rideau du lit du côté que j'étois pour m'obliger de sortir comme les autres, le Roi retira tout d'un coup son rideau, et m'ordonna de demeurer; car son dessein n'étoit pas tant de reposer que de se voir délivré de l'importunité des gens de la cour. Il commença ensuite avec une bonté toute particulière à s'entretenir familièrement avec moi; et voyant de loin de dedans son lit, par la fenêtre de sa chambre du château de Saint-Germain, le clocher de Saint-Denis, il me demanda ce que c'étoit. Comme je lui eus répondu que c'étoit l'église de Saint-Denis, il me dit, en envisageant déjà sa mort : « Voilà où nous reposerons. » Puis tirant son bras de son lit, il me le montra en me disant : « Tiens, « Pontis, vois cette main, regarde ce bras ; voilà quels « sont les bras du roi de France. » Je vis en effet, mais avec une angoisse et un serrement de cœur que je ne puis exprimer, que c'étoit comme un squelette qui avoit la peau collée sur les os, et qui étoit tout couvert de grandes taches blanches. Ce prince me fit voir ensuite son estomac, qui étoit si fort décharné que l'on comptoit facilement tous les os, comme s'il n'y avoit point eu de chair. Ce fut alors que, ne pouvant plus retenir au dedans de moi la douleur qui m'étouffoit, je m'abandonnai aux larmes et aux soupirs, et fis connoître à Sa Majesté en me retirant que j'étois touché au dernier point de le voir en un état qui m'étoit, si je l'ose dire, plus sensible qu'à lui-même.

Je ne parle point ici des conjectures que l'on fit touchant sa maladie : ce sont des secrets qu'il seroit assez inutile et même assez difficile de découvrir. Il suffit de reconnoître que ce prince mourut au moment auquel Dieu avoit résolu qu'il devoit mourir. Il est le maître de la vie et de la mort des grands aussi bien que des petits ; et c'est en vain qu'on s'efforce de connoître les vraies causes de la mort des princes, lorsqu'on sait qu'elles se rapportent toutes à la volonté de celui qui a un empire souverain sur les rois. Il étoit très-mal servi dans sa maladie, et ne prenoit presque jamais un bouillon qui fût chaud ; ce qui me donnoit une extrême peine de voir un roi beaucoup plus mal servi, au milieu de ce grand nombre d'officiers, que le moindre bourgeois de Paris.

Je n'étois pas dans sa chambre lorsqu'il mourut, car on empêchoit tout le monde d'y entrer; mais je puis dire que cette mort m'affligea jusqu'à un tel point, que je demeurai près de trois mois ayant l'esprit comme aliéné, ne sachant à qui m'en prendre de cette mort, cherchant tous les jours mon roi et ne le trouvant plus, ce qui me réduisit presque au désespoir. Car il est vrai que j'aimois ce prince, et que j'avois toujours senti une très-forte passion pour son service; et j'ose dire que je me tiendrois bien heureux si je pouvois me porter avec la même ardeur à servir celui qu'on ne peut jamais perdre en le servant fidèlement, et qui mérite infiniment plus d'amour que tous les princes de la terre; car Dieu a voulu sans doute me faire connoître, par cet exemple très-sensible de l'amour désintéressé et si ardent que je portois à son image, combien j'étois obligé de l'aimer lui-même. Et en effet, j'ai quelquefois admiré la disposition dans laquelle il m'avoit mis sur le sujet de ce prince, puisque, bien que je fusse très-persuadé au fond de mon cœur que, quelque bonté qu'il me témoignât, il avoit peu récompensé mes services, j'étois néanmoins si rempli de reconnoissance pour les grâces que j'avois reçues de lui, que j'ai répondu diverses fois à quelques personnes qui blâmoient la conduite du Roi sur mon sujet : « N'étoit-ce pas, leur disois-je, un
« trop grand honneur et une trop grande récompense
« pour un ver de terre comme moi, de ce qu'un si
« grand roi m'avoit fait la grâce de m'approcher de
« sa personne? » Ainsi je ne considérois pas tant les

grands services que j'avois rendus à ce prince que l'honneur qu'il m'avoit fait de les agréer, et je croyois n'avoir fait en tout cela que m'acquitter de l'obligation de ma naissance. Je pratiquois de cette sorte sans y penser, à l'égard d'un roi de la terre, ce que l'Evangile m'a fait connoître depuis que nous devons pratiquer à l'égard de Dieu, en nous regardant comme inutiles à son service, et comme infiniment trop heureux d'être jugés dignes de combattre sous ses enseignes et d'exécuter ses ordres divins.

LIVRE XIV.

Le maréchal de Vitry engage le sieur de Pontis à accompagner le marquis de Vitry son fils, et à se charger de la conduite du régiment de la Reine. Vigueur avec laquelle le sieur de Pontis arrête une sédition des soldats, et soutient ensuite le marquis de Vitry contre tous les officiers. Siége de Rothweil en Allemagne. Une partie de notre armée est défaite à Tubingen ; l'autre partie, sous la conduite du sieur de Pontis, se défend vigoureusement contre trois armées, et se rend enfin à composition. Tout ce qui lui est arrivé pendant sa prison en Allemagne. Il est obligé de payer deux fois sa rançon.

JE ne demeurai pas long-temps, après la mort du roi Louis XIII, sans emploi ; et, quelque las que je dusse être du service après tant d'années que j'avois consumées inutilement sous divers rois, je m'y rengageai de nouveau, sans penser à autre chose qu'à traîner les restes de cette misérable vie comme je pourrois, en suivant le cours du torrent du siècle qui m'emportoit comme tant d'autres. Un jour donc que j'étois encore au lit, M. le maréchal de Vitry [1] me vint surprendre ; et comme la honte que j'en eus me fit jeter de l'autre côté du lit dans la ruelle, en lui disant qu'il me faisoit un affront et qu'il seroit cause qu'on se railleroit de moi si on venoit à le savoir, il me dit qu'il avoit une affaire de conséquence à me communiquer. En même

---

[1] *M. le maréchal de Vitry* : Nicolas de L'Hôpital. C'étoit lui qui avoit fait périr le maréchal d'Ancre en 1617.

temps il retira le rideau du lit et me pressa de me recoucher, en me promettant qu'il me parleroit sans me voir afin de ne me point faire de peine. Il me dit ensuite qu'il venoit pour me prier d'une chose qu'il vouloit que je lui accordasse avant qu'il sortît de ma maison. Comme je ne demandois qu'à me délivrer de lui promptement, je lui répondis aussitôt, sans savoir ce qu'il désiroit de moi, que je ferois tout ce qu'il me commanderoit, étant son très-humble serviteur, et je le chassai, pour le dire ainsi, bientôt après ; car, ayant une fois ma parole, il s'en alla très-content sans s'expliquer davantage.

Il ne différa guère néanmoins à me déclarer que ce que je lui avois promis étoit d'être premier capitaine du régiment de la Reine qu'on levoit, et dont son fils devoit être mestre de camp. Il me conjura en même temps, par l'amitié qu'il étoit persuadé que je lui portois, de vouloir bien prendre le soin de former ce jeune seigneur, qui, étant sans expérience, avoit besoin d'être soutenu et conduit par une personne qui sût le métier. Il est vrai que je demeurai tout court à cette proposition qu'il me fit ; et, quoique je fusse déjà engagé par ma parole, tenant alors ces sortes d'emplois au-dessous de moi, je fis tout ce que je pus pour m'en dégager. Mais il me fut impossible de retirer ma parole de M. le maréchal de Vitry, qui sut d'ailleurs si bien m'engager de nouveau par mille honnêtetés et mille offres, que je fus obligé de consentir ; car il m'assura que je serois seul maître de tout le régiment, et que son fils n'auroit que le nom de mestre de camp ; que je donnerois moi-même les compagnies, et qu'enfin je lui rendrois le plus grand service qu'il pût attendre de moi en acceptant cet emploi seulement pour cette année, et pour faire part à son fils d'une partie de ce que je savois. Il étoit pour lors fort mal avec M. le duc d'Angoulême à cause qu'ayant été auparavant gouverneur de Provence, et n'étant pas aimé des Provençaux, la cour lui en ôta le gouvernement pour le donner à M. d'Angoulême; ce qui fut cause d'une fort grande mésintelligence entre eux, le maréchal de Vitry disant que M. d'Angoulême lui avoit rendu de mauvais offices à la cour. Il avoit même résolu de pousser cette affaire plus loin; mais, comme il n'avoit pas grande justice à espérer de ce côté-là, l'affaire s'assoupit insensiblement d'elle-même.

Cependant, tandis qu'on levoit le régiment de la Reine, je m'en allai à une terre de mes amis pour passer quelque temps, et je donnai la lieutenance de ma compagnie à un neveu que j'avois, qui fut tué au service du Roi d'un coup de mousquet. Lors donc que j'étois ainsi à la campagne occupé seulement à me divertir, je reçus ordre de la cour d'aller à Sens pour faire marcher vers Troyes quatre régimens qui étoient là en garnison. Je le mandai à l'heure même à M. le marquis de Vitry, afin qu'il s'avançât aussi avec son régiment, et je me rendis à Sens selon l'ordre que j'avois reçu de la cour. Il arriva qu'étant un jour logé dans une terre de M. de Bellegarde, père de M. l'archevêque de Sens, d'à présent, ce seigneur me vint trouver, me dit que cette terre lui appartenoit, et me pria de vouloir bien l'exempter de ce logement. Je lui répondis, avec la plus grande honnêteté que je pus, que ce quartier nous avoit été donné pour y loger quatre jours ; mais qu'en sa considération je tâcherois de faire changer les ordres pour faire déloger les régimens dès le lendemain matin. J'ajoutai que s'il vouloit je ferois tout mon possible pour les faire sortir à l'heure même, mais que comme il étoit tard, et qu'ils avoient déjà soupé, ils ne feroient guère plus de mal jusqu'au lendemain. Il se trouva infiniment obligé de la manière dont je lui parlai, ne s'attendant peut-être pas à un semblable compliment de la part d'un officier qui avoit ses ordres et qui conduisoit tant de troupes ; car il est vrai que j'ai moi-même été étonné plusieurs fois de la dureté avec laquelle agissent beaucoup d'officiers, qui se croient exempts de toute civilité lorsqu'ils ont la force en main ; au lieu qu'ils pourroient quelquefois avoir de la considération pour des personnes de qualité et de mérite, et que, s'ils ne peuvent pas se départir de leurs ordres, ils peuvent au moins toujours les exécuter avec douceur et honnêteté.

Pendant le séjour que nous fîmes à Troyes il s'éleva une grande sédition parmi nos troupes. Un soldat de notre régiment, des plus méchans et des plus déterminés, s'étant enivré, donna un coup d'épée dans le ventre d'une femme enceinte, et de ce seul coup tua la femme et l'enfant dont elle étoit grosse. Une action si noire ne pouvant pas être excusée par le vin, je fis prendre ce misérable afin de le faire juger au conseil de guerre. La plupart des officiers, qui étoient jeunes et inexpérimentés, au lieu de s'élever contre un si grand crime, témoignoient être favorables à celui qui l'avoit commis, croyant peut-être qu'il y alloit de leur honneur de soutenir un soldat contre des bourgeois qui en demandoient la punition. Tous les soldats se mutinèrent, voulant sauver leur camarade; et je vis l'heure qu'une action si détestable demeureroit impunie. Pour moi, qui avois une extrême horreur de telles injustices, et qui de plus n'étois pas d'humeur à plier sous le caprice d'une soldatesque mutinée, je représentai à M. de Vitry que c'étoit là sa première campagne, que s'il ne faisoit valoir l'autorité que le Roi lui avoit donnée, non-seulement tous les officiers, mais les soldats mêmes le mépriseroient; qu'il s'attireroit la haine de toute une ville qui pourroit bien porter ses plaintes jusqu'à la cour s'il accordoit l'impunité à un si grand crime; qu'enfin cette occasion étoit pour lui de la dernière importance, et que d'ordinaire toutes les suites dépendoient des commencemens. M. de Vitry entra fort dans ce que je lui disois; et, quelque importunité qu'il reçût de la part des officiers, il résolut de faire faire justice, et se reposa sur moi de la conduite de cette affaire.

Il est vrai que ce fut une résolution très-hardie et très-généreuse à un jeune seigneur comme lui, d'entreprendre de s'opposer à tout son régiment; mais comme il me faisoit l'honneur d'avoir une très-grande créance en moi et que M. son père lui avoit particulièrement recommandé de ne rien faire que par mon conseil, il crut bien que je ne l'engagerois point en une chose dont il ne pût sortir à son honneur. J'entrepris en effet cette affaire, et la soutins avec tant d'autorité et de fermeté, que je fis enfin condamner le criminel à être pendu et étranglé, et fis signer sa condamnation par tous les capitaines mêmes qui lui étoient favorables. Mais voyant que ces mêmes officiers ne laissoient pas de venir ensuite importuner tout de nouveau M. de Vitry, pour tâcher d'obtenir la grâce de ce malheureux qu'ils n'avoient pu se dispenser eux-mêmes de condamner, comme je craignois qu'étant encore fort jeune il n'eût peut-être pas la force de résister à tant d'officiers, je le conjurai de ne point commettre son autorité en cette rencontre, et lui conseillai d'aller plutôt faire un tour en sa maison proche de Brie-Comte-Robert, lui témoignant qu'il pourroit peut-être bien arriver quelque malheur; que je voyois les esprits bien échauffés, que les officiers étoient la plupart nouveaux, et ne savoient pas leur métier, et qu'ainsi je me sentois obligé de le conjurer une seconde fois de se retirer, afin que, s'il arrivoit quelque chose de fâcheux, sa réputation et son autorité n'y fussent point intéressées, mais que tout le mal retombât plutôt sur moi. Je lui représentai tant de raisons sur cela, que je le fis à la fin résoudre de s'en aller, et de me laisser seul chargé de l'affaire.

Me voyant ainsi plénipotentiaire, et n'ayant plus à craindre quelque affoiblissement dans un autre qui fût au dessus de moi, je me disposai à soutenir l'honneur et l'autorité du Roi comme je devois, et je rappelai tout ce que je pouvois avoir de courage et de fermeté pour ne rien craindre que de ne me pas faire assez craindre dans cette rencontre. Lorsque l'heure de l'exécution fut venue, je fis mettre tous les régimens en bataille, résolu de périr plutôt que de céder au caprice des nouveaux officiers et des soldats mutinés. Le criminel ayant paru, les mutins commencèrent à faire grand bruit, et la sédition croissant de plus en plus, ils résolurent d'en venir aux mains mettant la mèche sur le serpentin, et criant tous ensemble, *Grâce, grâce!* Je me voyois presque seul contre tant de personnes armées et prêtés à faire feu, la plupart des officiers étant bien aises de cette révolte des soldats, et témoignant l'approuver. Mais comme j'avois appris par une longue expérience que la hardiesse fait tout dans ces rencontres, et qu'un seul coup d'autorité est capable d'arrêter en un instant le plus grand feu de la révolte, ayant aperçu un grand plumet qui faisoit le fanfaron plus que tous les autres, et qui crioit à haute voix, *Grâce, grâce!* je fendis la presse, et étant allé droit à lui sans rien craindre, je le saisis moi-même au collet devant tout le monde, et lui dis avec autorité : « Oui, monsieur ! « vous faites donc le séditieux et le mutin, et vous « osez vous révolter contre les ordres du Roi ! Vous « serez pendu sur-le-champ sans autre forme de pro-« cès. Donnez ordre à votre conscience. » Je haussai en même temps le ton de ma voix, et tâchant de faire lire ma juste colère dans mes yeux : « Quiconque « osera branler, m'écriai-je, et ne rentrera pas dans « son devoir, je saurai bien en faire justice et sau-« ver l'honneur et l'autorité du Roi. A qui pensez-vous « avoir affaire, messieurs? C'est le Roi même que vous « attaquez. » Je fis lier à l'instant mon homme, qui bien étourdi se jeta à mes pieds, et ne pensa plus qu'à me demander grâce pour soi-même. Je feignis d'être inexorable, et lui dis en le faisant conduire vers la potence qu'il n'avoit plus de grâce à espérer, et qu'il se recommandât à Dieu parce qu'il alloit être pendu sur-le-champ.

Cependant au même moment que j'eus saisi celui-ci,

tous les autres en furent tellement effrayés, chacun craignant en particulier pour soi, qu'ils s'apaisèrent, et qu'il se fit un profond silence, pas un n'osant plus ouvrir la bouche, hormis celui qui croyoit être pendu, et qui imploroit avec cris et avec larmes ma miséricorde. Dans cet entre-temps, le criminel pour qui toute la sédition avoit été excitée, étant sur le point d'être secoué, et se voyant sans espérance de salut, voulut au moins décharger alors sa conscience, et déclara devant tout le monde que, pour ce qui regardoit le meurtre qu'il avoit commis en la personne de la femme enceinte, le vin en avoit été la cause, mais qu'il se sentoit de plus obligé de découvrir plusieurs autres crimes qu'il avoit commis, pour justifier l'innocence de plusieurs personnes qui en étoient faussement accusées. Ainsi il fit une déclaration publique de plusieurs meurtres dont il avoit été l'auteur, ensuite de quoi le bourreau pour pénitence l'étrangla.

Quand il fut question de pendre l'autre, comme je vis toute la sédition apaisée, je ne crus pas devoir me hâter, ni pousser les choses plus loin, de peur d'aigrir davantage les esprits, outre que je fus touché de la repentance et de l'étourdissement de ce cadet qui n'avoit pas encore eu le loisir de se reconnoître : ainsi je me contentai de le faire alors mener en prison, où je lui dis que, comme il n'avoit pas été jugé, je lui faisois grâce, à condition qu'il serviroit un an entier dans le régiment sans pouvoir sortir ; ce qu'il accepta de grand cœur, comme une pénitence bien favorable. Ensuite d'une action si hardie et si heureuse, les principaux de la ville de Troyes, le président, les conseillers, les échevins et plusieurs autres, vinrent chez moi pour me remercier de la justice que j'avois faite d'un si méchant homme, et me témoigner la reconnoissance publique qu'ils en avoient; sur quoi je leur témoignai que je n'avois rien fait que mon devoir en rendant justice comme j'y étois obligé.

M. de Vitry nous vint après rejoindre à Bar lorsque nous y fûmes arrivés avec les troupes; et là je lui dis que, comme il ne vouloit pas aller joindre M. d'Angoulême, ainsi que M. le maréchal son père le lui avoit défendu pour la raison que j'ai marquée auparavant, je croyois qu'il seroit bon que j'allasse trouver M. le prince à Longwy, afin d'y prendre ses ordres. Il le jugea à propos aussi bien que moi, et attendit mon retour à Bar avec ses troupes. M'étant donc rendu auprès de M. le prince, je lui dis que je venois avertir Son Altesse de l'approche de nos troupes, que M. le marquis de Vitry étoit à Bar avec le régiment de la Reine, et qu'il eût bien désiré de n'être point obligé de le conduire lui-même, mais de se rendre au plus tôt près de sa personne s'il le trouvoit bon. M. le prince me témoigna qu'il seroit bien aise de voir M. de Vitry, et qu'il tiendroit à honneur de l'avoir auprès de lui. Il me donna en même temps un mémoire pour notre marche et nos logemens.

Je n'employai que sept ou huit jours dans ce voyage, et cependant mon absence fut cause d'une nouvelle sédition qui s'éleva dans le régiment de la Reine contre M. de Vitry. Les officiers entrèrent en grand différend touchant le rang de quelques-uns d'entre eux, et, ne voulant pas s'en tenir à ce que M. de Vitry en jugeoit, à cause qu'il étoit jeune, et n'avoit pas encore

assez d'autorité pour les régler, ils députèrent à son insu l'un de leur corps, nommé de La Fortinière, vers la Reine pour porter leurs plaintes à Sa Majesté. M. de Vitry, étant encore sans expérience, ne savoit à quoi se résoudre, ni comment il se devoit conduire pour ne recevoir pas cet affront, et il attendoit avec impatience que je fusse de retour. Je trouvai les choses en cet état lorsque j'arrivai, et je fus bientôt informé de ce différend par les officiers, qui voulurent me prévenir sur leur affaire, m'étant tous venus trouver, et me demander tout d'abord si je ne prendrois pas les intérêts de tous les officiers du corps dont j'étois moi-même. Je jugeai d'abord qu'ils pouvoient bien s'être brouillés avec M. de Vitry; et, sans vouloir m'engager à rien : « Je vois bien, messieurs, leur dis-je,
« qu'il est arrivé quelque chose depuis que je suis
« parti. Je ne puis pas vous répondre avant que j'aie
« parlé à M. le marquis de Vitry; vous me blâmeriez
« les premiers si j'allois si vite. Il est étrange que vous
« ne puissiez ni commander ni obéir, et qu'ayant été
« établis de la part du Roi pour faire observer la dis-
« cipline parmi les soldats, vous la violiez tous les
« jours vous-mêmes, en refusant de vous soumettre
« à celui qui a l'ordre pour vous commander. »

J'allai ensuite rendre compte de mon voyage à M. le marquis de Vitry, qui me témoigna bien de la joie de la réponse de M. le prince. J'attendis qu'il me parlât le premier de ce qui s'étoit passé, ne voulant pas lui témoigner que j'en susse rien; et il le fit aussitôt, en me disant qu'il avoit eu bien des affaires depuis que j'étois parti; que tous les officiers du régiment s'étoient emportés jusque-là que d'envoyer à son insu un député

pour présenter à la cour leurs plaintes. « Hé quoi ! mon-
« sieur, lui dis-je, n'êtes-vous donc pas mestre de camp
« du régiment de la Reine ? Tous les officiers n'ont-ils
« pas été soumis par l'ordre du Roi à votre autorité ?
« N'est-ce pas vous qui avez fait leur fortune, puis-
« que c'est de vous qu'ils tiennent leur charge, et que
« si vous aviez voulu vous en auriez bien pu choisir
« d'autres? Il ne falloit pas souffrir, monsieur, qu'on
« fît cette injure à votre autorité qui est celle du Roi
« même ; c'est dans ces rencontres qu'il faut payer de
« sa personne. Comment ! ajoutai-je, ils ont envoyé
« à votre insu un député à la cour ! Ne souffrez pas,
« monsieur, cet affront ; il y va de tout votre hon-
« neur et de la dignité de votre charge. Si vous faites
« soutenir tous ces gens-ci dans votre première cam-
« pagne ils vous craindront à l'avenir; mais s'ils
« sortent de leur devoir, et l'emportent au-dessus de
« vous, ils seront toujours disposés à se révolter, sans
« que vous puissiez en être le maître. Il faut vous
« donner l'empire sur eux, ou bien ils l'auront sur
« vous. » M. de Vitry me répondit : « Mais comment
« vouliez-vous que je fisse? J'étois seul ; personne
« ne m'autorisoit, et j'attendois votre retour. — Com-
« ment, monsieur ! lui dis-je ; qu'importe que vous
« soyez seul, étant revêtu de l'autorité de votre
« charge? Qu'est-ce qu'un seul officier contre la mul-
« titude des soldats qui lui sont soumis? Et cepen-
« dant ne doit-il pas répondre au Roi, sur sa vie, de
« la discipline de ses soldats? Tous les officiers de
« votre régiment ne sont-ils pas obligés de vous obéir,
« et n'avez-vous pas l'autorité du Roi pour les com-
« mander? L'on n'a rien à craindre, monsieur, lors-

« qu'on a le droit de son côté avec le pouvoir du Roi.
« Il faut ranger les mutins avec sagesse et fermeté ;
« mais puisqu'ils ont méprisé votre jeunesse, je sau-
« rai bien les obliger encore à respecter votre per-
« sonne, et ils se repentiront d'avoir manqué à leur
« devoir. » Je lui dis ensuite qu'il dépêchât un courrier à M. le maréchal de Vitry, auquel je me donnerois l'honneur d'écrire pour lui faire entendre toute
cette affaire. « Pour cinquante écus, ajoutai-je, vous
« ferez soutenir tous ces officiers, et les obligerez de
« rentrer dans leur devoir. » M. de Vitry s'y accorda,
et j'écrivis à M. le maréchal son père à peu près en
ces termes :

MONSEIGNEUR,

« Ayant été obligé de faire un petit voyage à Longwy
« pour y aller recevoir les ordres de son altesse M. le
« prince, il est arrivé un étrange désordre parmi
« les officiers du régiment de M. votre fils pendant
« mon absence. Ils ont eu si peu de respect pour son
« autorité, et ont fait paroître une si grande ingrati-
« tude pour leur bienfaiteur, qu'oubliant de quelle
« main ils tenoient leurs charges, ils ont député à
« son insu un lieutenant nommé de La Fortinière vers
« la cour, pour porter leurs plaintes au Roi et à la
« Reine touchant leur rang, ayant méprisé en cela
« l'autorité de M. votre fils, à qui il appartenoit d'en
« juger. Que si ce député ne vous a point été voir,
« il a témoigné en cela le mépris qu'ils font encore
« de votre autorité, puisque, s'ils ne vouloient pas
« recevoir justice par la bouche du fils, ils la devoient
« demander au père. J'ai donc cru, monseigneur,

« être obligé, par la part que je prends à tous les in-
« térêts qui regardent votre maison, de vous avertir
« de cette insolence, afin que vous leur fassiez sentir
« ce que vous pouvez à la cour, et ce que peut une
« dignité offensée comme la vôtre et celle de M. votre
« fils. Faites, s'il vous plaît, qu'il soit dorénavant ab-
« solu dans le régiment, et que tout le monde sache
« que, quiconque désormais osera attenter sur l'au-
« torité de celui qui commande de la part du Roi, il
« doit s'attendre à en être puni comme cette insolence
« le mérite. Je suis,

« Monseigneur,

« Votre très-humble et très-
« obéissant serviteur,

« DE PONTIS. »

M. le maréchal de Vitry ayant reçu cette lettre alla aussitôt chez la Reine; et il trouva que le sieur de La Fortinière avoit déjà beaucoup remué et intrigué. Mais comme il avoit de puissantes raisons de son côté, et que d'ailleurs il soutenoit ces raisons par sa qualité et par son crédit à la cour, il parla à la Reine de telle sorte, qu'il renversa tout ce que ce lieutenant avoit fait, et obtint de plus permission de le faire arrêter prisonnier, comme il fit. Il eut ensuite la bonté de m'écrire une lettre parfaitement obligeante, dans laquelle il relevoit extraordinairement l'affection toute particulière et paternelle que je témoignois à son fils, au préjudice de tous les officiers du régiment, me conjuroit de la lui continuer, et m'assuroit que, pour ce qui étoit du sieur de La Fortinière, je n'avois plus rien à craindre de sa part, et qu'il l'avoit fait enfin mettre en prison après avoir détrompé la Reine sur les choses dont il l'avoit déjà prévenue. Il écrivit en même temps à M. son fils sur mon sujet, d'une manière qui me donnoit plus de confusion que de vanité, lui mandant qu'il n'avoit bien connu celui qu'il lui avoit donné qu'en cette importante occasion ; qu'on ne trouvoit guères de ces sortes d'amis, qui préféroient notre honneur à leur intérêt ; qu'il se sentoit mon obligé à un point qu'il ne pouvoit exprimer, et qu'il lui commandoit sur toutes choses de m'honorer, de m'obéir, et de suivre en tout mon conseil. Lorsque j'eus reçu la lettre si obligeante que M. le maréchal de Vitry m'avoit fait la grâce de m'écrire ; je la brûlai après l'avoir lue, aimant à obliger les personnes de qui j'avois l'honneur d'être aimé, mais craignant des louanges qui pouvoient plus m'attirer la haine ou l'envie, que l'estime et l'affection de bien des gens. M. le maréchal de Vitry me renvoya quelque temps après le sieur de La Fortinière, à qui je fis une sévère réprimande, lui faisant connoître que sa faute étoit plus grande que celle de tous les autres officiers, premièrement, en ce qu'étant un vieux officier de l'armée, au lieu d'apprendre aux plus jeunes leur devoir, il avoit mieux aimé se rendre complice de leur révolte ; secondement, en ce que s'étant chargé des plaintes de tous les autres, il s'étoit lui seul rendu coupable de la faute d'eux tous. Il s'excusa le mieux qu'il put, et il fit tout son possible pour rentrer en grâce et avoir une compagnie ; mais nous ne voulûmes jamais, M. de Vitry ni moi, lui en donner. Aussi méritoit-il plutôt punition que récompense.

M. de Vitry alla donc, comme j'ai dit trouver M. le

prince, et je le suivis avec tous les régimens. Je dirai ici une chose assez extraordinaire que je vis en passant à Vaudrevange. Cette ville est située sur les confins de la Lorraine, environ à quinze lieues de Metz; elle est composée également de huguenots et de catholiques; l'église des catholiques sert aussi de prêche aux huguenots; le curé et le ministre vivent en une parfaite intelligence l'un avec l'autre. Les dimanches les catholiques entendent la messe depuis huit heures du matin jusqu'à dix heures, et à dix heures les catholiques sortent pour faire place aux huguenots, s'entre-saluant les uns et les autres fort civilement; et dans la même chaire où le curé a prêché aux catholiques, le ministre prêche ensuite aux huguenots, qui n'ont néanmoins que la nef, le chœur où est l'autel étant propre aux seuls catholiques. Et lorsqu'un dimanche les catholiques sont entrés à l'église à huit heures, le dimanche suivant ils n'entrent qu'à dix heures. Enfin il s'observe une si parfaite égalité entre eux, qu'ayant été traité par le curé, le ministre me vint prier de dîner aussi chez lui, faisant ainsi toutes choses chacun à son tour.

Lorsque nous eûmes joint le corps de l'armée où étoit M. le prince, qui devoit en laisser la conduite à M. le maréchal de Guébriant, ce maréchal eut envie de traiter Son Altesse et tous les principaux officiers de l'armée en la ville de Sarbourg, qui est à dix ou douze lieues de Longwy. Il me fit l'honneur de me prier du festin, et me choisit même pour faire les honneurs de la maison. Ce fut un des plus grands festins qui se soient jamais faits. Il y avoit deux tables servies également dans deux salles différentes. Celle de

M. le prince étoit d'environ vingt couverts, et il n'y avoit que Son Altesse, M. le maréchal, les lieutenans généraux et les maréchaux de camp : l'autre table étoit des mestres de camp, où étoit M. de Vitry et où j'étois aussi avec lui, ayant la charge, comme j'ai dit, de recevoir ceux qui venoient et de les conduire à la salle du festin ; car, lorsqu'on me venoit avertir, quittant à l'heure même ma serviette, j'allois au devant d'eux pour les recevoir. Dans la salle de M. le prince, il y avoit plusieurs timbales et douze trompettes, trois à chaque côté de la salle, qui sonnoient toutes ensemble lorsque Son Altesse buvoit ; et il y en avoit vingt-six ou trente autres qui leur répondoient en un autre lieu, avec plusieurs instrumens qui formoient un concert très-agréable et très-charmant.

Lorsqu'on en fut au dessert, M. de Rantzau, lieutenant général, arriva dans la cour. On m'en avertit, et comme je savois que M. le prince ne l'aimoit pas, j'allai dire tout bas à M. le maréchal de Guébriant que M. de Rantzau étoit dans la cour. Il me dit fort embarrassé : « Laissez-le là, et ne faites pas semblant de « l'avoir vu. » Ainsi je m'en retournai à notre table. M. de Rantzau s'ennuya et se chagrina fort, voyant qu'on ne le venoit pas recevoir ; mais enfin se lassant d'attendre, il monta assez brusquement à la salle où étoit Son Altesse ; et aussitôt que M. de Guébriant l'eut aperçu, il se leva avec les autres, faisant l'étonné ; et chacun lui portant le verre, ils lui dirent qu'il étoit venu un peu tard, mais qu'il y avoit encore de quoi le régaler. En même temps on fit apporter devant lui des piles de perdrix, de faisans et de toute sorte de gibier; et comme il aimoit un peu la bonne chère on le régala avec excès.

Après tout ce grand régal toutes les troupes marchèrent, et s'étant rendues en plusieurs journées dans la plaine de Benfeld, proche le Rhin, on mit là toute l'armée en bataille, et chacun prit congé de M. le prince qui devoit s'en retourner. Il y avoit quantité de monde qui souhaitoit de s'en retourner avec lui; mais il ne le voulut accorder à personne. Cependant, comme mes amis avoient su que nous devions passer en Allemagne, ils m'écrivirent avec assez d'empressement, et m'importunèrent par diverses lettres pour me faire retourner, me mandant que j'avois déjà vu l'Allemagne, et que j'allois perdre là mon temps. M. d'Espenan, qui étoit fort aimé de Son Altesse, et comme son favori, me dit même qu'il vouloit lui parler pour moi; et l'ayant fait, il obtint avec assez de peine mon congé. Mais ayant depuis pensé plus sérieusement à la chose, et considérant que M. le maréchal de Vitry me sauroit très-mauvais gré si j'abandonnois ainsi M. son fils, je résolus de passer outre et de forcer mon naturel pour aller au-delà du Rhin. Cependant, en voulant ménager les bonnes grâces de M. le maréchal de Vitry, j'encourus l'indignation de M. le prince, qui prit cette affaire au point d'honneur, et se fâcha tout de bon contre moi. Etant allé comme les autres lui faire la révérence pour prendre congé de Son Altesse, il me dit tout bas, ne sachant pas encore mon dessein : « Ne venez-vous pas avec nous? « Je vous ai donné votre congé. » Je lui répondis que Son Altesse m'avoit fait un honneur que je ne méritois pas, de m'accorder une grâce qu'elle avoit refusée à tous les autres, mais qu'ayant depuis considéré que si je m'en retournois cela causeroit beaucoup de plaintes contre Son Altesse, et à moi beaucoup d'envieux, je la suppliois de me permettre de demeurer. M. le prince se sentant piqué, comme si je n'avois pas assez reconnu la grâce toute singulière qu'il m'avoit faite, entra tout de bon en colère contre moi, et me repartit : « Vous êtes un ingrat ; j'ai fait pour vous ce « que je n'ai voulu faire pour personne, et vous ne « m'en savez pas de gré. » Et à l'heure même me tournant le dos, il se plaignit à M. d'Espenan de ce qu'il lui avoit demandé pour moi une chose dont je m'étois moqué aussitôt qu'il me l'avoit accordée. Assurément que ce fut une très-fâcheuse rencontre pour moi, quoiqu'il me semble que j'étois plus coupable de générosité que d'ingratitude ; car, ayant plutôt souffert qu'on demandât mon congé que je ne l'avois demandé moi-même, je ne refusai de m'en servir qu'à cause que j'aimois mieux me forcer en faisant ce voyage contre ma volonté, que de désobliger M. le maréchal de Vitry en abandonnant M. son fils contre ma parole. Mais il est vrai que je fis une faute en souffrant que l'on demandât pour moi à Son Altesse une chose qui étoit de cette conséquence, avant que d'en avoir assez considéré toutes les suites, et avoir fait la réflexion que je fis depuis ; ce que j'avoue avoir donné un juste sujet à M. le prince de me blâmer au moins de légèreté.

Toute l'armée, ayant pris congé de Son Altesse, passa le Rhin vers la ville d'Offenbourg, à quelques lieues de Strasbourg, et de là elle s'en alla, sous la conduite du maréchal de Guébriant, mettre le siége

devant Rothweil. M. le marquis de Narmoustier, frère utérin de M. de Vitry, et maréchal de camp, m'envoya avec environ quinze cents hommes pour passer la forêt Noire et faire tête aux ennemis, jusqu'à ce que l'on eût disposé toutes choses pour le siége. Nous pensâmes périr dans les neiges, dont nous eûmes toutes les peines du monde à nous tirer, y en ayant trois pieds de haut sur ces montagnes. Après que nous eûmes passé quelques jours dans ces misérables postes, le maréchal de Guébriant nous envoya requérir et soutenir en même temps avec quelques troupes; et nous fîmes une très-belle retraite à la vue des ennemis, qui ne nous poursuivirent pas plus loin que la forêt. Nous nous rendîmes donc au siége de Rothweil, où les ennemis ne firent rien de considérable qu'une sortie, à laquelle il y eut un grand désordre parmi les nôtres. J'avois dit à mon neveu, dont j'ai parlé, de m'accompagner pour visiter le lieu de la garde, où nous étant transportés, je trouvai que les régimens qui étoient en garde, et qui étoient de nouveaux régimens, la faisoient avec beaucoup de négligence, se tenant presque aussi peu sur leurs gardes que s'ils eussent été en pays de sûreté. Voyant un si grand désordre, je commençai à leur crier : « Hé comment,
« messieurs, je pense que vous ne vous souvenez pas
« que vous êtes en garde ! Les ennemis auroient bon
« marché de vous s'ils venoient présentement vous
« attaquer. — Nous avons des sentinelles et des
« corps-de-garde fort avancés, me dirent-ils. — Oui,
« leur repartis-je ; mais vos corps-de-garde seront
« forcés devant que vous puissiez avoir pris les
« armes. » Je me fis montrer ensuite tous les corps-

de-garde et les lieux où étoient posées les sentinelles, et fis écrire le tout par mon neveu sur mes tablettes, afin que, lorsque mon régiment monteroit en garde, je fusse informé de tous les postes.

Dans ce même temps ce que j'appréhendois arriva; car six cents hommes ou environ, étant sortis de la ville, vinrent fondre tout d'un coup sur ce quartier où j'étois encore, et ayant forcé sans peine les premiers corps-de-garde, ils vinrent brusquement charger le gros. Je me vis ainsi, avec mon neveu, presque enveloppé en un instant; car il se fit un si grand désordre, et tout le monde se trouva si peu préparé, que les capitaines, les lieutenans et les soldats, qui étoient, comme j'ai dit, fort nouveaux dans le métier, prirent la fuite sans écouter tout ce que je pus leur dire, ni se mettre en peine de tout ce que je pus faire pour les rassurer et les rallier. Il est vrai que, lorsque je vis tant de gens, qui faisoient auparavant les braves, abandonner si facilement leur poste à ceux qui les attaquoient, je ne pus point m'empêcher de leur crier: « Hé quoi, messieurs! les officiers montrent donc « l'exemple aux soldats de s'enfuir ? » Comme je n'étois pas en état de soutenir seul avec mon neveu l'effort de tant d'ennemis qui nous tomboient sur les bras, nous prîmes aussi tous deux le parti de la retraite; et, enfilant des chemins coupés et détournés, nous nous vîmes poursuivis et serrés de près par quatre grands coquins qui paroissoient fort disposés à nous égorger, étant soutenus de plusieurs autres qui les suivoient. Nous sautâmes donc pour nous sauver une haie qui étoit proche, et gagnâmes un petit chemin étroit et élevé, d'où nous pouvions leur parler de haut en bas ; et ayant tourné tout d'un coup visage nous fîmes ferme. Ceux qui nous pressoient si vivement jugèrent alors qu'il ne faisoit pas sûr pour eux de nous venir attaquer sur cette éminence, et s'en retournèrent sur leurs pas.

Cependant tout le quartier étant enlevé, nous courûmes promptement au nôtre avertir M. de Vitry, et ayant mis le régiment en bataille, nous nous disposâmes à venir regagner les tranchées. Après donc que tous les ordres furent donnés, nous fîmes marcher nos gens à la charge. Il y avoit un grand chemin par lequel nous devions passer, qui étoit commandé directement par un éperon bordé de huit ou neuf pièces de canon, dans l'embouchure desquels on se miroit facilement; ce qui ne nous étoit pas fort agréable. Pour éviter ce rude passage, je fis faire au régiment un demi-tour à droite tout à découvert, ayant fait rompre une haie, quoique tous les officiers et les soldats eussent bien de la peine à s'y résoudre. Les ennemis étant obligés de changer de place leur canon, cela donna quelque temps aux nôtres de s'avancer ; mais on ne put faire néanmoins une si grande diligence, que trois pièces de canon ne fussent pointées contre nous, et n'emportassent à l'heure même trois de nos rangs. Comme chacun s'avançoit en grande hâte sans regarder derrière soi, et que c'étoient des derniers rangs, personne presque ne s'en aperçut que moi; qui allai dire tout bas en riant à M. de Vitry : « Trois de nos rangs ont été distribués ; mais n'en « parlez pas, je vous prie, de peur que cela ne dé- « courage les autres qui n'en ont rien vu. » Nous passâmes ainsi assez heureusement tout à découvert, et nous allâmes charger tout d'un coup les ennemis avec une si grande vigueur, que nous regagnâmes en fort peu de temps tout ce qui étoit perdu, et les repoussâmes jusque dans leur ville; ce qui fut sans doute très-glorieux au régiment de la Reine et à M. de Vitry qui le commandoit.

M. le maréchal de Guébriant voulant un jour aller reconnoître un poste fort exposé pour y placer une batterie, je le conjurai de n'y point aller de peur de n'en pas revenir. Il se rendit aux instances que je lui en fis, et j'y allai au lieu de lui. Après que j'eus reconnu le lieu, je jugeai qu'il étoit effectivement très-propre pour son dessein; mais je découvris en même temps comme une espèce de fenêtre, sur laquelle étoit pointée une coulevrine qui me menaçoit personnellement. Je me trouvai un peu embarrassé, craignant également d'avancer ou de reculer, de peur de trouver la mort de côté ou d'autre. Enfin néanmoins, comme ce coup étoit réservé à un maréchal de France, et non à un simple capitaine comme moi, je me sauvai sans recevoir aucun mal. Je fis mon rapport à M. de Guébriant, qui résolut aussitôt d'y aller lui-même. Je m'y opposai tant que je pus, lui représentant le péril visible où il s'exposoit à cause de cette pièce de canon, dont il étoit impossible de se mettre à couvert; mais lui, m'ayant répondu qu'il y alloit de son honneur de prendre la ville, n'écouta point ce que je lui disois. Il y alla en effet, et il y trouva la mort [1] que je lui

---

(1) *Il y trouva la mort* : Jean-Baptiste Budes, comte et maréchal de Guébriant, fut blessé à mort au siége de Rothweil: « Compagnons, « dit-il aux soldats, ma blessure est peu de chose, mais j'appréhende « qu'elle ne m'empêche de me trouver à l'assaut. Je me ferai rendre

avois prédite ; car, cette coulevrine ayant été tirée sur lui, il en eut le bras gauche tout brisé. Et comme on l'eut rapporté à son logis, il me dit avec fermeté lorsque je le vins voir : « Mon ami, je t'assure que tous « nos jours sont comptés. Il falloit nécessairement que « je mourusse en ce lieu. » Il vécut encore quelques jours. Cependant sa blessure ayant été tenue fort secrète, les ennemis qui n'en savoient rien vinrent capituler dès le même jour; et lui, étant dans son lit, signa de sa main droite en leur présence la capitulation ; avec une assiette et une fermeté d'esprit qui les empêcha de connoître qu'il étoit blessé, croyant seulement qu'il eût quelque légère indisposition. Après que la ville eut été rendue on l'y transporta, et il y mourut quelques jours après, triomphant en quelque sorte de l'Allemagne et de la France; car tous les autres lieutenans généraux étoient fâchés contre lui de ce qu'il assiégeoit cette ville, et le regardoient d'un œil jaloux.

[1644] Après la mort de M. le maréchal de Guébriant, M. de R.... (1) prit la conduite de l'armée, laquelle, décampant de Rothweil, s'alla rafraîchir une partie vers Tubingen, qui fut le quartier de M. de

« compte de ceux qui s'y seront distingués, et je reconnoîtrai le service « qu'ils auront rendu à la patrie dans une occasion si brillante. » La place fut prise, le maréchal s'y fit transporter, et il y mourut le 24 novembre 1643, à quarante-un ans.

(1) *M. de R....* : Ce fut Rantzau qui prit le commandement. Il est jugé ici avec trop de sévérité. Il est vrai que son goût pour la bonne chère lui faisoit quelquefois négliger ses devoirs dans les occasions peu importantes ; mais dans les occasions décisives il déployoit tous les talens d'un grand général. Josias, comte de Rantzau, d'une famille illustre du Holstein, fut fait maréchal de France en 1645. Il mourut le 4 septembre 1650.

R...., et une autre partie vers Meringhen, qui fut celui de M. de Vitry et le nôtre. Ce fut en ce lieu fatal qu'il arriva un grand échec à notre armée, dont la principale cause fut la mauvaise conduite du général, que le vin rendoit négligent à faire ce qui étoit de sa charge; car, au lieu de veiller comme il y étoit obligé à la sûreté de ses troupes, il s'endormit en quelque sorte au milieu des ennemis, qui vinrent avec une puissante armée le surprendre dans son quartier, taillèrent en pièces une partie de ses troupes, et le firent lui-même prisonnier. Notre quartier étoit éloigné du sien environ de quatre lieues, et nous ne fûmes avertis de ce désastre que par la rencontre que je vais dire. J'envoyai ce même jour dès quatre heures du matin à son quartier les sergens avec quelques autres soldats pour aller querir le pain de munition, et je leur donnai ordre de revenir à neuf ou dix heures au plus tard. Cependant, comme ils n'étoient point de retour ni à neuf ni à dix heures, je commençai à entrer dans quelque inquiétude, d'autant plus que j'avois entendu tirer quelques coups de canon. J'allai trouver M. de Vitry, et lui dis qu'assurément il étoit arrivé quelque malheur; que ces coups de canon que nous avions entendus ne nous présageoient rien que de mauvais; que j'étois d'avis qu'on envoyât à l'heure même un homme sur un de ses meilleurs coureurs, afin qu'il pût nous rapporter promptement des nouvelles. M. de Vitry approuva mon sentiment; mais tous les autres officiers, tant de notre régiment que des autres régimens qui étoient avec le nôtre, crièrent tous qu'il falloit s'enfuir, disant que, si les ennemis venoient là nous attaquer, ils nous tailleroient tous en pièces, nous trouvant ainsi séparés du corps de l'armée.

Je m'opposai très-fortement à cet avis, et leur représentai au contraire qu'ayant reçu ordre de demeurer dans ce poste, si nous n'étions assurés que le général étoit pris, nous ne pouvions nous enfuir sans nous mettre tous en danger d'être punis comme des lâches, des traîtres et des déserteurs ; qu'il falloit donc auparavant s'informer de la vérité, afin que si notre général étoit seulement attaqué nous allassions promptement le secourir, et que s'il étoit pris nous pussions ensuite nous procurer une honorable retraite. Enfin, quoi que pussent dire tous les autres, je l'emportai au-dessus d'eux, et envoyai dans l'instant un homme, sur un des coureurs de M. de Vitry, avec ordre de ne se point arrêter, afin que nous ne différassions pas davantage à prendre notre parti. Cet homme ayant fait une très-grande diligence pour se rendre au quartier du général, et en ayant fait encore une plus grande pour s'en revenir, rapporta que les ennemis s'étoient rendus maîtres de tout, et que tout le quartier avoit été fait prisonnier.

Nous pensâmes donc aussitôt à la retraite. Il étoit déjà tard, et il falloit nous hâter de gagner jusqu'à la forêt qui étoit à trois lieues de là. Ainsi l'on disposa toutes choses avec grande précipitation ; et comme il y avoit un pont fort étroit à passer sur le Danube vers sa source, et que c'étoit le jour du régiment de Mazarin, commandé par Saint-Germain, de faire l'avant-garde, il se hâta de passer le pont le premier afin de faire place aux autres qui devoient le suivre pour le soutenir. J'allai moi-même reconnoître le champ où il devoit être mis en bataille aussitôt après qu'il seroit passé, et je m'en revins ensuite. Mais la cavalerie des ennemis nous attendoit au passage, et ce régiment ne fût pas plutôt passé qu'il se vit chargé par mille chevaux qui parurent dans l'instant et le taillèrent en pièces. Lors donc qu'on se vit hors d'espérance de pouvoir passer, nous jugeâmes tous ensemble qu'il valoit mieux s'en retourner dans le bourg de Meringhen, et nous y barricader comme nous pourrions, afin d'y faire une honnête capitulation ou d'y mourir en gens d'honneur.

Comme c'étoit M. de Vitry qui commandoit toutes ces troupes, et qu'il avoit ordre de M. son père, ainsi que je l'ai remarqué, de ne rien faire que par mon avis, je me vis engagé en cette importante occasion de faire la charge de général; outre qu'il est assez ordinaire dans ces rencontres imprévues, et dans ces nécessités pressantes, que chacun se décharge fort volontiers de la conduite sur celui qui a une plus longue expérience, et qui s'est acquis une plus grande créance dans les esprits. Je dis donc d'abord à M. de Vitry qu'il falloit nous préparer à tout, et ménager cette occasion, qui seroit peut-être la plus glorieuse de notre vie. Puis, criant à haute voix à tous les soldats : « Compagnons, leur dis-je, il faut mourir, mais il « faut vendre bien cher notre mort si on ne veut pas « nous donner la vie. » Tout le monde mettant ensuite la main à l'œuvre dans un péril qui regardoit également tout le monde, on barricada toutes les avenues et toutes les portes; j'allai moi-même poser les sentinelles, les corps-de-garde et les corps de réserve dans tous les lieux avantageux et importans. Je tâchai d'animer tout le monde par mes paroles, par mon exemple et par le courage extraordinaire que je sentis et que je crus devoir faire paroître en cette occasion ; et je puis dire que je fus parfaitement secondé par M. de Vitry, qui, bien que jeune, et à sa première campagne, se signala par dessus les autres, et surpassa toute l'attente qu'on eût pu avoir de lui par la fermeté et la présence d'esprit qu'il témoigna.

Après que nous eûmes donné ordre à toutes choses et pourvu à tout ce qui pouvoit procurer quelque sûreté à notre petit corps d'armée, où il y avoit plus de blessés et de malades que de sains, dont le nombre ne se montoit pas à plus de seize ou dix-sept cents hommes qui fussent en état de combattre, il vint sur les neuf ou dix heures du soir un trompette de M. le duc de Lorraine pour nous sommer, de la part de Son Altesse, de nous rendre à discrétion, et nous menacer qu'en cas de refus l'armée se présenteroit toute le lendemain, et que nous ne devions plus espérer de quartier. Lorsque j'entendis qu'on nous sommoit de nous rendre à discrétion, je m'écriai tout en colère : « A discrétion, nous autres ! que nous nous rendions « à discrétion ! Quoi ! l'on pourra disposer de nos per- « sonnes et de nos vies comme l'on voudra ? Non, « non ; nous ne sommes pas nés gentilshommes et « Français pour nous rendre comme des lâches, et « être traités comme des coquins. Mourons ! mourons « l'épée à la main ! Nous vendrons au moins notre vie « bien cher. Qu'ils viennent à la bonne heure avec « toute leur armée ! Qu'ils viennent attaquer des gens « désespérés : ils éprouveront notre courage, et ils « pourront bien s'en repentir. » Tous les officiers et les soldats, qui ne goûtoient pas non plus que moi cette sorte de discrétion, étant de plus animés par la chaleur avec laquelle ils m'entendirent parler, résolurent tous de mourir plutôt que de se rendre ainsi sans combattre à la discrétion des ennemis. Le trompette s'en retourna donc, et nous nous disposâmes à nous bien défendre. Le lendemain les trois armées des ennemis, savoir : celle de l'Empereur, celle du duc de Bavière et celle de M. de Lorraine, généralissime, se présentèrent devant Meringhen ; et le jour suivant arrivèrent quatorze pièces de canon qui furent pointées contre le bourg, et foudroyèrent toutes les murailles et les maisons durant cinq heures de temps.

Il y avoit une chapelle environ à deux cents pas du bourg, dans laquelle les ennemis avoient posé un corps-de-garde de quelque quatre-vingts hommes qui se trouvoient en un poste assez avancé pour pouvoir nous incommoder beaucoup. Ne pouvant souffrir que les ennemis voulussent ainsi nous insulter en s'approchant si près de nous, je dis à M. de Vitry qu'il étoit honteux de souffrir un corps-de-garde si près du bourg, et qu'il seroit même dangereux de le laisser là plus long-temps, qu'il falloit y envoyer soixante bons soldats bien résolus de les chasser ou d'y périr. Là-dessus tous les officiers me parurent assez froids, et chacun parlant sans doute pour soi, dans la crainte qu'ils avoient d'y être envoyés, ils dirent beaucoup de raisons pour faire voir la difficulté de l'entreprise. Je jugeai bien aussitôt que c'étoit plus la peur qu'ils consultoient que la raison ; et voulant leur donner l'exemple, je leur dis : « Ho bien, messieurs, je vois « ce que c'est ; il faut que j'y aille moi-même ; et « vous connoîtrez que j'ai eu raison lorsque l'entre-

« prise aura réussi. » Je pris avec moi dans l'instant soixante hommes ; avec du feu et plusieurs bottes de paille, et je sortis durant la nuit avec toute l'assurance d'une personne qui n'avoit pas seulement à combattre les ennemis, mais encore à fortifier et à encourager tous les siens, qui paroissoient certainement peu assurés à cause de ce grand nombre qui les attaquoit et qui leur ôtoit toute espérance de pouvoir sortir de cette occasion avec honneur. M'étant approché de la chapelle dont j'ai parlé, je reconnus qu'on y faisoit assez mauvaise garde, à cause que les ennemis ne s'attendoient à rien moins qu'à des sorties. Aussi les ayant chargés fort vigoureusement, nous les taillâmes en pièces. Je fis ensuite allumer les bottes de paille et mettre le feu à la maison, et fis voir aux ennemis et à nos gens l'avantage que nous avions remporté contre l'attente des uns et des autres. Chacun de nos camarades porta envie à la gloire de cette action, et il n'y en avoit pas un de ceux qui faisoient tant les difficiles auparavant, qui n'eût souhaité de tout son cœur d'avoir eu part à l'entreprise.

Cependant une action si hardie de la part d'un petit nombre de gens assiégés par trois armées, étonna si fort les ennemis, que toutes les trois armées reculèrent à l'heure même de plus de trois cents pas, craignant qu'il ne se fît quelque grande sortie, et redoutant la valeur et la force de personnes désespérées comme nous étions. Aussi il est certain que dans ces sortes d'occasions, où les forces sont si inégales, c'est le courage et la hardiesse qui doit suppléer au petit nombre, et qu'on ne peut accuser de témérité ceux qui s'exposent alors aux plus grands périls, puisqu'il n'y a que ce moyen seul ou de se sauver soi-même, ou de procurer au moins le salut et la gloire de tous les autres.

Le lendemain le canon des ennemis étant arrivé, comme je l'ai dit, fit un si grand feu et causa un tel fracas dans toutes les maisons de ce bourg, qui n'étoient que de terre et que de boue, qu'on ne voyoit de tous côtés que solives et que poutres renversées. Je ne laissai pas néanmoins d'en prendre sujet d'encourager les uns et les autres, leur disant que toutes ces ruines nous servoient d'autant de remparts contre l'attaque des ennemis. M. de Vitry m'ayant prié quelque temps après de vouloir bien monter à une espèce de petit donjon qui étoit sur une des portes du bourg, pour découvrir la posture des ennemis, je lui dis, voyant un peu mieux que lui le danger où j'allois être exposé : « Vous ne voulez pas, monsieur, sans doute « que j'en revienne, adieu donc, monsieur ; et dans « l'instant voulant donner courage à tous les autres « et leur montrer qu'il étoit temps de s'exposer et de « ne rien craindre, j'y montai ; mais je fus plus heu- « reux que je ne pensois, n'y ayant reçu aucun mal, et, « après y avoir posé une sentinelle, je m'en revins. »

Au bout de fort peu de temps la sentinelle avertit que les armées s'avançoient, que tout étoit disposé pour donner l'assaut, et que les enfans perdus marchoient déjà à la tête. Nous nous disposâmes donc aussi de notre côté à les recevoir, et assurément qu'il se seroit fait un épouvantable carnage, dans la résolution où nous étions de ne pas trahir l'honneur de notre prince, et de ne nous abandonner pas lâchement à la discrétion de nos ennemis ; mais avant que de donner l'assaut, ils nous envoyèrent de nouveau un trompette, pour dire à M. de Vitry que M. le duc de Lorraine le prioit de ne pas attendre les dernières extrémités; qu'il se devoit assurer que Son Altesse le traiteroit avec toute l'honnêteté qu'il en pouvoit espérer, et plusieurs choses semblables qui ne regardoient que sa personne en particulier. Comme je vis qu'on ne parloit que de la capitulation de M. de Vitry, sans parler de celle de tout le reste des troupes, je demandai au trompette si l'on ne nous feroit pas la même capitulation qu'à notre général; le trompette me répondit qu'on nous traiteroit tous en gens d'honneur. Cette parole nous fit donc enfin résoudre à nous rendre, à condition que les officiers paieroient rançon, et que les soldats auroient la vie sauve.

La raison qui fit changer si promptement de résolution aux ennemis, étoit qu'ils furent trompés par le courage tout extraordinaire des nôtres, qui leur fit croire que nous étions au moins cinq ou six mille combattans dans ce bourg, puisque nous avions osé soutenir deux jours et demi devant trois armées, et qu'ainsi il leur faudroit bien perdre du monde pour tailler en pièces six mille hommes désespérés et retranchés derrière des poutres et des ruines. Il fut donc ainsi résolu qu'on donneroit des otages de part et d'autre pour une plus grande assurance de la capitulation. M. de Lorraine nous en ayant envoyé un, et notre otage étant long-temps à s'apprêter, celui des ennemis s'ennuya, et se plaignoit fort de ce qu'on différoit si long-temps à envoyer l'otage de notre part. Enfin sa patience s'étant lassée, et ayant peut-être pour suspect un si long retardement, il voulut s'en retourner; mais, comme j'en vis la conséquence, je l'arrêtai tout court, lui présentant le pistolet à la tête, et lui dis : « Non, monsieur, vous ne vous en « irez pas s'il vous plaît, et vous demeurerez plutôt « sur la place. Vraiment il seroit fort beau qu'après « que vous avez reconnu ici toutes choses, vous « allassiez comme un espion en donner avis à nos « ennemis. Vous demeurerez, monsieur s'il vous « plaît, et quand il ne vous plairoit pas. » Cela l'arrêta tout court; et nous étions peut-être perdus sans cela, puisque si les ennemis avoient connu notre petit nombre, ils auroient eu peine sans doute à consentir à la capitulation. Notre otage ayant été ensuite envoyé nous nous rendîmes. Les malades furent laissés à Meringhen, et tous les autres furent conduits par quelques compagnies de cavalerie au quartier des ennemis, et ils saluèrent tous le duc de Lorraine en passant devant lui. Nous étions cinq ou six des principaux officiers qui eûmes permission d'aller à cheval, et d'avoir l'épée au côté. Ainsi nous tâchâmes dans le malheur où nous nous trouvions engagés de faire aussi bonne mine que si nous n'eussions pas été prisonniers.

Je fus député de tout le corps le soir de ce même jour, pour aller faire la révérence à M. le duc de Lorraine, et lui demander l'effet de la parole qu'il avoit donnée; et, comme Son Altesse m'eut répondu qu'elle entendoit garder la capitulation, je lui repartis que cependant l'on avoit fort maltraité plusieurs officiers de notre armée, que l'on en avoit volé, qu'on en avoit dépouillé et même tué quelques-uns, et qu'ainsi je venois supplier très-humblement Son Altesse de ne pas permettre de si grandes violences contre le droit.

des gens. Le duc de Lorraine me parut être fort étonné de ce que je lui disois, et me répondant tout en colère : « Quoi, me dit-il, l'on a dépouillé et l'on « a tué! Les connoissez-vous? tenez-vous auprès de « moi afin que si vous en pouvez reconnoître quel- « qu'un j'en fasse justice en votre présence. » Son Altesse fit publier aussitôt par toute l'armée une défense sous peine de la vie de toucher à aucun des nôtres. Cependant, nonobstant cette défense, presque tous nos gens furent volés, et je dirai même que Son Altesse y donnoit quelquefois les mains en secret, ainsi que j'en fus témoin; car, étant un jour assez proche du duc, j'entendis qu'un chevau-léger lui vint dire tout bas qu'il avoit vu un joli cheval à un de nos principaux officiers, qui auroit été bien propre pour l'écurie de Son Altesse, et que si elle vouloit le lui permettre, il sauroit bien le lui amener. J'entendis le duc qui lui répondit tout bas qu'il le vouloit bien, pourvu que ce ne fût pas devant lui ni proche de lui, parce que autrement il se verroit obligé d'en faire faire justice. Lorsque je l'eus ouï parlé de la sorte j'allai promptement avertir cet officier de se rapprocher de Son Altesse, et lui en dis la raison. Il négligea l'avis que je lui donnois, ne pouvant pas s'imaginer que l'on fût assez hardi pour lui ôter son cheval, à cause de la qualité qu'il avoit dans notre armée; mais le chevau-léger dont j'ai parlé n'ayant point d'égard à sa qualité s'approcha de lui, monté sur un méchant bidet, et lui dit pour compliment qu'il n'avoit pas besoin d'un si beau cheval étant prisonnier, qu'il lui en amenoit un qui seroit plus convenable à son état, et qu'ainsi il le prioit de le harder contre le sien. Notre officier, trouvant qu'il perdroit trop à ce change, fit difficulté d'y consentir, et s'attira cet affront de se voir jeté tout d'un coup à bas de son cheval, se croyant alors trop heureux de pouvoir monter le bidet de quinze écus, dans la crainte qu'il avoit d'être mis à pied.

Il y eut donc un très-grand désordre parmi nos troupes, tant par la mauvaise conduite des généraux des ennemis, que par la licence et le peu de discipline de leurs soldats. On ôtoit aux uns leur manteau, on arrachoit aux autres leur chapeau avec leur plume, à d'autres leur justaucorps; et nul presque n'étoit à couvert de la violence de ces brutaux, qui croyoient avoir tout droit de nous piller, à cause que nous nous étions rendus, quoique nous ne l'eussions fait qu'après la parole qu'on nous avoit donnée, qu'on nous traiteroit en gens d'honneur. Comme je vis cette grande injustice, je commençai à m'animer tout de bon pour la défense de nos compagnons, me tenant très-bien appuyé par la nouvelle assurance que m'avoit donnée Son Altesse. Et ainsi lorsque j'en voyois quelques-uns de maltraités, j'allois sans rien craindre à leur secours; et comme si j'eusse été l'un des officiers des ennemis, je chargeois ceux qui les maltraitoient à grands coups de canne, avec l'autorité que me donnoient le seul honneur et le seul zèle de la justice; et les nôtres me secondoient parfaitement en ce point, faisant mine de ne me connoître pas afin que je pusse mieux les servir. Craignant néanmoins quelque trahison par derrière, à cause que je me trouvois ainsi continuellement au milieu de ces voleurs, je déboutonnai mon manteau, de peur que quelqu'un ne le tirant tout d'un coup par force ne me renversât par terre. Et cette prévoyance ne me fut pas inutile; car, passant entre deux haies fort élevées et épaisses, un cavalier qui étoit caché derrière m'enleva en un instant mon manteau et s'enfuit aussitôt le long de la haie. Je me retournai fort en colère, et j'aurois bien voulu pouvoir la sauter pour aller faire moi-même la justice de ce voleur, qui avoit eu la hardiesse, contre la défense formelle du général, de mettre la main sur moi : mais dans l'impuissance où j'étois de le faire, je me contentai de le maltraiter de paroles, et me consolai en disant qu'aussi bien ce manteau me chargeoit et m'incommodoit.

Ayant vu un de nos capitaines maltraité par un cavalier qui vouloit lui arracher son justaucorps chamarré d'argent, je courus à lui, et ayant déchargé cinq ou six grands coups de canne sur ses oreilles, je lui fis quitter prise et délivrai d'entre ses mains celui qu'il croyoit déjà avoir dépouillé. Cependant comme je ne pouvois plus souffrir un si grand désordre et un traitement si indigne, j'allai trouver de nouveau M. de Lorraine, et lui dis que tout le monde méprisoit sa défense; qu'on rompoit la capitulation à toute heure, et qu'on ne nous tenoit point parole; qu'on m'avoit volé à moi-même mon manteau, et que les violences qu'on exerçoit à l'égard de tous nos compagnons étoient si grandes, que je me sentois obligé d'importuner de nouveau Son Altesse, pour la prier de nous traiter en gens d'honneur, ainsi qu'elle nous en avoit donné parole. Le duc, témoignant être fort en colère, dit qu'il les feroit tous pendre; et en effet il fit lui-même aussitôt après justice en la personne d'un cavalier qui avoit eu la hardiesse d'arracher le manteau à un de nos officiers en sa présence. Car l'ayant poursuivi à l'instant le pistolet à la main cinq ou six cents pas, et l'ayant enfin approché, il lui cassa la tête, et arrêta pour ce jour-là les violences.

On nous mena tous à Rothweil, que les ennemis avoient résolu de reprendre. Nous pensâmes mourir de faim en chemin, n'ayant pas même un morceau de pain à manger ; de sorte que, lorsqu'il se rencontroit quelque prunier sauvage, ou quelqu'une de ces ronces qui portent comme une espèce de mûres, on livroit autant de combats pour demeurer maître du prunier et de ces ronces. Cette méchante nourriture me causa depuis, comme à beaucoup d'autres, des dyssenteries qui nous incommodèrent extrêmement dans la prison. Ma principale crainte cependant étoit que le duc de Lorraine ne me connût pour celui qui l'avoit si bien joué autrefois, et empêché de se sauver au siége de Nancy, comme je l'ai rapporté en son lieu. C'est pourquoi je pris toujours grand soin de cacher mon nom, en me faisant appeler le capitaine de la Couronne. Ce fut pour cette même raison que je refusai d'être prisonnier de Son Altesse, comme elle-même me fit l'honneur de me l'offrir après que Rothweil eut été pris en trois ou quatre jours, et qu'il fut question de jeter le sort sur les prisonniers pour les séparer en trois, savoir pour l'Empereur, pour le duc de Bavière, et pour le duc de Lorraine. Car, quoiqu'il me fût infiniment plus avantageux de tomber entre les mains de ce dernier, de qui j'avois reçu toutes sortes de bons traitemens, craignant néanmoins que s'il venoit ensuite à découvrir qui j'étois, il ne se ressentît du mauvais office que je lui avois rendu à Nancy, je pris la liberté de lui répondre, lorsqu'il me fit la grâce de me demander si je voulois être à lui, que j'étois bien aise d'être tiré au sort comme les autres; que Son Altesse me faisoit beaucoup trop d'honneur, mais que je ne désirois aucune prérogative par dessus tous mes compagnons. Je tombai ainsi par le sort dans le partage du duc de Bavière. Et un jeune gentilhomme de mes parens qui avoit une lieutenance dans notre régiment, étant prisonnier du duc de Lorraine, comme je crus qu'il seroit moins en danger que moi d'être volé, pouvant être toujours auprès de sa personne, je lui donnai deux cent cinquante pistoles que j'avois, avec un diamant qui ne valoit guère moins, lui disant qu'il me gardât cet argent, et qu'il ne s'éloignât point de Son Altesse de peur qu'il ne fût volé.

Lorsqu'il eut reçu cet argent et ce diamant, il composa avec le colonel dont il étoit prisonnier, et lui fit entendre qu'il étoit un pauvre cadet, mais que s'il vouloit lui promettre de lui donner la liberté, il tâcheroit de lui faire toucher cinquante pistoles qu'il demanderoit à M. de Vitry qu'il avoit l'honneur de connoître. Le colonel, qui ne demandoit que de l'argent comptant, et qui n'avoit peut-être pas espéré d'en pouvoir tant tirer de lui, lui promit de le faire conduire en lieu de sûreté, moyennant les cinquante pistoles qu'il lui promettoit. Il n'eut pas de peine à lui fournir cette somme, et il obtint par ce moyen sa liberté. Il s'en retourna en France, et témoignant un peu trop d'indifférence pour celui qu'il avoit laissé prisonnier, en un pays éloigné, il ne pensa qu'à se divertir, comme si l'argent n'eût dû jamais lui manquer. Aussi trouvat-il le moyen de s'enrichir de nouveau, pour pouvoir fournir à ces dépenses, étant allé recevoir en mon nom mes appointemens ordinaires sur les finances. Et lorsque ses amis ou ses parens lui reprochoient de ce qu'il ne se mettoit point en peine de solliciter pour ma liberté, il leur répondoit toujours que je ne manquois pas d'amis qui avoient soin de moi, et que tout ce qu'il auroit tâché de faire pour me servir m'auroit été inutile. Ce que je remarque en ce lieu pour faire rougir ceux qui seroient capables d'une telle conduite, et pour faire voir que souvent un véritable ami nous est plus fidèle dans ces rencontres que ne seroient nos proches.

Après que Rothweil eut été pris, comme j'ai dit, par les ennemis, je fus conduit à Augsbourg avec ceux de mes compagnons qui étoient tombés comme moi dans le partage du duc de Bavière. Lorsque nous étions en chemin, quoique je fusse moi-même presque mourant, je prêtai mon beau cheval, dont j'ai parlé, qui se nommoit Millefleurs, à l'un de mes compagnons qui faisoit fort le malade, et qui, au lieu de me le prêter de temps en temps pour me soulager à mon tour, ne pensa qu'à s'accommoder à mes dépens, et s'en alla beaucoup devant sans m'attendre. Comme je n'en pouvois presque plus, je dis à quatre ou cinq de mes camarades qu'il falloit nous aller un peu reposer et rafraîchir dans une hôtellerie qui étoit proche; mais ce rafraîchissement que j'y cherchois me coûta bien cher; car après que nous eûmes bu et mangé, ayant tiré de ma poche un écu d'or que je jetai sur la table, à la mode de France, en disant à l'hôtesse : « Payez-vous là-dessus, et rendez-moi mon reste ; »

et ayant pris ensuite et mis dans ma poche ce qu'elle me rendit, sans le compter, cinq ou six cavaliers allemands, qui buvoient dans ce même lieu, remarquèrent cette indifférence que je témoignois pour l'argent; et jugeant sans doute par cette pièce d'or qu'ils m'avoient ainsi vu jeter sur la table, que nous pouvions être quelques seigneurs français et que nous avions des pistoles, ils résolurent de nous détrousser.

Après donc que nous fûmes partis, lorsque nous étions déjà assez loin, ces Allemands, montant à cheval, coururent à nous. J'étois demeuré un peu derrière, et je me trouvai alors tout seul. Ces cavaliers m'ayant donc approché commencèrent à me crier tout d'un coup : la bourse! Moi, fort étonné d'un compliment auquel je ne m'attendois pas, je sautai fort prestement un petit fossé, et là, mettant l'épée à la main, et criant à mes camarades qui étoient devant : « A moi, messieurs, à moi ! » je commençai à me défendre le mieux que je pus, sans penser au nombre de ceux qui m'attaquoient. Ils me tirèrent deux coups qui ne me blessèrent point; et, quoi qu'ils pussent faire pour m'approcher, ils ne le purent jamais, tant je me remuois et les écartois à droite et à gauche avec mon épée. Cependant mes camarades, et celui-là même dont j'ai parlé, que j'avois secouru quelque temps auparavant contre le cavalier qui l'avoit voulu voler, au lieu de venir à moi pour me secourir, se sauvèrent dans des marais, et me laissèrent tout seul à la merci de cinq Allemands ivres, et armés de sabres, de mousquetons et de pistolets. Je me défendis en la manière que je l'ai dit l'espace d'un demi-quart d'heure ; et peut-être qu'à la fin ils se fussent lassés aussi bien que moi, n'eût été qu'un d'eux, venant par derrière, et me surprenant, me déchargea un grand coup de sabre pour me fendre en deux. M'étant tourné dans l'instant, je soutins le coup avec mon épée, qui fut rompue de l'effort, et leur donna lieu de se jeter tous sur moi. Ils me fouillèrent, et me prirent sept ou huit pistoles qui me restoient, et, ayant déboutonné mon pourpoint, et regardé de tous côtés s'ils trouveroient quelque autre chose, ils me prirent la médaille d'or que M. le maréchal de Brezé m'avoit donnée, dont j'ai parlé auparavant. Mais, en me volant ainsi, ils me laissèrent ce que j'avois de plus précieux, qui étoit la vie, étant sans doute conduits par la main de Dieu, qui les arrêta et les empêcha de me tuer, comme il sembloit qu'ils dussent le faire après une si longue résistance, et dans l'ivresse où ils étoient. Je me trouvai en cette occasion dans une telle chaleur et dans une si forte résolution de bien disputer ma vie, que si mes camarades ne m'eussent pas ainsi abandonné, je crois presque que nous eussions été pour le moins autant en état de démonter ces mêmes cavaliers que d'être détroussés par eux.

J'allai faire ensuite mes plaintes au lieutenant colonel Mirex de qui j'étois prisonnier, et lui dis que j'avois été volé et maltraité par des cavaliers qui m'avoient pris mon argent, et, entre autres choses, une médaille d'or que je regrettois plus que tout le reste. Il me répondit que j'avois tort de ne la lui avoir pas donnée. Il fit faire en même temps recherche de ces voleurs, plus pour la médaille qu'il vouloit avoir que pour autre chose ; et l'un d'eux ayant été arrêté, il le fit pendre pour servir d'exemple; mais je ne pus rien recouvrer de ce que j'avois perdu.

Quand nous fûmes proche de la ville d'Augsbourg, on fit commandement aux prisonniers qui étoient à cheval de mettre pied à terre, et l'on nous mena quatre à quatre derrière nos ennemis, qui entrèrent ainsi dans la ville triomphant de nous. Il fallut boire ce calice avec tous les autres auxquels je ne m'étois pas attendu lorsque je me rendis sur la parole qu'on nous donna de nous traiter en gens d'honneur. Je fis ensuite présent de mon beau cheval au colonel Mirex dont je viens de parler, et on nous mit tous dans des caves, où la paille nous servoit de lit, et où nous n'avions de lumière qu'autant qu'il pouvoit en entrer par les soupiraux de ces caves, c'est-à-dire, à parler franchement, qu'on nous plaça dans des cachots pour nous obliger à payer une plus forte rançon.

Nous fûmes trois mois dans ce misérable état, vivant des aumônes que nous envoyions demander dans la ville pour les pauvres prisonniers; car, comme ils sont assez charitables dans ce pays-là, il y avoit de bonnes femmes qui nous apportoient dans leurs tabliers du pain, de la bière ou du cidre, qu'ils nous descendoient avec des cordes par le soupirail. Nous envoyâmes demander quelque charité à des religieux qui étoient tout puissans dans cette ville; mais nous ne reçûmes que de la dureté de leur part; et les luthériens se montrèrent plus charitables envers nous que ces religieux qui se piquoient en cela d'être de bons politiques; ce qui me mit dans une si grande colère, que je résolus avec six ou sept de mes compagnons de m'en venger, comme je le dirai dans la suite.

Après que nous eûmes passé deux ou trois mois dans ces cachots avec des incommodités et des misères qui ne se peuvent exprimer, sans que qui que ce soit de mes amis pensât à moi, et sollicitât à la cour ma rançon ou mon échange, Dieu seul se souvint de nous, et m'envoya dans la prison un homme tout rempli de charité, qui, en visitant les prisonniers par principe de piété, eut compassion de la misère où il me vit réduit. C'étoit un imagier de Bretagne qui étoit venu trafiquer en ce pays, et qui, sans que j'eusse la moindre connoissance de lui, se sentit touché de tendresse pour moi. Il me demanda d'abord, après avoir vu la nécessité et les misères que je souffrois, si je pourrois bien lui faire rendre à Paris cinquante écus en cas qu'il me les donnât. Je demeurai fort étonné, et fus quelque temps comme interdit par cette offre de charité que me faisoit un homme que je ne connoissois pas; mais, après y avoir un peu pensé, je lui répondis avec simplicité et franchise que si je vivois, et que je retournasse en France, je lui promettois de les lui rendre, mais que si je mourois en ce lieu ses cinquante écus seroient perdus. « Je ne
« veux point vous tromper, ajoutai-je, et la misère
« où je suis ne m'empêche point de vous parler fran-
« chement. » Ce bonhomme, ayant aussi un peu rêvé de son côté, me repartit : « Ho bien, monsieur, il
« n'importe; il me suffit que vous me promettiez de
« me les faire rendre si vous retournez en France ;
« que si vous mourez, je ne m'estimerai pas plus
« pauvre quand j'aurai perdu cinquante écus pour
« avoir fait charité à une personne qui en a un si
« grand besoin. »

Il me demanda ensuite si je n'avois point quelque ami dans quelqu'une des villes de l'Allemagne. Je lui répondis que non. Il me demanda de nouveau si je ne connoissois personne à Amsterdam. Je lui dis que j'y connoissois un marchand fort honnête homme, nommé M. de Cumans. « J'en suis bien aise, me re-
« partit-il, car je le connois aussi ; je lui écrirai pour
« vous. » Je lui témoignai le mieux qu'il me fut possible la reconnoissance que j'avois de sa charité, et je regardai dès lors cet homme comme envoyé de la part de Dieu pour me soulager dans une si grande extrémité. Le lendemain, il ne manqua pas de me faire toucher les cinquante écus qu'il m'avoit promis, dont je fis part à l'instant à mes compagnons, reconnoissant, par la charité que je leur fis, celle qu'on me faisoit à moi-même. Et ce bonhomme écrivit en même temps au marchand d'Amsterdam une lettre par laquelle il lui mandoit qu'il avoit vu à Augsbourg un nommé de Pontis qui se louoit beaucoup de sa générosité, et qui parloit de lui comme d'un des plus honnêtes hommes qu'il connût, mais qu'il avoit alors un extrême besoin de son assistance, étant prisonnier de guerre et dans une très-grande misère.

Je veux dire ici quelle fut la cause de l'amitié qui étoit entre moi et ce marchand d'Amsterdam. Lorsque j'allai en Hollande avec le maréchal de Brezé, comme on l'a vu auparavant, je fis connoissance particulière à Amsterdam avec lui, remarquant en sa personne quelque chose de fort généreux et de fort aimable. Je ne savois pas qu'en me faisant cet ami je me procurois pour l'avenir un libérateur qui, sept ou huit ans après, devoit me rendre la liberté et la vie, en me tirant par sa libéralité d'un état aussi misérable que celui que je viens de représenter. Mais Dieu, sans doute, y pensoit pour moi par un effet de sa providence et de sa miséricorde que je ne puis assez reconnoître. Lorsque je fus retourné de Hollande à Paris il m'envoya son fils, et me pria de lui faire apprendre la teinture en écarlate de la façon des Gobelins, me conjurant en même temps de vouloir bien prendre quelque soin de lui, et payer sa pension. Je m'en chargeai de tout mon cœur, et, tenant lieu de père à ce jeune garçon, le regardant comme mon fils, je pris tous les soins possibles pour l'avancer dans sa profession, et pour le rendre honnête homme. Je lui fournis toute sa dépense, et surtout je le soignai comme un autre moi-même durant une grande et longue maladie qu'il eut à Paris, n'épargnant ni soin, ni peine, ni argent. Son père m'ayant ensuite mandé qu'il me supplioit de donner quelque honnête homme à son fils pour le conduire jusqu'à Calais, d'où il vouloit qu'il s'embarquât pour retourner en son pays, je ne me crus point trop bon moi-même pour l'y conduire, et, ne l'ayant point voulu quitter de vue que lorsqu'il fit voile, j'écrivis de Calais à son père, et lui mandai que j'avois cru être obligé par notre mutuelle amitié d'accompagner son fils jusqu'au vaisseau. Il n'y aura donc pas tant de lieu de s'étonner après cela si ce bon marchand se conduisit aussi généreusement que je le vais rapporter, lorsqu'il eut appris l'extrémité où j'étois réduit en Allemagne.

Environ six semaines après que l'imagier de Bretagne m'eut fait la charité dont j'ai parlé, en me donnant cinquante écus dans la prison; et nous faisant retirer des basses-fosses où nous étions, pour nous mettre dans une chambre sous bonne garde, le propre neveu du marchand d'Amsterdam arriva à Augsbourg, et demanda permission au comte de Fouques, gouverneur de la ville, de me parler. L'ayant obtenue, il vint un soir lorsque nos prisonniers soupoient d'une tête de bœuf avec une fort méchante sauce, dont je ne pouvois manger, me portant fort mal ; et étant entré dans la chambre avec un flambeau devant lui, il demanda si M. de Pontis n'étoit pas là. Je me présentai aussitôt, et me fis connoître pour celui qu'il demandoit. Lui, m'ayant salué, me déclara qui il étoit, et me dit que son oncle ayant appris mon malheur l'avoit envoyé exprès pour me faire offre de son crédit, de son assistance et de sa bourse. Me sentant extraordinairement obligé d'une générosité si peu ordinaire, je lui répondis que je ne méritois pas qu'il eût pris la peine lui-même de faire un si long voyage pour ma considération ; mais qu'il étoit vrai que j'avois souffert de si grandes incommodités depuis que j'étois dans la prison, que je ne pouvois refuser l'offre si avantageuse qu'il me faisoit, contre ma coutume, qui avoit toujours été de n'employer presque jamais mes amis pour moi.

Après force complimens de part et d'autre, je lui dis que celui qui avoit fait savoir de mes nouvelles à M. son oncle m'avoit fait la charité de me prêter, sans me connoître, cinquante écus, et qu'ainsi la première grâce que je lui demandois étoit de les lui rendre. Il le fit ; et ayant ensuite déclaré à M. le comte de Fouques qu'il répondoit pour moi, il me fit sortir de la prison avec mes autres compagnons, à qui je donnai de l'argent; car je reçus par le crédit de M. de Cumans huit ou dix mille livres, dont je me servis pour fournir à tous nos besoins, et pour payer aussi quelque partie de ma rançon, afin d'avoir une plus grande liberté, ne voulant pas la payer entièrement, mais espérant toujours d'être échangé contre quelque prisonnier de qualité, et aimant mieux attendre long-temps pour l'honneur. Cependant on me pressoit fort de donner ma parole, afin que j'eusse une entière liberté d'aller partout sans gardes, ce que j'eusse bien souhaité, me trouvant fort las, de l'humeur dont j'étois, de me voir ainsi toujours accompagné et resserré. Mais je demeurai assez long-temps sans que je pusse me résoudre de la donner, ne me tenant pas tout-à-fait aussi assuré des autres que de moi, et craignant que si quelqu'un de mes camarades avec qui je désirois de ne me point séparer venoit ensuite à se sauver, faute d'avoir de quoi payer sa rançon, je ne passasse pour complice, et qu'on ne m'en fît un crime.

Ce fut dans cet entre-temps, où je n'avois encore qu'une partie de ma liberté, que nous pensâmes causer un grand soulèvement dans les Etats du duc de Bavière, par le ressentiment particulier que nous eûmes contre les religieux dont j'ai parlé, contre qui nous étions tous, comme j'ai dit, extraordinairement irrités, à cause qu'ils nous avoient refusé le secours que nous pouvions justement attendre de catholiques, de prêtres et de religieux; car ils ne s'étoient pas même contentés de ne nous rien envoyer; mais, voulant paroître fort attachés aux intérêts de l'Etat du duc de Bavière, dans lequel ils étoient très-puissans, ils publièrent, après qu'on nous eut retirés, comme j'ai dit, des basses-fosses pour nous mettre dans une chambre, que M. le comte de Fouques avoit très-mal fait de nous élargir, et qu'on ne pouvoit trop s'assurer de nos personnes, comme étant Français, et capables de causer des brouilleries dans l'Etat. J'eus avis de cette nouvelle charité qu'ils nous avoient faite, en ayant été informé par notre hôte, qui avoit lui-même compassion de notre misère; et, voyant avec un extrême dépit jusqu'où ils portoient leurs soins politiques, je résolus de m'en venger à quelque prix que ce fût, et je crus pouvoir avec justice leur faire ressentir le tort qu'ils avoient d'user d'une si grande dureté envers des catholiques prisonniers et des étrangers. J'avoue néanmoins que le moyen que je voulus prendre pour cet effet étoit un peu violent; mais enfin si je commis une faute, je la regardois comme un zèle de justice, pouvant dire, ce me semble, que je ne pensois pas plus à venger mon intérêt particulier que l'intérêt du public, et celui de la charité et de la religion, qui étoit si visiblement violé en nos personnes par ces religieux.

Comme nous avions permission de nous promener quelquefois dehors avec des gardes, un jour qu'ils étoient éloignés de nous, je dis à mes compagnons : « Je ne sais
« pas, messieurs, de quel sentiment vous êtes; mais,
« pour moi, je vous déclare que je suis tout résolu de
« me venger des religieux d'Augsbourg, qui font honte
« à notre religion en faisant paroître beaucoup moins
« de charité que les luthériens. Il faut nous joindre
« tous ensemble, si vous me croyez, et rendre, si
« nous pouvons, un bon service au Roi, en tâchant

« de remettre entre les mains de Sa Majesté une ville
« où ces religieux dominent avec une autorité si dure
« et si absolue. Le plus grand mal qui puisse nous ar-
« river est de mourir ; mais il nous sera glorieux de
« mourir pour un semblable sujet, et en même temps
« avantageux d'être délivrés d'une si grande misère.
« Mourons donc plutôt que de souffrir une si injuste
« domination. Vengeons la religion et la piété, et
« servons notre Roi, même en ce pays éloigné où
« nous sommes prisonniers pour ses intérêts. » Je ne
leur eus pas plutôt parlé de la sorte qu'ils entrèrent
tous dans mon sentiment, et témoignèrent la même
ardeur pour le service de notre prince.

Nous fîmes complot en même temps de sonder
quelques luthériens pour tâcher de les engager dans
notre parti. Dans ce dessein, nous allâmes joindre un
capitaine allemand qui se promenoit un peu loin de
nous ; et nous étant entretenus d'abord de choses in-
différentes, nous trouvâmes heureusement que celui
que nous voulions sonder sur ce sujet avoit la même
pensée que nous, et souhaitoit de nous tenter sur la
même chose. Lors donc que nous eûmes trouvé lieu
de nous ouvrir à cet officier, et qu'il se fut également
ouvert à nous, il nous témoigna qu'il étoit dans la résolution de nous aider, et de faire pour cela tout ce
qui seroit en son pouvoir. Je trouvai ensuite moyen
de parler à un maître échevin, qui étoit un fort brave
homme, et qui avoit eu autrefois commandement
dans les armées. Comme je savois que la domination
de ces religieux dans la ville étoit devenue insupportable à beaucoup de monde, je me hasardai de lui en
parler, et, l'ayant trouvé très-animé contre eux, je

ne fis point de difficulté de lui communiquer notre résolution, qu'il approuva fort, et qu'il me promit de seconder de tout son pouvoir, me témoignant qu'il étoit lui-même très-ennuyé du gouvernement présent. Ainsi, nous étant assurés de quelques personnes de la ville, et sachant d'ailleurs que tous les soldats français qui pouvoient être à Augsbourg ne manqueroient pas de se joindre à nous, il fut arrêté que ces premiers se rendroient maîtres d'une des portes de la ville, que nous autres prisonniers, qui étions en assez grand nombre, nous nous assurerions d'une autre porte, et qu'auparavant je donnerois avis de toutes choses à M. le prince, afin qu'il vînt à notre secours, et qu'il pût favoriser notre entreprise dans le temps que nous l'exécuterions.

Toutes nos mesures étoient parfaitement bien prises; et peu de personnes étant informées de notre dessein, de peur de quelque trahison, il y avoit tout sujet d'en espérer un bon succès. Je trouvai moyen cependant d'envoyer un homme secrètement à M. le prince pour l'avertir de toutes choses, et pour le prier de vouloir seconder notre entreprise, en nous donnant quelque secours dans le temps de l'exécution. Mais nous fûmes aussi étonnés qu'affligés de sa réponse, par laquelle il nous mandoit que les affaires du Roi ne permettoient pas qu'il vînt pour nous secourir, que les armées de Sa Majesté étoient embarrassées ailleurs, et en assez mauvais état, et qu'ainsi j'avisasse bien à ce que j'avois à faire, de peur que nous ne courussions risque d'être tous perdus. Cette affaire manqua de la sorte; et quoiqu'il soit vrai que nous en eûmes alors un très-grand regret, néanmoins y ayant fait depuis une réflexion plus sérieuse, j'ai reconnu qu'il y avoit plus de témérité que de sagesse dans cette entreprise, et qu'une passion excessive contre la dureté de quelques religieux en ayant été l'origine, le succès en auroit été toujours très-incertain, et que notre perte entière en pouvoit être la suite.

Cependant, après avoir long-temps refusé de donner ma parole, pour la raison que j'ai marquée auparavant, je m'y résolus enfin avec mes camarades, ne pouvant plus vivre dans cette contrainte et cette servitude continuelle où nous étions à cause de nos gardes. Mais je leur représentai fortement avant que de la donner, qu'il falloit plutôt périr que de ne la pas garder, et qu'il étoit indigne de gens d'honneur comme nous de s'engager à une chose, à moins qu'on ne fût très-résolu de la tenir. Aussi l'un d'eux ayant voulu s'enfuir dans la suite, et le pouvant faire moi-même comme lui, je m'y opposai tout-à-fait, et empêchai qu'il ne commît une si grande lâcheté, lui ayant même dit sur ce sujet que je me souviendrois toujours que le feu Roi mon maître avoit renvoyé un officier qui s'étoit sauvé après avoir donné sa parole, et avoit jugé qu'un homme qui avoit manqué à son honneur étoit indigne de le servir.

Aussitôt que nous eûmes ainsi donné notre parole, et obtenu la liberté, je commençai à voir les compagnies, et à hanter la cour du duc de Bavière. Je fis connoissance avec plusieurs grands, et particulièrement avec le favori du prince, qui étoit le comte de Cœurse. Le duc de Bavière lui-même, de qui je commençai d'être connu, me traita avec toute la bonté possible, et ayant su que j'étois celui qui commandoit dans l'occasion de Meringhen, il voulut diverses fois me persuader de demeurer à sa cour, me disant souvent : « L'on ne pense point à vous en France ; je suis « assuré qu'ils vous laisseront mourir ici, sans vous « échanger avec quelqu'un de mes officiers. C'est « pourquoi demeurez, si vous me croyez. Je vous « donnerai tel emploi que vous voudrez, et vous le « choisirez vous-même. » Il ne se pouvoit rien ajouter aux témoignages de bonté que je recevois de la part de ce prince, et aux instances qu'il me faisoit pour m'engager à son service; mais, quelque mécontent que je fusse et que j'eusse lieu d'être de la cour de France, où j'avois été entièrement oublié, je ne pouvois point me résoudre de m'attacher à une cour, ni goûter aucune proposition sur cela, quelque avantageuse qu'elle pût être. Et d'ailleurs j'espérois toujours quelque chose de la part de mes amis. Aussi il est très-certain que si M. le maréchal de Vitry n'étoit mort dans le temps que nous fûmes faits prisonniers, il se seroit employé hautement pour moi, et auroit fait valoir l'action de Meringhen autant qu'elle sembloit le mériter. Mais mon malheur fut que ce maréchal étant mort, M. de R..., qui ne pouvoit se consoler d'avoir été si honteusement surpris, en même temps que M. de Vitry et moi avions eu assez de résolution et de conduite pour faire tête pendant trois jours à trois armées, avec quinze ou seize cents hommes seulement, s'efforça d'étouffer cette action autant qu'il put, afin de cacher au moins son déshonneur, en dérobant la gloire des autres.

Me voyant donc abandonné, et comme hors du souvenir de mes amis, je résolus d'envoyer à mes dépens un courrier en France, pour écrire à M. Servien et à M. d'Avaux, et les supplier de parler pour moi à la Reine, et de faire en sorte qu'on m'échangeât contre quelque prisonnier. M. Servien, occupé sans doute à des affaires plus importantes, ou n'ayant peut-être rien de bon à me mander, ne me fit aucune réponse. Pour M. d'Avaux, il me fit la grâce de me récrire, et me manda qu'il avoit écrit à la cour pour moi, mais qu'il y avoit un si grand nombre de prisonniers, et que tout étoit si brouillé, qu'il ne croyoit pas pouvoir me servir comme il l'auroit souhaité, et que néanmoins il s'y emploieroit de bon cœur. Je ne laissois pas d'attendre toujours, et je ne pouvois presque me persuader qu'il fût possible qu'on oubliât un officier qui avoit vieilli dans les armées, et dont les longs services étoient connus de toute la cour, sans parler de ce dernier que je croyois mériter quelque récompense. Mais je connus dans la suite que je m'étois trompé dans mon compte ; et la longue expérience que j'avois du monde ne m'avoit point encore assez appris que le service qu'on rend aux princes leur paroît souvent assez bien récompensé par la prison, ou par la mort que l'on souffre pour leur gloire, et pour celle de leurs Etats.

Tandis que je vivois d'espérance, et que j'attendois à toute heure quelques bonnes nouvelles du côté de la cour, je passois mon temps à visiter plusieurs villes de l'Allemagne, et surtout j'allois souvent à Munich, lieu de la résidence ordinaire de son altesse de Bavière. J'avois l'honneur de m'entretenir assez souvent avec Son Altesse, et de lui parler avec assez de liberté sur les différentes choses qui se présentoient.

Un jour donc qu'en sa présence nous parlions, M. le comte de Fouques et moi, des beaux présens de chevaux, d'oiseaux rares, et de plusieurs autres choses que le roi d'Espagne avoit envoyés au roi de France, le comte de Fouques dit que, quoique ces deux princes se fissent la guerre, ils ne se haïssoient pas; et ayant ajouté dans la suite de l'entretien qu'il ne croyoit pas que le roi de France eût aucun dessein sur l'Allemagne, je relevai aussitôt cette parole que je croyois peu honorable aux prétentions du Roi, lui répondant hautement en présence de Son Altesse : « Pour moi, monsieur, lui dis-je, je crois que le Roi mon « maître a encore assez d'ambition pour vouloir mon- « ter quelque jour sur un trône sur lequel ses prédé- « cesseurs ont été autrefois assis. » Le duc de Bavière à l'heure même tourna ce que je disois en raillerie, et, témoignant n'être pas surpris de ma réponse, il dit qu'il n'en attendoit pas d'autre de moi, que j'étois toujours également bon Français, quoique relégué en Allemagne, et qu'il voyoit bien que je me vengeois de ceux qui m'avoient pris prisonnier. Il est vrai aussi que je ne gardois guère de mesures lorsqu'il s'agissoit de défendre l'honneur de la France et des armes du Roi; car, quelque sujet qu'il semblât que j'eusse pour lors de parler moins favorablement de la cour de France, je ne pouvois oublier l'inclination naturelle ni renoncer à la pente du cœur qui me portoit à soutenir la gloire de ma patrie dans de semblables occasions, où il suffit d'être bon Français pour envisager moins ses intérêts particuliers que ceux de son prince et de son pays.

Je commençai néanmoins à la fin de m'ennuyer de

la vie que je menois dans ce pays étranger; et voyant que l'on ne pensoit non plus à nous en France que si nous eussions été morts, sachant de plus que l'on proposoit de nous envoyer au fond de l'Allemagne pour y servir, je me résolus de traiter de ma rançon, et je fis aussi résoudre mes compagnons à la même chose, leur ayant prêté de l'argent à sept ou huit, par le moyen du correspondant de M. de Cumans, qui avoit ordre de ne me rien refuser de ce que je lui demanderois. Nous achevâmes donc de payer notre rançon au colonel, et nous prîmes jour pour nous en aller. Ce jour-là même le colonel nous traita tous à dîner; et après que nous eûmes dîné, il nous dit d'aller dire adieu à nos amis, et de revenir ensuite chez lui, nous promettant que, pour nous dire le dernier adieu, il feroit porter un pâté avec quelques bouteilles de vin dans le jardin, et que là nous boirions tous ensemble à la santé du roi de France et de son altesse de Bavière. Il tâcha en même temps de s'excuser le mieux qu'il put de ne nous avoir pas aussi bien traités que nous le méritions, nous assurant qu'il ne l'avoit fait par aucune mauvaise volonté, mais en suivant seulement la pratique du pays et le droit commun de la guerre, qui permettoit de tirer une rançon honnête de ses prisonniers. Il ajouta même que si jamais il étoit prisonnier en France, il ne trouveroit pas mauvais qu'on en usât de la même sorte à son égard pour avoir une meilleure rançon. Je lui dis, sans m'arrêter beaucoup à son compliment, qu'il étoit vrai que nous avions été très-maltraités, et que je pouvois bien l'assurer que s'il avoit eu le malheur d'être lui-même notre prisonnier, il auroit eu tout sujet de se louer du traitement qu'il auroit reçu de nous, et auroit connu la différence des coutumes de la France et de l'Allemagne; mais qu'enfin, puisque c'étoit l'usage du pays de traiter ainsi les prisonniers de guerre, je lui promettois que nous n'en aurions aucun ressentiment que contre le pays en général, et non contre lui en particulier, et si même je rencontrois quelque occasion de lui rendre service, je le ferois de bon cœur.

Nous le quittâmes de la sorte pour revenir après que nous aurions pris congé de nos amis. Mais il arriva un très-grand malheur, pour lui et pour nous, aussitôt que nous fûmes sortis de sa maison; car, ayant pris sa femme par la main pour descendre en bas dans le jardin, ses éperons le firent tomber, et il roula depuis le haut de l'escalier jusqu'en bas, où il y avoit un petit pilier contre lequel il se choqua rudement par le derrière de la tête et se la cassa. Il perdit dans l'instant même la parole, et au bout de vingt-quatre heures il mourut. Nous revînmes cependant bientôt après; et ayant trouvé le pauvre homme en ce pitoyable état, comme nous avions déjà notre passe-port et que nous craignions, ce qui arriva en effet, qu'on ne nous arrêtât de nouveau, nous résolûmes de partir sans différer davantage. Mais la femme du colonel fit si bien par tous ses discours qu'elle nous retint en quelque sorte malgré nous. Et cependant les officiers de la garnison écrivirent au duc de Bavière pour le prier de permettre qu'on nous empêchât de partir comme nous voulions faire sans payer notre rançon, après que le colonel étoit mort.

Son Altesse, n'étant point autrement informée de

la vérité, leur accorda ce qu'ils demandoient ; et nous fûmes ainsi rançonnés une seconde fois par la plus grande de toutes les injustices qu'on pouvoit nous faire, après tous les mauvais traitemens que nous avions déjà soufferts. Ainsi je puis dire que les pertes que je fis cette année étoient beaucoup plus grandes que je ne pouvois porter, puisque après avoir perdu dix-huit chevaux, dont quelques-uns étoient de grand prix, avec tout mon bagage, je fus encore obligé de payer deux fois ma rançon, sans compter l'argent que je prêtai à mes camarades, dont je perdis une partie.

LIVRE XV.

Le sieur de Pontis revient en France ; il témoigne un peu trop haut son mécontentement de la cour, et refuse d'abord de servir. Il est commandé pour aller garder les montagnes de Provence et de Dauphiné pendant la première guerre de Paris. Belle action du chevalier de Pontis son frère, qui avoit été pris par les Turcs. Relation de tout ce qui se passa dans le mariage d'une nièce du sieur de Pontis, et des grandes affaires qu'il eut à soutenir à l'occasion de ce mariage.

[1645] JE ne tardai guères, après avoir payé une seconde fois ma rançon, à sortir d'un pays dont j'avois tant de sujets d'être mécontent. Je me mis donc en chemin pour m'en retourner en France avec un ou deux de mes compagnons, ayant laissé à Uberlingen M. de Rubentel qui étoit malade. Je lui donnai tout l'argent dont il pouvoit avoir besoin, et n'en pris pour moi qu'autant qu'il m'en falloit pour me conduire jusqu'à Lyon, où j'espérois bien d'en trouver. A une journée d'Augsbourg un soldat français qui s'étoit sauvé se vint joindre à nous ; et le voyant à pied et sans argent, je lui achetai un cheval afin qu'il pût nous accompagner, et le défrayai dans tout le voyage : ce qui étant joint avec la perte que je fis en chemin d'un de mes chevaux qui mourut, me fit manquer tout-à-fait d'argent lorsque je fus arrivé en Suisse. Ne sachant alors à qui m'adresser, je m'avisai d'aller trouver M. de Caumartin, ambassadeur pour le Roi en ce pays-là, et je lui dis que, quoique je n'eusse pas l'honneur de le connoître ni d'être connu de lui, la nécessité me forçoit de le venir trouver pour le prier d'avoir compassion de pauvres prisonniers comme nous, qui venions d'Allemagne, et qui n'avions pas de quoi achever le voyage jusqu'en France. Il me demanda, après m'avoir interrogé sur diverses choses, combien je voulois. Sur quoi je lui repartis que j'avois besoin d'environ cinq cents écus. Quoiqu'il parût d'abord un peu surpris à cause qu'il ne me connoissoit pas, il me traita néanmoins fort obligeamment, et me fit toucher mille ou douze cents livres, qui me servirent à continuer mon voyage jusqu'à Paris. J'allai aussitôt faire ma cour moi-même chez la Reine, qui me demanda quelques particularités du pays d'où je venois, et me promit, après avoir su tout ce qui s'étoit passé, de se souvenir de moi. Elle me fit en effet toucher six cents pistoles; mais c'étoit comme une goutte d'eau à l'égard de ce que je devois, et de ce dont j'avois besoin pour m'équiper de nouveau et me remettre en état d'aller à l'armée, comme la Reine vouloit m'obliger de le faire.

Cependant M. de Cumans dont j'ai parlé, qui m'avoit fourni tout l'argent dont j'avois eu besoin en Allemagne, m'écrivit avec sa générosité ordinaire que je ne me misse point en peine de lui payer cet argent, ajoutant que je le lui rendrois quand je pourrois, et que quand je ne le pourrois pas il se tenoit parfaitement bien payé de m'avoir pu rendre ce service. Sur quoi je ne puis m'empêcher de remarquer cette différence si prodigieuse qui se trouve souvent entre l'amitié dont les grands du monde témoignent quelquefois qu'ils vous honorent, et celle qu'ont pour vous effectivement de simples particuliers, puisque en même temps que je me voyois abandonné et entièrement oublié de quelques seigneurs, qui étoient persuadés que je les avois servis souvent aux dépens de ma propre vie, un étranger, Hollandais, et un marchand, pour avoir eu soin seulement de son fils, me traita dans toute cette affaire avec un cœur plus digne d'un prince que d'une personne de sa condition. Mais, quelque grande que fût à mon égard l'honnêteté de M. de Cumans, comme j'avois toujours de la peine à me laisser vaincre par mes amis dans ces disputes d'amitié et de générosité, voulant m'acquitter réellement de mes dettes, je vendis une terre que j'avois en Beauce, et en ayant tiré 50,000 livres, je rendis à Paris au correspondant de M. de Cumans l'argent que je lui devois. Je mis aussi dans ce même temps en religion deux nièces que j'avois qui étoient pauvres, et qu'on avoit recommandées à ma charité, en ayant placé une dans un couvent d'ursulines, et l'autre dans une maison de Sainte-Marie, toutes deux en Provence; et je voulus ainsi dans le temps même que j'avois le plus besoin d'argent, reconnoître en quelque sorte la charité que j'avois reçue moi-même des étrangers par une protection toute visible de Dieu.

Je trouvai à mon retour d'Allemagne que ce gentilhomme de mes parens dont j'ai parlé s'étoit servi, pour jouer et se divertir, de tout l'argent que je lui avois confié. J'en fus dans une très-grande colère, voyant un si mauvais naturel, et je ne voulus jamais faire ma paix avec lui qu'il ne m'eût rendu mon diamant, et ne m'eût promis de donner à mes neveux deux cents pistoles. Après cela je voulus lui faire connoître que mon amitié n'étoit point changée pour lui nonobstant sa mauvaise conduite ; et pour lui montrer l'exemple de la générosité qu'il devoit suivre, je lui donnai la première compagnie du régiment de la Reine, qui m'avoit toujours été conservée ; car je ne voulus pas suivre M. de Vitry à la campagne prochaine, étant fort piqué de ce que j'appris que madame la maréchale de Vitry n'avoit pas parlé aussi favorablement de moi à la Reine qu'elle auroit pu, et me trouvant trop mal récompensé pour avoir servi, comme j'avois fait, M. son fils aux dépens de ma liberté, de mon bien et de ma vie : ce qui ne m'empêcha pas néanmoins d'honorer et d'aimer toujours M. de Vitry, qui eut pour moi tous les sentimens d'une personne de sa qualité, et d'un vrai ami.

J'oubliois de dire que, lorsque je fus arrivé à Paris, le bonhomme imagier dont j'ai parlé me vint trouver pour se réjouir avec moi de mon retour. Il est vrai que j'eus une très-grande joie de pouvoir le régaler, et lui témoigner comme je fis, par tous les bons traitemens possibles, combien je me sentois obligé de la charité qu'il m'avoit faite, sans me connoître, dans un pays étranger. J'achetai ensuite une caisse d'images choisies pour 400 livres, dont je lui fis présent ; mais comme ce bon marchand avoit un cœur très-généreux, il ne vouloit point absolument la recevoir, et me disoit avec la simplicité d'un vrai bonhomme : « Je vous prie, monsieur, de ne me « point obliger à prendre cela ; je suis encore plus « riche que vous, et vous avez plus besoin d'argent « que moi. » Nous piquant ainsi tous deux de générosité, après que nous eûmes contesté quelque temps, je l'emportai à la fin, et l'obligeai malgré lui à prendre ce qu'il ne pouvoit plus me refuser sans quelque mépris.

Ayant à être payé de l'une de mes pensions, j'allai à Fontainebleau où la cour étoit pour lors, afin d'en solliciter le paiement auprès de la Reine. Sa Majesté m'ayant assuré qu'elle se souviendroit de moi, j'attendois toujours l'accomplissement de sa promesse; mais, après que j'eus attendu près de deux mois à Fontainebleau, dépensant beaucoup d'argent inutilement, dans l'espérance de recevoir celui qui m'étoit dû, je me lassai à la fin d'un si long retardement; et, croyant avoir trouvé un expédient avantageux pour presser honnêtement Sa Majesté de se souvenir de moi, j'allai lui présenter le brevet de ma pension en lui disant qu'elle avoit eu la bonté de me promettre qu'elle penseroit à moi; mais comme je voyois que la multitude des affaires importantes dont Sa Majesté se trouvoit chargée avoit été cause qu'elle m'avoit oublié, je venois prendre la liberté de lui remettre entre les mains le brevet que le feu Roi m'avoit fait la grâce de me donner, afin qu'il lui plût d'en gratifier quelque autre personne qui le méritât mieux que moi. La Reine, un peu surprise, me dit avec quelque chaleur : « Vous êtes impatient, attendez encore un peu. »

J'attendis donc encore, et voulus voir l'effet de cette seconde promesse; mais l'impatience me prit à la fin; et, comme je vis que l'on prenoit de si longues mesures pour me payer seulement cinq cents écus qui m'étoient dus, je résolus de retourner une troisième fois trouver la Reine, et contre le sentiment de mes amis, que je devois plutôt croire que non pas ma tête, j'allai un peu trop fièrement lui présenter mon brevet. Elle le prit; mais, dans le premier mouvement de la colère où elle fut contre moi de voir que je la pressois de cette sorte, elle me rejeta le papier et me dit fort indignée : « Ho! le feu Roi « m'avoit bien dit de vous que vous étiez prompt et « violent. — Madame, lui repartis-je, le feu Roi étoit « mon maître, et il me faisoit trop d'honneur de « penser à moi, même pour me reprendre de mes « défauts; mais je puis, madame, assurer Votre Ma- « jesté que, s'il a trouvé quelque chose à redire à « mon humeur, il n'a jamais rien trouvé à redire à « ma fidélité. » La Reine me répliqua qu'elle ne parloit pas aussi de ma fidélité, mais qu'elle blâmoit mon emportement. Je fus ainsi payé de mon obstination, et j'appris à mes dépens à suivre une autre fois le sentiment de mes amis. Mais il est vrai qu'il me semble que j'étois un peu excusable, me sentant poussé à bout, et outré au dernier point de voir mes services récompensés de la sorte.

Je me retirai un peu à l'écart après cette disgrâce; et M. d'Etampes, maître des requêtes, étant entré dans la chambre au bout de quelque temps, et s'approchant pour s'entretenir avec moi, je lui dis en riant : « Mais, monsieur, savez-vous bien que vous « parlez à un homme disgracié, et contre qui la Reine « vient de se mettre en colère? — Oui! me répondit- « il fort agréablement. Ho bien, c'est à cause de cela « même que je veux m'entretenir avec vous, et faire « connoître que je n'en suis pas moins votre ami. »

La Reine qui étoit rentrée dans son cabinet, en

étant sortie sur le soir avec un seul flambeau devant elle, et lisant attentivement une lettre, je crus que c'étoit madame de Sennecé, à cause que Sa Majesté n'avoit pas accoutumé de sortir si peu accompagnée. Comme j'étois assez libre avec cette dame, croyant que ce fût elle, je m'approchai par derrière, comme si j'eusse voulu regarder dans la lettre qu'elle tenoit, et je lui dis : « Madame, ne me feriez-vous point bien « la grâce de parler pour moi à la Reine? » Sa Majesté s'étant retournée à ce compliment, je demeurai fort effrayé, et, lui demandant un très-humble pardon de mon insolence, je lui témoignai que l'ayant vue seule contre l'ordinaire, je l'avois prise pour une dame de sa cour. La Reine, qui s'étoit, je ne sais comment, adoucie depuis trois ou quatre heures de temps, ayant eu peut-être quelque regret de m'avoir parlé avec une si grande colère, me dit le plus honnêtement et le plus obligeamment du monde : « C'est une lettre que je « viens de recevoir, où l'on me mande que mon fils « d'Anjou se porte bien, et a commencé à chausser au-« jourd'hui des souliers. » C'étoit beaucoup trop pour moi que Sa Majesté voulût bien me parler ainsi après mon emportement ; mais elle acheva de me combler en ajoutant que je me trouvasse lorsqu'elle iroit à la comédie, et qu'elle parleroit pour moi à M. le cardinal.

Je m'y rendis à l'heure précise ; et Sa Majesté ayant en effet parlé à M. le cardinal en ma faveur, son Eminence m'appela ensuite, et me dit que la Reine s'étoit souvenue de moi, et lui en avoit parlé en bonne part : il ajouta que je le vinsse trouver le lendemain à son lever, et qu'il donneroit ordre qu'on me laissât entrer dans sa chambre. Il est vrai que lorsque je vis ainsi les choses changées à mon avantage, je ne pus point m'empêcher de me railler un peu de mes amis, qui m'avoient déjà quitté la plupart, leur disant assez fièrement que leur service étoit apparemment plus utile aux autres qu'à moi, et que je m'étois toujours fort bien trouvé de solliciter mes affaires par moi-même, au lieu d'employer des amis comme eux. M'étant rendu le lendemain dès le matin chez M. le cardinal, son Eminence écrivit de sa propre main un billet par le moyen duquel je fus payé de ma pension.

J'étois toujours cependant fort mal satisfait et fort chagrin de me voir sans aucun emploi et sans récompense, et surtout de ce que notre dernière action de Meringhen étoit entièrement étouffée par la jalousie du général, qui se mettoit à couvert de son déshonneur à nos dépens. Voyant d'ailleurs qu'on vouloit encore m'obliger d'aller à la campagne suivante et de servir, quoique je fusse hors d'état de le pouvoir faire après toutes les pertes que m'avoit causées ma prison, je ne pus plus garder aucunes mesures; et étant comme au désespoir de me voir traité avec tant de dureté, j'allai m'en plaindre hautement à l'un des ministres, à qui je représentai avec toute la force possible l'état où je me trouvois alors, après les services qu'il savoit que j'avois rendus au feu Roi. Ce ministre, au lieu de me donner quelque satisfaction sur ce sujet, me blâma fort d'ingratitude, et me fit entendre que c'étoit à moi à obéir, puisque le Roi vouloit que je servisse cette campagne. Sur quoi je lui répondis avec une chaleur excessive et indiscrète que tout le monde voyoit aussi bien que moi le peu de justice qu'on me rendoit; qu'un vieux officier comme j'étois ne méritoit pas d'être traité de la sorte, et que, pour ce qui étoit de la campagne prochaine, j'étois absolument résolu de n'y pas aller ; que j'avois tout perdu en perdant le feu Roi mon maître, et que je ne me souciois plus de tout ce qui me pouvoit arriver.

Ces paroles irritèrent si fort ce ministre, qu'il fit en sorte d'obtenir une lettre de cachet contre moi pour me faire mettre à la Bastille. J'en fus averti, et je m'en moquai d'abord, croyant que c'étoit pour me faire peur ; mais, ayant été depuis assuré par un de mes amis que si je demeurois davantage chez moi j'y serois arrêté au bout de deux heures, je crus ne devoir pas faire le brave plus long-temps, et je me retirai dans la maison d'un seigneur de la cour, qui me dit d'abord qu'il étoit bien mon ami, mais qu'il n'étoit pas assez puissant pour me protéger, et que je ne serois pas en sûreté chez lui. Ainsi j'allai demander protection à M. le comte d'Harcourt, qui me reçut avec toute la bonté et la générosité possible, et me donna une chambre dans son hôtel, me faisant porter à dîner et à souper tous les jours, et me faisant l'honneur de me voir matin et soir.

Je demeurai pendant quelques semaines en cet état, jusqu'à ce que M. le maréchal de La Meilleraye étant venu à l'hôtel d'Harcourt, et ayant eu l'honneur de l'entretenir, il me dit qu'il s'engageoit de parler pour moi, et de faire ma paix auprès de la Reine. Il me mena en effet au Louvre dans son carrosse, et me présenta à Sa Majesté, qui me fit la grâce de me témoigner qu'elle n'avoit pas donné un ordre particulier de me faire mettre en prison, mais qu'elle avoit seulement donné un ordre général pour arrêter tous les officiers qui ne voudroient pas suivre l'armée. Ainsi la colère où je m'étois abandonné, m'ayant donné lieu d'appréhender une disgrâce entière, servit au moins à me faire trouver quelque douceur dans l'état où j'étois alors, après être rentré en grâce et avoir recouvré ma liberté.

[1649] J'eus ordre ensuite d'aller en Provence, pour faire passer en Catalogne quelques troupes qui étoient au nombre de cinq à six mille hommes. Je ne me souviens point présentement d'aucune chose remarquable qui soit arrivée en cette occasion. C'étoit dans le temps de la première guerre de Paris, où l'on sait que tout étoit en trouble et en confusion dans le royaume; et je fus encore commandé pour garder les montagnes de Provence et de Dauphiné. Je levai pour cet effet un régiment d'infanterie et une compagnie de cavalerie; mais je trouvai une grande différence entre ces troupes et celles que j'avois commandées du temps du feu Roi. Car, au lieu que la discipline exacte que ce prince faisoit observer me donnoit une autorité absolue sur mes soldats, je ne recevois tous les jours que des plaintes continuelles qu'on me faisoit de ceux-ci, qui étoient accoutumés au libertinage et au vol, et qui se croyoient autorisés à secouer toute sorte de joug par le désordre qui accompagne ordinairement les guerres civiles. Comme je n'étois point d'humeur à souffrir cette licence, et que je ne me voyois pas en état de pouvoir réduire ces brutaux sous une exacte discipline comme autrefois, étant si peu soutenu et très-mal payé, j'aimai mieux enfin abandonner le métier que de ne le pas faire avec honneur, et je me défis de mon régiment entre les mains d'un officier de mes amis qui paroissoit un peu moins scrupuleux que moi. Ce fut dans le temps que j'étois ainsi occupé à soutenir les intérêts du Roi dans la Provence et le Dauphiné, que je mariai une de mes nièces à un gentilhomme fort noble de la maison de Poligny. Cette nièce étoit fille de mon neveu, le fils de mon frère aîné; et comme je mariai alors la fille, j'avois long-temps auparavant marié le père. Les circonstances de ces deux mariages étant assez remarquables, méritent bien que j'en fasse ici une petite relation particulière, en reprenant les choses de plus haut, et rapportant premièrement de quelle sorte j'avois fait le mariage du père.

Je crois avoir oublié de dire dans ces Mémoires que j'avois un frère chevalier de Malte, dont j'estime devoir rapporter ici quelque chose qui me paroît assez remarquable. C'étoit un homme qui avoit de l'esprit et de la capacité; il savoit plusieurs langues, et entre autres il parloit celle des Turcs comme la française. C'est ce qui le porta à demeurer quelque temps déguisé dans Constantinople, dont il considéra avec soin les dedans et les dehors, et remarqua très-exactement ce qu'il y trouva de fort ou de foible. Il me souvient qu'il m'a dit depuis quelquefois, ce qu'il rapporta dès lors au grand-maître de l'Ordre, qu'il lui sembloit que si les princes chrétiens pouvoient être unis, il ne leur seroit pas difficile de se rendre maîtres de cette ville si célèbre, et qu'il croyoit que l'empire des Ottomans subsistoit moins par sa propre force que par la division de ses ennemis. Il a passé dans Malte pour un homme de service et de cœur : et pour moi, ce que j'en puis dire dans la vérité, c'est qu'il me semble que je n'étois qu'un poltron auprès de lui.

Lorsqu'il faisoit ses caravanes dans un vaisseau de l'Ordre, il fut attaqué et pris par quelques vaisseaux d'Alger. Il jeta aussitôt sa croix dans la mer, sachant que les Turcs, ou tuent les chevaliers, qu'ils haïssent comme leurs ennemis mortels, ou les mettent à une fort haute rançon. Il fut assez heureux dans son malheur, car il tomba entre les mains d'un maître beaucoup plus honnête homme que n'ont accoutumé d'être ces peuples barbares. Le Turc lui ayant demandé ce qu'il savoit faire, il répondit qu'il se connoissoit bien en chevaux, et leur apprenoit tout ce qui pouvoit les dresser et les rendre de grand prix; qu'il savoit aussi dessiner, et d'autres choses semblables. Ce Turc, qui avoit voyagé et qui étoit assez poli, fut fort satisfait de l'adresse de son esclave; et lui ayant fait acheter de jeunes chevaux, le chevalier les mit bientôt en un état qui plut fort à son maître, et qui lui fit voir la vérité de ce qu'il lui avoit dit. Trois ans se passèrent de la sorte, pendant lesquels le chevalier tenta diverses fois inutilement de se sauver.

Au bout de ce temps, le Turc, fort satisfait des services de son esclave, lui dit: « Je suis content de « vous, je suis prêt de vous en donner des marques, « si vous voulez me demander quelque chose. » Le chevalier lui répondit qu'il lui étoit infiniment obligé, et qu'un esclave n'avoit rien à demander à son maître que l'agrément de ses services. « J'approuve fort « votre retenue, repartit le Turc, et j'entends bien « ce que vous n'osez me dire. Servez-moi encore un « an, et vous verrez ce que je ferai pour vous. » On peut aisément s'imaginer ce que le chevalier fit cette dernière année, pour achever de se mettre tout-à-fait dans les bonnes grâces de son maître. Aussi, lorsqu'elle fut passée, le Turc l'ayant fait venir dans sa chambre lui dit : « Vous m'avez servi en homme d'honneur, et « non en esclave ; je veux vous traiter de même pré- « sentement, et reconnoître le cœur avec lequel « vous avez agi à mon égard. Dites-moi donc où vous « souhaitez d'aller, comment vous voulez être ha- « billé, et de quoi vous avez besoin. Demandez-moi « toutes choses avec liberté, et vous l'obtiendrez « comme vous feriez du meilleur de vos amis. » Ayant su qu'il désiroit d'aller à Marseille, il le fit habiller comme il voulut, il lui trouva un vaisseau, paya son passage, et lui donnant plus d'argent qu'il n'en avoit demandé, il le renvoya aussi comblé du bon traitement qu'il recevoit de ce Turc, que le Turc avoit été lui-même satisfait des bons services qu'il avoit reçus du chevalier sans le connoître.

Lorsqu'il fut arrivé à Marseille, il m'écrivit pour me témoigner l'extrême mécontentement où il étoit de mon frère aîné, qui n'agissoit pas avec toute la générosité qu'il devoit à son égard, et qui même avoit témoigné un peu trop d'indifférence dans le temps qu'il fut esclave parmi les Turcs. Comme je connoissois l'humeur bouillante du chevalier, et que les termes un peu violens dont il usoit dans sa lettre me donnoient lieu d'appréhender quelque malheur, je demandai permission au Roi, qui vivoit encore, de faire un voyage en Provence, et je m'y rendis en poste le plus promptement que je pus. Il ne me fut pas difficile de pacifier toutes choses étant sur les lieux, ayant donné au chevalier tout ce qu'il pouvoit souhaiter, et l'ayant mis en état de pouvoir retourner à Malte, sans craindre que rien lui manquât pour son entretien. Je voulus même obliger encore particulièrement mon frère aîné, et le combler par de nouveaux témoignages d'amitié. Je le pressai donc de m'envoyer son fils à Paris lorsqu'il seroit un peu plus grand, et je lui promis de lui faire apprendre sa philosophie, et tous les autres exercices capables de le former pour le monde. Il y consentit de tout son cœur, et ne manqua pas de me l'envoyer lorsqu'il eut atteint l'âge de treize ou quatorze ans. J'en pris tout le soin possible, et je commençai à le faire élever comme mon propre fils, n'épargnant rien pour ce sujet. C'étoit quelques mois avant le siége de La Rochelle dont j'ai parlé.

Mais, avant que de rapporter la manière dont je mariai ce neveu, il faut dire encore ici une aventure qui tient presque de la fiction, quoiqu'elle soit très-véritable, par laquelle mon frère le chevalier trouva l'occasion de reconnoître la générosité du Turc dont il avoit été esclave, par une générosité encore plus grande dont il usa à son égard. Quatre ou cinq années donc après qu'il fut sorti, comme je l'ai dit, d'esclavage, étant un jour à Marseille, et se promenant sur le port avec un gentilhomme de ses amis, il vit un vaisseau qui aborda, et d'où il sortit des soldats avec quelques esclaves qu'ils avoient pris. Il aperçut d'abord parmi eux un Turc qui lui renouvela tout d'un coup l'idée d'une personne qu'il connoissoit, sans pouvoir encore s'assurer que ce fût celui qu'il pensoit. Mais s'étant un peu approché, et l'ayant regardé fixement, il reconnut que c'étoit son ancien maître. Il se jeta aussitôt à son cou, et l'embrassant avec un transport de joie, il lui dit : « Vous ne me trouvez à Marseille que parce que vous avez eu assez de générosité pour me renvoyer d'Alger, et que vous m'avez traité comme si j'avois été votre meilleur ami. Mais je veux vous faire voir aujourd'hui que Dieu ne laisse point les bonnes actions sans récompense, et qu'un Français tiendroit à déshonneur de se laisser vaincre en honnêteté par un homme d'un autre pays, quel qu'il pût être. » Il demanda en même temps à qui appartenoit cet esclave, et à quel prix on le mettoit; et ayant payé sa rançon, il le régala magnifiquement, lui fit voir tout ce qu'il y avoit de beau dans Marseille, et après l'avoir équipé de toutes choses, et lui avoir donné beaucoup plus qu'il n'avoit reçu de lui, il le renvoya à Alger selon son désir. M. le duc de Guise, qui étoit alors à Marseille, voulut parler lui-même à ce Turc; et s'étant fait conter plusieurs fois cette action par le chevalier de Pontis, il lui disoit : « Je vous crois parce que j'ai vu votre Turc, et que je suis moi-même témoin de ce que vous faites pour lui ; mais à moins de cela, je prendrois tout ce que vous m'en dites pour une aventure de roman. »

Le chevalier de Pontis eut, quelques années après, une commanderie considérable dans la Provence, où l'Ordre en a plusieurs ; et s'étant trouvé depuis malheureusement engagé dans la querelle d'un de ses amis, il le servit dans un duel où, quoiqu'il eût l'avantage, il reçut une blessure dont il mourut au bout de quelques jours.

Je ne puis assez détester, et dans moi-même et dans

les autres, cette coutume, ou plutôt cette fureur qui engage tant de braves gens dans ces funestes combats. On m'a dit quelquefois que, sous la seule régence de la feue Reine-mère, Anne d'Autriche, on avoit compté neuf cent trente gentilshommes tués en duel, en diverses provinces de ce royaume, sans les autres dont on avoit caché la mort, ou que l'on avoit attribuée à d'autres causes. Il me semble qu'un aussi grand nombre de gentilshommes, mêlés dans toutes les troupes d'une armée, suffiroit pour faire gagner à un prince une grande bataille. C'est pourquoi on ne sauroit avoir assez d'estime et de vénération pour la sagesse et la justice du roi Louis XIV à présent régnant, qui, par une sévérité également chrétienne et avantageuse à son Etat, s'est rendu inexorable envers tous ceux qui s'engagent dans ces sortes de combats, et a trouvé le moyen de rendre les duels aussi rares aujourd'hui qu'ils étoient communs sous les règnes précédens. Et pour moi j'honore extrêmement ce grand nombre de seigneurs et de gentilshommes vraiment braves, et dont la sagesse n'a pu être suspecte de timidité, qui ont déclaré et signé publiquement qu'ils ne tenoient point pour des gens de cœur ceux qui mettoient leur gloire à faire les gladiateurs, et à prodiguer par une sotte brutalité leurs personnes, qui sont destinées à servir l'Etat et à combattre pour leur prince.

Mourons à la bonne heure à une brèche ou dans un combat, à la tête d'une compagnie ou d'un régiment, lorsque notre vie est un sacrifice que nous rendons à Dieu et à nos rois, qui en sont les maîtres, et que cette mort est pleine d'honneur. Mais qui voudra désormais s'exposer à ces rencontres sanglantes, où nous perdons et notre honneur et notre fortune, lors même que nous ne perdons pas la vie, et où nous ne pouvons mourir que la perte de notre salut ne soit assurée ?

Il faut parler ici maintenant des deux conjonctures favorables qui me donnèrent lieu de marier avantageusement mon neveu dont j'ai parlé, et ensuite la fille de ce neveu, et qui pourroient peut-être passer, aussi bien que celle du chevalier que j'ai rapportée, pour deux aventures de roman, si la sincérité et la bonne foi, que j'ai particulièrement aimées toute ma vie, ne me mettoient à couvert de ce soupçon. Il arriva donc dans le temps que le fils de mon frère aîné, que j'avoit fait venir de Provence, étoit à Paris, et que j'avois soin de lui faire apprendre tous ses exercices, qu'une dame de Dauphiné vint à Paris avec sa fille, pour un grand procès qu'elle avoit à cause de la garde-noble de cette fille qu'on lui vouloit enlever. J'en entendis parler ; et me trouvant engagé à prendre je ne sais quel intérêt à ce qui la regardoit, à cause du même pays, je voulus sonder, avant toutes choses, le véritable motif qui la faisoit agir dans cette affaire. Je pris donc la liberté, me trouvant un jour avec elle, de lui demander si c'étoit la seule vue de l'intérêt de sa fille qui la portoit à poursuivre cette garde-noble, et lui témoignai en même temps que j'étois un peu étonné de voir la chaleur avec laquelle sa partie agissoit contre elle. Elle me répondit fort ingénument qu'elle ne s'y regardoit point elle-même, et que, comme elle n'avoit rien de plus précieux au monde que sa fille, c'étoit aussi pour elle seule qu'elle travailloit en cette affaire. Etant persuadé de ce qu'elle me disoit, par la manière si franche dont elle parla, je lui dis avec la même franchise que, puisqu'elle agissoit par principe de générosité, je voulois aussi être généreux à son égard, et la servir, tant par moi-même que par mes amis, comme si j'avois eu intérêt à ce qui la regardoit.

Je commençai en effet à m'acquitter de ma parole, et à employer tous mes amis pour cette dame. Sa partie ayant résolu de la fatiguer et de l'ennuyer, tant par le temps que par la dépense qui est toujours fort grande à Paris, surtout pour ceux qui n'y ont pas d'établissement, tirant l'affaire en longueur, et ensuite toute la cour étant allée au siége de La Rochelle, comme je l'ai fait voir dans ces Mémoires, cette dame se vit aussi obligée de suivre la cour pour ne pas abandonner son procès qui étoit pendant au conseil. L'engagement où elle se trouva de faire toutes ces grandes dépenses lorsqu'elle manquoit d'argent, la porta à me venir témoigner le désespoir où elle étoit de voir qu'elle consumoit tout son bien en procès sans rien avancer, et sans avoir même de quoi fournir à la nouvelle dépense de ce voyage. Je la rassurai et l'encourageai le mieux que je pus, lui protestant que je ferois l'impossible pour la faire sortir de cette affaire avec honneur. Je lui demandai ensuite de combien d'argent elle avoit besoin; et elle m'ayant supplié de lui avancer 500 écus, je lui fis donner peu de temps après 200 pistoles. Enfin je sollicitai si bien mes amis, et je m'employai si puissamment dans cette affaire, que la dame gagna son procès.

Elle se sentit si obligée du service que je lui avois rendu, qu'elle songea à le payer par l'effet de la plus

grande reconnoissance qu'elle pouvoit m'en donner ;
car ayant vu plusieurs fois mon neveu, qui m'étoit
venu trouver de Paris à La Rochelle, et qui alors
pouvoit avoir environ seize ans, elle résolut de marier
à ce jeune gentilhomme sa fille, pour l'intérêt de laquelle j'avois si bien travaillé, et qui étoit riche.
Comme elle avoit une très-grande confiance en moi,
elle me découvrit fort franchement sa pensée, et me
témoigna qu'elle se tiendroit fort heureuse de pouvoir
reconnoître, par ce moyen, toutes les peines que
j'avois prises pour l'amour d'elle et de sa fille. Il est
vrai que je demeurai un peu surpris à cette proposition, à laquelle je ne m'attendois pas, n'ayant point
eu cette vue dans le service que j'avois tâché de lui
rendre. Me sentant très-obligé à sa civilité, je lui dis
qu'elle me faisoit trop d'honneur; mais que, ne pouvant pas m'assurer encore des mœurs de mon neveu
qui étoit si jeune, je croyois que mademoiselle sa fille
méritoit d'avoir un plus honnête homme. Elle prit ma
réponse pour une espèce de refus, et me témoigna
qu'elle voyoit bien que je prétendois plus haut, et
que je ne jugeois pas sa fille digne de mon neveu.
Sur quoi je la détrompai aussitôt en lui faisant connoître la sincérité de mes paroles, et l'assurant que
j'étois persuadé que mademoiselle sa fille méritoit
quelque chose de plus que mon neveu, quoique ce
fût un jeune homme d'espérance, et de qui j'osois
me promettre qu'il pourroit faire quelque chose dans
le monde. « Mais, puisque vous me faites la grâce,
« madame, ajoutai-je, de me l'offrir de vous-même
« avec tant de générosité, je consens de tout mon
« cœur et avec toute la reconnoissance possible, à ce

« mariage, et je vous demande seulement que, comme
« ils sont encore fort jeunes tous deux, vous trouviez
« bon que mon neveu passe encore quelque temps à
« Paris pour achever ses exercices ; ce qui n'empê-
« chera pas, madame, que, s'il se présente dans cet
« entre-temps quelque autre parti qui vous agrée,
« vous n'ayez toute la liberté de l'accepter, sans que
« je m'en tienne offensé. » Elle m'assura et me protesta qu'elle n'en vouloit point d'autre que celui de
mon neveu, qu'elle lui destinoit sa fille dès de moment, et qu'en tout cas elle ne penseroit à quoi que
ce soit qu'à mon refus.

Quelque temps après qu'elle s'en fut retournée en
son pays, elle m'écrivit que sa fille étoit beaucoup
recherchée, et qu'elle craignoit qu'on ne l'enlevât ;
qu'ainsi elle me prioit de trouver bon que, pour prévenir ce malheur, le mariage de mon neveu et de sa
fille fût conclu. Ayant reçu cette lettre lorsque nous
étions encore au siége de La Rochelle, je résolus d'envoyer aussitôt mon neveu en Dauphiné ; et l'ayant
fait équiper assez magnifiquement, je le pressai de
partir pour ne pas manquer un mariage si avantageux.
Comme on avoit pris toutes les mesures de bonne
heure on ne perdit aucun temps, et le lendemain
qu'il fut arrivé on fit le contrat de mariage, et ils
furent mariés peu de jours après.

De ce mariage de mon neveu et de la fille de cette
dame de Dauphiné, il en vint une fille qui fut nommée
Anne de Pontis, à l'occasion de laquelle j'ai rapporté la manière assez extraordinaire dont son père
avoit été marié ; et je veux faire voir maintenant que,
comme je n'avois marié le père durant le siége de La

Rochelle que par la protection que je donnai à une dame en lui faisant gagner un procès au conseil, je ne mariai non plus la fille, dans le temps que je gardois les montagnes de Provence et de Dauphiné, que par un effet de la même protection que je me crus obligé de donner à une autre dame, nommée madame de Poligny, qui me donna en récompense son fils pour ma nièce.

La maison de Poligny est illustre en la province de Dauphiné, et elle possède une terre considérable, nommée Vaubonnez, qui est comme une espèce de petit royaume tout séparé, puisqu'elle contient quinze villages qui sont tous enfermés de précipices et de fossés naturels, et que l'on n'y entre que par trois ponts de pierre différens. M. de Poligny, âgé pour lors de quelque soixante et cinq ans, avoit un fils à qui il donna le nom de cette terre de Vaubonnez; mais il y avoit de plus un bâtard dans la maison, nommé Richard, à qui M. de Poligny donna la châtellenie ou bailliage de la terre seigneuriale, et qui se conduisit de telle sorte dans cette charge, qu'il trouva moyen de s'enrichir en quelques années de plus de deux cent mille livres. M. de Vaubonnez étant encore fort petit, on lui donna un précepteur qui avoit un fort grand soin de lui, et qui l'élevoit selon sa qualité. Lorsqu'il fut devenu plus grand, et qu'il eut atteint l'âge de douze ans, on lui donna une arquebuse, et son précepteur le menoit quelquefois pour lui apprendre à tirer sur des grives et sur des merles.

Un jour donc qu'ils étoient sortis pour se divertir, ils rencontrèrent le sieur Richard, qui se donnoit la

liberté de venir chasser hautement sur ces terres. Ce jeune gentilhomme, ne pouvant souffrir cette hardiesse, lui demanda qui lui avoit donné permission de venir ainsi chasser, et lui témoigna qu'il s'en tenoit offensé, ajoutant qu'il n'entendoit pas qu'il en usât de la sorte à l'avenir. Richard, qui étoit fort insolent, et qui menoit une vie digne de sa naissance, lui repartit fièrement que ce ne lui étoit pas une chose extraordinaire, puisque de tout temps il y chassoit, et qu'il s'étonnoit de ce qu'il le trouvoit mauvais. M. de Vaubonnez lui répliqua qu'il ne savoit pas si c'étoit là sa coutume, mais qu'il lui donnoit avis de n'y retourner pas davantage; et que s'il l'y retrouvoit il lui feroit ôter son arquebuse. Richard répondit fort insolemment que qui que ce soit ne lui ôteroit son arme qu'après qu'il lui en auroit cassé la tête. Le précepteur de M. de Vaubonnez, l'entendant parler de la sorte, lui dit qu'il s'oublioit, et qu'il ne se souvenoit pas que c'étoit à son seigneur qu'il parloit, qu'il n'étoit que le bailli de la terre de Vaubonnez, et que c'étoit de M. de Poligny qu'il tenoit toute sa fortune. « Je sais, repartit Richard, de qui je tiens ma for-
« tune; ce n'est pas de vous que je dois l'apprendre, et
« vous vous mêlez de ce qui ne vous regarde pas. Lors-
« que monsieur sera plus grand nous lui parlerons et
« nous nous expliquerons ensemble sur cette affaire. »
Le précepteur lui répliqua très-sagement que les affaires de M. de Vaubonnez étoient les siennes, qu'il ne mériteroit pas d'être à son service s'il ne prenoit intérêt à ce qui le regardoit, et qu'enfin il lui conseilloit de se tenir dans son devoir s'il ne vouloit s'en repentir. Sur cela il y eut plusieurs paroles dites avec

chaleur de part et d'autre, et ils se séparèrent fort piqués.

Richard résolut dès lors de se venger du précepteur de M. de Vaubonnez, étant principalement piqué contre lui à cause qu'il l'avoit un peu poussé, et qu'il ne considéroit celui dont il avoit la conduite que comme un enfant. Il vint donc un jour dans le dessein de l'assassiner; et, ayant eu l'effronterie d'entrer dans la cour même de Vaubonnez, comme il l'aperçut avec ce jeune gentilhomme à la porte du logis, il tira sur lui un coup de fusil ou d'arquebuse dont il le tua, et prit la fuite. Une insolence si extraordinaire, et un assassinat si noir, irrita extrêmement madame de Poligny. Elle poursuivit cet homme par les voies ordinaires de la justice, et le fit enfin condamner par l'intendant de la province à être pendu. Le meurtrier, jugeant qu'il étoit perdu s'il ne faisoit évoquer son affaire hors de la province, résolut de s'en aller à Fontainebleau afin d'y poursuivre au conseil cette évocation; sous prétexte que madame de Poligny étoit toute puissante au parlement de Grenoble. C'étoit quelque temps avant la première guerre de Paris, et j'étois pour lors à Fontainebleau; mais comme je ne connoissois point ce misérable, et que je n'avois point été encore informé de son affaire, quoique j'eusse l'honneur d'être allié de madame de Poligny, il obtint une sauve-garde du Roi pour avoir la liberté de solliciter messieurs du conseil, et se faisoit néanmoins accompagner partout de trois ou quatre grands laquais, et de quelques-uns de ses amis aussi déterminés que lui.

Je reçus quelque temps après une lettre de madame de Poligny, qui me mandoit cette noire action de Richard, et me conjuroit, par la considération de l'alliance qui étoit entre nous, de vouloir l'assister à la cour de mon crédit contre cet assassin, qui, après avoir été condamné à être pendu, poursuivoit au conseil du Roi une évocation. Un assassinat si noir me frappa de telle sorte, que je résolus de donner à cette dame toute la protection que je pourrois. Ayant su que M. du Gué, maître des requêtes, étoit son rapporteur, quoique tout le monde me conseillât de le récuser à cause des puissantes recommandations que Richard avoit obtenues auprès de lui, je ne voulus jamais le faire, connoissant qu'il étoit homme d'honneur et très-bon juge. Je l'allai trouver, et lui dis que la réputation de sa probité me faisoit espérer qu'il rendroit justice à madame de Poligny, que le crime de sa partie étoit si noir qu'il ne pouvoit mériter de faveur, et que, pour ce qui étoit de moi, je ne prenois point d'autre intérêt dans cette affaire que celui de la justice; mais qu'après la prière que cette dame m'avoit faite de l'assister, je ne craignois point de me rendre dénonciateur contre un homme qui avoit commis un si grand attentat dans la maison d'un seigneur du pays, et de son propre seigneur. « Je « vous demande donc justice, monsieur, ajoutai-je, « et je vous la demande contre un assassin qui est « indigne de tout pardon. »

Il arriva que, dans le temps que je parlois ainsi avec chaleur sur cette affaire, le sieur Richard entra dans la salle où nous étions, accompagné à son ordinaire de beaucoup de gens qui ne valoient pas mieux que lui. À l'heure même que j'eus aperçu cet homme tout noirci de crimes, je m'animai tout de nouveau, et haussant le ton de ma voix : « Oui, monsieur, dis-je « au rapporteur, je vous demande encore une fois « justice. Voilà l'assassin et le meurtrier qui a la har- « diesse de se présenter devant vous l'épée au côté « après s'être servi de ses armes pour immoler lâche- « ment un homme d'honneur à sa vengeance. Je vous « demande justice contre cet homme, qui étant pri- « sonnier du Roi, et coupable d'un attentat, a l'in- « solence de porter encore les armes. Commandez- « lui, monsieur, s'il vous plaît, de se mettre en état « de prisonnier, et de rendre le respect qu'il doit au «. conseil de Sa Majesté. »

Quoique ce maître des requêtes eût reçu, comme j'ai dit, de puissantes recommandations en faveur du sieur Richard, un discours si hardi que lui faisoit une personne qui n'avoit pas même pour lors d'épée au côté, l'étonna de telle sorte, aussi bien que le sieur Richard, qu'ils se trouvèrent tous deux en même temps presque interdits. Néanmoins comme la voix de la justice est très-forte, et que d'ailleurs celui à qui je parlois étoit fort homme d'honneur, il ne put pas s'empêcher de dire au sieur Richard que j'avois raison, et qu'il lui défendoit de se présenter ainsi l'épée au côté devant lui : ce qui l'obligea de sortir à l'heure même fort décontenancé, et en très-mauvaise humeur contre moi, de ce que je l'avois fait condamner à mettre honteusement l'épée bas.

Le rapporteur m'assura ensuite qu'il rendroit justice ; mais comme j'étois bien aise de m'en assurer encore davantage par l'assistance de mes amis ; je les employai auprès de lui, et entre les autres M. de

Lionne, qui étoit bien en cour dans ce temps-là, et qui, ayant été en quelque froideur avec ce maître des requêtes pour quelque affaire qui les avoit brouillés, se remit bien avec lui à cause de cette sollicitation que je l'engageai de faire pour moi. J'employai encore M. le maréchal de Villeroy (1), qui m'honoroit très-particulièrement de son amitié, et qui se chargea de la meilleure grâce du monde de faire cette sollicitation en faveur de madame de Poligny ; car, m'ayant prié de dîner le lendemain chez lui, où le rapporteur devoit aussi se trouver, lorsque nous fûmes sortis de table, et que nous allâmes laver nos mains, M. le maréchal de Villeroy dit à M. du Gué fort agréablement en parlant de moi : « Ho çà, monsieur, il faut
« que vous me délivriez de l'importunité de cet
« homme-ci. Il me fait accroire que j'ai quelque crédit
« auprès de vous ; dit-il vrai ? et puis-je m'assurer que
« vous ne me refuserez point ? — Vous me faites hon-
« neur et justice, monsieur, répliqua le maître des
« requêtes. Je ne puis non plus vous rien refuser que
« vous ne pouvez me rien commander qui ne soit
« juste. — Ho bien, monsieur, repartit le maréchal de
« Villeroy, je ne vous demande autre chose sinon que
« vous vous souveniez, pour l'amour de moi, de
« l'affaire de madame de Poligny, et que vous lui
« fassiez justice. On dit que le crime de celui qu'elle
« poursuit est si noir qu'il est indigne de tout pardon. »

(1) *M. le maréchal de Villeroy* : Nicolas de Neufville. Il fut gouverneur de Louis XIV. Son fils, François de Neufville, fut aussi maréchal de France : quoique malheureux à la guerre, il eut la faveur de ce monarque, et devint, sous la régence du duc d'Orléans, gouverneur de Louis XV.

Pour ne pas allonger inutilement cette affaire, j'ajouterai en un mot que ce rapporteur étant très-bon juge par lui-même, et se voyant sollicité puissamment de rendre justice, le sieur Richard fut évincé de sa prétendue évocation, et renvoyé au parlement de Grenoble, où son procès devoit être examiné de nouveau, et fait et parfait. Cette nouvelle l'étourdit si fort, que, jugeant bien qu'il ne lui restoit plus aucune ressource, et que sa perte étoit assurée, il résolut de s'humilier et de me venir demander pardon; c'est ce qu'il fit; m'étant venu trouver et me faisant toutes les soumissions imaginables pour me fléchir. Il me conjura de vouloir obtenir miséricorde pour lui, et d'écrire en sa faveur pour ce sujet à madame de Poligny, en l'assurant de sa part qu'il étoit très-disposé à lui donner telle satisfaction qu'il lui plairoit, qu'il reconnoissoit avec beaucoup de douleur le crime qu'il avoit commis, et avouoit que c'étoit le diable qui l'y avoit poussé.

Je lui demandai assez froidement s'il avoit bien pensé à ce qu'il disoit, et s'il me parloit du fond du cœur. « Car si vous m'engagez, lui dis-je, à promettre
« quelque chose de votre part, et que vous me man-
« quiez de parole, je me rendrai moi-même votre
« partie, et vous verrez d'étranges affaires. » Il me protesta qu'il me parloit sincèrement, et qu'il étoit résolu de tenir ce qu'il promettoit. Sur cette assurance, je m'offris d'écrire à madame de Poligny en sa faveur, ayant quelque compassion de l'état où je le voyois; et voulant de plus éviter les suites d'un si misérable procès, j'écrivis en effet à cette dame pour l'informer de la disposition du sieur Richard, et la

supplier de vouloir prendre les voies de la douceur et de l'accommodement, et exercer une œuvre de miséricorde envers un homme qui témoignoit un véritable repentir de son crime, et un grand désir de lui donner toute sorte de satisfaction.

Je fus envoyé quelque temps après de la part du Roi, comme je l'ai dit, pour faire passer quelques troupes en Catalogne et en Italie. Cependant le sieur Richard, étant arrivé en Dauphiné, envoya ma lettre à madame de Poligny, qui, témoignant agréer la prière que je lui faisois, dit qu'il falloit voir si cet homme se mettroit à son devoir, et tiendroit la parole qu'il m'avoit donnée. L'on choisit donc quatre arbitres, et M. le duc de Lesdiguières pour surarbitre, afin de terminer ce différend; mais comme la somme à laquelle on le condamnoit lui parut trop grande il éluda cet arbitrage, et trouva moyen d'obtenir une cédule évocatoire, sans qu'on en sût rien, faisant entendre au conseil du Roi qu'il avoit depuis recouvré de nouvelles pièces pour sa justification, qu'il n'avoit pas encore produites. Étant extrêmement enorgueilli de ce bon succès de ses intrigues secrètes, il demeuroit hardiment dans sa maison à trois portées de mousquet de Vaubonnez, et se promenoit fièrement partout, comme s'il avoit été pleinement justifié, se faisant toujours néanmoins accompagner de six ou sept de ses amis, tous gens de sac et de corde comme lui.

Le bonhomme M. de Poligny, qui vivoit encore et qui étoit d'une humeur paisible, haïssant les querelles et les procès, se trouva fort embarrassé, et fut tenu comme assiégé durant trois jours dans sa maison par ce misérable qui battoit la campagne, et qui étoit prêt à toute heure de faire quelque méchant coup. J'étois pour lors en Provence vers Marseille, occupé à exécuter les ordres du Roi dont j'ai parlé. Madame de Poligny se voyant donc frustrée de l'effet des belles promesses du sieur Richard, et exposée avec son mari et son fils à ses insultes continuelles, me vint trouver où j'étois, et, m'informant du mauvais état de ses affaires, elle me conjura, tant par la considération de l'alliance que par celle de l'amitié, de vouloir les assister pour les délivrer des violences de ce tyran.

Je lui répondis qu'elle connoissoit trop mon cœur pour douter du zèle avec lequel je m'emploierois toute ma vie pour ses intérêts, qui m'étoient chers comme les miens propres; qu'ainsi je lui protestois de faire pour elle en cette occasion tout ce qui seroit en mon pouvoir : mais que, me trouvant alors engagé à travailler aux affaires du Roi, et indispensablement obligé de demeurer pour conduire les troupes de Sa Majesté, et pour ne pas manquer à la fidélité que je devois à ses ordres, pour lesquels j'aurois même renoncé à mes propres intérêts, il ne me restoit dans la conjoncture présente que de l'assister de tout le crédit de mes amis, et de faire par écrit tout ce que j'aurois fait de vive voix s'il m'eût été libre de m'absenter du lieu où j'étois. J'ajoutai que je faisois un si grand fond sur mes amis, que je pouvois me flatter d'agir peut-être auprès d'eux aussi fortement par mes lettres que si j'eusse été présent.

Mais la dame à qui je parlois connoissoit trop l'humeur insolente et le naturel violent du sieur Richard, et la nécessité de ma présence sur les lieux, pour se contenter de l'offre que je lui faisois de traiter cette affaire par écrit. Ainsi, quoiqu'elle ne pût pas me retirer de la commission dont le Roi m'avoit chargé, et qu'elle vît une impossibilité tout entière à obtenir dans le tems présent ce qu'elle avoit prétendu, elle s'avisa quelque temps après de m'attacher à sa maison par des liens plus étroits, et de m'engager en même temps d'une manière toute particulière à la défense de ses intérêts. M'étant donc venue trouver, elle me dit qu'il falloit qu'elle s'ouvrît à moi d'une pensée qu'elle avoit, qui ne me désagréeroit peut-être pas; qu'elle avoit considéré que son fils, dans l'âge où il étoit, ne pouvoit pas résister à la violence d'un emporté et d'un furieux comme étoit Richard; qu'elle sentoit qu'elle avoit besoin d'une personne comme moi pour arrêter l'insolence d'un si méchant homme; qu'ainsi elle avoit pensé à un moyen de nous joindre et de nous lier ensemble plus étroitement que jamais, qui étoit de marier son fils avec une nièce que j'avois, nommée Anne de Pontis, qui étoit la fille de mon neveu dont j'ai parlé; que l'un et l'autre étoient à peu près du même âge, et que cette nouvelle alliance me rendroit propres les intérêts de sa maison, que je serois obligé de regarder à l'avenir comme la mienne. Je lui répondis, me sentant infiniment obligé de la proposition si avantageuse qu'elle me faisoit, que ma nièce ne méritoit pas cet honneur; mais que si je le refusois pour elle c'étoit que je n'osois pas l'accepter. Elle entendit aussitôt le consentement que j'y donnois, et en témoigna une grande joie; jusque-là que, m'ayant pris au mot, elle me pressa de conclure promptement le mariage, ainsi que nous fîmes, sans beaucoup de formalités, nous contentant de la sincérité et de la bonne foi avec laquelle nous agissions l'un et l'autre. Je lui témoignai ensuite que j'espérois qu'elle ne seroit pas trompée dans le jugement qu'elle avoit porté de moi, et que je pouvois bien l'assurer qu'aussitôt que je me serois acquitté de la commission de Sa Majesté, je m'emploierois de la bonne sorte à son affaire, et que je périrois plutôt que je ne l'en fisse sortir à son honneur.

Le mariage étant ainsi conclu, et toutes les cérémonies accoutumées étant faites, le jeune M. de Vaubonnez et ma petite nièce, qui pouvoit avoir 60,000 livres de bien, furent mariés avec beaucoup de magnificence. Et lorsque j'eus achevé d'exécuter tous les ordres que j'avois reçus de la part du Roi pour le passage des troupes, je me disposai à aller mettre le nouveau marié en possession de ses terres avec sa femme. Je le conduisis donc moi-même à Vaubonnez, accompagné de dix ou douze de mes amis, tous bien montés et bien armés, avec tous nos gens. Le sieur Richard, ayant su notre arrivée, se renferma dans sa maison avec les gens de sa sorte; et, jugeant bien que ce n'étoit pas à lui à se trouver devant nous, il s'enfuit la nuit suivante pour ne se pas exposer à quelque chose de fâcheux qu'il pouvoit craindre avec sujet de notre part.

Mais ayant appris quelques jours après que j'avois congédié mes amis, et que j'étois demeuré seul à Vaubonnez, il reprit courage et revint la nuit dans sa maison. Il eut même la hardiesse le lendemain de m'envoyer prier de trouver bon qu'il me vînt voir, et lui donner la liberté de se promener. Je répondis à celui qui me vint faire ce message de sa part que je ne conseillois pas à M. Richard de se présenter devant moi, et que s'il étoit assez hardi pour le faire, il pourroit bien s'en repentir plutôt que nous. Lorsqu'il eut appris cette réponse il commença à jurer, s'emportant fort contre moi, et disant tout haut que j'étois un bel homme pour l'empêcher de se promener, et qu'on verroit dans l'occasion qui des deux seroit le plus fort. Il y avoit néanmoins plus de forfanterie que de courage dans son fait, et il parut dans la suite qu'il n'étoit fier que lorsqu'il croyoit avoir la force en main.

Un jour de fête il m'envoya dire qu'il ne croyoit pas que je voulusse l'empêcher d'aller à l'église de Vaubonnez. Je fis réponse que je lui conseillois d'aller entendre la messe autre part, et que je ne souffrirois point qu'un meurtrier qui avoit assassiné lâchement un homme d'honneur dans le château de Vaubonnez, vînt se présenter dans l'église même de Vaubonnez, comme pour braver le seigneur qu'il avoit si outrageusement offensé par cette action. Je commandai en même temps à mes gens qui étoient tous de braves soldats de se mettre sur leur bonne mine, et je menai madame de Poligny et ma nièce à l'église, résolu de périr plutôt que d'y laisser entrer cet assassin. Comme j'étois déjà dans l'église, une autre personne me vint dire que M. Richard étoit en chemin et qu'il venoit. Je répondis à cet homme : « Allez lui dire que je l'y « attends, et qu'il m'y trouvera. » A l'heure même j'envoyai un homme de cœur et de service que j'avois alors avec moi, et mon valet de chambre, à une petite rue fort étroite par où le sieur Richard devoit passer, leur donnant ordre de gagner promptement ce passage, et de s'en rendre les maîtres. « Si Richard « se présente, leur dis-je, vous lui direz que c'est « moi qui vous ai donné ce poste à garder, et que « vous ne lui conseillez pas de s'avancer. S'il se retire « à ce compliment, laissez-le aller, et ne courez pas « après; mais s'il fait mine de vouloir passer, ou s'il « s'emporte en injures contre vous, chargez-le vi-« goureusement comme vous savez faire, et ne crai-« gnez rien, car nous vous soutiendrons. »

Nos deux soldats s'en étant allés à leur poste, le sieur Richard en fut averti et n'eut jamais la hardiesse d'y venir, de peur d'avoir la honte de se retirer. Il se contenta, à son ordinaire, de dire beaucoup d'injures contre moi, qui souffrois facilement tout ce que je n'entendois pas. Se voyant ainsi poussé à bout, il étoit au désespoir; et ce qui servit encore à augmenter sa mauvaise humeur, fut que quelques officiers du régiment de Lesdiguières, étant avertis de ce qui se passoit, me vinrent voir pour m'offrir leur service contre ce brutal. C'est pourquoi il fut obligé de se tenir resserré dans sa maison, sans oser paroître.

Un jour qu'ils firent partie tous ensemble d'aller déjeuner à un village éloigné environ d'une lieue de Vaubonnez, quoique je m'y fusse opposé d'abord, craignant quelque fâcheuse rencontre de la part d'un homme désespéré, et ne voulant point m'engager par ma faute dans une méchante affaire qui pût m'attirer un procès, j'y consentis néanmoins pour ne pas choquer tous les autres qui en témoignoient une grande envie; mais nous nous amusâmes si bien à causer et à nous promener de côté et d'autre, que, lorsque nous fûmes arrivés à ce village, il étoit plutôt temps de dîner que de déjeuner; ce qui fit que nous dîmes, M. de Poligny le père et moi, qu'il valoit mieux nous en retourner, et que nous trouverions un meilleur dîner au logis. Nous reprîmes en même temps le chemin de la maison.

Mais le jeune M. de Vaubonnez étant fâché de n'avoir pas déjeuné dit aux officiers, sans nous en rien témoigner, qu'il n'étoit pas raisonnable de s'en retourner ainsi sans boire un coup; que le déjeuner étoit tout prêt, et que tandis que nous irions toujours un peu devant, ils pourroient goûter de ce qui avoit été apprêté. Ils s'arrêtèrent donc à manger et nous laissèrent aller tout seuls, M. de Poligny et moi, qui pensions qu'ils dussent nous suivre dans l'instant.

Lorsque nous fûmes en vue de la maison du sieur Richard, qui découvroit sur tout le grand chemin, il nous aperçut, et ne voyant plus d'un quart de lieue au-delà, aucune personne qui nous suivît, il résolut de nous venir attaquer. Il sortit donc de sa maison dans ce dessein avec quatre ou cinq de ses amis, et se plaça dans le grand chemin à un détour par où nous devions passer. Ils étoient tous à pied, mais bien armés de pistolets et d'épées, et il y en avoit même un qui avoit pris une hallebarde. Comme je le vis en cet endroit et en une telle posture, je jugeai bien que comme il falloit passer par là, et que je n'étois pas d'humeur à reculer, il y alloit avoir grand feu. Le bonhomme M. de Poligny, qui étoit dans un âge où il ne demandoit plus que du repos, n'étoit pas content que nos amis nous eussent quittés si mal à propos, et je ne l'étois guères plus que lui; mais ce n'étoit pas le temps de délibérer, et il falloit nous résoudre de suppléer à leur absence par notre courage. Lorsque nous fûmes à quarante pas du sieur Richard, ce misérable commença à enfoncer sa tête dans son chapeau, à en relever le bord, et, avec une posture et une mine plus fière qu'il ne lui appartenoit, il se promenoit dans le milieu du chemin, me regardant d'un œil farouche et égaré, comme s'il eût voulu me mettre en pièces. Aussi l'eût-il fait sans doute s'il l'eût pu ; mais Dieu me fortifia extraordinairement dans cette rencontre. Nous marchions toujours notre pas ordinaire droit vers lui, lorsque, mettant tout d'un coup le pistolet à la main, il vint à moi en jurant et reniant comme un furieux. Dans ce moment me voyant pressé, je donnai de l'éperon de toute ma force dans les deux flancs de mon cheval qui étoit extrêmement vif, et qui, connoissant à ce signal et exécutant la volonté de son maître, se jeta avec une force et une vitesse incroyable au milieu de cette troupe de gens armés, renversa les uns par terre, chassa les autres, et les obligea à se cacher et à se traîner comme ils purent sous des haies ; mais m'attachant particulièrement au sieur Richard, qui faisoit plus le fanfaron que les autres, et qui étoit la seule cause de la querelle, je le pris par le collet de son pourpoint, et, lui faisant faire la pirouette avec une force de bras extraordinaire, je le terrassai et voulus par plusieurs fois lui faire passer mon cheval sur le corps pour lui rompre quelque bras ou quelque jambe, n'ayant pas le dessein de le tuer. Mais Dieu ne le permit pas ; car mon cheval sauta toujours par-dessus, sans vouloir marcher sur lui. Je reçus deux coups de pistolet dans mon manteau qui en fut percé, et mon cheval fut fort blessé. J'eus aussi un coup de hallebarde qui pensa m'emporter le cou, mais qui, étant conduite par la main de Dieu, ne me coupa que le haut de mon pourpoint. Je puis dire que jamais je ne tirai un plus grand service de mon cheval que dans cette occasion, où il tournoit comme un singe, et où je m'en servois comme s'il eût eu de la raison, pour en faire ce que je voulois, et pour courir aux uns et aux autres avant qu'ils pussent seulement se reconnoître.

Mais il est vrai qu'au milieu de cette sanglante tragédie j'eus une espèce de farce très-divertissante, qui fut de voir le bonhomme M. de Poligny, qui, dans l'instant qu'il me vit courir et renverser tous ces gens avec mon cheval et mon épée, pensant moins alors au service que je lui rendois qu'au procès qui en pouvoit naître, se mit à crier en s'adressant au sieur Richard et aux autres : « Au moins, messieurs, « leur dit-il, ce n'est pas moi qui suis cause de tout « ceci; vous m'êtes témoins que c'est M. de Pontis « tout seul. » Puis m'adressant la parole : « Ah! « monsieur, ajouta-t-il, vous gâtez tout, vous me « ruinez. J'étois en droit de les poursuivre; et ce « sont eux maintenant qui ont droit d'agir contre « moi. » Je lui criai sans m'émouvoir beaucoup : « Oui, oui, monsieur, ils sont témoins que ce n'est « pas vous, mais que c'est moi qui suis coupable de « cette faute si c'en est une. Je m'en charge de bon « cœur; c'est moi qui serai leur partie, et je veux « bien l'être pour l'amour de vous. »

Sur ces entrefaites arrivèrent tous nos amis qui étoient demeurés derrière, et qui accoururent au bruit lorsque tout étoit déjà fait, et les assassins en fuite. Ils admirèrent notre bonheur, et regrettèrent beaucoup cette occasion unique où ils pouvoient nous rendre service, se désespérant de ne s'être pas trouvés à ce combat. Le bonhomme M. de Poligny, ne pouvant se taire ni s'empêcher de témoigner à tout le monde le regret qu'il avoit de cette rencontre, me répéta plusieurs fois que je l'avois ruiné, que cet homme alloit se rendre appelant contre lui et le poursuivre à son tour ; mais madame de Poligny, qui étoit une femme brave et généreuse, ayant su la chose comme elle s'étoit passée, m'en loüa, et me remercia beaucoup de ce que j'avois par cette seule action abattu la fierté et l'insolence de cet assassin.

Cependant le sieur Richard, qui étoit habile dans la chicane, va dès la nuit suivante à Grenoble. Il y crie contre moi, m'accuse d'assassinat en sa personne, présente requête au parlement, et obtient sans autre information une prise de corps contre moi, ou un ajournement personnel. J'avois des parens et des amis dans le parlement de Grenoble, mais entre autres M. de Calignon, conseiller, qui m'envoya aussitôt avertir de tout ce qui se passoit, me donnant avis qu'un huissier qu'il avoit gagné me devoit porter cet acte en un certain temps qu'il me marquoit. J'envoyai à l'heure même, selon le conseil qu'il me donnoit par la même lettre, deux ou trois hommes à quelques lieues de Vaubonnez pour faire mine d'arracher par force à cet huissier le papier qu'il apportoit. Et notre dessein en cela étoit de gagner quelque temps en allongeant les procédures jusqu'à ce que j'eusse pu informer les juges de la vérité de l'affaire. Comme l'huissier étoit lui-même d'intelligence avec nous, lorsque ceux que j'envoyai l'eurent rencontré il cria qu'on lui faisoit violence, et dressa son procès-verbal afin de couvrir davantage notre jeu. Cependant cela fut cause de quelque retardement, comme nous le prétendions. Le sieur Richard ne manqua pas de faire grand bruit de cette violence, en disant que j'avois fait un outrage au parlement.

M. de Lesdiguières, ayant été mal informé de notre première rencontre, m'écrivit en ce même temps qu'il avoit été fort étonné de ce qu'on lui avoit dit de moi ; que le bruit couroit que je faisois des actions si violentes dans le pays que tout le monde en crioit ; qu'il avoit eu néanmoins peine à le croire parce qu'il avoit toujours fait estime de moi ; mais que si les choses que l'on disoit étoient vraies, et que je continuasse à agir de la même sorte, il étoit bien fâché de me dire qu'il seroit obligé d'user du pouvoir qu'il avoit reçu du Roi en qualité de gouverneur de la province. On peut bien s'imaginer la surprise où je fus de voir que, pour une action aussi innocente et aussi légitime, selon toutes les lois civiles, qu'avoit été celle de défendre ma vie lorsqu'on m'attaquoit, tout le monde ne laissoit pas de me blâmer comme si j'eusse été fort criminel.

Mais pour détromper M. le duc de Lesdiguières, et arrêter les mauvais effets qu'auroient pu produire la cabale et les sollicitations injustes du sieur Richard, je lui répondis par une lettre respectueuse, mais très-forte, dans laquelle je lui mandois que je voyois bien que mes ennemis l'avoient prévenu, et qu'au lieu de l'informer de la vérité de l'affaire, ils la lui avoient déguisée par plusieurs fourbes ; que j'espérois qu'étant équitable comme il l'étoit, non-seulement il ne me blâmeroit pas, mais que même il me loueroit de mon action quand il en sauroit la vérité. Je marquai ensuite tout le détail de cette rencontre, avec tout ce qui l'avoit précédée; et pour finir cette lettre j'usai à peu près de ces termes :

« Au reste, monseigneur, vous me permettrez, « s'il vous plaît, de vous dire que j'aurois agi de la « même manière en une telle occasion et pour un tel « sujet, à l'égard de quelque seigneur que ce fût, et « qu'il n'y a homme dans le royaume qui m'en eût pu « empêcher. J'ai le Roi pour mon maître. C'est pour « son service que je me sens obligé de conserver mon « honneur et ma vie. Si j'avois agi autrement que je « n'ai fait en cette occasion, je mériterois d'être traité « comme un homme de néant et par Sa Majesté et par « vous-même, monseigneur, de qui j'ai l'honneur « d'être le très-humble, etc. »

Ma lettre eut tout le bon succès possible, ayant détrompé M. de Lesdiguières, qui me fit une réponse fort obligeante, me témoignant qu'il étoit bien aise de connoître la vérité, et que cette occasion ne serviroit qu'à augmenter l'estime qu'il avoit toujours faite de ma conduite.

Cependant, comme je vis qu'il étoit temps de pousser le sieur Richard à bout, lorsqu'il sembloit le plus triompher je me déclarai partie contre lui ; et ayant su qu'il avoit fait beaucoup de concussions dans le pays, je fis venir tous ceux qui avoient quelque sujet de se plaindre. Après les avoir tous ouïs, et fait faire les informations juridiquement, je les fis présenter au parlement avec les témoins.

M. de Calignon cependant avec madame de Poligny et quelques autres de nos amis agissoient puissamment pour moi, et mirent bientôt l'affaire en état d'être jugée. Alors le pauvre misérable ne voyant plus aucune espérance d'éluder par ses sollicitations et ses artifices le jugement qui alloit être rendu contre lui, et n'envisageant plus que la potence pour récompense de ses crimes, jugea que le meilleur parti qui lui restât étoit de venir se jeter à mes pieds pour me demander pardon, et se soumettre par avance à toutes choses, pourvu que je lui voulusse sauver la vie.

D'abord comme j'étois extrêmement irrité à cause de la perfidie avec laquelle il s'étoit déjà moqué une fois de la parole qu'il m'avoit donnée, et de l'insolence extraordinaire avec laquelle il avoit agi depuis, je ne pouvois me résoudre d'entendre à aucun accommodement, et je croyois que, pour l'amour de la justice et pour le repos de tout le pays, il étoit d'une nécessité absolue de le faire pendre; mais ses importunités continuelles, jointes à l'extrémité où je le voyois réduit, me donnant enfin quelque sujet de mieux espérer de sa conduite pour l'avenir, m'obligèrent de prendre les voies de la douceur, et d'user de miséricorde envers lui. Je lui dis donc qu'encore qu'il eût perdu son honneur en manquant à la parole qu'il m'avoit donnée lorsqu'il me fit la même prière à Paris, je voulois bien néanmoins lui accorder ce qu'il ne méritoit pas ; mais qu'il falloit auparavant qu'il se résolût à trois choses : la première, qu'il quitteroit entièrement le pays; la seconde, que ses terres seroient vendues, et la troisième, que de l'argent de cette vente on paieroit les frais et les dépens du procès.

Richard, qui voyoit qu'il lui étoit encore plus avantageux de sauver sa vie en perdant son bien que d'être pendu sa bourse à son cou, me témoigna qu'il étoit prêt et résolu à toutes choses, pourvu que sa vie fût à couvert. Ainsi cette misérable affaire fut entièrement terminée. Ses terres furent vendues. L'on paya d'une partie de l'argent les dépens. Il demanda pardon à madame de Poligny, et sortit ensuite du pays, où l'on ne l'a point revu depuis. Il fallut sans doute que Dieu me donnât de la conduite, de la fermeté et de la persévérance pour pousser ce misérable à bout et pour abattre son insolence, que rien n'étoit capable d'étonner. La fierté, la rage et le désespoir, joints à son esprit qui étoit actif et intrigant, le rendoient capable de tout excès; et ce fut un coup extraordinaire de la justice de Dieu, qu'étant aussi superbe et aussi cruel qu'il étoit il se vît enfin forcé de fléchir et de s'abaisser sous la volonté de celui qu'il auroit voulu perdre, et qu'il haïssoit de tout son cœur.

LIVRE XVI.

Le sieur de Pontis vient à Paris. Dieu se sert de la mort subite d'un de ses amis pour le toucher et lui faire quitter les engagemens du monde. Il se retire à la campagne dans la maison d'un de ses amis. Il défend cette maison contre des troupes de l'armée de M. de Turenne qui étoient entrées pour la piller. Il se retire tout-à-fait du monde. Sa piété et son désintéressement dans sa retraite. Lettre qu'il écrit au gouverneur de deux jeunes seigneurs de la cour, sur le sujet de leur éducation. Sa mort.

Après toute cette grande affaire que j'eus à soutenir à l'occasion du mariage de ma nièce, je m'en retournai à Paris, et y menai avec moi le jeune M. de Vaubonnez pour lui faire apprendre ses exercices ; mais il lui arriva en cette ville un très-grand malheur, et il s'engagea sans y penser dans une affaire où il s'en fallut très-peu qu'il ne pérît. Il se trouva dans l'auberge où il demeuroit un gentilhomme qui avoit une grande querelle avec un autre. Ce gentilhomme ayant un jour prié mon neveu de lui prêter ses pistolets, sans s'ouvrir à lui de cette querelle qu'il avoit, l'engagea à l'accompagner en une maison où il alloit. Mon neveu, qui étoit jeune et sans expérience, lui prêta ses pistolets, et, sans penser à aucun mal, ni savoir où il alloit, il l'accompagna avec son valet de chambre que je lui avois donné, qui étoit un fort brave garçon. Lorsqu'ils furent tous trois arrivés à cette maison dont j'ai parlé, ce gentilhomme pria mon neveu d'entrer avec lui dans la maison, à cause qu'il y avoit, disoit-il, quelque affaire. Etant donc entrés, et y ayant trouvé malheureusement celui avec qui il avoit ce démêlé, il devint aussitôt tout ému, et comme tout transporté hors de lui, et commença à lui parler d'une manière fort offensante. Des paroles il en vint en même temps à l'effet, et, lui appuyant le bout d'un de ses pistolets contre la tête, il le tira et le jeta roide mort. Tout cela fut fait en un moment; et le bruit ayant fait accourir beaucoup de monde, mon neveu, fort étonné d'un accident si imprévu et si funeste, pensa à gagner la porte de la maison. Il mit l'épée à la main avec son valet de chambre; et, se tenant serrés l'un contre l'autre, et se faisant faire place avec leurs épées, ils se sauvèrent à travers tous ceux qui étoient accourus au bruit. Ils vinrent ensuite se sauver chez moi, et le gentilhomme qui avoit fait l'action se retira et se sauva aussi comme il put de son côté.

Mon neveu étant arrivé en mon logis n'osa me rien dire de ce qui s'étoit passé, quoiqu'il ne fût en cela guère coupable; mais la tristesse qui paroissoit sur son visage me donna de la peine et quelque soupçon. Enfin le valet de chambre, voyant l'importance et les suites fâcheuses de cette affaire, me déclara tout ce qui étoit arrivé, et mon neveu s'en étant ensuite ouvert à moi, me protesta qu'il n'y avoit nullement de sa faute, qu'il n'avoit su le dessein du gentilhomme auteur du meurtre que lorsqu'ils furent tous dans l'occasion, et qu'il ne l'avoit accompagné que comme à une promenade et à une visite indifférente. Je demeurai fort étonné en apprenant cette nouvelle, et je ne savois à quoi me résoudre. Enfin je songeai à aller trouver M. l'abbé Servien, avec qui mon neveu avoit quelque alliance, et qui même avoit été cause que je l'avois fait venir de Dauphiné à Paris. Après que je lui eus déclaré l'affaire, et que nous eûmes pris conseil tous ensemble avec nos amis de ce que nous devions faire, on jugea que le plus sûr pour ce jeune gentilhomme étoit qu'il s'en retournât promptement en Dauphiné, puisque, quelque innocent qu'il fût, l'engagement malheureux où il s'étoit trouvé le rendroit toujours criminel dans l'esprit des juges, et qu'il auroit eu beaucoup de peine à prouver son innocence. Ainsi il se retira et s'en retourna dans son pays.

Mais si cette mort sanglante, dont je viens de parler obligea mon neveu de se retirer en Dauphiné, une autre mort plus terrible pour moi, quoique naturelle, me porta bientôt après moi-même à me retirer tout-à-fait du monde. Dieu voulant donc enfin me faire sortir de l'état misérable où je vivois depuis si long-temps, sans avoir presque d'autres sentimens que ceux d'une générosité naturelle et d'une vertu tout humaine, se servit de la mort étonnante d'une personne que j'honorois et que j'aimois tendrement, pour me donner une frayeur salutaire, et me faire penser à moi. Tant de morts de mes amis, dont j'avois été témoin jusques alors dans les armées, n'avoient fait d'impression sur mon esprit que pour me porter à pleurer ceux que j'aimois; mais celle-ci me toucha le cœur, me fit penser à me pleurer moi-même, et à faire une sérieuse réflexion sur ce qui me pouvoit arriver aussi bien qu'aux autres.

Etant donc un jour allé voir cet ami en sa maison de campagne où il étoit avec madame sa femme, sans avoir d'autre pensée que de m'y bien divertir, je passai quelques jours avec eux le plus gaîment que je pus. Lorsque je voulus m'en retourner à Paris, Dieu m'arrêta par celui-là même qui devoit être le principal personnage de la funeste tragédie que je m'en vais rapporter, et en même temps le premier instrument de ma conversion; car, comme il vit que je commençois à m'ennuyer, et que je pourrois à mon ordinaire partir un matin sans en parler à personne, il fit cacher les selles et les brides de mes chevaux, et fit ce qu'il put afin de me divertir. Il me dit un jour que son frère devoit pêcher le lendemain un étang, et il m'engagea à y aller avec lui. Comme j'avois l'honneur d'être ami intime de madame sa belle-sœur, et que je me promenois avec elle dans le jardin, nous entretenant familièrement de diverses choses, elle me témoigna tout d'un coup qu'elle remarquoit je ne sais quoi de très-fâcheux dans le visage et dans les yeux de son frère, et me demanda si je n'y voyois pas la même chose aussi bien qu'elle. Je lui répondis que j'étois un fort méchant physionomiste, mais que je n'y avois rien trouvé d'extraordinaire. Sur ce qu'elle me fit encore de nouvelles instances, m'assurant qu'il lui sembloit voir la mort dans les yeux de son frère, je lui dis après que nous l'eûmes été retrouver, et que je l'eus regardé plus particulièrement, que je croyois que le mal qu'elle voyoit étoit plutôt dans ses yeux que dans ceux de M. son frère.

Cependant il parut bientôt qu'elle en jugeoit mieux

que moi, soit que ce fût par un instinct particulier qu'elle parlât de la sorte, ou qu'en effet, étant plus accoutumée avec lui, elle discernât quelque chose que je ne pouvois pas remarquer comme elle. Lorsque nous nous en retournions l'après-dînée tous deux seuls dans son carrosse, il lui prit une espèce de convulsion et de tremblement dans tout le corps, qui dura bien l'espace d'un *miserere*. Je me souvins de ce que madame sa sœur venoit de me dire ; mais, voulant tourner la chose en raillerie pour ne le pas effrayer, je lui dis tout en riant : « Qu'est-ce donc que « cela, monsieur ? vous marmottez et vous gesticu- « lez comme un joueur de gobelets. Allons, allons ; « rions, divertissons-nous, et ne vous amusez pas à « cela. Mettons pied à terre pour nous échauffer. » Ainsi la chose étant tournée en raillerie fit moins d'impression sur son esprit ; mais je commençai à avoir quelque appréhension, et j'eus un très-mauvais préjugé de cet accident.

Le lendemain, comme nous étions auprès du feu après le dîner, lui, madame sa femme et moi, ayant reçu tous trois des nouvelles de Paris, il dit : « Il faut « que ce soit M. de Pontis qui nous fasse part le « premier de ses nouvelles. » Je ne me fis pas beaucoup prier, et je lus mes lettres, où il y avoit peu de choses considérables. Il lut ensuite les siennes, où il ne se trouva pas non plus de grandes nouvelles. Madame sa femme commençant après à lire les siennes, où étoient toutes les nouvelles de la cour, il voulut se divertir, et, se tournant vers moi, il me dit : « Vous « voyez que la vieillesse est méprisée ; l'on ne fait plus « aucun cas de nous, et l'on nous oublie aussitôt que

« nous sommes absens : il n'y a que madame qui est
« en faveur. » Cette dame, qui étoit fort sage, ne
pouvant souffrir un tel discours qui blessoit sa modestie, commença à refermer ses lettres, et lui dit :
« Je vous assure, monsieur, que si vous continuez à
« parler ainsi je ne vous ferai point de part de mes
« nouvelles, et que vous n'entendrez point lire mes
« lettres. Cela est fort beau à dire d'une personne
« comme moi. » Comme il vit qu'elle prenoit la chose
sur le sérieux, il changea de langage ; et, lui ayant
promis de se taire, elle acheva de lire ses lettres. Il
dit ensuite qu'il alloit écrire ces nouvelles à son frère ;
et elle voulant aussi les mander à quelques-uns de
ses amis, nous sortîmes elle et moi de sa chambre,
où il demeura tout seul pour écrire.

Dieu le permit ainsi, sans doute, afin d'épargner à
une dame aussi tendre et aussi vertueuse qu'elle étoit
la vue d'un accident qui l'eût peut-être fait mourir
elle-même. Aussitôt que je fus descendu en bas, ayant
rencontré un petit laquais, je lui dis d'aller à la
chambre de son maître à cause qu'il pourroit avoir
affaire de lui. Il y monta presque dans l'instant ; et en
entrant dans la chambre, il le trouva étendu et par
terre sur le dos, tout le long du feu, ayant les deux
mains croisées sur son estomac, et mort comme s'il
y eût eu vingt-quatre heures qu'il fût expiré. Un spectacle si surprenant l'ayant extraordinairement effrayé,
au lieu d'entrer il se sauva, et me vint dire tout hors
de lui : « Monsieur, mon maître est mort ; venez vite,
« venez vite, s'il vous plaît. — Ah ! que dis-tu, m'écriai-
« je ! Comment il est mort ! ». Et à l'instant étant
couru de toute ma force j'entrai dans la chambre, et

trouvai le corps étendu, comme je l'ai dit, tout le long du feu. « Ah! Seigneur Dieu! dis-je alors, qu'est-ce « que ceci? » A l'heure même la nouvelle s'étant répandue dans la maison, tout le monde accourt, chacun pleure, chacun crie, tous ayant presque l'esprit aliéné d'un accident si subit.

Mais je fus encore étrangement étonné d'une chose que je remarquai en considérant le corps de tous côtés; qui étoit que justement sur la cheville des deux pieds il y avoit une brûlure aussi ronde que si elle avoit été faite avec un compas, qui étoit environ de la grandeur d'une pièce de trente sous. Les deux souliers et les deux chausses étoient percés à cet endroit, et la brûlure enfonçoit dans la chair environ l'épaisseur d'un teston. Ce qui me surprit davantage fut que ses pieds étoient beaucoup éloignés du feu, et que je ne pouvois pas m'imaginer comment ils avoient pu être ainsi brûlés. On peut juger de la consternation qui fut dans tout le logis. Ils couroient tous comme des fous. On apporta drogues sur drogues, eaux cordiales et toutes sortes de remèdes pour lui faire prendre. On lui chauffa des serviettes, et on les mit sur son estomac pour tâcher de le faire revenir, comme si c'avoit été un mal passager; mais tout ce qu'on lui put faire fut inutile, et il ne branla non plus qu'une souche, étant parfaitement mort.

Cependant madame sa femme, à qui la chose ne put pas être long-temps cachée, accourut toute transportée hors d'elle pour entrer dans la chambre du mort; mais, m'étant jeté au devant, je la pris par le milieu du corps, et l'emportai dans sa chambre pour la mettre sur son lit en lui disant : « Ce n'est pas ici

« votre place, madame ; vous n'avez plus que faire
« ici ; priez Dieu pour son ame ; il a plus besoin de
« vos prières que d'autre chose. » Ce même jour, peu
de temps après, le feu prit à la chambre où il étoit
mort par une poutre qui étoit sous la cheminée. Et le
lendemain, qui étoit le jour de l'enterrement, le feu
prit encore à la cheminée ; de sorte que l'on voyoit à
toute heure malheurs sur malheurs. Je donnai ordre
ensuite à toutes choses, et je tâchai de m'acquitter le
mieux que je pus de ce que je devois à la mémoire du
défunt, en le faisant enterrer, quoique sans grande
cérémonie.

Mais une mort si étonnante fit une étrange impression sur mon esprit, et me donna lieu de faire tout
à loisir une très-sérieuse réflexion sur l'incertitude de
cette vie et sur l'inconstance des choses de ce monde.
Je me disois souvent à moi-même : « Quoi ! cet homme
« se portoit bien il y a un quart d'heure, et le voilà
« mort en un moment ! Je puis donc mourir en un
« instant comme lui. Je suis en vie présentement, et
« je n'y serai peut-être pas dans un quart d'heure. Hé !
« que deviendras-tu alors, pauvre misérable ? Que
« deviendras-tu dans l'état où tu es, n'ayant jamais
« songé à la mort ? Il est temps d'y penser sérieuse-
« ment. C'est peut-être à toi que Dieu parle par cette
« mort. » J'appris une chose de la propre bouche de
son confesseur, qui servit beaucoup à augmenter encore mon étonnement ; car il me dit que, lorsqu'il le
confessoit un jour, ils entendirent frapper à la porte
de la chambre trois grands coups. S'étant levé aussitôt pour voir qui c'étoit, et ayant ouvert la porte, il
ne trouva personne. Comme il se fut remis à sa place

pour continuer sa confession, il entendit tout de nouveau frapper plus fort qu'auparavant : ce qui l'ayant obligé à se relever pour voir qui étoit celui qui frappoit ainsi, comme il ne trouva encore personne, il dit à son confesseur en s'écriant : « Ah! mon père, ce n'est « pas vous que cela regarde. » Et il prit en effet cet avertissement comme lui venant de la part de Dieu.

Un de ses amis intimes et des miens étant arrivé quelques jours après, je lui racontai toutes les particularités de cette mort ; et comme il avoit beaucoup de piété, il prit occasion de me parler de la vanité et du néant de la fortune du monde, me représentant très-vivement la fragilité de la vie de l'homme, qui passe ainsi en un instant de la santé à la mort, et de la mort dans le tombeau. Il s'entretint avec moi sur ce sujet plus d'une heure ; et comme Dieu avoit déjà parlé à mon cœur par un accident si surprenant, il se servit de cet entretien pour me toucher encore davantage, et je me confirmai peu à peu dans la résolution de quitter tout-à-fait le monde.

Je m'adressai pour ce sujet à une personne de grande piété et très-éclairée, qui me dit d'abord qu'un homme comme moi, qui avoit passé toute sa vie dans la guerre et au milieu de la cour, devoit beaucoup consulter et ne rien faire avec précipitation. Je lui répondis que ma vie étoit à la vérité bien criminelle, mais que c'étoient de vieux pécheurs comme moi qui avoient plus grand besoin d'assistance. Comme il avoit une fort grande sagesse, il me répliqua qu'il étoit vrai en effet que Jésus-Christ étoit venu pour appeler les pécheurs ; mais qu'il étoit nécessaire d'examiner, avant toutes choses, si le dessein que j'avois

venoit de Dieu, et si je ne quittois point le monde à
cause peut-être qu'il avoit commencé à me quitter le
premier ; qu'ayant d'ailleurs vécu jusqu'alors avec
une entière liberté dans le grand monde et dans les
grandes compagnies, il me seroit difficile et comme
impossible de passer tout d'un coup à une aussi grande
solitude qu'étoit celle où je prétendois me retirer ;
que je devois d'abord me tenir chez moi le plus retiré
que je pourrois, et me dégager peu à peu des compagnies et des visites, et aller passer ensuite quelques
mois à la campagne dans la maison d'un de mes amis.
Je regardai cet avis comme très-sage ; et quelque impatience que je sentisse pour m'éloigner tout d'un
coup et abandonner toutes choses, je m'arrêtai pourtant à son conseil.

Je commençai à faire bien des réflexions sur ma vie
passée, et à regarder avec étonnement tout le temps
de cinquante-six années que j'avois employé avec tant
d'ardeur dans les guerres et à la cour, pour établir
une fortune passagère, sans penser jamais à l'autre
vie, et sans que la mort que je voyois continuellement présente à mes yeux dans les armées fît la moindre impression sur mon cœur. Je commençai à envisager tous les périls où j'avois été exposé pendant tout
ce temps, et dont j'ai rapporté une partie dans ces
Mémoires ; et, ouvrant les yeux à cette miséricorde
infinie de mon Dieu, qui m'avoit sauvé mille et mille
fois de la mort pour me donner lieu de travailler enfin
à mon salut, je me trouvai comme accablé par la vue
de tant de grâces qui me paroissoient aussi innom-
brables que l'avoient été tous les momens de ma vie,
dont je voyois sensiblement que chacun auroit pu être

celui de ma perte. Je commençai à considérer sérieusement quel étoit le fruit que j'avois enfin retiré de mes longs travaux, et du service que j'avois rendu avec une si grande assiduité, principalement au feu Roi mon maître. J'avois beau le chercher alors. M'étant attaché uniquement à un prince qui devoit mourir, il ne me restoit plus rien de lui après sa mort, que la douleur de l'avoir perdu pour toujours. Et cette douleur me servit néanmoins alors à me faire concevoir plus vivement combien j'étois redevable à Dieu de m'avoir fait survivre à ce prince, puisque j'ose dire que les chaînes principales qui m'attachoient depuis long-temps à la cour étant rompues par sa mort, je me trouvai beaucoup plus dégagé et plus en état d'entendre la voix de cette autre mort étonnante de mon ami dont j'ai parlé, dont Dieu se servit pour me détacher tout-à-fait du monde, lequel j'avois tant aimé quoiqu'il m'eût si mal récompensé.

Quelques mois après, étant parti de Paris pour aller passer quelque temps à la campagne, il m'arriva à Melun un accident qui me donna beaucoup de frayeur. Sur la fin de mon souper, ayant envoyé mon valet de chambre pour voir mes chevaux et donner ordre que rien ne leur manquât, presque en même temps qu'il fut sorti il me prit un affoiblissement dans toutes les parties de mon corps, et je sentis une si grande défaillance de cœur, que je crus devoir mourir à l'instant. Alors, ne pouvant crier ni appeler qui que ce soit, je me disois à moi-même : « Quoi donc! seras-
« tu assez malheureux pour mourir ainsi sans assis-
« tance? Achevez, mon Dieu, la miséricorde que
« vous avez commencée en moi, et ne permettez pas

« que je meure dans cet état. » Comme j'étois encore extrêmement vigoureux pour mon âge, je fis un effort pour me lever de ma chaise; et, tout chancelant, je me jetai comme je pus à la colonne du lit que j'embrassai avec mes deux bras, et là, à force de me remuer et de m'agiter, je dissipai avec le secours de Dieu ces mauvaises humeurs qui sembloient devoir m'étouffer. Je ne voulus point en rien témoigner à mon valet lorsqu'il rentra dans ma chambre; et ayant fait seulement chauffer mon lit, je me couchai, et partis le lendemain pour me rendre où j'avois dessein d'aller.

Après avoir passé quelques mois à la campagne, où je trouvai moins de solitude que dans la ville à cause des fréquentes visites de mes amis, je retournai à Paris trouver la même personne à qui j'ai dit que je m'étois adressé d'abord, et je la suppliai de vouloir penser à moi et de m'assister, l'assurant que l'état où je me trouvois alors n'étoit point différent de celui auquel j'avois été auparavant, et qu'enfin je voyois bien qu'il falloit vivre d'une autre manière. Il me dit, après m'avoir entretenu, qu'il me conseilloit d'attendre encore quelque temps. Et lorsqu'il me remettoit ainsi de jour en jour, la seconde guerre de Paris arriva.

[1652] Ayant été prié par madame de Saint-Ange [1], de qui j'avois l'honneur d'être allié, de faire un tour à la terre de Saint-Ange pour quelques affaires particulières, je me trouvai tout d'un coup aussi embarrassé sans y penser que je l'eusse jamais été; car

---

[1] Cette dame, très-liée avec Arnauld d'Andilly, se fit peu de temps après religieuse de Port-Royal.

l'armée de M. le maréchal de Turenne, qui revenoit de Bordeaux, et qui faisoit en chemin de fort grands désordres, me surprit si bien en ce lieu que j'eus à peine le loisir de me reconnoître. Toute la cour de Saint-Ange fut en un moment pleine de bestiaux, et les greniers remplis des richesses de tous les habitans du pays. Comme je vis la maison en grand danger d'être pillée, j'allai au-devant des troupes qui marchoient en ordre, pour voir si je ne trouverois point à leur tête quelqu'un de messieurs les généraux que je connusse. Le premier que je rencontrai fut M. le maréchal d'Hoquincourt que j'allai saluer, et à qui je dis que m'étant trouvé dans le pays par hasard et dans la maison de M. de Saint-Ange, qui avoit l'honneur d'être connu de lui, ayant succédé à M. son père dans la charge de premier maître d'hôtel de la Reine, je venois le supplier très-humblement de me faire la grâce de prendre cette maison en sa sauvegarde, et d'empêcher qu'elle ne fût pillée. M. d'Hoquincourt me répondit en jurant : « Comment pour-
« rai-je mettre à couvert la maison de M. de Saint-
« Ange, n'ayant pu garantir une des miennes et plus
« de vingt autres de mes parens et de mes amis qui
« ont toutes été pillées ? Il n'y a aucune discipline
« dans cette armée. Les soldats enragent de faim,
« et sont tous autant de voleurs. — Monsieur, lui
« répondis-je, puisque ce sont des voleurs et des
« loups affamés, vous ne trouverez donc pas mau-
« vais, s'il vous plaît, que nous cherchions notre sû-
« reté dans la défense, et que nous en tuïons tout
« autant que nous pourrons. » Il me repartit : « Faites
« du mieux que vous pourrez, défendez-vous de leurs

« insultes et de leurs vols, et empêchez-les si vous
« le pouvez de piller le château de Saint-Ange. »

Cependant, comme je jugeai qu'il y eût eu de la folie à vouloir soutenir avec trente ou quarante fusiliers contre tant de troupes qui pouvoient venir fondre dans cette maison, je résolus de tenter quelque autre voie pour garantir le château. J'allai donc trouver M. de Vaubecourt, maréchal de camp, qui étoit de mes amis, et le priai de vouloir m'aider dans cette fâcheuse rencontre ; mais il ne me donna guères plus de satisfaction que M. le maréchal d'Hoquincourt, car il me dit qu'il étoit bien fâché de me voir si mal engagé, et m'assura qu'il n'y avoit pas un officier de l'armée qui pût nous mettre à couvert du pillage. « Je
« vous donnerai néanmoins, si vous voulez, ajouta-
« t-il, quelques-uns de mes gardes ; mais je vous
« dirai auparavant qu'en ayant hier donné deux à un
« gentilhomme qui m'en pria pour conserver sa mai-
« son, elle ne laissa pas d'être pillée, et que mes
« deux gardes furent tués. »

Dans ce moment M. de Turenne passa environ à quarante pas du lieu où j'étois, et m'ayant reconnu de loin il m'appela et me demanda qui m'amenoit en ce lieu-là, me faisant compliment sur mon mauvais équipage, à cause que j'étois monté sur un fort méchant cheval qui n'avoit pas même de bride, n'ayant pu avoir le mien qui étoit enfermé dans le château, dont j'avois fait rompre le pont-levis. Je répondis à M. de Turenne que je m'étois trouvé par hasard dans la maison de M. de Saint-Ange, et que j'étois extraordinairement embarrassé à cause du passage de son armée. Comme il avoit eu toujours beaucoup de bonté pour moi, depuis que j'avois eu l'honneur de le connoître particulièrement en Hollande, avec M. de Bouillon son frère, chez M. le prince d'Orange leur oncle, qui m'avoit traité si favorablement, ainsi que je l'ai fait voir dans ces Mémoires, il m'offrit à l'heure même son service, et me demanda ce qu'il pouvoit faire pour moi. Je lui dis que s'il vouloit me faire la grâce de me donner trois régimens, je les placerois à trois moulins qui étoient proches, et qu'en sauvant la maison de Saint-Ange je procurerois en même temps l'avantage de l'armée, en lui faisant faire beaucoup de farines et de pain. M. de Turenne ayant consenti aussitôt à ce que je lui proposois, et me témoignant même en être fort content à cause que l'on manquoit de provisions, me pria que, comme je connoissois fort le pays, je voulusse placer les corps-de-garde de l'armée en des lieux avantageux. Je le fis avec grande joie; mais, ayant pris auparavant le régiment de Turenne, celui d'Uxelles et celui de la Marine, je les postai à quelque cinq cents pas du château pour en fermer les avenues; et je ne voulus pas les approcher davantage, de peur que ceux que j'établissois pour la garde de cette maison ne se portassent les premiers à la piller. J'allai ensuite placer les corps-de-garde de l'armée dans les lieux par où pouvoient approcher les ennemis; et ayant mis cinq cents chevaux allemands en un poste fort avancé sur une montagne, celui qui les commandoit commença à jurer en son langage, et à dire que j'entendois fort bien à les exposer à la boucherie. Je compris assez ce qu'il vouloit dire sans que j'entendisse sa langue, et j'ajoutai, sans faire semblant que je l'eusse entendu, qu'il falloit mettre mille hommes de pied qui soutiendroient ces cinq cents chevaux, et encore trois cents autres chevaux pour soutenir ces premiers, avec un pareil nombre sur les ailes; ce qui me concilia tout d'un coup la bienveillance de ce colonel, et me remit bien dans son esprit, en sorte qu'il vint me présenter la main, et me faire offre de son service.

Quand je me fus entièrement acquitté de ma commission, et que j'eus posé toutes les gardes et les sentinelles sur la petite rivière qui est proche de là, je m'en retournai au château avec un officier à qui je voulois donner à souper comme à plusieurs autres. Mais je fus bien étonné lorsqu'on vint me dire que les soldats étoient venus par le derrière de la maison, et avoient déjà fait une grande brèche à la muraille de la basse-cour par laquelle ils alloient entrer. Dans la colère où je fus de voir que toutes mes mesures et tous mes soins avoient été inutiles, et que les trois régimens dont j'ai parlé n'avoient pas tout entouré la maison, suivant l'ordre que je leur en avois donné, ne sachant presque à quoi me résoudre, je pris enfin mon parti, et dis tout d'un coup à cet officier avec qui j'étois qu'il y auroit de la témérité d'entreprendre de repousser ces gens-là avec notre petit nombre de fusiliers qui étoient dans le château, et qu'ainsi il ne falloit point agir par la force en cette rencontre, mais par la voie de l'autorité. « Je sais, lui dis-je, une pe-
« tite porte dérobée par laquelle il faut que nous en-
« trions pour aller ensuite droit à la brèche, et je
« vous prie de vouloir bien faire comme je ferai. »

Etant donc entrés par cette porte, nous allâmes droit au lieu où les soldats avoient déjà fait une assez grande ouverture ; et là courant tout d'un coup à eux la canne à la main : « Comment ! coquins, leur criai-je, « vous vous amusez ici à friponner tandis que les « ennemis forcent le quartier? » Et, en frappant de mon mieux avec ma canne sur leurs oreilles, puis les poussant ensuite à grands coups de plat d'épée, nous les effrayâmes si bien, et leur donnâmes une si belle alarme, qu'ils pensèrent moins à se défendre qu'à se sauver et à gagner leur quartier. Il n'y avoit assurément que ce seul moyen de ranger toute cette canaille ; et au lieu que leurs principaux officiers reconnoissoient eux-mêmes n'en être pas les maîtres, et souffroient, par le peu d'autorité qu'ils prenoient sur eux, qu'ils commissent impunément les plus grands désordres, je trouvai le moyen en cette rencontre de leur faire une petite leçon de la manière dont ils devoient se soutenir en de semblables occasions. Aussi quelques-uns d'entre eux m'ayant témoigné qu'ils étoient surpris comment j'avois osé prendre cette autorité sur des troupes que je ne commandois pas, je leur dis avec liberté qu'ayant commandé assez long-temps pour savoir faire obéir des soldats, j'aurois mieux aimé renoncer au métier que de souffrir de me voir commandé et maîtrisé par eux ; que n'ayant vu que ce seul moyen de me tirer de l'embarras où je m'étois trouvé, je l'avois embrassé sans beaucoup délibérer, et que c'étoit dans ces occasions qu'il falloit payer de sa personne, et réduire en pratique l'expérience qu'on avoit acquise. J'envoyai ensuite à M. le maréchal de Turenne neuf veaux pour sa maison, et lui fis quelques autres présens en reconnoissance de l'honnêteté avec laquelle il m'avoit traité. Je fis faire aussi une grande quantité de farines pour l'armée, comme je m'y étois engagé; et les troupes n'ayant campé en ce lieu que deux jours, je m'en retournai au bout de quelque temps à Paris, n'aimant pas, dans le dessein que j'avois alors de me retirer, de me trouver engagé de nouveau en de semblables occasions.

C'étoit dans le temps des troubles de la seconde guerre de Paris, et lorsque le bruit courut que M. le prince devoit l'attaquer avec son armée, et y entrer par un faubourg. M'étant trouvé dans une maison de ce faubourg, je vis tout le monde dans une assez grande consternation. Je leur dis, pour les rassurer, que, pourvu que l'on se tînt bien fermé et bien resserré dans la maison, il n'y avoit point de danger, les portes étant assez fortes pour n'être pas aisément enfoncées, et qu'il ne falloit pas seulement penser à se défendre, mais que, lorsque les ennemis seroient entrés dans le faubourg, il falloit se contenter, à mesure que les soldats auroient fait quelque trou aux portes, d'y remettre un ais, ainsi que l'on fait sur mer lorsqu'un vaisseau est percé du canon; car, comme le tout est d'empêcher que l'eau n'entre dans ce vaisseau et ne le submerge, aussi dans ces occasions où une armée vient fondre l'épée à la main, le tout est d'empêcher que les soldats ne puissent trouver d'ouverture pour entrer dans les maisons, parce que, tant qu'ils sont dans la rue, les officiers ne leur donnent pas le loisir de s'arrêter fort long-temps, étant obligés de s'avancer.

Dieu permit enfin qu'après divers retardemens j'eusse le bonheur de pouvoir abandonner tout-à-fait le monde, et me retirer en une sainte solitude, où, en repassant par mon esprit toutes les traverses de ma vie, et tous les périls dont j'ai échappé, je le bénis et lui rends grâces tous les jours de la miséricorde si rare et si grande qu'il m'a faite, de me conserver au moins ce reste de vie pour expier et pleurer mes fautes passées. L'un des plus grands avantages que je trouvai dans ma retraite fut le moyen qu'elle me donna de jouir plus avantageusement de la connoissance que j'avois depuis long-temps de M. d'Andilly, et de l'amitié particulière dont il m'honoroit. Il étoit très-propre à me dégoûter de l'amour du siècle, parce qu'il en connoissoit parfaitement l'illusion et le néant. Il y avoit été au même temps que j'y étois, mais d'une manière bien différente ; car, au milieu de la considération extraordinaire que son mérite lui avoit acquise, il avoit conservé une grandeur d'ame élevée au-dessus de l'ambition, qui ne lui permettoit pas de donner son cœur à un moindre maître qu'à Dieu, et qui l'entretenoit dans un généreux mépris du monde, lors même que le monde l'estimoit le plus. Mais pour moi j'y étois demeuré comme un esclave, souffrant des maux très-réels dans l'espérance d'un bien imaginaire, et courant toujours après un faux bonheur qui me fuyoit, et qui m'auroit rendu encore plus malheureux si j'y avois trouvé en le possédant la vaine satisfaction que j'y cherchois.

L'exemple seul de la vie, et passée et présente, de M. d'Andilly étoit pour moi une instruction continuelle. J'admirois souvent la manière dont Dieu lui avoit fait la grâce de se conduire à la cour ; et je savois qu'ayant parlé quelquefois au Roi en particulier sur des matières très-délicates, et un jour entre autres sur le sujet des duels, et lui en ayant dit sa pensée avec une liberté grande, mais pleine en même temps de sagesse et de circonspection, Sa Majesté l'écouta avec tant de bonté, qu'après lui avoir témoigné être très-satisfait de tout ce qu'il lui avoit dit, il lui ordonna même que, toutes les fois qu'il lui voudroit donner des avis de cette sorte, il lui demandât une audience particulière, et lui promit de la lui donner toujours.

Il me souvient avec joie de cette disposition si sage du feu Roi mon maître, parce que tout le monde sait qu'elle n'est pas ordinaire dans les princes, quoiqu'elle leur soit très-nécessaire; car ils sont environnés d'une troupe de personnes qui le plus souvent ne sont attentives qu'à les flatter et à leur complaire. Que s'il s'en trouve quelqu'un qui, respectant sincèrement leur personne, ose leur dire la vérité parce qu'il aime leur honneur et leur réputation, il est rare qu'ils veuillent user de cet avantage, et qu'ils l'estiment autant qu'ils devroient.

Je me suis entretenu ainsi souvent avec M. d'Andilly des excellentes qualités de ce prince, dont il avoit été témoin comme moi, et entre autres d'une bonté qui lui étoit naturelle, qui est que, lorsqu'une mère lui parloit pour son fils ou une femme pour son mari, quoique leur passion éclatât quelquefois dans leurs paroles, et leur fît oublier une partie du respect qu'ils lui devoient, il le dissimuloit néanmoins, et n'avoit pour elles que des sentimens de douceur et de compassion. Que si ceux qui étoient près de sa personne témoignoient se blesser de cette manière peu respectueuse dont on lui parloit, il leur disoit:

« C'est une mère qui parle pour son fils; c'est une
« femme qui parle pour son mari. Il faut les écouter
« et les plaindre si nous ne pouvons pas les secourir. »

J'ai encore une obligation très-particulière à
M. d'Andilly, que je ne puis m'empêcher d'ajouter ici;
et je l'estime d'autant plus, que j'espère qu'elle me
sera un sujet de consolation à la mort, et un gage de
la miséricorde de Dieu sur moi.

J'avois le gouvernement d'une petite place dans une
vallée du Dauphiné, dont je voulois me défaire, et
dont je ne pouvois retirer que peu de chose; mais un
gentilhomme huguenot ayant conféré de cette affaire
avec ceux de son parti, et ayant considéré avec eux,
ce qui étoit en effet, que s'il arrivoit une guerre ci-
vile, étant maîtres de cette petite ville ils le seroient
aussi de toute cette vallée (ce qui leur seroit d'une
très-grande importance pour tout le pays voisin), il
me pria de ne vendre ce gouvernement qu'à lui seul,
et offrit de m'en donner tout ce que je lui en demanderois. J'aurois cru m'en défaire avec avantage
que d'en tirer sept ou huit mille livres; mais, m'en
étant entretenu avec lui, il me dit enfin nettement
qu'il m'en donneroit cinquante mille.

J'avoue que je fus un peu tenté d'abord en cette
rencontre. Le souvenir des grandes pertes que j'avois
faites par la ruine de quelques-uns de mes créanciers;
l'âge avancé où je me trouvois, dans lequel on aime
toujours trop ce que l'on a, on craint trop de le perdre,
et on désire trop ce que l'on n'a pas, me faisoit presque
croire que, n'ayant point recherché cette occasion
qui se présentoit d'elle-même et qui m'accommodoit
si fort, rien n'étoit plus naturel que de l'accepter.

Il me venoit même dans l'esprit que, pour ce qui regardoit la conscience, si je voulois consulter ceux qui en donnent des règles, j'en trouverois aisément dont les décisions s'accorderoient avec mes pensées, et qui me diroient que, n'y ayant pour lors aucun inconvénient dans cette vente, et ne faisant que recevoir le prix avantageux que l'on m'en offroit volontairement, je n'avois qu'à m'accommoder présentement de cet argent, et laisser à Dieu l'avenir, sans me mettre en peine des choses qui n'arriveroient peut-être jamais. Mais, m'étant entretenu avec M. d'Andilly de cette affaire, je fus tellement touché des sentimens si nobles et si chrétiens que sa piété lui inspiroit, qu'il me fut impossible d'en recevoir aucun autre; car il me fit voir clairement que la principale règle pour décider selon Dieu les cas de conscience, étoit de consulter avant toute chose sa propre conscience et la droiture de son cœur, et que, si je n'avois que cette vue je comprendrois sans peine que, puisque les huguenots n'achetoient cette petite place 40,000 livres plus qu'elle ne valoit, que parce qu'ils espéroient qu'elle leur seroit un jour très-avantageuse contre le parti des catholiques, il étoit visible que je ne la leur pouvois livrer entrer les mains qu'en trahissant les intérêts de la religion et de l'Etat, pour satisfaire à mon avantage particulier. Et il ajouta que, si je voulois être aussi fidèle à Dieu que je l'avois été au feu Roi, je devois le témoigner avec joie en cette rencontre, et prendre plaisir à préférer sa gloire et mon salut à toute autre chose.

Je me rendis sans peine à cet avis, que je trouvai conforme d'ailleurs à celui de quelques autres personnes très-éclairées. Peut-être que la miséricorde de Dieu, qui est infinie, me tiendra compte un jour de cette action, quoique je ne la considère que comme une paille au prix des désordres d'une vie de cinquante-six ans passés à la cour et à la guerre, que je devrois regarder comme des montagnes capables de m'accabler au jugement de Dieu, s'il ne nous avoit promis que sa bonté, lorsque nous aurons tâché de lui satisfaire sincèrement en cette vie, s'élèvera alors au-dessus de sa justice.

Je goûte à tous momens en ma solitude le plaisir qu'il y a de vivre dans un saint repos et dans l'éloignement de tout le tumulte et de toute la vanité du siècle, sans avoir d'autre occupation que de me préparer à la mort, en tâchant de satisfaire à Dieu pour mes crimes, et de réparer en quelque sorte la perte de tant d'années. C'est maintenant que je conçois, par ma propre expérience, combien le joug du Seigneur est plus doux et plus aisé à porter que celui du monde, combien la solitude a plus de charmes que n'en a le siècle, et combien l'amertume même qu'on a goûtée dans tous les différens emplois de cette vie laborieuse de la guerre et de la cour, contribue à faire trouver de consolation et de joie dans les divers exercices d'une vie retirée et chrétienne. C'est maintenant que, comparant le service que j'ai rendu à plusieurs rois, avec celui que je tâche de rendre présentement au souverain seigneur des rois et des peuples; considérant la différence infinie qui se trouve entre Dieu et les plus grands princes, et le bonheur inestimable, qui m'est arrivé contre toutes les apparences humaines, de pouvoir enfin connoître la grandeur et la gloire de Dieu, je ne puis me lasser de répéter à toute heure ces divines paroles qui se chantent tous les jours dans l'Eglise : *Regi seculorum immortali et invisibili, soli Deo honor et gloria in secula seculorum. Amen.* Au Roi des siècles, immortel et invisible, au seul Dieu appartient l'honneur et la gloire dans tous les siècles des siècles. Ainsi soit-il. Et comme j'ai dit que la pensée de la mort est à présent toute l'occupation de mon esprit, j'ai pris pour devise et pour sujet d'entretien, dans ma solitude, ces quatre vers qu'un de mes amis(1) m'a fait la grâce de me donner :

> Loin de la cour et de la guerre
> J'apprends à mourir en ces lieux :
> Qui ne meurt long-temps sur la terre
> Ne vivra jamais dans les cieux.

Dieu fit la grâce à ce grand homme de guerre, après qu'il se fut ainsi retiré du monde, de vivre dans une simplicité admirable, et de renoncer aux lumières naturelles de son jugement qui étoient très-grandes, pour se soumettre à la conduite d'une personne qu'il choisit afin de lui obéir dans la vie nouvelle qu'il vouloit mener. Comme il savoit qu'il y avoit une très-grande différence entre Dieu et le monde, il jugea très-sagement que l'expérience qu'il avoit de l'un ne pourroit souvent que lui nuire pour le service de l'autre. C'est pourquoi, se regardant alors comme une personne qui avoit besoin de guide, il fit paroître une docilité qui témoignoit clairement qu'il avoit soumis son esprit à Dieu.

(1) *Un de mes amis :* Ces vers sont de Gomberville.

Il fut éprouvé depuis sa retraite, comme il l'a marqué lui-même, par plusieurs pertes qui lui apprirent à se détacher davantage des biens de la terre, mais surtout par une banqueroute qu'on lui fit en un jour de quatre-vingt mille livres, qui dut lui être d'autant plus sensible que c'étoit la plus grande partie de ce qui lui étoit resté d'un bien qu'il avoit acquis par ses services dans l'espace de cinquante-six ans. Et l'on sait qu'on est ordinairement plus attaché à celui qu'on a acquis qu'à celui qu'on a reçu comme une succession et sans travail ; outre que sa générosité naturelle lui a toujours fait appréhender sur toutes choses de se voir réduit en un état où il fût à charge à ses amis ; ainsi qu'on l'a pu remarquer en quelques endroits de ses Mémoires, où il paroît que cette crainte seule lui a fait manquer les plus grands établissemens dans le monde. Mais ce qui peut servir beaucoup à relever en cela son mérite, c'est que, quelque appréhension qu'il eût de tomber dans cet état, et quelque bien fondée que parût être cette crainte après une aussi grande perte qu'étoit celle de quatre-vingt mille livres, et quelques autres dont il étoit encore menacé, il eut néanmoins la conscience assez tendre pour refuser une somme aussi considérable qu'étoit celle qu'il dit lui-même qu'on lui offroit de ce petit gouvernement qu'il avoit dans le Dauphiné. D'où l'on peut juger aisément que, s'il a témoigné dans les occasions quelque inquiétude touchant le bien, il a soumis et assujetti toute cette prudence humaine aux lois les plus exactes de la conscience et d'une piété parfaitement désintéressée.

Dieu permit, dès le commencement de sa retraite,

qu'il se rencontrât dans une occasion très-périlleuse où il voulut en quelque sorte le faire connoître pour ce qu'il étoit à ceux qui ne le connoissoient pas encore, et avec qui il désiroit de se retirer, afin qu'ayant été témoins par eux-mêmes de son grand courage, de la présence de son esprit, et de la sagesse de sa conduite, ils eussent plus de sujet de s'édifier du changement par lequel ils le virent abaisser ce cœur et cet esprit, et soumettre cette sagesse à la lumière et à la conduite d'un autre. Une personne de grande considération, étant obligée de faire un voyage à la campagne pendant la seconde guerre de Paris, le supplia de vouloir l'accompagner avec quelques autres de ses amis, à cause des troupes qui étoient répandues de tous côtés, et des partis que l'on rencontroit à toute heure. Un de ceux de la compagnie qui avoit beaucoup de chaleur, mais peu de conduite, et nulle expérience dans ce qui regardoit la guerre, ayant aperçu de loin dans le chemin plusieurs cavaliers qu'il prenoit pour des coureurs, piqua son cheval, et, sans parler à personne, courut à toute bride droit à eux, criant : « *Qui vive? qui vive?* » Un cornette de cavalerie qui se trouva là, et qui entendoit un peu mieux le métier que lui, le couchant en joue aussitôt avec un mousqueton qu'il avoit, lui cria : « *Qui vive toi-même? Allons, pied à terre, armes* « *bas.* » Le cavalier fort surpris de s'être un peu trop avancé, et détaché avec trop de précipitation de ceux qui le pouvoient soutenir, n'étant pas d'ailleurs accoutumé à ces sortes d'occasions de feu et de main, prit le parti de descendre de cheval ; mais dans la colère où ils étoient l'un et l'autre, la querelle s'échauffa si bien en un instant, qu'on vit l'heure que le cornette alloit lâcher son coup de mousqueton sur lui.

Cependant le sieur de Pontis, qui, dans le moment qu'il avoit vu cet homme de sa compagnie se détacher sans aucun ordre et courir devant, jugea aussitôt de ce qui arriveroit, dit à une personne de qualité qui étoit proche et à cheval comme lui : « Voici un homme « qui nous va donner des affaires, et qui s'en va don- « ner à lui-même plus qu'il ne pense ; » et dans l'instant il piqua à toute bride étant suivi de cette personne à qui il avoit parlé. Il trouva, comme j'ai dit, le cornette sur le point de tirer son mousqueton ; et dans cet instant il fit un si grand effort et piqua si vivement des deux dans le flanc de son cheval, qu'il lui porta le bout de son pistolet à la tête avant qu'il l'eût vu et qu'il eût pu s'en défendre ; puis, avec un visage enflammé, et des yeux étincelans, il lui cria tout d'un coup : « *Armes bas, toi-même!* » Ce cornette, n'étant pas moins surpris que l'avoit été d'abord le cavalier qui l'étoit venu attaquer, baissa aussitôt son mousqueton en disant : « Oui, monsieur, « très-volontiers ; je vois bien que pour vous, vous « entendez le métier ; mais pour celui-ci, il ne l'en- « tend pas, et fait néanmoins le fanfaron. » Tout cela se passa presque en un moment, à cause de la diligence prodigieuse que fit le sieur de Pontis, qui sauva par ce moyen et par ce seul coup de tête la vie à beaucoup de personnes, puisque, si le cornette avoit tiré, il seroit sans doute arrivé quelque grand malheur ; au lieu que, tout le désordre ayant été arrêté, le sieur de Pontis reconnut aussitôt après au milieu de ceux de la compagnie du cornette un de ses amis, au cou duquel il s'alla jeter, en lui demandant mille pardons pour celui qui avoit commencé la querelle si mal à propos. Et ceux qui se connoissoient s'étant embrassés, après beaucoup d'excuses et de complimens de part et d'autre, chacun reprit son chemin, et acheva heureusement son voyage.

L'on peut juger par cette seule action qu'il fit étant alors âgé de soixante et dix ou douze ans, usé des fatigues de la guerre, et tout couvert de blessures, quelle devoit être sa vigueur dans le temps de sa jeunesse et de la force de son âge, et combien le cardinal de Richelieu a eu raison de témoigner un si grand empressement d'avoir auprès de sa personne un si brave homme, surtout dans la crainte continuelle où il étoit de la part de ses ennemis, qu'on sait avoir été très-puissans et en très-grand nombre.

Aussi le sieur de Pontis avoit un si grand acquis dans le monde, et étoit dans une telle réputation, non-seulement de courage, mais de sagesse et d'expérience en tout ce qui regardoit l'ordre et les règles de la guerre, que, plusieurs années depuis qu'il fut retiré, s'étant élevé une grande brouillerie dans le régiment des Gardes, et les lieutenans ayant un différend considérable avec tous les capitaines sur quelque point de leurs charges, ces premiers vinrent en corps prier le sieur de Pontis, comme une personne d'une intelligence et d'une expérience consommée, de vouloir leur servir d'entremetteur et d'arbitre. Et quoiqu'il se tînt alors fort éloigné de ces sortes d'emplois par la vie toute retirée dans laquelle il s'étoit engagé, la conjoncture présente où il se trouva l'ayant empêché de les pouvoir refuser, il travailla à cet accommodement avec d'autant plus de bonheur et de succès, que la piété dont il faisoit profession depuis plusieurs années, et son grand âge, servoient encore beaucoup à donner du poids à ce qu'il disoit, et à augmenter la considération qu'on avoit pour sa personne. Ainsi, après avoir conduit cette affaire avec beaucoup de sagesse, et parlé diverses fois aux principaux officiers de part et d'autre, il les porta à consentir de chaque côté à ce qui étoit raisonnable, et les remit tous ensemble en fort bonne intelligence.

Ceux qui auront lu ces Mémoires demeureront sans doute persuadés que le sieur de Pontis n'étoit pas seulement capable de faire de grandes choses dans la guerre par sa valeur et par sa conduite, et d'accommoder les plus grands différends par sa sagesse, mais encore de donner plusieurs avis très-utiles pour former de jeunes seigneurs avant qu'ils entrent dans le grand monde, et leur apprendre bien des choses pour s'y conduire avec sagesse et avec honneur, lesquelles on n'apprend guères ordinairement qu'à ses dépens et après une infinité de fautes. Et il ne faut pas s'étonner qu'ayant passé par tous les états, et goûté une bonne partie de toutes les amertumes et de toutes les douceurs du siècle ; ayant connu, et par lui-même et par l'exemple d'une infinité de personnes, le fort et le foible de tous les âges différens, les vices les plus ordinaires de toutes les conditions, et les périls de tous les états différens de la cour et de la guerre, il pût donner sur cela quelques leçons à ceux qui n'avoient pas la même expérience que lui. Aussi, dans le temps qu'il vivoit ainsi retiré et éloigné de Paris, le gouverneur de deux jeunes seigneurs de la cour, qui le connoissoit depuis long-temps, lui écrivit pour le supplier de vouloir l'assister de ses conseils dans la charge où il se trouvoit engagé. Et bien qu'il se jugeât très-incapable de satisfaire à ce qu'on lui demandoit, surtout dans le grand âge où il étoit alors, qui étoit de plus de quatre-vingts ans, et ne s'étant jamais mêlé d'écrire, lui qui avoit toujours été un homme de guerre et sans études, il ne laissa pas néanmoins dans sa réponse de lui marquer plusieurs choses très-utiles et de grand sens, qu'on ne sera peut-être point fâché de voir dans sa lettre même, qu'on a cru devoir rapporter ici telle qu'il l'a donnée à une personne de ses amis.

Lettre écrite à un gouverneur de deux jeunes seigneurs de la cour par le sieur de Pontis.

Monsieur,

Si je n'étois autant votre serviteur que je le suis, je me serois excusé du petit service que vous désirez de moi, et je vous aurois, comme à mon cher ami, dit confidemment que mon âge me rend maintenant incapable d'y satisfaire, ne me restant de mon expérience que les idées de ce qui a repassé diverses fois dans ma mémoire. C'est donc tout ce que je vous puis offrir, et je serois ravi qu'il s'y en trouvât quelqu'une qui vous fût utile; mais c'est ce que je n'ose espérer, sachant que vous élevez avec tant de sagesse et de prudence ces jeunes seigneurs que l'on a confiés à votre conduite, que j'ai sujet de croire que ce que vous me demandez quelques avis., c'est plutôt par civilité que par un vrai besoin que vous en ayez.

Néanmoins, pour vous obéir, je vous dirai, avec ma sincérité ordinaire, mes sentimens sur le besoin que vous me témoignez avoir d'une méthode douce et facile pour agir envers ces messieurs, dans l'âge où ils vont entrer, selon le jugement que vous faites de leur humeur, pour modérer leurs inclinations sans les traiter avec rudesse, afin de vous ménager par ce moyen avec eux, et envers monseigneur leur père et messieurs leurs parens, qui paroissent en être un peu idolâtres. Certes je ne vous plains pas seulement, mais je prends part à votre peine; car vous avez beaucoup de personnes à contenter, beaucoup de défauts à corriger, et beaucoup de personnages à jouer, pour pouvoir bien réussir dans cet emploi.

Je commencerai par vous avouer que je ne suis pas du sentiment de ceux qui veulent que leurs enfans n'aient de science qu'autant qu'il en faut, disent-ils, pour un gentilhomme; car, puisque la science perfectionne la nature et apprend à raisonner et à bien parler en public, n'est-elle pas nécessaire à ceux qui par la grandeur de leur naissance, de leurs emplois et de leurs charges, peuvent en avoir besoin en tant de rencontres?

Je sais que plusieurs croient aussi que la fréquentation des femmes vertueuses et habiles ouvre et polit davantage l'esprit d'un jeune cavalier, que l'entretien d'un homme de lettres; mais je ne suis pas non plus de cet avis, à cause de la crainte que j'ai des mauvaises suites où la jeunesse s'engage par là insensiblement.

Je crois aussi qu'il faudroit mettre grande différence

entre un enfant que l'on destine à la robe, et celui que l'on veut élever dans la profession des armes. Le premier ne doit jamais discontinuer ses études; et il suffit que l'autre étudie jusqu'à quinze ou seize ans, afin d'apprendre la philosophie, l'histoire ancienne et moderne, et les principales maximes de la politique, pour régler sa conduite dans le grand monde.

Après cela on le doit mettre à l'Académie pour apprendre à se bien servir d'un cheval, à tirer des armes, à voltiger et à danser: ces exercices le fortifieront, le rendront adroit et dispos, le feront tenir son corps droit, marcher de bonne grâce avec un air noble et élevé, la tête haute, la vue ferme, un visage toujours gai, civil et sans aucune contrainte qui paroisse. Là il apprendra aussi assez de mathématiques pour savoir bien fortifier les places, les attaquer et les défendre, en reconnoître les défauts et les moyens d'y remédier; ce qui se peut fort bien apprendre en deux ou trois ans, avec les soins que vous y apporterez. Vous devez, ce me semble, laisser la correction de leurs petits défauts dans ces exercices aux maîtres choisis pour les leur montrer; et s'il leur reste quelque mauvaise habitude, vous les en avertirez en particulier; car, en agissant de la sorte, ils vous en aimeront davantage, et vous porteront un plus grand respect.

Au sortir de l'Académie, je voudrois leur faire faire un voyage dans les pays étrangers pour apprendre les langues et la manière dont les différens peuples se gouvernent, et leur faire voir les choses les plus rares et les plus particulières qui s'y rencontrent, et, pour en conserver mieux le souvenir, leur faire écrire les choses dans un papier journal. Prenez garde, s'il vous plaît, de ne les entretenir jamais que des actions d'honneur et chrétiennes, afin de leur imprimer un désir de les pratiquer, et leur donner de l'aversion pour toutes les choses basses et déshonnêtes. Mais le principal est de leur faire connoître que le véritable honneur ne s'acquiert que par celui que l'on rend à Dieu, qui départ ses grâces à tous ceux qui vivent dans son amour et dans sa crainte. Pour les tenir dans cet esprit, il faut par votre adresse les détourner de toutes sortes de mauvaises compagnies, et surtout de la fréquentation des médisans et des impies, qui sont les pestes des jeunes gens qui commencent de se vouloir mettre dans l'estime du grand monde; mais comme cela est délicat, vous avez besoin d'y agir avec adresse afin de ne vous pas décréditer dans leur esprit.

Surtout prenez garde de n'entreprendre jamais d'étouffer leurs passions par votre seule autorité, ni par une correction trop sévère; mais ajoutez-y la raison en des termes civils, et contentez-vous de les modérer avec douceur; car il y en a qui ne sont pas toutes criminelles et qui conviennent à la condition d'un grand, comme est l'ambition, quand elle les portera à imiter les belles actions de monseigneur le maréchal leur grand-père, qui s'est signalé en tant de rencontres et par tant de généreux exploits dans le commandement qu'il a exercé un si long temps en la charge de général des armées du Roi dedans et dehors le royaume, où il s'est acquis par la grandeur de son courage une si haute estime auprès du Roi, qu'il passe encore aujourd'hui, dans la créance générale parmi les nations étrangères, pour un des plus grands et des plus accomplis capitaines de son temps.

Il y a d'autres passions qui sont si violentes qu'elles ne sauroient se calmer entièrement à l'heure même, ainsi que l'on le voit dans la colère et les saillies de l'esprit; mais comme c'est une espèce de fureur, elles sont trop violentes pour durer long-temps; et ce que l'on peut faire en ces rencontres est de se contenter de les adoucir, puisqu'au lieu de diminuer elles pourroient s'accroître par une résistance qui produiroit l'opiniâtreté, laquelle diminueroit la créance et le respect que l'on a pour vous.

Il ne faut pas les rendre indifférens à tout ni timides, mais leur apprendre à mettre de la distinction entre les personnes de condition et de vertu et entre les choses, un compliment excessif étant ridicule, comme une incivilité est offensante.

Quand par un malheur imprévu l'on vient à tomber dans les malheureux inconvéniens qui sont si ordinaires aux gentilshommes, il faut que votre adresse les étouffe promptement, en tâchant par des amis de les accommoder afin de prévenir les mauvais succès. C'est en ces rencontres que vos soins et votre conduite vous peuvent acquérir beaucoup d'honneur et d'estime auprès de monseigneur leur père, et de toute la parenté.

Je vous en dirois davantage, monsieur, si je ne croyois vous avoir fait assez connoître, par ce que j'ai déjà pris la liberté de vous dire, que je ne puis vous rien apprendre sur cela que vous ne sachiez mieux que moi. Je vous prie au moins de regarder cette lettre comme une preuve du désir que j'aurois de pouvoir vous rendre service, et vous témoigner que je suis avec beaucoup de sincérité, etc.

Comme on ne prétend pas faire ici l'éloge de la piété du sieur de Pontis, lequel ne s'est jamais regardé, depuis que Dieu lui eut fait la grâce de quitter le monde, que comme un vieux pécheur à qui le silence et une vie retirée et inconnue étoient donnés en partage, il suffit, pour ne se pas éloigner de ses sentimens, d'ajouter ici seulement qu'il témoignoit quelquefois à l'un de ses plus intimes amis que ce qu'il appréhendoit davantage dans le service qu'il tâchoit de rendre à Dieu, étoit de s'accoutumer insensiblement à cette vie, et de n'envisager pas assez la grandeur de celui qu'il avoit l'honneur de servir. C'est ce qu'il avoit en effet d'autant plus de raison d'appréhender, que, se souvenant à toute heure de cette ardeur si extraordinaire qu'il avoit fait paroître dans tous les longs et pénibles services qu'il avoit rendus au feu Roi son maître, il pouvoit craindre avec justice de témoigner moins d'ardeur lorsqu'il étoit mille fois plus heureux en servant un maître incomparablement plus grand. Il vécut encore dix-huit ou vingt années depuis qu'il se fut retiré, et il devint sur la fin fort infirme et fort languissant; en sorte qu'après cette première retraite, par laquelle il s'éloigna de la cour et du grand monde, il entra les deux dernières années de sa vie dans une retraite encore plus grande, ne pouvant plus presque, à cause de sa surdité, converser avec les hommes, et se voyant ainsi obligé d'avoir son principal entretien avec Dieu.

Il mourut en l'année 1670, âgé environ de quatre-vingt-douze ans, lorsqu'il sembloit ne pouvoir plus vivre, et que la nature fût obligée de succomber sous le poids d'un si grand âge, et des fatigues infinies qu'il avoit souffertes pendant un si long espace de temps, et en tant de guerres différentes. On ne doute point qu'après avoir lu dans ces Mémoires tous les périls, toutes les traverses et tous les événemens de sa vie, on n'avoue qu'il y a quelque chose de surprenant et d'admirable dans la conduite que Dieu a tenue à son égard, et qu'il étoit avantageux de faire connoître au public tant de choses qui peuvent être également utiles, et pour ceux qui sont sur le point de s'engager, ou qui sont déjà engagés dans le monde, et pour les autres qui l'ont quitté, et qui trouvent dans l'exemple d'un homme de guerre, qui a goûté de tous les états différens de la cour, l'accomplissement de cette parole du plus sage prince qui fut jamais : *Vanité des vanités, et tout est vanité, hormis de servir et de craindre Dieu seul.*

FIN DES MÉMOIRES DE PONTIS.

TABLE DES MATIÈRES

CONTENUES

DANS LE TRENTE-DEUXIÈME VOLUME.

MÉMOIRES DU SIEUR DE PONTIS.

Livre VII. Plusieurs particularités considérables du siége de La Rochelle. Le cardinal de Richelieu s'efforce d'attirer le sieur de Pontis à son service. Conférence du père Joseph avec lui sur ce sujet. Il se met mal auprès du Roi pour la charge du comte de Saligny qu'il vouloit avoir, et que M. de Saint-Preuil acheta. Grand différend qu'il eut avec M. de Canaples, mestre de camp du régiment des Gardes. On lui fait son procès dans le conseil de guerre. Il justifie son innocence en particulier devant le Roi, et ensuite en présence de toute la cour. Le maréchal de Bassompierre obtient sa grâce. Générosité du maréchal de Créqui, père de M. de Canaples. La ville de La Rochelle est rendue au Roi. Grandes qualités de Guiton, maire de La Rochelle. Page 1

Livre VIII. Le duc de Rohan fait une grande entreprise sur la ville de Montpellier, et est trahi par celui qui devoit lui livrer la ville. Le sieur de Pontis est envoyé visiter les Alpes pour le passage des troupes du Roi. Sa modération à l'égard d'un homme qui avoit voulu le tuer pour un autre. Sa conduite envers les cadets et les soldats de sa compagnie. Différend qu'il eut avec un capitaine qui logea par force dans sa terre de Pontis. Le Roi va avec toute son armée en Savoie, et force le pas de Suse. Grande aubaine que le sieur de Pontis obtient du Roi, et qui ne lui produit qu'un grand procès. M. le duc d'Orléans veut forcer le corps-de-garde du Louvre, le sieur de Pontis étant en garde. Page 83

Livre IX. Le Roi envoie le cardinal de Richelieu avec une puissante armée pour secourir le duc de Mantoue. Mort de M. de Canaples. Casal assiégé par les ennemis est secouru. Entrevue des généraux de France et d'Espagne après la paix. Le cardinal Mazarin sauve l'armée de France, et le sieur de Pontis la tire ensuite d'un grand péril. 120

Livre X. Disgrâce du cardinal de Richelieu. Son rétablissement. Le maréchal de Marillac est arrêté prisonnier et condamné. Bataille de Castelnaudary. Le duc de Montmorency est pris dans le combat. Relation de son procès et de sa mort. Siége de Nancy. Conférence du duc de Lorraine avec le sieur de Pontis. Réduction de la ville sous l'obéissance du Roi. 147

Livre XI. Le sieur de Pontis est fait commissaire général des Suisses en France. Il se met mal ensuite auprès du Roi pour avoir voulu se défaire de cette charge. Il va en Hollande avec le maréchal de Brezé. Bataille d'Avein, où il fait prisonnier le comte de Feria, lieutenant général de l'armée d'Espagne. Prise de la ville de Tirlemont, et horribles inhumanités des Hollandais. Louvain est assiégé. Le sieur de Pontis va forcer le château d'Arscot avec quatre cents mousquetaires. Différend qu'il eut avec un officier de l'armée sur ce sujet. 199

Livre XII. Le sieur de Pontis est dans une considération toute particulière auprès du prince d'Orange, qui s'efforce inutilement de le retenir à son service. Le Roi lui donne une charge de capitaine aux Gardes. Artifice dont on se sert pour lui enlever cette gratification du Roi. Grande consternation dans l'armée de France, du temps de Piccolomini et de Jean de Vert, généraux d'Espagne. Le sieur de Pontis est commandé pour aller secourir Abbeville avec le régiment de Brezé. Sa conduite à l'égard de celui qui lui avoit voulu enlever le don du Roi. On lui suscite des affaires en cour au sujet de sa garnison d'Abbeville. Il est fait prisonnier dans un combat. Siége de La Capelle. Le sieur de Pontis empêche le soulèvement des Suisses. Siége et réduction de la ville d'Arras. *Page* 240

Livre XIII. Disgrâce du sieur de Pontis. Ce qui se passa entre lui et un père feuillant sur le sujet d'un crime qu'il préméditoit avec le sieur de Saint-Preuil. Conduite artificieuse du fils d'un ministre qui dupe le cardinal de Richelieu et une partie de la France. Disgrâce du sieur de Saint-Preuil, avec plusieurs particularités considérables touchant l'origine de cette disgrâce. M. le grand sollicite le sieur de Pontis d'entrer dans le parti qu'il formoit contre le cardinal de Richelieu. Le sieur de Pontis écrit sur ce sujet une lettre sanglante qui tombe entre les mains de ce cardinal. Voyage du Roi en Roussillon. Fortune chancelante du cardinal, qui triomphe enfin de ses ennemis. Grande conférence qu'il a avec le sieur de Pontis, qu'il s'efforce de nouveau d'attirer à son service. Mort de ce cardinal, qui est bientôt suivie de celle du Roi. 295

Livre XIV. Le maréchal de Vitry engage le sieur de Pontis à accompagner le marquis de Vitry son fils, et à se charger de la conduite du régiment de la Reine. Vigueur avec laquelle le sieur de Pontis arrête une sédition des soldats, et soutient ensuite le marquis de Vitry contre tous les officiers. Siége de Rothweil en Allemagne. Une partie de notre armée est défaite à Tubingen; l'autre partie, sous la conduite du sieur de Pontis, se défend vigoureusement contre trois armées, et se rend enfin à composition. Tout ce qui lui est arrivé pendant sa prison en Allemagne. Il est obligé de payer deux fois sa rançon. Pag. 360

Livre XV. Le sieur de Pontis revient en France. Il témoigne un peu trop haut son mécontentement de la cour, et refuse d'abord de servir. Il est commandé pour aller garder les montagnes de Provence et de Dauphiné pendant la première guerre de Paris. Belle action du chevalier de Pontis son frère, qui avoit été pris par les Turcs. Relation de tout ce qui se passa dans le mariage d'une nièce du sieur de Pontis, et des grandes affaires qu'il eut à soutenir à l'occasion de ce mariage. 416

Livre XVI. Le sieur de Pontis vient à Paris. Dieu se sert de la mort subite d'un de ses amis pour le toucher et lui faire quitter les engagemens du monde. Il se retire à la campagne dans la maison d'un de ses amis. Il défend cette maison contre des troupes de l'armée de M. de Turenne, qui étoient entrées pour la piller. Il se retire tout-à-fait du monde. Sa piété et son désintéressement dans sa retraite. Lettre qu'il écrit au gouverneur de deux jeunes seigneurs de la cour, sur le sujet de leur éducation. Sa mort. 457

FIN DU TOME TRENTE-DEUXIÈME.

www.ingramcontent.com/pod-product-compliance
Lightning Source LLC
Chambersburg PA
CBHW060220230426
43664CB00011B/1492